HAYMON taschenbuch 148

Auflage:
4 3 2 1
2016 2015 2014 2013

HAYMON tb 148

Originalausgabe

www.haymonverlag.at

ISBN 978-3-85218-948-2

Umschlag- und Buchgestaltung, Satz:
hœretzeder grafische gestaltung, Scheffau/Tirol
Coverbilder: www.shutterstock.com/Eric Isselee,
www.pixelio.de/Grethe Bjerring, image library
Autorenfoto: FH Kufstein
Reihenkonzeption und Redaktion: Robert und Melita Sedlaczek

Gedruckt auf umweltfreundlichem,
chlor- und säurefrei gebleichtem Papier.

Hans Moser

Das *Radio Tirol*-Wörterbuch der Tiroler Mundarten

In Zusammenarbeit mit
Robert Sedlaczek

Hans Moser

Das *Radio Tirol*-Wörterbuch der Tiroler Mundarten

Lieber Leserinnen und liebe Leser,

über die Bedeutung der Mundart für eine regionale Kultur kann man viele Seiten mit klugen Gedanken füllen. Man kann SprachforscherInnen, KulturwissenschaftlerInnen und EthnologInnen zitieren oder gelehrt über Identität und Sprache philosophieren. Man kann das Wort „Mundart“ aber auch wörtlich und persönlich nehmen. Das erlaube ich mir hier zu tun. Ich komme aus Osttirol. Da sprechen die Menschen in Innervillgraten anders als die in Außervillgraten oder in Obertilliach und die im Lienzer Becken anders als die im Iseltal oder im Defereggental.

Gemeinsam ist den Dialekten meines Heimatbezirkes eine bestimmte Melodie, in der ich mich, sobald ich über dem Felbertauern bin, zuhause fühle – ohne es groß zu bemerken. Dasselbe spürt ein Mensch aus Innsbruck, dem Tuxertal, einer aus Nauders, dem Lechtal oder dem Brixental, überall, wo in überschaubaren Räumen diese besonderen Sprachmelodien die Wahrnehmung der Welt gestalten. Das Gleiche spürt auch der Spitzenmanager, der aus seinem professionellen Umgang mit internationalen Sprachen übergangslos in seinen heimatlichen Dialekt wechseln kann. In all diesen Mundarten schwingen Erfahrungen, Gegenwärtigkeiten und Erinnerungen mit, die man, so unterschiedlich die Lebensgeschichten auch sein mögen, unwillkürlich mit den anderen Menschen dieser Region teilt.

Was ist so spannend an den Dialekten, an der Mundart im 21. Jahrhundert?

Mir erscheinen „Mund-Arten“, in denen für mich auch das Wort „art“, Kunst, oder die „Art und Weise“, wie jemand spricht, steckt, als Muttersprache schlechthin. Als Ursprache des Herzens, die man von Kindheit an versteht. Dabei ist das Herz nicht unbedingt immer voll Freude und Zuneigung. Auch Dialekte bilden mit ihren Wortschöpfungen die Grobheiten der menschlichen Kommunikation ab. Aber ich vermute, keine Hochsprache der Welt, außer, sie wird von Dichterinnen und Dichtern gebraucht, hat die Direktheit, das Selbstbewusstsein, die Spontanität und auch die Zartheit, die unsere Dialekte ausstrahlen.

Mundarten zu pflegen und ihre Wörter festzuhalten, wie in dem vorliegenden Buch, ermöglicht uns, sich der erfrischenden Besonderheit regionaler Sprachen bewusst zu bleiben. Das hat viel mit Neugier zu tun, mit Freude an originellen Wortschöpfungen, an Lautmalereien, an Humor, an positiver Verwurzelung mit dem Land, aus dem man kommt. Sprache, auch Dialektsprache, wandelt sich ständig. Gingen die Dialekte, die Mundarten verloren, wäre die einzigartige Verbindung zwischen regionalen Erfahrungsräumen und Sprache verloren, die sich in diesen Erfahrungsräumen bildet und sie benennt.

Das aber wird nicht passieren – dank den Wörtersammlerinnen und -sammlern von *Radio Tirol*. Die Zahl an Rückmeldungen auf unsere Aufrufe, Dialektausdrücke aufzuschreiben und weiterzugeben, war überwältigend. Tausende haben bei der „ORF Radio Tirol Sommerfrische" 2013 und auf unserer Homepage tirol.ORF.at ihre besonderen Mundart-Ausdrücke aufgeschrieben.

Der ORF Tirol engagiert sich mit dem „*Radio Tirol*-Wörterbuch der Tiroler Mundarten" für die Bewahrung der Tiroler Dialekte – nicht zuletzt auch im Sinne unseres öffentlich-rechtlichen Auftrages. Es ist wichtig, gegen das Aussterben der Dialekte etwas zu unternehmen.

Auch die Leserinnen und Leser dieses wunderbaren Mundart-Wörterbuches werden dazu beitragen, dass Begriffe für Gegenstände, Tätigkeiten etc., die es nicht mehr gibt, erhalten bleiben und vielleicht da und dort neue entstehen.

Wir werden selbstverständlich auch in Zukunft in unserem „Påtschnkino" über neue Mundart-Entwicklungen berichten.

Helmut Krieghofer
Landesdirektor ORF Tirol

Hinweise zur Entstehung und zum Gebrauch dieses Wörterbuchs

FÜR WEN IST DIESES BUCH GEDACHT? Pauschal lässt sich diese Frage ganz einfach beantworten: für alle Liebhaber der Tiroler Dialekte und für alle, die sich für Dialekte interessieren.

Das Wort Liebhaber heißt im Französischen *amateur*. Im Deutschen bezeichnen wir damit jemanden, der eine Tätigkeit aus Liebhaberei, oft auch ohne größere Fachkenntnisse betreibt.

Dieses Buch ist für Amateure, also für Liebhaber der Tiroler Dialekte, genauso wie für Experten und Fachleute erstellt; kurz für all jene, die sich mit der Sprache befassen, aus welchem Motiv auch immer. Es ist für jene, die gerne in einem Wörterbuch schmökern und dann schmunzeln, und vor allem für Neugierige, die etwas besser Bescheid wissen wollen als die anderen.

Wäre dieses Wörterbuch ausschließlich für Fachleute verfasst, dann würde es sich einer Lautschrift bedienen, die dem Amateur fremd ist. Es müsste außerdem die Etymologien der Wörter so detailliert begründen, dass sie dem kritischen Blick von Fachkollegen standhalten können – auch dieses Verfahren wäre dem breiten Lesepublikum nicht zuzumuten.

Es gibt bereits ein wissenschaftlich fundiertes Wörterbuch, das den Anspruch der Vollständigkeit mit der Forderung nach lautlicher Genauigkeit verbindet und bis heute eine unerschöpfliche Fundgrube des Tiroler Wortschatzes ist: das zweibändige „Wörterbuch der Tiroler Mundarten" von Josef Schatz. Es ist 1955 erschienen, 1993 unverändert nachgedruckt worden und noch heute lieferbar. Dort sind allerdings viele Wörter nur dann aufzufinden, wenn man Vorkenntnisse in der dialektalen Lautgeschichte hat. Die Boassln bzw. Boasslbeeren (Berberitzen) etwa sind dort nicht unter Boa-, sondern unter Bai- zu finden usw. Außerdem sind die etymologischen Hinweise so formuliert, dass sie für Nicht-Fachleute nur schwer verständlich sind.

Neben dieser angesehenen Fachpublikation gibt es eine ganze Reihe von populären Wörterbüchern. Meist handelt es sich um reine Wortsammlungen, die über den detaillierten Gebrauch der Wörter und deren Herkunft kaum Auskunft geben.

Wir haben versucht, einen neuen Weg einzuschlagen. Sie finden in dem nun vorliegenden Buch alles, was Sie über ein Wort wissen müssen; wie es verwendet wird und woher es stammt oder stammen könnte. Wer über die Geschichte eines Wortes Bescheid weiß, kann mit dem Wort mehr anfangen. Und wenn wir in einigen Fällen die

Herkunft nicht klären konnten, dann scheuen wir uns auch nicht, das zuzugeben.

Gleichzeitig haben wir uns um eine einfache Darstellungsweise und um große Benützerfreundlichkeit bemüht. Sie können sofort in unserem Wörterbuch schmökern, sie brauchen nicht seitenlange Listen mit der Bedeutung von Sonderzeichen zu studieren, und ebenso lange Abkürzungsverzeichnisse.

Mit dem kleinen Kreis über dem Buchstaben a sind Sie ja vertraut, damit wird auch in Dialektgedichten und in Texten von Tiroler Liedern signalisiert, dass der Vokal zwischen a und o anzusiedeln ist, zum Beispiel in den Wörtern *åndertålb* und *Fåsching*. Dieser Laut ist übrigens typisch für den bairisch-österreichischen Dialektraum, zu dem auch Tirol gehört.

Ein zweites Sonderzeichen ist der Akzent bei Diphthongen. Damit kennzeichnen wir, dass der Hauptakzent auf dem ersten Vokal des Diphthongs liegt: *Blúima, Flóach*. Ein Tiroler wird freilich nie auf die Idee kommen, diese Diphthonge auf dem zweiten Vokal zu betonen, ein Besucher aus Hamburg oder Berlin vielleicht schon.

Damit ist schon fast alles erklärt. Kürze und Länge wird so gekennzeichnet, wie Sie es vom Gebrauch des „Österreichischen Wörterbuchs" und des „Rechtschreibdudens" sowie des „Großen Wörterbuchs der deutschen Sprache" des Dudenverlags gewohnt sind. Eine betonte Kürze wird durch einen Punkt unter dem Vokal gekennzeichnet, eine betonte Länge durch einen Strich unter dem Vokal: *Bạntl, bara̲bern, Ba̲u̲nze*. Hier sind wir auch schon am Ende der Gebrauchsanweisung. Wenn Sie sich intensiver mit der Beziehung zwischen Lauten und Buchstaben befassen wollen, dann beachten Sie bitte die Darstellung im Anhang.

Wie ist dieses Wörterbuch erstellt worden? Wir haben uns zunächst das Schatz'sche Wörterbuch und die bestehenden Wortsammlungen vorgenommen, auch jene, die im Internet abrufbar sind. Damit war ein Grundstock gelegt, eine vorläufige Wortsammlung.

Diese haben wir Gewährsleuten aus allen Bezirken Tirols vorgelegt, mit der Bitte, sie kritisch zu prüfen und Korrekturen bzw. Ergänzungen vorzunehmen. Diese Gewährsleute waren Experten auf ihrem Gebiet, die meisten von ihnen haben sich bereits intensiv mit dem Dialekt ihrer Region befasst. Wir sind diesen Gewährsleuten zu großem Dank verpflichtet, ihre Rückmeldungen waren für uns sehr wertvoll. Sie haben uns auf neue Wörter und fehlende Bedeutungen aufmerksam gemacht und dort korrigiert, wo wir falsch lagen oder ungenau waren. Außerdem haben wir sie gefragt, welche Wörter nur noch der älteren Generation bekannt sind, im Alltag aber nicht mehr verwendet werden. Diese haben wir später mit dem Vermerk veraltet gekennzeichnet.

In einem weiteren Arbeitsgang haben wir unsere vorläufige Wortsammlung durch Wörter ergänzt, die im Rahmen der vom *ORF Tirol* initiierten Aktion aus allen Ecken Tirols hereingeschneit kamen. Soweit sie nicht ohnehin schon in der Sammlung enthalten waren, haben wir in Klammern angemerkt, aus welchem Ort sie gemeldet wurden. Dies bedeutet natürlich nicht, dass sie nur dort verwendet werden, sie können auch in anderen Regionen Tirols in Gebrauch sein.

Gibt es das überhaupt, „den" Tiroler Dialekt? Streng genommen natürlich nicht. Jedes Tal hat seine Besonderheiten – das fängt schon mit den Lauten an: das Wort Stein zum Beispiel wird im Unterinntal bis etwa Hall als *Stoan* ausgesprochen, wobei das n kaum zu hören ist und das vorhergehende a nasaliert wird. Nach Westen hin heißt es unnasaliert *Stoan* – das n ist zu hören. Im Zillertal ist *Stuan* üblich, wobei nasaliert wird. Im Paznaun, im Stanzertal und im Drautal heißt es *Stan,* entweder nasaliert oder nicht nasaliert. Und solche Lautunterschiede gibt es viele.

Was für die Laute gilt, trifft auch für die Wörter selbst zu. Dem *Fasching* in den Bezirken Kufstein und Kitzbühel entspricht die *Fasnacht* im übrigen Land. Westlich von Schwaz heißt der Gletscher *Ferner*, östlich davon *Kees*. Ähnlich sind die *Zuntern* und die *Latschen* verteilt. Solche Wortgrenzen gibt es immer wieder, manchmal steht auch ein Tal oder ein Bezirk für sich allein da – besonders gilt das für die Bezirke Osttirol und Reutte.

Wie geht das Wörterbuch mit den Lautunterschieden zwischen den Dialekten um? Im Normalfall haben wir an den Anfang der Artikel mehrere Lautvarianten gestellt: beim Verb „gehen" etwa *gen, gean* und *gian*. Diese Variantenlisten sind nicht vollständig (beim konkreten Beispiel könnte man ge oder gea mit nasaliertem Vokal hinzufügen), sie sollen lediglich eine Vorstellung davon vermitteln, wie groß die lautliche Streubreite ist. Bei der alphabetischen Einreihung der Artikel gehen wir in der Regel von der Form aus, die der Standardsprache am nächsten kommt: die *Ålm* ist also bei *Å + l* eingeordnet, obwohl es im Unterinntal die Lautung *Åem* (also *Å + e*) gibt. Wir verlassen uns dabei auf die Fähigkeit der Unterinntaler, diese Einordnung nachzuvollziehen, weil sie aus ihrer Alltagserfahrung wissen, dass ihrem *e* oder *i* in diesem Wort ein standardsprachliches *l* entspricht; von den beiden Varianten *auf|mar* und *au|mar* (= aufmerksam) steht dem entsprechend *auf|mar* an der Spitze und nicht *au|mar*.

Welche Wörter wurden aufgenommen? In diesem Wörterbuch sind nicht nur die alten Dialektwörter vermerkt, also jene, die als urtümlich und bodenständig gelten. In den letzten Jahren und Jahrzehnten hat sich die Tiroler Sprachlandschaft verändert, es wurden auch Wörter aus anderen Gebieten importiert, zum Beispiel *Hawerer* und *Sandler* aus dem Wienerischen. Hätten wir auf diese Wörter verzichtet, wäre das Bild der Tiroler Sprachlandschaft unvollständig.

Das Buch verzeichnet außerdem auch Wörter der Standardsprache, die im Tirolischen eine zusätzliche Bedeutung haben. *Blått* und die Verkleinerungsform *Blattln* stehen deshalb im Wörterbuch, weil die *Blattln* in Tirol eine bestimmte Speise bezeichnen.

Wörter des Standarddeutschen wie *Baum* und *Haus* werden Sie in unserem Wörterbuch nicht finden, sehr wohl aber den *Bambecker* und das *Redhaus* – übrigens unabhängig davon, ob es ein bestimmtes Wort nur in Tirol gibt oder ob es auch über Tirol hinaus verwendet wird. Wörter wie *Pfintztag* und *Pfoad* sind im gesamten bairisch-österreichischen Dialektraum heimisch, außerdem ist Tirol auch ein Teil des noch größeren süddeutschen Dialektraums.

In einigen Fällen konnten wir den Gebrauch der Wörter und Wendungen durch kurze Zitate aus Tiroler Liedern oder aus Werken von Tiroler Dialektdichtern illustrieren. Vielleicht weckt das eine oder andere Zitat bei Ihnen Erinnerungen an Ihre Jugend. In diesen Zitaten finden Sie Dialektwörter, die schon so gut wie ausgestorben sind. Vielleicht gelingt es uns auf diesem Weg, sie der Vergessenheit zu entreißen.

Wir wünschen Ihnen viel Vergnügen beim Lesen,
Entdecken und Schmökern.

Hans Moser und Robert Sedlaczek

a ⟨unbetonte Form des unbestimmten Artikels, alle drei Genera⟩: *ein, eine, ein.*

a [eigentlich: auch]: **1.** *auch:* der is a då (= der ist auch da) **2.** *wirklich, allen Ernstes, ganz bestimmt:* der is a a Dolm (= er ist wirklich ein dummer Mensch).

a-: ⟨in Osttirol auch erster Teil von Ortspräpositionen und Ortsadverbien; wohl aus her- und hin-⟩: **anaufe** (= oben, hinauf), **awaus** (= hinunter), **ahíage** (= diesseits, hier), **aniddn** (= herunter).

A, Óub, Öiwe, die [ahd. au, Plural: ewi; die Pluralform zeigt, dass im Ahd. das auslautende -u einem -w entsprochen hat, weshalb das Wort in anderen Dialekten auch als Ewe erscheint): *weibliches Schaf.*

å|a, å|i: *siehe åcha(r), å(e)chi.*

a méaras ⟨Adv.⟩ [zu mehr und zu mehrere; belegt bei Mayr]: *sehr viele.*

a sosn [Herkunft unklar; belegt bei Mayr]: *so ist es, deswegen:* a sosn halber hätte er kein Recht ❖ **a sosn so:** *so ist es.*

åb-, å- o- ⟨Vorsilbe bei Verben⟩ [wie in der Standardsprache ab-, allerdings öfters mit zusätzlichen oder anderen Bedeutungen; in der Folge einige Beispiele]: **si von wås nix åb|beissn können** (= keinen Nutzen von etwas haben); **åb|bee(r)ln** (= Beeren abstreifen), **åb-blattln** (= **1.** einen Krautkopf entblättern **2.** verschwinden, abhauen); **åb|bussln** (= abküssen); **åb|eiln** (= weglaufen, weggehen, zuvorkommen); **åb|essn,** si abessen (= einer Speise überdrüssig werden); **jemanden åb|fåhrn lassen** (= jemanden abweisen); **åb|fieseln** (= abnagen, Fleisch vom Knochen lösen); **åb|fliagn** (= weglaufen, verschwinden); **åb|fotzn** (= ohrfeigen), **åb|gehn** (= fehlen); **mia geht nix åb** (= ich hab alles); **si åb|gfrettn** [siehe Gfrett] (= sich mit etwas abmühen); **åb|häuteln** (= die Haut abziehen); **åb|krageln** (= den Hals umdrehen, umbringen); **åb|låssn** (= ermüden); **åb|neidln** (= liebkosen); **åb|påschn:** (= sich aus dem Staub machen); **åb|passn** (= auflauern); **åb|schmiern** (= **1.** abschmieren **2.** bestechen); **åb-schwentzn** (= flüchtig spülen); **åb|speisn gehen** (= zur Kommunion gehen); **åb|spenen** (= ein Kalb von der Kuh entwöhnen, ein Ferkel von der Muttersau etc.); **åb|stiern** (= verhöhnen, aufreizen, pflanzen); **åb|stressn** (= sich Stress machen, beeilen); **wårm åb|trågn**

(= ein Haus anzünden, verbunden mit Versicherungsbetrug); **åb|treibm** (= die Milch entrahmen); **åb|wangln** [zu Wange] (Zillertal) (= liebkosen); si **åb|zina** (= abzürnen, sich ärgern).

å-, åb-, o- ⟨Vorsilbe bei Substantiven und Adjektiven⟩ in den folgenden Verwendungen: *weg von etwas, herunter:* **Åb|biss**, der (= schädliches Abbeißen von Gras/Zweigen durch das Vieh); **Åb|druck,** der [laut Schatz wohl vom Abdrücken des Gewehrs] ❖ **an lest'n Åb|druck** (= im letzten Augenblick); **Åb|seite**, die [Tuxertal] (= Schattenseite); **åb|lag** ⟨Adj.⟩ [Ötztal] (= leicht geneigt); **Åb|wille,** der [eigentlich: Abwille; Imst]: (= Abneigung, Widerwillen); **Åb|wurf,** der [eigentlich: Abwurf; Substantivierung zu abwerfen]: (= abgeworfenes Hirschgeweih).

åb|gölzn, å|götzn ⟨ist⟩ [vermutlich zu dem bei Schatz belegtem Wort Geller (= abprallende Gewehrkugel, Abpraller, Prellschuss, Gellschuss): *abprallen, abspringen.*

Åch, der: *siehe Årsch.*

å|cha(r), å|a, o|a, å|wa [aus ab und her (= zum Sprecher herunter); der Zusammenhang mit standardsprachlich herab ist den Sprechern nicht bewusst]: **1.** ⟨Adv.⟩ *herunter, herab* **2.** ⟨Vorsilbe⟩ **ącha|fålln** (= herunterfallen), **åcha|grissn** (= herabgerissen); **åcher|treibm** (= Milch entrahmen).

åch|atzn, åch|etzn, åch|itzn ⟨hat⟩ [abgeleitet vom Wehlaut ach mit dem Suffix -atzen, -etzen, -itzen, siehe dort] (veraltet): *ächzen, stöhnen.*

Ach|atzerei, die [zu åchatzen] (veraltet): *übertriebenes, mitleidheischendes Stöhnen.*

Åchatz|werch, das [zu åchatzen] (veraltet): *übertriebenes, mitleidheischendes Stöhnen.*

achl, achle ⟨Adj.⟩ [abgeleitet vom Wehlaut ach]: *schwächlich.*

å(e)|chi, å|i, o|a, å|wa ⟨Adv.⟩ [aus ab und hin; siehe åcha(r)]: *hinunter, hinab.*

Åchte, Achte, die [mhd. achte; Substantiv zu achten]: *das Achten* ❖ **Åchte wissen:** *kundig sein, sich auskennen.*

Åchter, der [Zahlsubstantiv wie Einser, Zweier etc.]: **1.** *Ziffer acht* **2.** (auch süddt.) *verbogenes Rad am Fahrrad.*

åchtn ⟨hat⟩ ❖ **etwas nicht åchtn:** *von etwas nicht Notiz nehmen.*

Åch|zeit, die [eigentlich: Arbeitszeit; belegt bei Mayr]: **1.** *Zeit zwischen Frühstück und Neun-Uhr-Pause* **2.** *kurz andauernde, unangenehme Zeit (während eines Schneesturms, eines Regengusses etc.).*

Åckerei, die [siehe åckern; belegt bei Mayr]: **1.** *mühselige Arbeit* **2.** *scherzhaftes Geraufe von Liebespaaren.*

åckern ⟨hat⟩ [eigentlich: mit dem Pflug bearbeiten]: **1.** *viel und mühselig arbeiten* **2.** *auffällig arbeiten, übertrieben etwas tun.*

A|dabei, der [aus dialektal a dabei (= auch dabei)] (auch bairisch): *jemand, der überall dabei sein will.*

Adams|putz, der [2. Bestandteil: Putz (= Kerngehäuse eines Apfels), mhd. butze (= Kobild); nach einem alten Volksglauben sitzt im Inneren von Früchten ein Kobold; das Kompositum Adamsputz geht von der Vorstellung aus, dass dem biblischen Adam das Kerngehäuse des von Eva dargereichten Apfels in der Kehle stecken geblieben ist]: *Adamsapfel (Prominentia laryngea),* bezeichnet den bei Männern hervorspringenden Abschnitt des Schildknorpels (Cartilago thyroidea) des Kehlkopfes.

a|diam: *siehe atie(m).*

Åding|hauffm, der [1. Bestandteil: Herkunft unklar; 2. Bestandteil: mhd. hūfe, ahd. hūfo (= Haufe, Menge, Schar)]: *Grashaufen (zum Trocknen von aufgehäuftem Gras).*

adjas, adjes ⟨Grußformel⟩ [volkstümliche Variante von adieu; zu frz. adieu, eigentlich: à dieu (= zu Gott, Gott befohlen); belegt bei Mayr]: *Gruß zur Verabschiedung.*

Ådl, der [mhd. adel (= Jauche); geht zurück auf ein germanisches adelōn (= Jauche), das aber nur erschlossen, also nicht belegt ist; hat sich vermutlich früher im Konsonanten von Adel (= edles Geschlecht) unterschieden] (auch bairisch): *Jauche.*

ådln ⟨hat⟩ [siehe Ådl]: *mit Jauche düngen.*

å|drat ⟨Adj.⟩ [eigentlich: abgedreht; laut Jakob aus der Sprache der Tischler: auf der Drehbank geglättet]: *durchtrieben, raffiniert.*

å|durch ⟨Adv.⟩ [abdurch]: *hinweg, fort.*

å|fa(d)nig ⟨Adj.⟩ [zu Faden]: **1.** *widerhaarig, lästig, widrig* **2.** *langweilig.*

Åfl, Ofl, Ofle [mhd. afel (= eiternde Materie in Geschwüren; entzündete Stelle überhaupt)]: *Eiter.*

åfl(n), afl(n) ⟨hat⟩ [zu Åfl]: *eitern, schwären* ❖ **ein afelner Mensch:** [belegt bei Mayr]: *ein fader Mensch.*

aflig ⟨Adj.⟩ [siehe Åfl]: *eitrig.*

åft, åfter(n) ⟨Adv.⟩ [zu mhd. und ahd. after (= hinten, hinter, dahinter, danach; verwandt mit englisch after; später hat sich daraus das Substantiv After (= Darmausgang) entwickelt] (auch bairisch): *dann, nachher:* „Tret ma åft ins neie Jåhr, / schick viel Flåchs und Schaflhåår, / Woad und Troad soll guat gedeihn / und viel Hennei in der Steign ...“ ist der Beginn eines Volksliedes von Tobi Reiser, der angab, das Lied 1923 im Pongau aufgezeichnet zu haben.

Åfter-: *kann als 1. Bestandteil auch ausdrücken, dass es sich um eine minderwertige Variante einer Sache handelt:* **Åfter|gwand:** *Ersatzgewand* ❖ **Åfter|grummet:** *dritte Mahd* (meist nur noch im Weidebetrieb verwertet) ❖ **Åfter|klee:** *Klee der letzten Mahd* ❖ **Åfter|leder** (Osttirol) Fersenverstärkung beim Schuh ❖ **Åftermost:** *der zweite (schlechte) aus dem Trebernstock gepresste Most.*

Åfter|mantig, der [mhd. after (= nach, hinter); also Tag nach dem Montag] (Außerfern): *Dienstag.*

å|garbt ⟨Adj.⟩ [zu ahd. garwen (= fertig machen), das auch im Wort Gerber steckt]: *abgenützt, abgewetzt (die Kleidung).*

Åg(e), Ågn, Ågnen, Ång, Ången, die [mhd. agene, agen (= Spreu), zu ahd. agana (= Spreu)]: **1.** *Spreu, Abfall beim Brecheln* **2.** *Baumnadeln.*

aglat ⟨Adj.⟩ [Adjektiv zu Auge]: *Ränder um die Augen habend.*

Å|gschmåch, der [zu älterem Abgeschmack (= schlechter Geschmack); vgl. standardsprachlich abgeschmackt; als Präfix entwickelt ab- die

Nebenbedeutung miss-, los-, wider- (vgl. Abgrund, abhold etc.)]: *widerwärtiger Mensch.*

Ag|stål, Aug|stål, der [mhd. und ahd. ougstal (= Augenhöhle; eine Augenkrankheit der Pferde); 1. Bestandteil oug (= Auge); 2. Bestandteil stal (= Steh-, Sitz-, Wohnort; Stall)]: *Augenkatarrh.*

å|gwixt, å|gwaxlt ⟨Adj.⟩ [eigentlich: abgewichst, zu wichsen, eine Variante von wachsen (= Wachs auftragen, die Schuhe polieren); mit einer ähnlichen Bedeutungsübertragung wie in raffiniert; die Lautähnlichkeit zu Witz könnte eine Rolle gespielt haben]: *verschlagen, hintertrieben.*

åi|schlịntn, åwi|schlịntn, óichi|schlịntn ⟨hat⟩ [1. Bestandteil: abhin; 2. Bestandteil: dialektal für schlingen]: *verschlingen.*

Å|klọckn, das [mhd. klocken (= klopfen), also abklopfen]: *Kinderspiel, mit Hölzern wird ein A geformt, einer zählt, bis alle versteckt sind, sucht sie, die anderen zerstören das A.*

akrat, akrạtt ⟨Adj.⟩ [Mundartform von akkurat; lat. accuratus (= sorgfältig), zu accurare (= mit Sorgfalt tun), zu curare (= kurieren)]: *sorgfältig, ordentlich, genau:* ein akrater Mensch.

Åle, *siehe Nåle.*

Aleze(staudn), die: *Alpen-Johannisbeere (Ribes alpinum), Berg-Johannisbeere (Grossulariaceae), gehört zur Familie der Stachelbeergewächse.*

Ạlgschne, Ạlzele, die [Herkunft unklar]: *Elsen, Beeren der gewöhnlichen Traubenkirsche (Prunus padus), sie wird auch Ahlkirsche oder Sumpfkirsche genannt* (in anderen Teilen Österreichs Ölexen, Elexsen, Ölasn, Öxn oder Ösn).

åll(er)|weil, åe|wei ⟨Adv.⟩ [1. Bestandteil: aller- dient vor Substantiven, Adjektiven, Adverben als Verstärkung; 2. Bestandteil: mhd. wīl(e), ahd. (h)wīla, (= Zeit; eigentlich Ruhe, Rast, Pause)]: *immer, stets, wiederholt.*

åll|gebot, åll|póut, ålle|put(n) ⟨Adv.⟩ [zu Gebot bzw. Pout (= Angebot zum Kauf)]: *immer wieder einmal, ab und zu.*

ạll|weg, ạll|wa, ạlm ⟨Adv.⟩ [1. Bestandteil: siehe åll(er)weil; 2. Bestandteil: mhd. weg, wec (= Weg)]: *jedenfalls.*

Ålm, Åem Ålb, Ålwe, Ålpa, die [aus mhd. alben, gebeugte Form von mhd. albe, ahd. alba, ursprüngliche Bedeutung wahrscheinlich Berg, frühe volksetymologische Anlehnung an lat. albus (= weiß)] (auch süddt.): *der sommerlichen Weidenutzung dienende Wiese im Gebirge, Hochweide.*

Ålm|åbtrieb, der: *Abtreiben des Viehs von der Alm in die Winterställe.*

Ålm|auftrieb, der: *Hinauftreiben des Viehs auf die Almen im Frühsommer.*

ålmen, åemen ⟨hat⟩ [siehe Ålm]: *(Vieh) auf der Alm halten.*

Ålmer, Åemer, Ålmerer, der (auch süddt.): *Senn, Almhirt.*

Ålm|rausch, Åem|rausch, der [2. Bestandteil wohl zu lat. ruscus (= Mäusedorn)] (auch süddt.): *bewimperte Alpenrose (Rhododendron hirsutum), gehört zur Familie der Heidekrautgewächse.*

Ålm|rousn, Åem|ruasn, die; Verkl. (selten) **Ålm|re(a)sal,** [siehe Ålmrausch] (auch süddt.): *bewimperte Alpenrose (Rhododendron hirsutum):* „In die Berg bin i gern, und då gfreit si mei Gmiat / wo die Ålmröserln wåchsn und der Enzian blüaht ..." ist der Beginn eines der beliebtesten Volkslieder im Alpenraum.

å|loamig ⟨Adj.⟩ [zu mhd. lüeme (= matt, sanft, milde)] (veraltet): *schlapp, schwach.*

Ålpe, Ålbe, die [Herkunft wie Alm, vor allem alemannisch]: *der sommerlichen Weidenutzung dienende Wiese im Gebirge, Hochweide.*

ålpm ⟨hat⟩ [siehe Ålpe]: *(Vieh) auf der Alpe halten.*

ålsa, åesa: *als ein:* ålsa Junger (= als ein junger Mensch), åesa Kind (= als ein Kind).

ålspa, ålsumar ⟨Adv.⟩ (Zillertal) [mhd. alswā (= anderswo); im Ahd. Verschleifung des Genitivs von alles mit wara (= wo)]: *auswärts, in der Fremde.*

ålt|båchn, ået|båchn ⟨Adj.⟩ [eigentlich: altbacken]: *altmodisch, veraltet, überholt.*

ạlt|franggisch, ået|franggerisch ⟨Adj.⟩ [altfränkisch; laut Grimm sowohl im guten Sinne altväterisch als auch für veraltet, den Forderungen der Gegenwart nicht entsprechend; gemeint ist altertümlich nach Weise der fränkischen Vorfahren; eine Maske mit Allongeperücke im Schemenlaufen heißt Altfrank]: *altmodisch, veraltet, überholt.*

ạlt|vat(e)risch, ået|vadrisch ⟨Adj.⟩ [zu Altvater (= Vorfahr, Patriarch; in Tirol auch: Brautvater bei einer Hochzeit); gemeindeutsch: altväterisch; die ironische Bedeutung ist laut Kluge von Anfang an häufiger als die eigentliche Bedeutung, nämlich altehrwürdig]: *altmodisch, rückständig.*

Ạlwer, der [aus ahd., mhd. alb (= mythisches Wesen), vgl. Alptraum, der Name Alberich]: *Teufel.*

Amerẹlln, Ambrẹlln, die (Plural) [zu lat. amarus (= sauer, bitter)] (veraltet): *Sauerkirsche (Prunus cerasus, auch Prunus cerasus subsp. cerasus var. cerasus), Glas- oder Wasserkirsche.*

amerig ⟨Adj.⟩ [ahd. āmarag (= sehnsuchtsvoll, verlangend)]: **1.** *etwas nicht erwarten könnend, auf Nadeln sitzend* **2.** *nach einer guten Speise verlangend, ohne hungrig zu sein.*

am|ea, am|ẹrscht, am|éadn ⟨Adv.⟩ [eigentlich: am ersten; mhd. erst ist der Superlativ zu ē, ēr (= früher, vormals, eher)]: *vorher, früher.*

å|míadln ⟨hat⟩ [abmüdeln, d.h. müde machen]: *beharrlich auf etwas drängen.*

Åmperẹll, Åmperö, Ombrẹlle, Morẹlle, der [ital. ombrello, zu spätlat. umbrella (= kleiner Schatten); vgl. engl. umbrella (= Regenschirm); das Wort hat also in Tirol die Bedeutung Regenschirm, in seinem Herkunftsland Italien die Bedeutung Sonnenschirm] (veraltet): *Regenschirm.*

ạn-, ọn-, oun-, ụn-, ụ- als Vorsilbe bei Verben (wie in der Standardsprache an-, allerdings öfters mit zusätzlichen oder anderen Bedeutungen; in der Folge einige Beispiele; wir führen hier aus Platzgründen nur die schriftsprachnahe Form ån- an, dies bedeutet nicht, dass es sich dabei um die häufigste Form handelt; im Gegenteil: ab etwa Telfs östlich ist es die Form un-, u-, im Rest des Landes o(u) n-): **ạn|bantln** (= mit jemandem flirten/ Streit suchen); **ạn|brunzn**: (= anurinieren); **ạn|drahn** (= anstänkern); **ạn|fichtn** (= Verlangen,

Lust erwecken); **es fichtet mi ån** (= ich möchte es haben; siehe fichtig); **ån|filln** (derb) (= schwängern); **si ån|flaschln** (= sich betrinken); **jemanden ån|fliagn** (= jemanden agressiv angehen); **jemanden um etwas ån|gehn** (= jemanden um etwas bitten; z.B. Geld); **ån|gentzn** [Oberinntal] (= anschneiden); **ån|gspeist** (= verärgert); **jemanden ån|haun** (= jemanden um etwas bitten); **jemandem etwas ån|kennen** (= eine Eigenschaft/Stimmung bemerken); **ån|kentn** (= anzünden); **ån|legn** (= anziehen); **si ån|påmpfn** (= sich vollessen), **ån|påtzn** (= beschmutzen); **ån|pickn** (= ankleben); **ån|pumpm** (derb) (= schwängern); **an|rachn** (= ohrfeigen); **jemanden ån|rearn** (= bittend belästigen); **etwas ån|rigeln** (= etwas locker machen); **ån|sågn** (= im Kartenspiel eine Ansage machen bzw. Schlag und Trumpf angeben, etwa beim Watten); **ån|schåffn** [zu schaffen; gesamtdeutsch sind heute die Bedeutungen: etwas erwerben, Geld verdienen, Prostitution betreiben etc.] (= anordnen, befehlen); **ån|singen** (Zillertal) (= mit Spottliedlein reizen); **ån|soachn** (= anurinieren); **ån|spenadln** (= mit einer Stecknadel befestigen); **ån|stiefeln** (= anstiften); **ån|tauchn** (= sich besonders anstrengen), **(si) ån|trenzn:** (sich) bekleckern; **jemandem åntian** (= jemanden betreuen, versorgen); **si wås ån|tuan/-toan** (= sich viel Mühe geben; sich umbringen); **ån|weige(r)n** (= Verlangen wecken); **ån|zigln** [zigln: eigentlich züchten] (= sich eine Krankheit oder Ungeziefer zuziehen).

ån- als Vorsilbe bei Nomen, Adjektiven und Adverbien: ån|fåckln (= anbändeln, sich näher kommen); **ån|habig** (= anhänglich); **Oun|heib** (Oberinntal) (= Henkel, Griff); **ån|lag, ån|lage, ån|lagig** [mhd. læge (= niedrig, flach)]: (= leicht ansteigend, ein wenig geneigt vom Gelände); **ån|lassig** [mhd. an(e)lāʒ = Ort, von dem das Rennen ausgeht]: (= sexuell zudringlich); **Ån|schåffer,** der; (auch süddt.): (= jemand, der Arbeiten anordnet und beaufsichtigt, Vorarbeiter); **Ån|schåfferei,** die (auch süddt.): (= unangenehmes Anschaffen).

ana, acha: *siehe eina.*

Å|nach, das [vgl. dazu Ahnle] (veraltet): *Enkelkind.*

Anal, Andal, Ander, der [Mundartform des männlichen Vornamens; er stammt von altgriechisch andreia (= Tapferkeit, Tüchtigkeit, Mannhaftigkeit) beziehungsweise vom Adjektiv andreios (= mannhaft, tapfer, tüchtig) ab]: *Andreas.*

Andl, Anle, Nadl, Nandl etc., das oder die [Verkleinerung zu Ahn, dieses zu mhd. an(e), aus ahd. ano, ursprünglich ein Lallwort der

Kindersprache für ältere Personen aus der Umgebung des Kindes; das d zwischen n und l ist ein Sprosskonsonant zur Erleichterung der Aussprache (wie in Dirndl)]: *Großmutter.*

an|ånan, an|óuscht ⟨Adv.⟩ [an anderem Ort]: *woanders.*

ånder(t)|hålb ⟨Adv.⟩ [1. Bestandteil: aus ahd. ander (= zweiter)]: *eineinhalb.*

Åne|wånter, der [1. Bestandteil: anhin, 2. Betandteil: zu wenden]: *Streifen zum Umdrehen am Ackerende.*

an|galing, in|galing, an|galschn, (der)|galigst ⟨Adv.⟩ [zu gach (= jählings), siehe auch dort]: **1.** *mit der Zeit* **2.** *womöglich.*

Ångl, die [Herkunft wie Angel (= Gerät zum Fischfang), aber auf eine alte Bedeutung des Worte zurückgreifend; mhd. angel, ahd. angul, zu ahd. ango (= Haken; eigentlich: der Gekrümmte, Gebogene)]: *Stachel der Wespen, Hornissen, Bienen.*

ångl ⟨Adv.⟩ [mhd. ange, vgl. eng]: *knapp* ❖ **angl gehn:** *sich knapp ausgehen.*

ångln, g|engle ⟨hat⟩: *stechen (von Wespen, Bienen, Hornissen).*

anidn: *siehe nidn.*

Anóuscht: *siehe O(a)rt.*

ånte [zu ahd. antōn (= beklagen, tadeln)] (Tuxertal, Zillertal, Osttirol): *leid:* es tuat ma ånte.

ant(e)|risch: *siehe entrisch.*

antern, antln, meist: **nåch|antern** ⟨hat⟩ [ahd. ant(e)ron (= nachahmen, wiedergeben)]: *nachäffen, verspotten.*

Ånt|las, der [gleichbedeutend mit Ablass; Fronleichnam wurde großer oder langer Antlass genannt, weil er in der früheren Betrachtung eine ganze Woche dauerte]: *Fronleichnam.*

Ånt|las|krånz, der [siehe Åntlass]: *von den Mädchen beim Fronleichnamszug getragener Kranz.*

Ạnt|las|schwånz, der [siehe Åntlass, belegt bei Mayr] (veraltet): *scherzhafte Bezeichnung für jene junge Frau, die als Letzte zum Empfang des Buß- und Altarsakraments kommt.*

ạntn ⟨hat⟩ **1.** *etwas schmerzlich oder traurig empfinden* **2.** *Heimweh haben.*

Ạnze, Ạnz(n), Ạtze, die [aus tschechisch ojnica (= Gabeldeichsel)]: *Deichsel für ein Zugtier.*

ạnzln ⟨hat⟩ [Herkunft unklar] (Osttirol): *ärgern, necken.*

ạpach ⟨Adj.⟩ [Herkunft unklar] (Zillertal): *witzig.*

a̲per, a̲wa ⟨Adj.⟩ [zu mhd. ābar, ahd. ābar, eigentlich: nicht (Schnee) tragend; verlockend, aber laut Kluge lautlich schwer vergleichbar, ist das unklare lat. apricus (= offen, sonnenbeschienen)] (auch süddt., schweizerisch): *ganz oder größtenteils schneefrei:* „Feld und Roan sein widar appar, / schoan in Jooch zua geat dar Schnea ...“ (= der Schnee zieht sich aufs Joch zurück) („Aus dem Frühlingslied“ von Carl v. Lutterotti).

a̲pern, a̲wan ⟨hat⟩ [zu aper]: *tauen.*

A̲per|schnålzn, das: *Volksbrauch des Winteraustreibens.*

Appọrtl, das [franz. apport, eigentlich: das Herbeibringen, zu apporter] (auch bairisch): *Gegenstand, den ein Hund apportieren soll (z. B. ein Stück Holz):* Bring's Apportl!

Å̲|raftl, das [aus mhd. ranft (= Einfassung, Rand)] (St. Veit i. O.): *unmöglicher Sitzort, Ecke.*

Ạrch(e), die [ahd. archa aus lat. arca (= Behälter)]: *Uferschutzbau am Bach.*

ạrchne(n) ⟨hat⟩ [siehe Arch(e)]: *einen Uferschutzbau errichten.*

Ạrfe, Ạrle, die [Herkunft unklar, auch im Namen Arlberg]: *Zirbelkiefer, Arbe, Arve, (Pinus cembra).*

ạ̊rg ⟨Adj.⟩ [mhd. arc. (= schlecht, böse, gefährlich); zunächst intensivierend bei Adjektiven und Verben (z. B. es ist årg kalt; wir håbm årg gefroren), dann auch mit der Bedeutung groß, stark, heftig (z. B. eine arge Enttäuschung) und letztlich als Adjektiv mit positiver Bedeutung]: *tüchtig:* ein årger Arbeiter.

ạrggn, ạrgn 〈hat〉 [zu arg mit dem ahd. Suffix -jan] (Zillertal): **1.** *Schmerz verursachen* **2.** *Widerwillen erregen* **3.** *ekeln.*

Ạrm|stịzl, der [2. Bestandteil: entrundet von Stützel; dieses zu stützen]: *gestrickter Pulswärmer für Männer und Frauen.*

Ạrsch, Ạsch, Ạch, der [mhd. und ahd. ars, ursprünglich: Erhebung; vorstehender Körperteil; das Wort steht gesamtdeutsch für Gesäß; einige Wendungen sind typisch für den Tiroler Raum und für andere österreichische. Mundarten]: *Gesäß* ❖ **er schliaft eam in Årsch eini** (= er versucht, durch Unterwürfigkeit sein Wohlwollen zu erlangen); **Leckts mi åm Årsch** (Götzzitat); **mit oan Årsch auf zwoa Kirchtåg tånzn** (= zwei Dinge zugleich machen); **er hupft eam mit n nåckertn Årsch ins Gsicht** (= er beschimpft ihn heftig und grob); **i reiss ma den Årsch für di auf** (= ich tu alles für dich); **ums Årsch|leckn** (= ganz knapp verfehlt; um ein Haar daneben).

ạrsch|atzen, ạrsch|etzen, ạrsch|itzen 〈hat〉 [siehe Årsch; belegt bei Mayr]: **1.** *mit dem Gesäß hin und her wetzen* **2.** *beim Gehen das Gesäß geziert verdrehen.*

Ạrschinger, der [siehe Årsch; belegt bei Mayr]: *einer, der alles verkehrt anpackt.*

Ạrsch|kitzler, der; **Ạsch|kịtzl,** die [2. Bestandteil: Substantivbildung zu kitzeln; die Nüsschen der Hagebutte sind mit feinen, widerhakenbestückten Härchen bedeckt, die bei Hautkontakt Juckreiz hervorrufen; Kinder nutzten sie zum Herstellen von Juckpulver; laut Grimm ist Arschkitzel ein volkstümlicher Ausdruck für Hagedorn und möglicherweise franz. grattecu, gratecul nachgebildet]: *Hagebutte (Rosa canina).*

Ạrsch|krinne, die [2. Bestandteil: mhd. krinne (= Einschnitt, Rinne)]: *Gesäßfalte.*

Ạrschling|betrieb, der [1. Bestandteil: siehe arschlings]: *schlecht geführter, defizitärer Betrieb.*

Ạrschling|kaiwi, das [1. Bestandteil: siehe arschlings, 2. Bestandteil: Mundartform von Kalb]: *Kalb, das verkehrt auf die Welt kommt (und unterentwickelt ist).*

ạrschlings, a̱schlings ⟨Adv.⟩: *rückwärts, rücklings.*

Ạrsch|zå̱gl, der [2. Bestandteil zu mhd. zagel (= Schwanz)]: *Steißbein.*

ạ̊rtlen ⟨hat⟩ [zu mhd. art (= Herkunft, Abkunft)] (Grinzens): *ähnlich sein.*

Ạrwas, Ạrwes, die (Plural): **Ạrwassn, Ạrwessn** [mhd. areweiʒ, arwiʒ, arwis, erweiʒ, erbeiʒ, erbiʒ; ahd. araw(e)iʒ; weitere Herkunft unklar; aus den zahlreichen mittelmhd. Varianten ist einerseits der Standardausdruck Erbse entstanden, andererseits die Tiroler Mundartform]: *Erbse (Pisum sativum).*

Ạrzali, das [zu mhd. erze-, ahd. arzi-, aus spätlat. archi-, aus griechisch archi- (= der Erste, Oberste); im Standarddeutschen noch bei Erzengel, Erzbischof etc.; der Erz wäre demnach verhüllend für den obersten der Teufel, das Arzali eine Verkleinerungsform]: **1.** *Teufelchen* **2.** (Paznaun): *Teufel.*

å̱|schau|scheich ⟨Adj.⟩ [eigentlich: abschauscheu]: *nicht schwindelfrei.*

Ạspe, die [ahd. aspa (= Espe)]: *Zitterpappel.*

ạ̊spele ⟨Interj.⟩ [Schatz schwankt in der Herleitung zwischen verschliffenem als woll (= als wohl) und verhüllend ital. ostia (= Hostie)]: *Ruf des Erstaunens, der Verlegenheit.*

Ạspölter|baum, der [siehe Åspe] (Zillertal): *Zitterpappel.*

Ạssl(e), Nạssl, Ạstl, die; **Ạtzler, Ạtzel,** der (Zillertal) [laut Kluge sind die dialektalen Formen genauso wie das standardsprachliche Assel entlehnt aus ital. asello zu lat. asellus (kleiner Esel); deshalb heißt das Tier auch Maueresel oder Eselchen; vielleicht wurde damit zuerst eine auf Eseln schmarotzende Laus bezeichnet; Formen mit -tz- treten auch beim Wort Esel auf]: *Assel.*

å̱ßig ⟨Adj.⟩ [zu mhd. und ahd. āʒ (= Speise für Menschen und Tiere); verwandt mit Aas (= Tierleiche, Kadaver), letzteres unter Einfluss von mhd. ās (= Fleisch zur Fütterung der Hunde)]: *bekömmlich, schmackhaft.*

Ạste, die [ahd. ouwist (= Schafstall), vgl. A, Oub]: *Bergweide mit Stadel.*

Åter(e), Åda, die [mit Verlust des anlautenden n durch falsche Abtrennung aus mhd. näter(e), ahd. nāt(a)ra, vielleicht ursprünglich: die sich Drehende, die sich Windende]: *Natter.*

atíe(m), atíalwet, atíelmål, aldíam ⟨Adv.⟩ [mhd. etewenne, eteswenne (= zuweilen, manchmal, dann und wann)]: *manchmal, wohl* ❖ **adiam amoi** [verdeutlichende Verdoppelung]: *manchmal.*

Åtn, Åtum, Ådn, Åpm, Nådn, der [mhd. atem (= Atem), ahd. atum (= Atem); ursprünglich: Hauch, Seele]: *Atem.*

åtnen, åpmen, åtatzn, atnitzn [Mundartform von atmen, teilweise mit der Endung -atzen, siehe dort]: *atmen.*

atnig ⟨Adv.⟩ (Zillertal): *leicht atmend.*

auf, af ⟨Präposition⟩ *wird vor Ortsnamen auch in der Bedeutung nach verwendet:* auf Håll gian (= nach Hall gehen).

auf-, au-, *dient wie standardsprachlich auf- als Vorsilbe bei Verben, aber zusätzliche Bedeutungen im Tirolischen:* **auf|achn** (Tuxertal), **auf|archn** (Zillertal) (= aufschürfen; die Haut), **auf|åmmen** (= die Wöchnerin pflegen); **auf|atzn** (= junge Tiere künstlich aufziehen); **auf|bisch(l)n** (= die Tiere zum Almabtrieb mit Blumen schmücken); **auf|blatteln** (= aufblättern, die Schwächen aufzeigen); **es hat ihn auf|blattelt** (= er ist gestürzt); **auf|deitn** (= angeben, groß aufreden); **auf|denkn** (= sich erinnern); **auf|drahn** (= zu schimpfen anfangen, wütend werden); **auf|faseln** (= Aufklauben von Fallobst); **auf|geign** (= **1.** mit der Geige aufspielen, eine großartige Leistung vollbringen **2.** angeben); **auf|hausen** (= abwirtschaften); **auf|hussn** (= aufhetzen, aufwiegeln); **auf|klau(b)m** (= Stück für Stück aufheben, z. B. Holz); **auf|kranzn** (= den Kühen den Kopfschmuck aufsetzen); **auf|krautn** (= verbrauchen, kaputtmachen, zerlegen); **auf|legn: a auf|glegter Blödsinn** (= ein offensichtlicher Unsinn); **auf|losn** (= zuhören, aufmerken); **auf|mandln** (= aufbegehren); **au|mutze** (Oberinntal) (= schmücken); **auf|neffn** (= wundreiben); **auf|ridln** (= auflockern); **auf|pappln, au|peppln** (= aufziehen); **si auf|pudeln** (= sich entrüsten, sich aufspielen); **auf|reckn** (= es schaffen, zu überleben); **auf|stelln: an Baam auf|stelln** (= sich widersetzen, trotzen); **den håt s aufgstellt** (= der ist gestürzt); **auf|zwickn** (= eine Person für sich gewinnen, mit der Absicht, eine sexuelle Beziehung einzugehen; auch: jemanden zur Belustigung zornig machen).

auf|gåntern ⟨hat⟩ [zu Gånter]: *Stämme schichten.*

aufa|nåchend ‹Adv.› [mhd. ūf eine næhe; siehe nåchnt; belegt bei Mayr]: *halbwegs, beiläufig.*

Auf|aschling, der [zu Årsch, siehe dort]: *unerwartete Schwierigkeit.*

auf|denkat måchn ‹hat› [mundartlich: auf etwas denken, statt standardsprachlich: an etwas denken]: *an etwas erinnern, das zu tun ist.*

Aufe, die [aus mhd. uve, ufe, ahd. ūfo; lautmalend für den Ruf des Vogels] (Zillertal): *Uhu (Bubo bubo).*

auf|ent|lein(en) ‹hat› [wohl zu mhd. līne (= Seil, Leine, die aus līn (= Flachs) besteht); das anlautende en- ist Rest einer alten Negationspartikel]: **1.** (Oberinntal) *aufreihen, auf die Reihe bringen, bearbeiten mit einer Häkelnadel* **2.** (Unterinntal, belegt bei Mayr) *auftauen:* die Erde ist noch nicht aufentleint; diesen Loda muss man erscht aufentlein, bis er jå sagt.

auf|ent|lign, auf|entlein ‹Adv.› [zu aufentleinen]: *aufgetaut.*

auf|fa, auffn, au|a, au|her, auche [eigentlich ein mundartliches aufher, wo standardsprachlich herauf steht, doch ist das Verständnis für die Schriftform aufher verloren gegangen]: *herauf* [als Vorsilbe auch mit Verben kombinierbar, wobei die Bewegungsrichtung zum Sprecher und aufwärts ist]: Bist no' drunten im Keller? – I kimm glei auffa!

auf|fasln ‹hat› [faseln (= irre reden) hat mehrere Nebenbedeutungen: planlos arbeiten; zupfen, Fäden herausziehen etc.]: *aufklauben (z.B. Fallobst).*

auf|fi, auf|fe, au|i [eigentlich ein dialektales aufhin, wo standardsprachlich hinauf steht, doch ist das Verständnis für die Schriftform aufhin verloren gegangen; als Vorsilbe mit zahlreichen Verben kombinierbar, wobei die Bewegungsrichtung vom Sprecher weg und aufwärts ist]: *hinauf:* Schau, der Bua kraxelt auffi auf die Leiter! ❖ **Warst nid auffigstiegn, warst ned åwigfalln! ❖ oane auffikriagn** (= eine hinaufkriegen): *einen Schlag abbekommen.*

auf|mar, au|mar ‹Adv.› [wohl zu mhd. mære (= Nachricht, Kunde)]: *achtgebend, aufmerksam.*

auf|mar werden ‹ist› [siehe aufmar]: *achtgeben.*

auf|mar måchn ‹hat› [siehe aufmar]: *aufmerksam machen.*

auf|taggln ⟨hat⟩ [laut Duden zu auftakeln (= das Schiff mit Takelwerk versehen); mit der Form auftakeln auch standardsprachlich; vielleicht gehört das Wort allerdings zu den von Schöpf vermerkten Verben taggln (= herumschmieren) und taggelen, taggn (= im Wasser, Schlamm herumfahren, herumwühlen]: *sich übermäßig und geschmacklos mit Schminke, Kleidung oder Schmuck herausputzen.*

auf|wachln ⟨hat⟩ [siehe wachln] (Absam): *großspurig daherreden, angeben.*

Auge|pǫppele, das [zu lat. pupilla, ursprünglich Mädchen; die Bedeutungsübertragung hängt laut Kluge damit zusammen, dass man im Augapfel des Gegenübers sein eigenes Spiegelbild sieht] (veraltet): *Pupille.*

Aug(e)|pram(e), die (Plural) [zu mhd. brem (= Verbrämung, Rand, Einfassung)]: *Augenbrauen.*

Augn|luck, Augn|lauch, die [verwandt mit Lücke, zu ahd. luhhan (= verschließen)] (Zillertal): *Augenlid (Palpebra).*

Augn|schatz, der [2. Bestandteil zu schätzen; belegt bei Mayr] (veraltet): *Augenmaß; Schätzvermögen mit dem Auge.*

Augn|trǫst, der [mhd. ougentrǫst; die Pflanze wurde als Augenheilmittel verwendet]: *Augentrost (Euphrasia; eine Pflanzengattung in der Familie der Sommerwurzgewächse, Orobanchaceae).*

Augn|wéal, das, **Augn|wẹrre,** die [2. Bestandteil: zu mhd. werre (= Maulwurfsgrille) mit und ohne Verkleinerungsendung; laut Hornung deshalb, weil man der abergläubischen Meinung war, dass dieses Tier derartige Krankheiten heraufbeschwört] (Unterinntal): *Gerstenkorn am Auge.*

Augn|zånd, der [Mundartform von Augenzahn, nach dem Volksglauben stehen diese Zähne mit den Augen in Verbindung]: *Eckzahn im Oberkiefer (Dens caninus).*

aus- als Präposition: mit der klassischen Bedeutung heraus; daneben auch als Vorsilbe mit zahlreichen Verben kombinierbar, wobei zum Ausdruck gebracht wird, dass ein Vorgang abgeschlossen ist: **es håt si aus|gregnt** (= der lange Regen ist zu Ende). In der Folge Beispiele für die klassische Verwendung: **aus|boandln** (= von den Knochen lösen, verwertbare Teile aus einem Schrottauto ausbauen); **aus-begeln** (= ausbügeln, eine Sache wieder in Ordnung bringen); **aus|fratscheln** (= aushorchen); **si aus|gehn** (= gerade ausreichen); **aus|gfren** (= den Brunftgeschmack des Fleisches ausfrieren); **aus|grausing** (= hinausekeln); **aus|kegeln** (= ausrenken); **si die Augen aus|kegeln** (= angestrengt oder versteckt die Blicke auf etwas werfen); **aus|kommen** (= entfliehen, entwischen); **es is eam oana aus|kommen** (= er hat eine Darmblähung entweichen lassen); **aus|larn** (= ausleeren); **aus|låssn** (= freilassen, loslassen); **nix aus|låssn** (= geizig sein); **er låsst nix aus** (= **1.** er begeht eine Peinlichkeit nach der anderen **2.** er ist nicht wählerisch in Bezug auf Frauen); **aus|leichn** (= ausleihen; sich jemanden vornehmen, vorknöpfen); **aus|packln** (= heimlich vereinbaren, einen faulen Kompromiss schließen); **aus|reibm** (= mit der Bürste oder mit einem groben Tuch reinigen); **aus|roatn** (= ausrechnen, deuten, zurechtlegen); **aus|richtn** (= **1.** jemanden schlecht machen **2.** eine Botschaft übermitteln); **aus|rinna** (= ein Leck haben; heftig schwitzen); **aus|sackeln** (= jemanden um seine letzte Barschaft bringen); **aus|schau(g)n: då schaut's åber aus** (= hier ist es aber unaufgeräumt); **so schaut's aus** (= so ist es); **aus|schnåpsn** (= vereinbaren); **aus|schwoabm** [zu mhd. sweiben = schwenken, spülen] (= ausspülen, ausschwemmen); **aus|stawan** (= entstauben); **aus|wassan** (= Bockfleisch in Milch einbeizen, es verliert den Bockgeschmack); **aus|zachn** [zu zach (= zäh ausdauernd)] (= dauernd lästig sein); **aus|zuzeln** (= aussaugen).

aus|gschamb, aus|gschamt ‹Adj.› [eigentlich: jemand, der sich nicht mehr schämen kann]: *in unverschämter Weise das übliche Maß überschreitend:* diese Preise sind ausgschamb.

Aus|kear, die [zu mhd. keren (= kehren, fegen)]: *in den Weg eingelassene Regenrinne.*

aus|roaterisch ‹Adj.› [zu ausroaten; ursprünglich: sich ausrechnen; Präfixbildung von mhd. reiten (= bereit machen, zählen, rechnen] (veraltet): *leicht angerührt, durch eine nicht böse gemeinte Bemerkung beleidigt.*

aussa[1] [eigentlich ein dialektales ausher, wo standardsprachlich heraus steht, doch ist das Verständnis für die Schriftform ausher verloren gegangen; als Vorsilbe mit zahlreichen Verben kombinierbar, wobei die Bewegungsrichtung zum Sprecher hin und von innen nach außen ist]: *heraus:* kim aussa!

aussa[2] als Präfix bei Verben: aussa|apern (= durch die Schneeschmelze zum Vorschein kommen); **aussa|findn** (entdecken), **aussa|båchn** (= herausbacken); **aussa|ruckn** (= mit einem versteckten Gegenstand, mit einer Nachricht herausrücken).

Aussa|gåb, die [zu aussageben (= herausgeben)]: *Wechselgeld.*

Aussar|schlåk, der (Zillertal): *Hautausschlag.*

aussi, ausse[1] [eigentlich ein dialektales aushin, wo standardsprachlich hinaus steht, doch ist das Verständnis für die Schriftform aushin verloren gegangen; als Vorsilbe mit zahlreichen Verben kombinierbar, wobei die Bewegungsrichtung vom Sprecher weg und von innen nach außen ist]: *hinaus.*

aussi[2] als Präfix: aussi|beissn (= hinausekeln); **aussi|grasn** (= fremdgehen); **aussi|haun** (= hinauswerfen); **aussi|passn** (= warten, bis der Kellner Sperrstunde macht); **aussi|stampern** (= hinausjagen).

ausst ⟨Adv.⟩: *draußen* ❖ **ausst tuats pritschn** (= draußen regnet es in Strömen).

auss(t)ig, ⟨Adj.⟩: *außen befindlich.*

aus|wårtn ⟨hat⟩ [Verbalform zum Substantiv Wärter mit der Grundbedeutung jemand, der jemanden betreut, auf jemanden oder auf etwas aufpasst; zu mhd. werter, ahd. wartari; heute standardsprachlich meist im Sinn von Aufseher im Gefängnis]: *Kranke pflegen.*

Auter, Aiter, das oder der [wie standardsprachlich Euter zu mhd. iuter, ūter, ahd. ūtar(o), eigentlich: Schwellendes]: *Euter.*

awich, gawich ⟨Adj.⟩ [sehr alte Ableitung von der Vorsilbe ab-; mhd. æbech (= verkehrt); ahd. apuh (= rückseitig, links, übel)]: **1.** *verkehrt:* die awiche Seitn eines Stoffes (= die Rückseite) **2.** *links:* awich und krecht (= links und rechts) **3.** (Osttirol): *störrisch, unangenehm.*

Azar, die [Substantivierung zu mhd. æʒen (= essen), ahd. aʒan (= ernähren); verwandt mit jägersprachlich äsen] (Zillertal) (veraltet): *Mutterbrust.*

B

Wörter, die nicht unter B zu finden sind, könnten unter P stehen.

Bạch|plẹtschn, die (Plural) [1. Bestandteil: die Pflanze wächst auf feuchten Böden, oft auch an Bach- und Flussläufen; 2. Bestandteil: die Pflanze hat große Blätter, siehe Pletsche]: **1.** *Gewöhnliche Pestwurz (Petasites hybridus) oder Weiße Pestwurz (Petasites albus)* **2.** *Bärenklau (Heracleum)* **3.** *Huflattich (Tussilago farfara)* [die Blätter des Huflattich werden oft mit jenen der Weißen Pestwurz verwechselt].

bạche, bạchln, ⟨hat⟩ [zu Bach; auch: a Bachele machen; kindersprachlich] (veraltet): *urinieren.*

Bạch|fåll, der (Ötztal): *Wasserfall.*

bạchl|wårm, bạchele|wårm, bạchi|wårm ⟨Adj.⟩ [mhd. bachen (= backen)]: *wohlig warm.*

Bạchn, der, **Bạchad,** das, **Bạchete,** die [mhd. bache (= Schinken, geräucherte Speckseite); zu gleichbedeutend ahd. bacho; dieses zu ahd. bah (= Rücken); vgl. englisch back; da sich am Rücken des Schweins der Speck häuft, nannte man laut Grimm erst das Rücken- und Seitenstück (die Speckseite), dann das geschlachtete, aufgehängte, zuletzt auch das lebendige Mastschwein Bache]: *Speckseite vom Schwein, die geräuchert wird.*

Bạchtl, das [Zusammenziehung von Bach und Tal] (Oberinntal, Lech): *Bachtal.*

bådme, bå(b)me ⟨hat⟩ [mhd. bademen (= gedeihen)] (veraltet): **1.** *sich körperlich gut entwickeln, gesunden* **2.** *durch Wärme gedeihen.*

båfn, boufe ⟨hat⟩ *siehe påfn.*

bạff ⟨Adv.⟩: *erstaunt, verblüfft.*

Bage, der oder die [ahd. boug (= großer Ring)] (veraltet): *ringförmiges Brot.*

Bag(g)asch, die: [wie standardsprachlich Bagage, aber mit leicht veränderter Aussprache; zu franz. bagage (= Tross), zu gleichbedeutend bagues; veraltete Hauptbedeutung: Gepäck; die abwertende

Bedeutung, die vor allem in den Dialekten lebendig ist, geht darauf zurück, dass der Tross der früheren Heere einen schlechten Ruf hatte]: *Gruppe von Menschen, die nichts taugt / über die sich jemand ärgert.*

Bam|becker, der [1. Bestandteil: mhd. boum, (= Baum); 2. Bestandteil: mhd. becken, Nebenform von picken]: *Specht.*

Bam|haggl, Bam|hackl, der [1. Bestandteil: mhd. boum (= Baum); 2. Bestandteil: mhd. hecken (= hauen, stechen)]: **1.** *Specht* **2.** *Frostgeschwür an den Füßen* **3.** *Schorfe auf der Haut.*

Bångert, Bånkert, der [Zusammenziehung aus Baum und Garten]: *Obstgarten.*

Bantl, das [Verkleinerung von Band] (auch bairisch): **1.** *kleines Band* **2.** *Schuhband* ❖ **jemanden am Bantl håbm:** *jemanden beherrschen.*

Bär, der [mhd. bēr und ahd. pēr (= Eber, Zuchteber); mit Bär (= großes Tier mit braunem Pelz) nicht verwandt]: *Eber, Zuchteber.*

Baraber, der [vielleicht zu oberital. barabba (= Landstreicher, Unterstandsloser); nach der biblischen Figur des Barabbas] (auch bairisch): **1.** *Bauarbeiter* **2.** *Schwerarbeiter* **3.** *ungehobelter Mensch.*

barabern ⟨hat⟩ [siehe Baraber]: **1.** *als Hilfsarbeiter am Bau oder im Straßenbau arbeiten* **2.** *(körperlich) schwer arbeiten.*

Barg, der [Herkunft unklar; die lautliche Ähnlichkeit mit lat. porcus (= Schwein) ist auffällig; belegt bei Mayr, Schmeller, Adelung etc.] (veraltet): **1.** *verschnittener Eber* **2.** *Schwein* **3.** *grobes Schimpfwort für eine Frau, die sich ordinär benimmt.*

bärig ⟨Adj.⟩ [zu Bär (= Zuchteber)]: **1.** *kraftvoll* **2.** *großartig* (beliebtes Wort zur Aufwertung).

Bårm, der; auch: **Bårn,** der sowie diverse andere Varianten [mhd. barn, barm, baren (= Krippe), zu ahd. barn (= Krippe); auch in anderen Mundarten im Süden des Sprachraums]: *Futtertrog für das Vieh, Futterkrippe.*

Bärn|brånd, der [Grund der Benennung unklar]: *vermutlich Giersch (Aegopodium podagraria), ev. auch Bärenklau (Heracleum).*

Bårn|dreck, der [laut Kluge ein zunächst schweizerisches Wort, das Benennungsmotiv ist unklar, vielleicht, weil Bären Süßes lieben; demnach hätte Dreck hier die Bedeutung starke Süße, auch süddt. und schweizerisch; es ist unwahrscheinlich, dass die Benennung auf den Ulmer Süßwarenfabrikanten Karl Bär zurückgeht, der auf viele Lakritzarten teilweise europaweit Patente innehatte]: **1.** *Lakritze, auch Süßholz genannt (Glycyrrhiza glabra)* **2.** *Naschzeug aus dem Saft der Lakritze.*

Bårn|tåtzn, die (Plural) [nach der Form: Tatze eines Bären]: *Hahnenkammkoralle (Ramaria botrytis), ein essbarer Pilz.*

bårrgln ⟨ist⟩ [Herkunft unklar; belegt bei Schatz und Mayr] (veraltet): *torkeln, stolpern, stolpernd gehen.*

bår|schink ⟨Adv.⟩ [1. Bestandteil: mhd. bar (= bar, bloß); 2. Bestandteil: schinke (= Schenkel)] (Außerfern): *mit nackten Waden.*

bår|stanz ⟨Adj.⟩ [2. Bestandteil: siehe Stanze] (Arzl im Pitztal): *barfuß.*

bårtat, bårtig, båchtat ⟨Adj.⟩: *bärtig.*

bås, båser, am båsesten ⟨Adj.⟩ [Herkunft aus mhd. baz, dem adv. Komparativ von guot, das zum Adjektiv umfunktioniert wurde; belegt bei Mayr]: *gut, besser, am besten.*

Basl, die [mhd. base (= Tante, Kusine)] (Osttirol): *(entfernte) Verwandte.*

Baslgån, Baslgúem, der [zu lat. basilicum (= Basilikum); viele Pflanzennamen wurden früher falsch verwendet und die falschen Bezeichnungen haben sich erhalten]: *Gartenbohnenkraut (Satureja hortensis).*

båss, bås ⟨Adv.⟩ [mhd. und ahd. baz (= besser, mehr); ursprünglich unregelmäßiger Komparativ zu wol, wole (= gut, wohl); in der Wendung bass erstaunt sein (= sehr erstaunt sein) auch standardsprachlich vereinzelt noch in Gebrauch] (veraltet): *besser, stärker, mehr.*

Båtzn|lippl, der: *siehe Påtznlippl.*

Baunze, die [etwas Kleines, Knolliges; verwandt mit Punze]: **1.** *knollenförmige, nudelartige Mehlspeise* **2.** *eine Pflaumenart* **3.** *Kosewort für ein dickes Kind.*

Baunzerl, das [Verkleinerung zu Baunze, siehe dort, und zwar insbes. Bedeutung 2 (die weiblichen Geschlechtsorgane werden oft mit den Namen von Früchten wie Dattel, Feige, Pflaume, Zwetschke versehen)]: *Vulva, Vagina:* „Dein Baunzerl is oans / is a netts und a kloans / is a schians und a feins / und des Baunzerl is meins." (Werner Pirchner: „Ein halbes Doppelalbum").

B

Båtter, die: *siehe Bet(e).*

Baz, der [vielleicht abgeleitet aus Påtzn, siehe dort] **1.** *breiige Masse* **2.** *Brei, Mus.*

bazn ‹hat›: **1.** *zerdrücken* **2.** *mit einem Brei herumspielen.*

bazig ‹Adj.› [zu Baz]: *breiig.*

baz|woach [eigentlich: weich wie ein Baz] ‹Adj.›: *sehr weich:* a bazwoache Birn essen ❖ **a bazwoachs Herz håbm:** *äußerst hilfsbereit und nachgiebig sein.*

be-, bi- ‹Präfix›: kommt im alten Dialekt selten vor, weil das b- nach Ausfall des -e- an den folgenden Verschlusslaut assimiliert wurde, d. h. verschwand; trotzdem gibt es die Vorsilbe in vielen Worten; diese sind allerdings aus der Standardsprache entlehnt und haben die standardsprachliche Bedeutung beibehalten: **be|ạchtn, be|dianen, be|gråbm, be|hauptn, be|neidn, be|weisn** etc.

béas|maulat ‹Adj.› [1. Bestandteil: dialektal für böse; 2. Bestandteil: siehe maulat]: *zu böser Nachrede neigend.*

be|duselt ‹Adj.› [zu Disl, Dusl, siehe Disl] (Osttirol): *(leicht) betrunken.*

befln, bẹffel(n) ‹hat› [zu standardsprachlich belfen (= keifen, kläffen, bellen; schimpfen), in Wörterbüchern mit dem Frenquentativum belfern vermerkt; dialektal auch be(l)fzen; laut Kluge durchwegs Wörter für eine besondere Art des Bellens, mit regional unterschiedlichen Schattierungen in der Bedeutung; lautmalend in Anlehnung an bellen]: *keck zurückreden, das letzte Wort haben.*

Beie, Bei, die [mhd. bīe und ahd. pīā (= Biene); aus mhd. bin(e), ahd. bini ist die heutige Standardform entstanden; weitere Herkunft unklar]: *Biene.*

Beisse, die [zu beissn] (Osttirol): *Juckreiz:* die Beisse haben.

beissn ⟨hat⟩ [mhd. bīʒen (= beißen, stechen); im bairisch-österreichischen Dialektraum mit einer zusätzlichen Bedeutung] (auch bairisch): *jucken:* z. B. eine raue Decke, ein Insektenstich.

Beis|wurm, der [siehe Wurm]: *Giftschlange.*

Beita|bub, der [1. Bestandteil zu mhd. bīten (= warten), ahd. pītan; Wortbildung des Kompositums mit -bub wohl nach dem Warnruf für Kinder: Baita! (= Lass es sein!)]: *schlimmer Bub.*

Beita|diandl, das [siehe Beitabub]: *schlimmes Mädchen.*

Beitl, beitln: *siehe Beutel, beuteln.*

Beg, Beg(a), Begn, die [das Wort kommt vom Pural Bögen; vgl. Radlbeg und Schuppbeg (= Schubkarren)]: *Gestell mit bogenförmigen Trägern.*

be|kẹmma, be|keme ⟨ist⟩ [bekommen im Sinn von entgegenkommen]: *begegnen:* i hoff, es bekimmt mi neamd in dem Gwandl.

be|kịrnen ⟨hat sich⟩ (reflexives Verb) [bei Oswald von Wolkenstein in der Bedeutung erbrechen belegt] (veraltet): *sich verschlucken.*

be|lå̩ngen ⟨hat⟩: *erreichen* (in den meisten Dialekten in der Form der(g)lången).

be|lụxn ⟨hat⟩ [laut Grimm von belugen abgeleitet (lugen = schauen), so wie abluchsen von ablugen; belegt bei Mayr]: *jemanden hinterlistig betrügen* ❖ **si beluxn:** *sich täuschen, sich verspekulieren.*

Benzerei, Penzerei, die [zu benzn, siehe dort]: *andauerndes Benzen.*

bẹnzn, pẹnzn ⟨hat⟩ [aus beengetzen (= in die Enge treiben)] (auch bairisch): *ständig drängen, aufdringlich bitten.*

Bẹrg, der [neben der standardsprachlichen Verwendung auch in zahlreichen Ortsbezeichnungen]: **1.** *das höher gelegene Gebiet einer Ortschaft:* Weerberg, Imsterberg etc. **2.** *Alpe, Weidegebiet:* Kühberg, Schafberg, Geißberg, Sommerberg etc.

Berge, die [zu mhd. halsbërge (= Teil der Rüstung, der mit dem Hals zugleich den Oberkörper bedeckt) und zu mhd. këlbërge (= Halsband, eigentlich: Kehlenband); im Oberinntal: Parge, Pearge] (veraltet): **1.** *Halsband der Hunde* **2.** *Spitzenkragen der Frauen.*

Bęrg|måd, die [2. Bestandteil: Ableitung von mähen]: *Almwiese.*

Bęrg|stęckn, der [mhd. stecke, ahd. stecko]: *Gehstock zum Bergsteigen.*

be|rųmpfn 〈Adj.〉 [aus dem Partizip Perfekt des mhd. Verbs rümpfen; vgl. die Nase rümpfen]; **rųmpfn** (Imst) (veraltet): *faltig, runzelig.*

be|scheissn, b|scheissn 〈hat〉 (derb): *betrügen.*

be|tąggln 〈hat〉 [zu einem älteren teigeln, beteigeln: jemanden mit Teig beschmieren, betrügen; spätere Angleichung an Takelage (= Takelwerk), das einen anderen Wortursprung hat]: *betrügen.*

betat, bęttat 〈Adj.〉 [eigentlich Partizip Präsens zu beten]: *(zu) fromm, bigott.*

Bet(e), Bętte, Båtter, die [Substantivierung zu beten] (veraltet): *Rosenkranz.*

be|trogn 〈Adv.〉 [aus dem Partizip Perfekt von betrügen]: **1.** *täuschend* **2.** *ausgiebig* **3.** *schwierig, unangenehm* ❖ **das ist betrogn viel Arbeit** (= mehr Arbeit als gedacht) **3.** *unangenehm, (unerwartet) schwierig:* I hab heut no a Wurzelbehandlung. – Oje, des is betrogn.

be|trǫppezt 〈Adj.〉 [zu mhd. tropfezen (= tröpfeln)]: **1.** *bestürzt, betroffen* **2.** *überrascht.*

Bętt|brunzer, der [2. Bestandteil: Nomen Agentis zu brunzn, siehe dort; belegt bei Schatz; dort auch die Variante Hosenbrunzer]: *ein Schimpfwort.*

Beuschl, Beischl, Peischl, das [Verkleinerung von Bausch]: **1.** (auch bairisch; in D: Lungenhaschee): *Speise aus Innereien, besonders Lunge und Herz* **2.** (salopp) *Lunge; menschliche Eingeweide.*

Beuschl|reisser, der [1. Bestandteil: siehe Beuschl] (scherzhaft): *starke Zigarette.*

Beutel, Beitl, Beidl, der [ahd. būtil; eigentlich: Aufgeschwollenes; gesamtdeutsch sind die Bedeutungen: sackähnliches Behältnis,

Geldbörse] (auch bairisch) (derb): **1.** *Hodensack, Hoden* **2.** *Penis* **3.** *Trottel.*

-beutel, -beitl, -beidl als 2. Bestandteil von Schimpfwörtern (derb): **Hụnds|beutel, Sau|beutel** etc.

beuteln, beitln, beitle ‹hat› [mhd. biuteln (= durch einen Mehlbeutel sieben)] (auch süddt.): **1.** *durchschütteln* **2.** *züchtigen.*

Biasse, Biassn, die [ahd. pieza; zu lat. bēta (= Bete)]: **1.** *Mangold (Beta vulgaris subsp. vulgaris, Cicla-Gruppe und Flavescens-Gruppe)* **2.** *Blatt der roten Rübe (roten Beete) (Beta vulgaris subsp. vulgaris, Conditiva-Gruppe).*

Bíast, der [mhd. biest mit gleicher Bedeutung]: *erste (dicke) Milch der Kuh nach dem Kalben.*

Bíatn, das [Substantivierung von bieten (= ein Angebot machen und steigern)]: *Bieten, ein Tiroler Kartenspiel:* das Biatn kommt gleich nach dem Einbrechen [scherzhafter Spruch, weil das Jagen (= Bluffen) ein wichtiges Element dieses Spiels ist].

Bịchele, das [Verkleinerungsform von mhd. puchel (= Fackel)] (Prägraten) (veraltet): *Reisigbündel zum Feuermachen.*

Bịlg|ei, Bịlg|oa(r), Bụ̈g|oa, das [mhd. pilgei (= Nestei)] (veraltet): *Heckei, Lockei, (nachgemachtes) Ei, das den Hühnern ins Nest gelegt wird, damit sie dazulegen.*

Bịmbam, der [lautmalend für das Glockenläuten, gesamtdeutsch] ❖ **heiliger Bịmbam,** der [scherzhafte Verwendung von Bimbam als Heiligenname] (auch süddt.): *Ausdruck des Erschreckens oder um eine Aussage zu unterstreichen:* ach, du heiliger Bimbam.

bi|nạchtn ‹ist› (Osttirol): *mit einer Arbeit in die Nacht kommen.*

Bine, Bin, die [wie standardsprachlich Bühne zu mhd. büne (= Bretterbühne, Zimmerdecke), weitere Herkunft unklar]: **1.** *Überboden im Stadel (für Stroh bzw. Geräte)* **2.** *Balkonvorbau beim Stadel.*

Bịnggl, der; **Bịnngei,** das [geht vermutlich auf ein nicht belegtes Bünkel zurück, mit der Bedeutung etwas Aufgeblähtes, etwas Dickes; verwandt mit bunggat, Bed. 3: vgl. norddeutsch Pinkel (= Mann);

ferner norddeutsch feiner Pinkel (= jemand, der vorgibt, fein und vornehm zu sein)] (auch bairisch): **1.** *Bündel, persönliche Habseligkeiten:* „Geh Hansei, pack dei Binggei zsamm, mir gehen nach Bethlehem ...“ ist der Beginn eines im Tiroler Unterland populären Anklöpfelliedes **2.** *Beule, Anschwellung* **3.** *unangenehmer Mensch:* ein aufgeblasener Binggl (= ein eingebildeter, überheblicher Mensch); ein feiner Binggl (= jemand der vorgibt, fein und vornehm zu sein).

Birschtling, der [Ableitung von mhd. bürste (= die mit Borsten versehene)] (Wildschönau): *Borstgras (Nardus stricta), auch Bürstling genannt.*

Bịschl, Bụschl, Bụschn, Bịschn, der [Bischl ist entrundet aus Verkleinerungsform von mhd. busch, bosch (= Busch, Gesträuch, Gehölze, Wald); zu mittellat. buscus, boscus (= Wald)]: *Blume.*

Bịschl|gschier, Bịschl|gschirre, Bụschn|gschierl, das [1. Bestandteil: siehe Bischl; 2. Bestandteil: Mundartform von Geschirr, zu mhd. geschirre, ahd. giscirri; gehört zu scheren, also eigentlich: das Zurechtgeschnittene; hier mit der alten Bedeutung Gefäß]: *Blumentopf.*

bisln ⟨hat⟩ [Herkunft unklar; die Herleitung aus einer Kontamination von nieseln und pissen ist unwahrscheinlich, weil beide Wörter in den Dialekten nicht vorkommen]: **1.** *urinieren* **2.** *leicht regnen.*

bisn ⟨hat⟩ [aus mhd. bisen (= rennen wie ein von Bremsen geplagtes Vieh)]: **1.** *rasch laufen (vor Freude, Lust oder Angst)* **2.** *(von Kühen) mit aufrechtem Schweif rennen, wenn sie von Bremsen gepeinigt werden.*

Bịss|gurn, Bịss|gura, die [vermutlich zu tschechisch piskoř (= Schlammbeißer, ein Fisch, der beim Ergreifen einen pfeifenden Laut ausstößt), in Anlehnung an Biss und an dialektal Gurre (= schlechte Stute); auch bairisch]: *zänkische, tyrannische Frau.*

Bite, Bit, die [zu mhd. bite, bit, bīte, bīt (= das Verweilen, das Zögern), zu bīten (= warten), ahd. bīta (= das Harren, das Warten)] (veraltet): **1.** *das Warten auf die Bezahlung* **2.** *das Borgen:* auf Bit geben.

Bitschei[1], das [Verkleinerung zu Bitschn, siehe dort]: *kleine Milch- oder Wasserkanne.*

Bitschei[2], **Bitschele,** das [über oberitalienisch buccella aus lat. buccella]: **1.** *runde Semmel* **2.** *länglicher Brotlaib.*

Bitschn, die; auch: **Bitsch,** die [entlehnt aus mittelat. potecha (= Abstellraum, Vorratslager) mit mittellat. butica (= Fass)]: *Kanne aus Holz oder Steingut (bemalt oder unbemalt, für Wasser oder Milch).*

Bittra(ch), Bittrich, der; auch: **Pidrach,** der [mhd. buterich, büterich (= Schlauch, Gefäß); ahd. putrich (= Wasserschlauch, Weinschlauch)]: *Wasserfässchen mit Trinkpipe.*

blå(b), blowe ‹Adj.› [zu mhd. bla, Genitiv blawes (= blau)]: *blau.*

Blabling, Blebling, Blåwaling, der [eigentlich: Bäuling; Pilz, der wegen seines großen blauen, violetten oder grünen Hutes so bezeichnet wird]: **1.** *vermutlich Frauentäubling (Russula cyanoxantha), auch Blautäubling genannt* **2.** *Menschen nach einem Alkoholrausch:* nach der Hochzeit hat es im ganzen Dorf hübsch viele Blawalinge gebm.

blad ‹Adj.› [Partizip Perfekt von blan (= blähen), eigentlich: aufgebläht] (abwertend): *dick.*

Blade, der; ein Blader (abwertend): *dicker, unförmiger Mensch.*

blådern ‹hat›: *beim Sieden Blasen werfen.*

blaggalen ‹hat› [Herkunft unklar] (Achenkirch): *faulig riechen.*

blandern ‹hat› [Grimm vermerkt blandern als forstmännischen Fachausdruck; Schatz stellt es zu blenden: die Blender herausschlagen]: *einzelne Bäume schlagen, ausforsten.*

blånga ‹hat› [mhd. belangen (= lang dünken)] (Außerfern): **1.** *das Ende herbeisehnen* **2.** *sich langweilen.*

Blatenigl, Platenigl, der [mhd. batonje (Schlüsselblume, Betonie), aus lat. betonia, der Name geht auf den keltischen Stamm der Vectones zurück, der in Lusitanien auf der iberischen Halbinsel lebte]: *Aurikel (Primula auricula).*

Blåter, Blåda, Blotra, die [mhd. blätere, ahd. blät(t)ara (= Wasserblase, Harnblase, Pocke), eigentlich: Geschwollenes, Aufgeblasenes]: **1.** *Blase im siedenden Wasser* **2.** *Harnblase* **3.** *Brandblase* **4.** *Schimpfwort für übergewichtige Frauen:* Fette Blåder!

Blått, das, **Blåttl, Bladl,** das: **1.** *Blatt* (auch die Verkleinerungsform bedeutet Blatt) **2.** (nicht in der Form Blått, sondern nur in der Pluralform Blattln) *Speise aus Teigblättern.*

bléatan ⟨hat⟩ (Wildschönau) [mhd. blödern (= rauschen; plaudern, ausplaudern); die Fortis -t- ahmt den Zillertaler Dialekt nach, in der Wildschönau müsste es bleadan heißen]: *Zillertalerisch reden.*

Bleck|årsch, der [1. Bestandteil zu blecken, siehe bleckat]: *der entblößte Arsch.*

bleckat ⟨Adj.⟩ [zu blecken (= glänzend sichtbar werden; heute standardsprachlich fast nur noch in: die Zähne blecken); mhd. blecken (= aufblitzen lassen, durchscheinen lassen, entblößen), ahd. blecchen (= aufblitzen, glänzen)]: *entblößt.*

bleck|fúissat ⟨Adj.⟩ [1. Bestandteil: siehe bleckat; 2. Bestandteil: füßig] (Osttirol): *bloßfüßig, barfuß.*

bleggetzn ⟨hat⟩ [vielleicht Intensivum zu blöken; dieses zu niederdeutsch blēken; lautmalend; belegt bei Mayr] (veraltet): **1.** *meckern (von Ziegen)* **2.** *jammernd meckern.*

Bletsche, die: *siehe Pletsche.*

blíangg|augat ⟨Adj.⟩ [zu bliangn, siehe dort] (Osttirol): *verschlafen, müde.*

blíanggn ⟨hat⟩ [wie standardsprachlich blinken zu mittelniederdeutsch blinken (= glänzen), verwandt mit blecken; siehe bleckat] **1.** *blinzeln, zwinkern* **2.** (Unterinntal): *wetterleuchten.*

bliatn ⟨hat⟩ [umgelautet zu mhd. bluoten (= Blut verlieren)]: *bluten.*

Blissn, die [Herkunft unklar] (Osttirol): *dürre Baumnadeln.*

blitzn ⟨hat⟩ [wie standardsprachlich blitzen, zu mhd. bliczen, ahd. bleckazzen, laut Duden eigentlich: wiederholt oder schnell (bläulich glänzend) aufleuchten; zusätzliche Bedeutung im Tirolischen]: *in Gesellschaft trinken.*

Blóake, Blóakn, die [wohl zu mhd. bleichen (= bleich machen)]: *Kahlstelle im Wald durch Erdrutsch oder Lawinenabgang.*

Bluat|schink, der [auch Bluetschinke oder Plutschinke; vermutlich zu Blut und Schinken (= Schenkel, Fuß), also Blutfuß]: **1.** *dämonischer Wassergeist (eine Sagengestalt)* **2.** *Name einer Musikgruppe aus dem Lechtal.*

Blúima, das [wie standardsprachlich Blume zu mhd. bluome (= Blume; Ertrag eines Landgutes, besonders an Gras und Heu)] (Osttirol): *Heurückstände.*

blunzat ‹Adj.› [zu Blunzn, siehe dort]: *dick, plump.*

Blunzn, Blunsn, die [Substantivbildung zu mhd. blunsen (= aufblähen)]: **1.** *Blutwurst* **2.** (abwertend): *dicker Mensch* ❖ **das ist mir blunzn:** *das ist mir völlig egal.*

blutt ‹Adj.› [mhd. blut (= bloß, nackt)]: *bloß, leer* ❖ **blutt sein:** *kein Geld haben.*

blutt|nåckat [1. Bestandteil: siehe blutt]: *völlig nackt.*

Boan|grapscha, Boan|gratsche, der [1. Bestandteil: Mundartform von Bein (= Knochen); 2. Bestandteil: siehe Gratsch(e): *Eichelhäher (Garrulus glandarius).*

Bóar|fåck, der [Wortspiel zwischen Bär (= Eber) und Boar (= Bayer), Plural Boarn, Boare, mit denen die Tiroler im 18. Jh. kriegerische Auseinandersetzungen hatten]: *heute nur mehr scherzhaft gebrauchtes Schimpfwort für einen Bayern:* „Miar Oberländer fölsaföscht und wia die Fearner gfroara, / miar hockn in a Fölsanescht / und schiassn auf die Boara ...“ ist der Beginn des bekanntesten Heimatliedes im Oberinntal (erstmals 1899 veröffentlicht).

Boass, die, **Boaz(e),** die [mhd. beiʒe (= Beizmittel, Beizjagd), ahd. beiza (= Lauge, Alaun); zu beizen]: *Beize.*

Boassln (Plural): **Boassl|beer:** *siehe Poassl.*

boassln: *siehe poassn.*

boatn ‹hat› [eigentlich: beiten, mhd. beiten (= verziehen, warten), ahd. peiton (= warten)]: *warten:* boat a Boisl (wart eine Weile).

bock|póanig ‹Adj.› [auf die wilden Eigenschaften eines jungen Bocks anspielend]: *widerspenstig.*

bọckelen; auch: **pọggelen, pẹggeln** ⟨hat⟩ [zu Bock]: *wie ein Bock stinken.*

bọckn ⟨hat⟩ [zu Bock]: **1.** *brünstig sein* **2.** *widerspenstig sein.*

bọckig ⟨Adj.⟩ [zu Bock]: **1.** *brünstig* **2.** *widerspenstig.*

Bofa, der [zu båfn, siehe dort] (Osttirol): *Latz für Kleinkinder.*

Bög, die: *siehe Beg.*

Bois(l), Boisai, das; auch: **Pois(e),** die, **Poisal,** das [über altfranz. poise aus lat. pensum (= Arbeitspensum)]: *eine Weile:* wart a Boisl!

Bọlla, Bọlle, der oder die [bei Schatz mit weiteren Bedeutungen belegt: Knollen, kleines rundliches Ding, Hagelkorn; mhd. bolle (= Knospe, kugelförmiges Gefäß), ahd. polla, ursprünglich: Knollenartiges] (Osttirol): *Heupack.*

Bọschn, Bụschn, Bọ̈tscha der [mhd. bosch(e) (= Busch, Gesträuch, Wald), zu ahd. busc, bosc (= Gebüsch); laut Duden vermutlich verwandt mit Beule, also: etwas Dickes, Dichtes; auffällig ist mittellat. buscus, boscus (= Wald), franz. bois und ital. bosco, aber die genauen Herkunftsverhältnisse sind unklar]: *Fichtensetzling, junges Nadelholz.*

Bos|nigl, Boas|nigl, der [zu Nigl, siehe dort; ursprünglich Spielform für Nikolaus]: *boshafter Mensch.*

Bọ̈ttach, Pọ̈ttach, der; Verkleinerungsform: **Bọ̈ttal,** das [mhd. botech, ahd. potach (= Rumpf)] (veraltet): *Körper, Leib, Rumpf:* „Bua, hascht du a schians Weib, / dia hat woll a schneaweißn Leib, / iatz hascht sie ganz alluan / kuanar kun iahr was tuan, / a Böttal fein lind / und afs Jahr a schians Kind. (Aus „Zillertaler Reimkunst“ von Erich Hupfauf).

Bọxele, Bọxal, Bụxele, das [aus dem 1. Bestandteil von Bockshorn (nach der Form der Schoten) mit Verkleinerungsendung]: *Frucht des Johannisbrotbaumes, in Österreich Bockshörndlbaum (Ceratonia siliqua).*

Bråch, die [mhd. brāche, (= Umbrechung des Bodens nach der Ernte; umgebrochen liegendes, aber unbesätes Land; zu brechen im Sinn von pflügen]: *das Brachliegen; die Brache, das Brachfeld, der Brach-*

acker ❖ **der Acker ist in der Brach: 1.** *der Acker ist unbestellt, unbebaut* **2.** *der Acker ist gepflügt, aber nicht besät.*

Bragger, der [zu braggn, siehe dort]: *Teppichklopfer.*

braggn ⟨hat⟩ [verwandt mit brechen und prägen]: *schlagen.*

Braggs(e), Braggsn, die [zu braggn]: *Hackmesser zum Hacken von Ästen, Streu, Fleisch.*

Bram(ach), das [mhd. brâme (= Brombeerstrauch)]: *Gestrüpp der Waldbeeren.*

Brånd, der [ursprünglich: durch Brandrodung entstandenes waldloses Gebiet, durch Brennen entstandenen freie Fläche; in zahlreichen Ortsnamen] (Osttirol): *Holzschlag, Waldlichtung.*

Brantsch, Bransch, die [Herkunft unklar; vielleicht zu franz. branche (= Ast, Abteilung, Bereich); laut Jontes vermutlich in der Franzosenzeit übernommen; belegt bei Mayr und Schatz]: **1.** *Schar* **2.** *Bande, Gesindel.*

Brat, das [mhd. gebræte (= Fleisch); sonst nur fachsprachlich]: *fein gehacktes Fleisch ohne Knochen als Füllung für Wurst.*

bratig [zu braten; belegt bei Mayr]: *drückend heiß, schwül.*

bråt|ríem ⟨Adj.⟩ [1. Bestandteil: mhd. brât (= Fleisch); 2. Bestandteil: Herkunft unklar]: *muskelsteif* (vom Muskelschmerz nach großer Anstrengung).

bråt|schell(ig) ⟨Adj.⟩ [laut Finsterwalder aus brâtes hel(lic) von mhd. hel(lic) (= schwach, matt) und mhd. brât (= Fleisch)]: *muskelsteif.*

Bratschn, die [mhd. brätsche aus romanisch paratscha; vgl. auspratschn (= entblättern, enthülsen) und schweizerisch prätschen (= schlagen)]: *Deckblätter des Maiskolbens.*

bräuchig, breichig, breilach ⟨Adj.⟩ [zu Brauch]: *der Herkunft entsprechend:* ein bräuchiger Loda; ein bräuchigs Toan (= Benehmen).

Bréatl, das [Verkleinerungsform von Brot] (Osttirol): *Brotlaib.*

Brechl, die [Substantivableitung von brechen, in diesem Fall: Flachs brechen]: *Gerät zum Bearbeiten von Flachs.*

Breme, Brame, die [mhd. brēme (= Bremse, Stechfliege)]: *Bremse, Stechfliege.*

Brenn|suppm, die [1. Bestandteil zu brennen] (Küchensprache) (auch bairisch): *Mehlsuppe, Einbrennsuppe* ❖ **nicht auf der Brennsuppm dahergschwommen sein:** *nicht naiv sein, sich gut auskennen.*

Brente[1], **Brentn,** die [nordital. brenta, ein Alpenwort von unklarer Herkunft] (veraltet): *großer Holzkübel, Bottich.*

Brente[2], die [Herkunft unklar]: *dichter Nebel.*

bretschn ⟨hat⟩ [siehe Labratsche] (Obertilliach): *alles weitererzählen, verpetzen.*

Brettl, Bredl, das [Verkleinerung von Brett]: **1.** *kleines Brett* **2.** *kurz für Jausenbrettl (Brett zum Servieren einer Jause)* **3.** (im Plural): *die Skier.*

brettl|ebm, bredl|ebm ⟨Adj.⟩ [1. Bestandteil: siehe Brettl]: *flach wie ein Brett.*

Brinze, die, meist im Plural: Brinzn [bairisch Brünse (= Speisekruste); zu brinzen (= nach Brand riechen); vgl. brenzeln und brennen]: *angebratene Speisereste im Geschirr.*

Britsche, Britschn, die [mhd. britze, brütsche, (= Pritsche); ahd. britissa (= Bretterverschlag), vielleicht Kollektivum zu Brett]: *Pritsche, einfache Lagerstätte aus Brettern.*

britschln ⟨hat⟩ [lautmalend]: *mit Wasser herumspielen, plätschern.*

broat|maulat ⟨Adj.⟩ [2. Bestandteil zu maulat, siehe dort]: *großsprecherisch.*

brockn, brocke; auch: **åb|brockn** ⟨hat⟩ [mhd. brocken, ahd. brocchōn; zu brechen; gesamtdeutsch: in Brocken zerteilen, brechen] (auch süddt.): *pflücken, ernten* (Äpfel, Beeren, Blumen, Pilze etc.)

brodln, umadumǀbrodln 〈hat〉 [mhd. brodelen, vermutlich zu Brühe; gesamtdeutsch heute mit der Bedeutung aufwallen; die Vorsilbe herum- dient der Verstärkung] (auch bairisch): *Zeit vertrödeln, eine Tätigkeit sehr langsam verrichten und deshalb nicht vorankommen.*

Brodler, der [zu brodln, siehe dort]: *jemand, der Zeit vertrödelt.*

Brúach, die [zu mhd. bruoch (= Hose um Hüfte und Oberschenkel, an der ursprünglich die Hose als Schenkelbekleidung befestigt war] (veraltet): *der Bauchgurt des Zugpferdes.*

brunzln 〈hat〉 [zu brunzen mit -l-Einschub]: *nach Harn riechen.*

brunzn 〈hat〉 [von mhd. brunnezen, Intensivbildung zu brunnen (= hervorquellen); verwandt mit dem Substantiv Brunnen] (auch bairisch): *urinieren.*

Brunzet, Brunzat, das [zu brunzn, siehe dort]: *Harn.*

Brunzǀwinkl, der (derb, auch scherzhaft): *Pissoir.*

Brusmen, die (Plural) (Oberhofen), **Bruscha** (St. Anton) [mhd. broseme (= Krümel, Brosame), das letztlich zu brechen gehört]: *Brotkrümel.*

Bsinǀter, der [wie Sinter zu mhd. sinter, sinder, ahd. sintar (= Metallschlacke)] (Stubaital): *Sinter, Metallschlacke.*

Bsuf, Bsuff, der [zu (be)saufen]: *Trunkenbold.*

Búa der [mhd. buobe (= Knabe, Diener, Trossknecht, zuchtloser Mensch, Spieler)]: Normalform für ein männliches Kind bis zum Alter von 14 oder 15 Jahren: **1.** *Bub* **2.** *Sohn:* sein Bua **3.** *Geliebter, Liebhaber:* „Die Sennrin von der hohen Ålmhüttn, / die tuat ihrn Buam recht schön bittn, / er mecht ihr amål ihrn Kaskessl kittn, / weil er ållweil rinnt bei der Mittn: / ‚I bitt di hålt, kimm fei båld!'" (aus dem aus Osttirol stammenden Lied „Die Sennrin von der hohen Ålmüttn").

Búa, Búi, Búaǀlein 〈Interj.〉 [vergleichbar mit dem Ausruf Mensch! in Norddeutschland; Diskussionsmarker am Beginn eines Redebeitrags, mit dem der Redner auf sich aufmerksam machen will]: *Hörts zu:* Bua/Bualein, kalt is heut!

Búag, Búeg der [aus mhd. buoc (= Schulter, Gelenk), verwandt mit biegen]: *menschlicher oder tierischer Fuß (in D: Bein):* ziachts eure Biag ein, sonst fallt oaner drüber!

búagln ⟨ist⟩ [zu Buag]: *daherwatscheln.*

Búam|tratzer, der [1. Bestandteil: Bua; 2. Bestandteil: Substantivbildung zum Verb tratzen (= necken); mhd. tratzen, tretzen, trutzen (= trotzen; reizen, necken] (veraltet): *Busenflor.*

Buchl, der [Herkunft unklar; ursprünglich: Teil einer Montschalla, siehe dort]: *Semmel:* „Nun kann es sein, daß Sie dieses Lied nicht versteh'n! (...) ‚A ‚Buchl' isch a Semml und a ‚Gsalz' a Marmelad'! / A ‚Trimmsler' isch a Mensch, der nix tuat, und dem isch fad!'" (Aus dem Lied „Knou mah!" der Lechtaler Musikgruppe „Bluatschink".

Budl[1], das; **Buddl,** die [Herkunft ungeklärt]: *bauchiges Trinkgefäß:* ein Budel Schnaps.

Budl[2], die [zu Bude, dieses zu mhd. buode (= Hütte, Gezelt), zu bauen]: *Ausschank, Warentisch.*

Buger, der [franz. bougre]: **1.** (schlechtes) *Ross* **2.** *Schimpfwort für dickliche, langsame Menschen.*

buggeln, buggln ⟨hat⟩ [eigentlich: buckeln (= den Rücken krümmen)]: *(schwer) arbeiten.*

Buggl, der [Mundartform von Buckel; dieses aus mhd. buckel, aus altfranz. bo(u)cle; eigentlich: das Geringelte, der Ring; zu lat. buccula (= Bäckchen)]: **1.** *Rücken* **2.** *Buckel.*

bugglat ⟨Adj.⟩ [eigentlich: buckelecht; zu Buckel]: *bucklig, höckerig.*

buggl|kraxn, buggl|såck (trågn), buggl|kretzga ⟨hat⟩ [Verbbildung zu Bucklkraxn (= Rückentraggestell): *auf dem Rücken tragen (vor allem ein Kind).*

Büg|oa, das: *siehe Bilgei.*

Buhin, der (Lans) (veraltet): *Uhu.*

Bumser, der [zu bumsen im Sinn von detonieren] (historisch): *volkstümliche Bezeichnung für Mitglieder des „Befreiungsausschusses*

Südtirol" (war Ende der 1950er und Anfang der 1960er Jahre für Sprengstoffanschläge verantwortlich).

bụmsn ⟨hat⟩ [ursprünglich nicht tirolerisch, aber heute geläufig]: *koitieren.*

Buner, der [mhd. banier(e) (= Banner, Fahne als führendes Zeichen einer Schar), franz. bannière, letztlich zu einem germanischen Wort mit der Bedeutung Feldzeichen; vgl. gotisch bandwa (= Zeichen)]: **1.** *Banner* **2.** *Bundtafel der kirchlichen Bündnisse.*

bụnggat, bịngglat ⟨Adj.⟩ [eigentlich: bunkecht; Adj. zu bairisch Bungg, Pungg (= etwas Dickes, Knolliges]: *wulstig, bucklig, knollig, gedrungen.*

Bụrgl, die ⟨weiblicher Vorname⟩: *Notburga.*

bụrni ⟨Adj.⟩ [zu einem bei Schatz belegten purrn, purre (= zerknittern)] (Fiss, Oberes Gericht): *zerknittert.*

Bụrsch, der [zu spätmhd. burse, also eigentlich: Angehöriger einer Gemeinschaft, die sich aus einer Gemeinschaftskassa finanziert, zu mittellat. bursa (= Geldbeutel)] (in D stattdessen meist Junge): **1.** *männliches Kind bzw. junger Mann* (im Alter von 14/15 bis 17/18 Jahren) **2.** *patenter Kerl; jemand, der mit sich reden lässt:* a saubara Bursch.

Bụ̈rschl, Pịrschl, das (meist abwertend oder drohend): *kleiner Bursche (mit fragwürdigem Charakter):* Wårt lei, Bürschl, du kimst no in mei Gåssn! (Gassen = Singular).

Bụscha, der [Herkunft unklar] (Pettneu): *Schneegestöber mit viel Wind.*

Bụschl, das: *siehe Bischl.*

Bụschl|lab, die [siehe Bischl und Lab(e)] (Ebbs): *Blumenbalkon.*

Bụssi, Bụssl, das [eigentlich kindersprachlich, wird aber auch von Erwachsenen verwendet): *Kuss.*

bụssn [offensichtlich Rückbildung zu bussln] (veraltet): *küssen:* „... da Bua hat die Bäurin busst, / mittn af da Stiagn, / da Knecht hat gsagt:

Recht hascht ghabt! / und packt die Diarn." (Aus „Zillertaler Reimkunst" von Erich Hupfauf).

B

Butta|kugln, die (Plural) (Achental): *Sumpfdotterblumen.*

Butte, Buttn, die [zu mhd. büt(t)e, büten, ahd. butin(na); diese aus mittellat. butina (= Flasche, Gefäß); zu griechisch bytinē (= umflochtene Weinflasche); bei den Papiermachern war der Papierbrei früher in der Bütte, aus der von Hand geschöpft wurde; daher die Bezeichnung für das handgeschöpfte Büttenpapier]: *hölzerner (Milch) Kübel.*

Butz, Butz, der [mhd. butze (= Poltergeist, Schreckgespenst); nach einer alten abergläubischen Vorstellung sitzt im Inneren von Früchten ein Kobold]: **1.** *Kobold, Kinderschreck* (auch **Bute**) **2.** *Kerngehäuse von Apfel oder Birne:* „Und der Adam is stutzig wordn, und der Zorn håt eahm påckt / weil die Eva vom Åpfel eahm nur den Butz låssen håt ..." (Aus: „Und jetzt gang i ans Petersbrünndele", ein in ganz Österreich verbreitetes Gstanzllied) **3.** (salopp) *Polizist.*

caressian, caressiern ⟨hat⟩ [zu französisch caresser (= liebkosen)]: *leichtfertig lieben, anhimmeln.*

Car|fIndl, das [zu ital. caraffina (= kleine Flasche)]: *die Fläschchen mit Essig und Öl am Esstisch.*

Christ|kindl, das [Christkind als Überbringer der Weihnachtsgeschenke]: *Bescherung, Weihnachtsgeschenk(e).*

Christ|monat, der [1. Bestandteil als Verweis auf den bedeutendsten Feiertag dieses Monats]: *Dezember.*

Wörter, die nicht unter D zu finden sind, könnten unter T stehen.

då, do ⟨Ortsadv.⟩: *da, hier* (wird in einigen Tiroler Mundarten mit anderen Adverbien verschmolzen: douwe, dunte, dinne, dente etc.)

da, dr [niemals verdunkelt; wird verdunkelt, haben wir es mit då (= hier) zu tun]: **1.** ⟨Personalpronomen, 2. Person, 3. Fall⟩ *dir:* i wear da's schon zoagn (= ich werde es dir schon zeigen) **2.** ⟨bestimmter Artikel, mask., 1. Fall⟩ *der:* Da Sepp weart mi schon anruafn!

Dåch|kendl, die [2. Bestandteil zu mhd. kenel (= Kanal, Rinne)]: *Dachrinne.*

daggsln ⟨ist⟩ [zu Dachshund (= Dackel)]: *krummbeinig gehen* (wie der Hund).

dåig, dåsig ⟨Adj.⟩ [zu da nach dem Muster hiesig zu hier]: *hiesig.*

Dåige, Dåsige, der oder die; ein **Dåiger,** eine **Dåige** [zu dåig]: *Hiesiger, Hiesige.*

dalfern ⟨hat⟩ [belegt bei Schmeller; Herkunft unklar]: *unverständlich oder fehlerhaft reden.*

dålggat, dåiggat ⟨Adj.⟩ [zu Dågg(n), siehe dort]: **1.** *ungeschickt, unbeholfen* **2.** *dumm, einfältig.*

dålggen; dåiggn ⟨hat⟩ [zu Dågg(n), siehe dort]: *kindisch, dumm reden.*

Dålggerei, die [zu Dågg(n), siehe dort]: *sinnloses Getue.*

Dålgg(n), Dåigg, der [eigentlich: teigige Masse; vgl. mhd. talke mit derselben Bedeutung; übertragen zur Bezeichnung von etwas Unfertigem] (auch süddt.): **1.** *teigige Masse* **2.** *ungeschickter Mensch, Dummkopf.*

damisch ⟨Adj.⟩ [eigentlich täumisch; zu ahd. toum (= Dampf, Dunst, Rauch); semantisch beeinflusst von taumeln] (auch süddt.): **1.** *betäubt, benommen, schwindelig:* der Wein håt mi gånz damisch gmacht **2.** *dumm, verrückt:* ein damischer Kerl **3.** *zornig, wütend:*

måch mi nicht damisch; jemanden so lang ärgern, bis er damisch wird **4.** ⟨intensivierend bei Adjektiven und Verben⟩ *sehr:* es is damisch hoas; mia håm damisch gschwitzt.

Dåmpf, der [mhd. dampf, tampf, ahd. dampf, ursprünglich: Dunst, Nebel, Rauch] (auch bairisch): *Rausch.*

Dåmpf|nudl, die (Küchensprache) (auch süddt.): *kleinere ungefüllte Buchtel, meist mit Vanillecremesauce* ❖ **aufgehn wia r a Dåmpfnudl:** *innerhalb kurzer Zeit korpulent werden.*

Dåmpf|plauderer, der (auch bairisch): *jemand, der viel redet, aber wenig zu sagen hat; Schwätzer.*

dånk|der|gott, dånk|gott ⟨Ausruf⟩: **1.** *dankeschön* **2.** *Antwort auf die Floskel Helfgott! beim Niesen.*

danidn: *siehe nidn.*

dåsig ⟨Adj.⟩ [zu da; wie hiesig zu hier]: *ortsansässig, hier beheimatet.*

dasig, ge|dasig ⟨Adj.⟩ [mhd. dæsic (= still, in sich gekehrt, dumm)] (auch süddt.): *verwirrt, schüchtern, benommen:* dasig dreinschauen; er ist leicht dasig zu machen (= er ist leicht einzuschüchtern).

Dåtta, Date, Dåtti, der [kindersprachliches Lall- und Kosewort, heute selten]: *Vater.*

Dåtterer, Dåterer, der [zu dåttern, siehe dort]: *alter Mann, Tattergreis.*

dåttern, dattern ⟨hat⟩ [eigentlich: tattern (= stottern; mit den Fingern oder am ganzen Körper zittern)]: **1.** *dummes Zeug daherreden* **2.** *zittern.*

dauln ⟨hat⟩ [eigentlich: daulen (= irre sein, betäubt sein); gehört zu mhd. twalm (= Betäubung, Ohnmacht) und zu ahd. twëlan (= betäubt sein), verwandt mit toll]: *die Zeit verschlafen, dauernd vor sich hindösen.*

Daum um|géahn ⟨phraseolog. Wendung⟩ [Herkunft unklar] (veraltet): *Entrüstungsausruf im Sinn von: Da hört sich doch alles auf!* Då könnt einem frisch der Daum umgeahn! – Dås ist jå zum Daum-Umgeahn!

dawéascht ⟨Adv.⟩ [zu mhd. wert (= Wert, Geltung)] ❖ **das is doch nit daweascht gwesn:** *das ist doch nicht der Rede wert, das war doch nur eine Kleinigkeit* (als Antwort, wenn sich jemand bedankt) ❖ **das is aber schon decht ganz daweascht:** *das ist doch die Höhe* (als Ausruf der Entrüstung; Idiomatisierung einer ironischen Umkehrung der Bedeutung): se håm gsåg, i hunn's keascht, koit's vi di, es is daweascht (Internetbeleg, Kitzbühel).

D

de, día: *siehe der.*

déa(r), de/dia, des ⟨Pronomen⟩: *dieser, diese dieses.*

déasn, desn, dåssn ⟨Pronomen⟩ [im Zillertal, Tuxertal, Unterinntal kommt das betonte, hinweisende der etc. mit -sn vor, das aus einem angehängten -selben entstanden ist: **déasn,** oft auch **déan** (= der, derjenige); **dåssn** (= das, dasjenige); **densn** (= den, denjenigen)]: *derjenige.*

decht, decht(a)st, dechta, dechter ⟨Adv.⟩ [Kombination von mhd. doch und eht (= nur, bloß)]: *doch, dennoch, trotzdem:* „... åber schea is decht, wånn s herbstln tuat, a frisches Windl blåst. / Då kust di dånn auf s Fruajåhr gfrein, bis d an Winta umma håst." (Aus „Hiatz is hålt wieda da Summa aus", von Matthias Keuschnigg, dem damaligen Wirt der „Weindiele" in Kirchberg in Tirol).

deiggsln ⟨hat⟩ [ursprünglich: etwas mit einer Deichsel versehen, fahrbar machen; einen Wagen mit einer Deichsel rückwärts lenken, was hohes Geschick erfordert; die heutige Bedeutung stammt aus der Studentensprache]: *zurechtbiegen* ❖ **etwas deichseln** (auch süddt.): *etwas gut zu Ende bringen.*

Deixei fohn, das [mit Füßen wird eine Deichsel gebildet]: *mit zwei Schlitten rodeln, wobei der erste Rodler auf dem Bauch liegt, seine Füße in dem zweiten Schlitten einhängt, während der zweite Rodler sitzend fährt* (Internetbeleg, Kitzbühel).

dengg ⟨Adj.⟩ [mhd. denc, tenc (= der, die das linke)]: **1.** *linker, linkes, linke:* die dengge Seit **2.** *linkshändig* **3.** *verkehrt:* alles dengg kemma (= alles schief gelaufen) **4.** *gerissen, schlitzohrig:* ein dengga Loda.

Dengge|watsch, Dengga|natsch, der [1. Bestandteil: siehe dengg; 2. Bestandteil: Watsch (= Hand), Nebenform von Patsch (= klatschender, schallender Schlag; ein Werkzeug zu einem solchen Schlag; die (patschende) Hand]: **1.** *Linkshänder* **2.** *linkischer Mensch.*

dęngln, dångln ⟨hat⟩ [mhd. tengelen (= hämmern, klopfen), zu mhd. tengen (= schlagen), ahd. tangol (= Hammer)] (auch bairisch): **1.** *die Sensen- oder Sichelschneide durch Hämmern mit dem Denglhammer auf dem Denglstock schärfen* **2.** *mit kräftigen Schlägen bearbeiten, prügeln, verhauen* **3.** (derb) *koitieren:* „Und hint drein schreit die Bäurin glei / und sågt, sie kennt's am Greifn glei / sie sågt, sie kennts as gånz gewiss, / wås a guater Wetzstoan isch. / Ös Herrnleut' mit die dicken Bäuch, ös sollts es gråd probiern, / dös Dångln und dös Wetzn isch / gwiss gsünder åls studiern." (aus: „I bin der Hans vom welschen Land"; vordergründig ein Lied vom Hausierhandel der österreichischen oder Südtiroler Wetzsteinträger).

Dępp, der [verwandt mit tappen, also jemand, der schwerfällig geht oder ungeschickt zugreift, sich täppisch verhält]: *Idiot.*

dęppat ⟨Adj.⟩ [zu Depp, siehe dort]: *dumm, blöd.*

dęppn|sicher ⟨Adj.⟩ [1. Bestandteil: siehe Depp]: *auch für schlichte Geister verständlich.*

d(e)r-, da-: unbetonte Vorsilbe bei Verben, die (meist) standardsprachlich er- entspricht; der- statt er- ist schon im 12. Jh. nachweisbar, ab dem 14. Jh. häufig; ev. um zu vermeiden, dass zwei Vokale zusammenstoßen: i dertrink statt i ertrink; vielleicht auch Herübernahme eines auslautenden d oder t aus einem vorhergehenden ist, hat, wird etc.] (auch bairisch): **der|bąntln** (= am Bandl haben, beherrschen, kontrollieren); **der|br<u>e</u>seln** (= zerbröseln, einen Unfall haben); **der|dr<u>ia</u>seng** (= jemandem mit ständigem Bitten und Betteln lästig fallen); **der|fąngen, der|grątschn** (= im letzen Moment etwas doch noch finden, bekommen etc.); **der|fịddern** (= bewältigen); **der|glången** (= erreichen, zu fassen bekommen); **der|grịntn** (= ergründen); **der|kęmma** (= erschrecken); **der|l<u>e</u>dan** (= nicht gelingen); **der|l<u>óa</u>dn** (= verdrießen); **der|lụchsn** (= erspähen); **der|mąnggeln** (= nicht mehr bewältigen; z. B. eine Arbeit, eine Aufgabe); **der|rịppeln** (= zerreiben); **der|stụnkn und der|lọgn** (= völlig unwahr); **der|wịschn** (= erwischen); das Präfix ist heute noch äußerst produktiv, es bedeutet: fähig sein zu etwas, etwas (gerade noch) schaffen: etwas **derl<u>e</u>sn** (obwohl es klein geschrieben oder verblasst ist), ich bin **ummi der|hụpft** (obwohl der Graben breit war), ich hab den Zug grad noch **der|t<u>a</u>n** (erreicht), ich hab grad noch fertig **der|schr<u>ie</u>bm, der|kọcht, der|mąht** (bevor ich aufbrechen musste); ähnlich **der|pąckn, der|rąppln, der|schlęppn, der|schn<u>au</u>fn** etc.

der, die, das ‹bestimmter Artikel, Demonstrativpronomen› die (unbetonten) Artikelformen lauten (mask.): **da, d(e)r;** (fem.): **d', di, de;** (neutr.): **s', (d)es;** die entsprechenden betonten Formen sind Demonstrativpronomen (= dieser, diese, dieses) und lauten (mask.): **dea(r),** (fem.): **de, día,** (neutr.): **des, dås;** entsprechendes gilt für die flektierten Formen: schwachtoniges **im, in, (e)n** im maskulinen Artikel entspricht betontem **den** als Pronomen (= diesem); im Plural stehen **di, de, d'** für den Artikel gegen **di, de, dia** (= diese); im Ostteil Tirols findet man noch die Erweiterung der betonten Formen durch -sn (vgl. deasn).

D

dęrfn ‹hat› (Vollverb und Modalverb) [mhd. durfen, dürfen, ahd. durfan, ursprünglich: brauchen, nötig haben]: *dürfen.*

derisch, déarisch ‹Adj.› [von mhd. tœrisch (= töricht); zu Tor (= Narr); im Bairischen auch torert und törert): **1.** *schwerhörig, taub* ❖ **a derische Kapęlln:** *einer, der nicht hören kann oder nicht hören will* **2.** *unzugänglich, abweisend.*

der|keit ‹Adj.› [1. Bestandteil: die Vorsilbe der-, siehe dort, 2. Bestandteil: Partizip Perfekt von mhd. gehīen (= plagen), das in den alten Dialekten die Bedeutung zerstören, zerbrechen annahm] (Grinzens): *zerbrochen.*

der|mål ‹Adv.›: *diesmal.*

der|weil ‹Konj.›: *während:* sei still, derweil er isst.

derweil, dawei, derweile ‹Adv.› [aus dem mhd. Genitiv von wīle (= Zeit, Muße)]: *ausreichend Zeit:* heut håb ich nicht derweil (= heute komme ich nicht dazu/heute habe ich keine Zeit).

Der|weil, Da|weil, der [Substantivierung zu derweilen, dieses zu mhd. der wīlen(t) (= inzwischen, von Zeit zu Zeit, zuweilen)]: *Zeit, Muße:* heute håb ich keinen Derweil ❖ **Derweil lassen!** ‹Abschiedsgruß› *Nimms leicht! Bleib locker! Lass dich nicht stressen!*

Dętsch(e), Detschn, die [lautmalend für Schlag, Zusammengedrücktes]: *Ohrfeige.*

Diach, das: *siehe Tiech.*

Dịan, Dịern(e), Dịerna, Dịrna, die [ahd. thiorna (= Mädchen, Jungfrau); gesamtdeutsch sind bei Dirne die Bedeutungen: Mädchen, Prostituierte]: **1.** *Bauernmagd* **2.** (Lechtal): *junges Mädchen.*

Díandl[1], **Déandl,** das [ursprünglich eine Verkleinerungsform von dem unter Dian genannten Wort, das d ist ein Sprosskonsonant zwischen n und l zur Erleichterung der Aussprache, wie in Hendl] **1.** *Normalbezeichnung für junges Mädchen im Ostteil Tirols:* sie ist ein nettes, gescheites, eingebildetes etc. Diandl; die Verkleinerungsform dazu ist **Díanei, Déanal** **2.** *Tochter:* i hab zwoa Diandln und zwoa Buam **3.** *Freundin, Geliebte:* der Weg zu mein Diandl is stoanig (Volkslied) **4.** *Dirndlkleid* (als Kurzform für **Diandlgwånd**).

Díandln[2] ⟨nur Plural⟩ [in den deutschen Landschaften gibt es dafür unterschiedliche Bezeichnungen: Terne, Tierlibaum, Herlitze, Dirlitze; Grimm stellt Herlitze zu cornus, doch letztlich ist die Herkunft kaum zu eruieren]: *Kornelkirsche (Cornus mas); Früchte des Dirndlstrauchs.*

Díarna|schmecka, der [1. Bestandteil: siehe Diandl, 2. Bestandteil: siehe schmeckn] (Außerfern): *Schürzenjäger.*

díene, dẹnte, dẹntn: *siehe entn.*

Dịlle, Dile, Dü, die [mhd. die dille (= Brett, Bretterboden)]: **1.** *Fußboden, Dachraum mit Bretterboden* **2.** *Heustockabteilung.*

dịmpa: *siehe dumper.*

dịngen ⟨hat gedungen⟩ [mhd. dingen, ahd. dingōn (= vor Gericht verhandeln), vgl. standardsprachlich sich verdingen]: **1.** *gegen Lohn in Dienst nehmen, einstellen:* Gesinde dingen **2.** *gegen Bezahlung für die Erledigung einer Aufgabe verpflichten, engagieren.*

dịnne: *siehe drinnen.*

dịrchl ⟨Adj.⟩ [mhd. dürkel (= durchlöchert)]: **1.** *nicht mehr wasserdicht* **2.** *durchlöchert* **3.** *verschlissen.*

Dịrn(d)l, das: *siehe Dian und Diandl.*

Dịrndl|schnaps, der [siehe Diandln[2]]: *Schnaps aus Dirndeln.*

dischkerían, dischkeríern ⟨hat⟩ [mittellateinisch discurrere (= plaudern), zu lateinisch discurrere (= auseinanderlaufen, sich zerstreuen)] (veraltet): *plaudern.*

Disl, der [wohl zu Dusel (= Schwindel, Rausch, Schlaf), das nach Kluge im 16. Jh. aus dem Niederdeutschen übernommen wurde]: **1.** *fiebrige Krankheit beim Menschen, (Magen-Darm-)Grippe* **2.** *Maul- und Klauenseuche:* in zwei Ställen des Bezirks ist der Disl.

do, dou: *siehe decht.*

Dọcka, die (Außerfern) [mhd. docke (= Puppe)]: *Puppe.*

Dọggl, der [vermutlich zu Docke (= Puppe; etwas Zusammengewickeltes, Strang von gesponnenem Flachs, Wolle, Seide etc.)]: **1.** *Hausschuh aus Stoff* **2.** *Dummkopf.*

dóibetzn ⟨hat⟩ [mhd. diup, diep (= Dieb) mit Suffix -ezen; eigentlich: jemanden zum Dieb machen] (veraltet): *jemanden eines Diebstahls bezichtigen.*

Dọlm, Tọlp, Tọlba [Herkunft unklar; Bedeutung 2 wohl deshalb, weil der Fisch einen großen, hässlichen Kopf hat, ein schlechter Schwimmer ist und sich ruckartig dicht über dem Boden der Flüsse bewegt; ein Volksspruch stützt den Zusammenhang: Dolm ist a Fisch, wie du oana bisch]: **1.** *Koppe, Groppe, (Cottus gobio), auch Kaulkopf, Rotzkopf, Kaulquapp genannt (ein Süßwasserfisch)* **2.** *dummer, unbeholfener Mensch:* „... die Stadtlarheara älle zsamm, sein gegn ins gråd Tolba." (Aus dem Lied „Miar Oberländer fölsaföscht").

Dọrn|äpfl, die (Plural) [eigentlich: Dornapfel] (Osttirol): *Hagebutte, Früchte der Hundsrose (Rosa canina).*

dóubm, dróubm ⟨Adv.⟩ [aus da und oben]: **1.** *dort oben* **2.** *im Himmel, im Jenseits:* er is scho doubm (= er weilt nicht mehr unter den Lebenden).

Döwa, Dewach, die [Herkunft unklar] (veraltet): *Steppdecke.*

Drạchn, Drạk, der [mhd. trache, ahd. trahho, zu lat. draco und griechisch drákōn (= geflügeltes, Feuer speiendes, echsenartiges Fabeltier]: **1.** *Drache* **2.** *Erdrutsch in steilen Feldern* (wohl nach altem

Volksglauben, dass Erdrutsche von einem Untier ausgelöst werden) **3.** *Schimpfwort für Frauen.*

Düsl, der [siehe Disl]: **1.** *leichter Rausch* **2.** *leichter, kurzer Schlaf.*

Drål, der [-il-Ableitung von mhd. dræn, dræjen, drægen, dræhen (= sich drehend bewegen; etwas drehen, etwas drechseln)]: **1.** *gedrehter Knoten im Strohband, im Garn, gedrehte Haarsträhne* **2.** *vom Wind gedrehte Halme im Kornfeld* **3.** *Verdrehung, List, Schlauheit.*

Dram, Tam, der [mhd. drām, trāme (= Balke, Riegel, Stück, Splitter)]: **1.** *behauener Baumstamm* **2.** *waagrechter Balken bei Bauten.*

Draner, der [Ableitung von mhd. dræn, dræjen, drægen, dræhen (= sich drehend bewegen; etwas drehen, etwas drechseln)] (Ötztal): *Drechsler.*

dråŋg ⟨Adj.⟩ [mhd. drange (= eng, gedrängt)]: *eng, knapp, aneinander gedrängt:* das Kleid ist zu drång; eine Kette drång anziehn (= eng machen).

drån|kemmen, drun|kemma ⟨ist⟩ [gesamtdeutsch: an die Reihe kommen]: *Unannehmlichkeiten erleiden, hart arbeiten müssen:* schiach drankemmen.

Drą̊schgl, der [wohl ablautend zu mhd. dreschen (= dreschen)] (Absam): *abgeperlter Stiel von Trauben oder Beeren.*

draus|bringen ⟨hat drausbracht⟩ [auch süddt.]: *aus dem Konzept bringen:* mit seinem Grimassenschneiden hat er mich drausbracht.

Dręckach, das [Dreck (= Schmutz) mit Suffix -ach für Kollektivwörter] (veraltet): *Schmutz, Unrat.*

dreiern ⟨hat⟩ [zum Zahlwort drei]: *eine Zwischenmahlzeit um ca. 15 Uhr einnehmen.*

Dreml, Dręmml, der [mhd. dremel (= Balke, Riegel)]: **1.** *Zaunstecken* **2.** *Holz(baum)stück.*

Dręndl, die [mhd. trendel (= Kugel, Kreisel)] (Lienz): *drehbare Stellage.*

drẹntn, drẹnt ⟨Adv⟩ [gleichbedeutend mit enten, ent; Gegenstück: herenten, herent]: *auf der anderen Seite, jenseits, drüben* ❖ **ent und drent, entn und drentn:** *hüben und drüben.*

drịn|hängen ⟨ist dringhängt⟩: *in einer schwierigen, peinlichen Lage sein:* er hängt voll drin (= ihm droht eine Anklage, eine Strafe).

drịnnen, drịn, dịnne ⟨Pronominaladverb⟩ [kann nur verwendet werden, um eine Lage innerhalb eines Raumes zu bezeichnen, in der sich der Sprecher nicht (!) befindet; demnach heißt es richtig: dort drin(nen), nicht: hier drin(nen) oder da drin(nen); befindet sich der Sprecher in dem Raum, heißt es: da herin(nen)]: *drin, darin, darinnen:* die Tür wurde von drin(nen) zugesperrt und der Schlüssel steckt noch im Schloss ❖ **drịn(nen) sein:** *möglich sein, Chancen haben:* ein Unentschieden wird noch drin(nen) sein.

Drischibl, Drịschpe, der: *siehe Trischibl.*

Drịschl, der [mhd. drischel, ahd. thriskil, mit dem Instrumentalsuffix -ilo- zu dreschen gebildet] (veraltet): *Dreschflegel.*

drịssln ⟨hat⟩ [bairische Nebenform von drosseln; vgl. erdrosseln (= erwürgen)]: *beglückwünschend einem Kind um den Hals fallen* (am Namens- oder Geburtstag des Kindes).

Drịssl|tåg, der [1. Bestandteil: siehe drissln]: **1.** *Namenstag* **2.** *Geburtstag.*

driwa, dribr [Kurzform von gesamtdeutsch darüber]: **1.** ⟨Pronominaladverb⟩ *darüber* **2.** ⟨Adjektiv⟩ *jenseitig:* am driwaren Ufer.

driwa|fåhrn ❖ **über jemanden driwa|fåhrn:** *gegen jemanden eine Entscheidung treffen, ohne ihn anzuhören* ❖ **då fåhrt die Eisenbahn driwa** [verstärkend zu: über jemanden drüberfahren]: *es wird so geschehen, komme, was wolle.*

driwa|låssn ⟨hat⟩ **1.** *jemandem etwas zutrauen, mit einer Aufgabe betrauen* **2.** (derb) *einem Mann sexuell zu Willen sein:* Håst ihn drüberlåssn?

Driwa|steiger, der (Fußballersprache): *das Über-den-Ball-Steigen, um den Gegner in die falsche Richtung zu locken.*

driwa|stran ⟨hat⟩: *drüberstreuen* ❖ **zum Driwa|stran:** *als kleiner Genuss zum Abschluss, als Krönung:* ein Glas Süßwein zum Driwastrahn.

dróị, drúi [ahd. drui, alte Neutrumform zu drei; wird in der alten Mundart für die Angabe der Uhrzeit verwendet] *drei:* hålb droi (= halb drei Uhr).

Drúaschl, die [eigentlich: Trosch, Trösch oder Treusche; zu einem Verb mit der ursprünglichen Bedeutung spritzen, klatschend regnen]: *Schwätzerin, dumme Frau.*

drüber: *siehe driwa.*

drunten, drunt ⟨Pronominaladv.⟩ [wird verwendet, wenn sich der Sprecher nicht (!) unten befindet; es heißt also: dort drunten, nicht: hier drunten oder da drunten; befindet sich der Sprecher unten, heißt es: da herunten oder hier herunten] (auch süddt.): *dort unten:* drunt im Tal (wenn sich der Sprecher am Berg befindet).

Drutzl, der [zu drutzln, siehe dort] (veraltet): **1.** *runde, weichliche Masse* **2.** *dicke Person* **3.** *längliche Teignudel.*

drutzln ⟨hat⟩ [ital. druzzolare (= den Faden um die Spindel drehen)]: **1.** *beim Spinnen die Fäden drehen* **2.** *rollen.*

Dul, die [Herkunft unklar]: *dicke, schwammige Frau.*

dum|ha(r), dum|hn ⟨Adv.⟩ [aus da und umher, um bzw. da und umhin; wie doubm, siehe dort] (Zillertal): *herum, hinum.*

dumper, dumpa, dimper, dimpa ⟨Adj.⟩ [mhd. timber, timmer (= finster, dunkel, trüb, dumpf)]: **1.** *dämmrig, dunkel:* „Es wird scho glei dumper, es wird scho glei Nåcht ...“ (Weihnachtslied) **2.** *dumpf, benommen.*

durch ⟨Präposition⟩: wie standardsprachlich durch. Abweichend davon kann die Präposition mit Adverbien gekoppelt werden, wobei der Akzent immer auf dem zweiten Bestandteil liegt: **durch|å:** *abwärts, ganz hinab* ❖ **durch|aus:** ganz durch ❖ **durch|ein:** *einwärts, ganz hinein.*

durch|dran ⟨hat⟩ (gesamtdeutsch sind die Bedeutungen: Räder drehen sich durch; kopflos werden, außer Rand und Band geraten etc.): *sich die Nacht hindurch bis in den Morgen hinein vergnügen.*

dụrch|gfrettn ⟨hat sich⟩ (reflexives Verb) [zu gfretten; Vorsilbe dient der Verstärkung]: *sich besonders mühsam durchbringen.*

dụrchi, dụrche ⟨Adv.⟩ [durchhin wie abhin, aushin etc.]: *hindurch.*

Durch|ibl, der [eigentlich Substantivierung zu: durch und durch übel sein; 2. Bestandteil: übel wird durch Entrundung zu ibel]: *übler Mensch.*

D

Dụrre, Dur(e), Düre, die [Substantivierung zu dürr]: **1.** *dürrer Baum* **2.** *magerer Mensch.*

Dusl, der: *siehe Disl.*

Dụtte, Tụtte, Dụttn, die [mhd. tutte, ahd. tutta, Lallwort der Kindersprache]: **1.** *Zitze bei Tieren* **2.** *weibliche Brust.*

Each|binar, der [1. Bestandteil: dialektale Form von Erde; 2. Bestandteil: mhd. bibenen, daraus bibener (= der Beber)] (Zillertal) (veraltet)]: *Erdbeben.*

éachtig 〈Adj.〉 [mhd. ēcht, ēhaft (= gesetzesmäßig, rechtsgültig, ehelich geboren] (Grinzens): *sauber.*

éad, ede 〈Adj.〉 [mhd. öde (= leer, unbebaut, unbewohnt, eitel, schwach, gebrechlich, widerwärtig, dumm)]: **1.** *öde, unbebaut* **2.** *langweilig, unangenehm* **3.** *schlecht gelaunt.*

éalas 〈Adj.〉 [zu mhd. oede (= öde, unbebaut; gering)] (Osttirol): *schal, zu wenig gesalzen.*

éam, íam, ían, im, in 〈betonte Form des Personalpronomens er, Dativ Singular; die unbetonte Form ist -m, -n〉: *ihm.*

éana, íana, éa, inene 〈Personalpronomen 3. Person, Dativ des Plurals〉: *ihnen, Ihnen.*

éarn, éan 〈hat〉 [Verbalbildung zu Ehre] (Unterinntal): *Brautgeschenke überreichen (eigentlich die Ehre erweisen).*

Eascht|kasei, das [1. Bestandteil: erst, zuerst, früh; 2. Bestandteil: Verkleinerung von Kas (= Käse)]: *Frühlingskrokus (Crocus vernus).*

ebm, em 〈Adj.〉 [mhd. eben, ahd. eban (= glatt, gerade, gleich; Herkunft unklar] ❖ **eben sein:** *einen Zustand erreicht habend, an dem in Bezug auf Schulden ein Ausgleich stattgefunden hat.*

Eger|egs, die (Osttirol): siehe Hadadagsl.

ęggat 〈Adj.〉 [mhd. eckeht (= eckig)]: *eckig.*

ei|elen 〈hat〉 [zu ei (Ausdruck der Zärtlichkeit beim Streicheln eines Kindes; ei ei machen (= streicheln, liebkosen)]: *streicheln, liebkosen.*

Eier|pęckn, das [2. Bestandteil: siehe peckn]: *ein Osterbrauch* (jeder hält ein Osterei, jeweils zwei Eier werden gegeneinander geschlagen, gewonnen hat, wessen Ei länger ganz bleibt).

ein-, ei-: dient wie standardsprachlich ein- als Vorsilbe bei Verben, aber zusätzliche Bedeutungen im Tiroler Dialekt): **ein|brockn** (= in kleinen Brocken etwas in eine Flüssigkeit geben; sich bewusst in eine missliche Lage begeben, sich etwas antun); **ein|buckn** (= Papier, Stoff, Ärmel etc. am Rande zurückschlagen); **ein|büterisch** (eigentlich: einbilderisch = eingebildet); **ein|daggsn** (= in die Falle gehen); **ein|fåhrn** (= einen Misserfolg haben); **ein|fa(t)schn** (= bandagieren); **ein|frischn** (= Blumen ins Wasser stellen); **ein|gfasst** (= von beleibter Statur); **ein|hågn** (= einzäunen); **ein|haun** (= viel essen); **ein|kastln** (= jemanden inhaftieren, einsperren); **ein|loatan** (= das Vieh in die Leiter = Umzäunung sperren); **ein|nan** (= einnähen, gefangen setzen); **ein|pappln** (= Kindern Brei in den Mund streichen; jemanden pflegen, warm zudecken); **ein|sågn** (= einflüstern, z. B. in der Schule); **ein|sackln** (= schnell an sich nehmen und einstecken); **ein|soafn** (= betrügen; zu etwas überreden, das für den Betroffenen nachteilig ist; vermutlich zu rotwelsch beseibeln = betrügen, dieses zu jidd. seiwel, seibel = Mist, Dreck; später angeglichen an einseifen); **ein|schaugn** (= am Beginn des Versteckspiels sich umdrehen und mit den Händen die Augen zuhalten; das Nachsehen haben, scheitern); **ein|tegln** (= einschmeicheln); **si etwas ein|ziachn** (= sich etwas einziehen (z. B. einen Splitter).

ein-, ei- als Präfix bei anderen Wortarten: **Ein|dauch,** die (= Sauce; in D: Tunke), **Ein|fåhrer,** der (= festliches Essen zur Almauffahrt), **ein|glegg** (eigentlich: eingelegt, von gefüllten Speisen); **ein|gezåglt** (= eine Kuh, deren Zågl = Schweifwurzel eingesenkt ist); **ein|schwelln** (= ausgetrocknete Holzgefäße im Wasser anschwellen, dicht machen); **ein|wentig, ein|wendig** (= inwendig, auf der Innenseite).

eina, eini; eicha, eichi; inha, inhi [die Mundartlautung entsteht dadurch, dass die Wortelemente her und hin auf ein- folgen und ihm nicht wie in der Standardsprache vorausgehen; dialektal eina entspricht also ein + her, wo standardsprachlich herein (her + ein) steht, doch ist das Verständnis für diese Schriftform verloren gegangen; Ähnliches gilt für ein + hin]: *herein, hinein*

Ein|brenn, die [zu einbrennen] (Küchensprache, auch bairisch, aber dort: das Einbrenn): *in Fett geröstetes (= angebräuntes) Mehl* (für Saucen und Suppen, ev. mit Zwiebeln).

Eis|blåter, Eis|blotra, Eis|blode, die [2. Bestandteil: mhd. blätere (= Blase, Blatter; Pocke; Wasser-, Harnblase), ahd. blāt(a)ra; eigentlich: Geschwollenes, Aufgeblasenes]: *erhöhte eisige Stelle.*

Eis|gålle, die [2. Bestandteil: laut Grimm auch: hinderliche Nässestelle (z. B. im Acker); zu mhd. galle (= Geschwulst am Pferdefuß), zu lat. galla (= kugelförmiger Auswuchs an Pflanzen); von Schatz fälschlich zu Gugl (= Kapuze, Haube) gestellt]: **1.** *wölbiges Eis auf Wegen* **2.** *ebene Stelle, wo sich Eis bildet.*

elẹndig, elạntig ‹Adj.›: *elend, mies.*

ẹlf: *siehe oa(n)laf.*

Ẹlgs(e), Ẹlse, Esn, Ạlze, die [Herkunft unklar] (veraltet) (Osttirol): *Elskirsche, auch gewöhnliche Traubenkirsche genannt (Prunus padus).*

Ẹmeråll: *siehe Åmperell.*

Ẹmper, der [wie Amper zu gleichbedeutendem mhd. einber, aus ahd. einbari, das aus lateinisch amphora (= Krug mit zwei Henkeln) entlehnt wurde; da die Funktion der Amphore durch einen Kübel mit einem Henkel übernommen wurde, deutete man das Wort als eins (= ein) + bari (= Trage, Träger)] (Ötztal): *Kübel.*

Ẹnd, das [ein Gürtel wird am Ende des Anziehens angelegt]: *schmaler Gürtel bei der Lechtaler Tracht.*

ẹnder, ẹndo: *siehe enter.*

Ẹndl, das [Verkleinerung von Ende] (auch bairisch): **1.** *Endabschnitt einer Handarbeit* **2.** *verstärkter Stoffrand.*

ẹndln ‹hat› [zu Endl, siehe dort]: *die Ränder eines Stoffes einfassen, säumen.*

Ẹnder|welt, die [siehe enter] (Osttirol): *das Jenseits.*

Ẹnds-, ẹnds- als 1. Bestandteil (immer betont): *dient der Verstärkung:* **Ẹnds|trumm** (= ein besonders großes Exemplar von etwas), z. B. ein Endstrumm Wurst; **ẹnds|lang** (= sehr lang).

ẹnggilä ‹Interj.› [geht auf die gleiche Bewegungsgebärde wie etschepetsch zurück, siehe dort] (Ötztal): *unter Kindern üblicher Zuruf, wenn jemand verspottet werden soll.*

en|hạlb ‹Adv.› [aus dem ahd. Pronomen ener (= jener); dazu gehören enont und entrisch, siehe dort]: *jenseits, auf der anderen Talseite.*

Ẹnkl, Ẹnchi, Ẹnkl|ban, der (Osttirol) [mhd. enkel zu anke (= Gelenk); Ban (= Knochen)]: *Fußknöchel.*

ẹnter, ẹnder, ẹndo 〈Adj.〉 [zum standarddeutschen Pronomen jener, dessen Vorformen im Ahd. und Mhd. ohne anlautendes j- belegt sind: also mit Bedeutung: nicht diese Seite; Gegenstück: herent(n), harent, (= auf dieser Seite liegend)]: *auf der anderen Seite liegend:* nimm lieber den entern Weg!

E

ẹnter|bei(g), auch verdoppelt: **ẹnterbei ẹnt** 〈Adv.〉 [enter + bei]: *drüben.*

ẹntern, ẹndere, ẹntan(g) 〈Präp.〉: *jenseits von* ❖ **entern Båch:** *jenseits des Bachs.*

ẹnter|schi 〈Adv.〉 [eigentlich: enter sich]: *dahinter, auf der Hinterseite.*

ẹntn, ẹnt 〈Adv.〉: *drüben.*

ẹntrisch 〈Adj.〉 [mhd. entrisch (= alt, altertümlich; ungeheuer, grausig); ahd. entrisc (= uralt, altertümlich); laut Kluge ist das Wort mit mhd. endrisk (= fremd, barbarisch) zusammengefallen, das von ander- abzuleiten ist]: **1.** *gruselig:* mir wird ganz entrisch **2.** *schlecht gelaunt* **3.** *jenseitig* **4.** *unheimlich schlecht oder unheimlich gut:* ein entrischer Klang (= ein unheimlich schöner Klang).

Ẹnzeler, der [zu Enzian]: *Enzianschnaps.*

ẹppas 〈Indefinitpronomen〉 [zu mhd. ēte-waȥ, ētes-waȥ (= etwas); siehe Erläuterungen unter epper] (auch süddt.): *etwas.*

ẹpper, ẹppa(r) 〈Indefinitpronomen〉 [mhd. ēte-wēr, ētes-wēr (= jemand); der Verschlusslaut -t- ist an den Artikulationsort von -w- verschoben worden; ähnlich wurde aus mhd. ēte-waȥ, ētes-waȥ das dialektale eppas (und das standardsprachliche etwas)]: *jemand, irgendwer:* Bluatschink in „Funka fliaga“: „Wenn epper so total verruckt isch, wenn epper so ausgezuckt isch / då muaß es schnölla, muaß es kracha, / då wera wieder Funka fliaga.“

e̲r|berl, e̲r|werle 〈Adj.〉 [laut Schatz zu mhd. ērbœrlich; aber auch mhd. ērbære (sich der Ehre gemäß benehmend, edel, zur Ehre gereichend, angemessen)] (veraltet): **1.** *empfindlich, sich zurückgesetzt fühlend* **2.** *schüchtern, schamhaft, züchtig.*

Ẹrch, Ịrch, das [ahd. irch (= weiß gegerbtes Leder), Adj. irchin, zu lat. hircus (= Bock)] (Osttirol, Brixental): *fein gegerbtes Leder aus Häuten von Böcken bzw. Wildtieren.*

Ẹrch|tåg, Ẹrch|tig, Esch|ta, Ech|tåg, Ẹrge|tåg, Ischta usw., der [dahinter steht vermutlich ein gotisches areinsdags (= Tag des Arius), das aber nur erschlossen, nicht belegt ist; dieses wäre eine Umdeutung von griechisch áreōs hēméra (= Tag des Kriegsgottes Ares); das Wort ist also wie Pfinztag und ähnliche Wörter kulturhistorisch von größtem Interesse, weil es darauf hindeutet, dass der altbairische Sprachraum zunächst aus dem Süden (oder Osten?) von arianischen Christen missioniert worden ist]: *Dienstag.*

Ẹrd|åpfl, Eard|epfl, Ear|(e)pfl, Eascht|epfi, der (!) [die Pluralform Äpfel steht für den Singular; in der Alltagssprache der Städte hat die in den Lebensmittelgesetzen verwendete Bezeichnung Kartoffel die alten Wörter (nicht nur Erdäpfel, auch Grundbirn etc.) stark zurückgedrängt; gilt insbesondere für die nachfolgenden Komposita, die auf Speisekarten der einschlägigen Gastbetriebe oft mit dem Erstglied Kartoffel- zu finden sind]: *Kartoffel (Solanum tuberosum)* ❖ **Eard|epfl|knödl, Eard|epfl|nudln, Eard|epfl|püree, Eard|epfl|salåt, Eard|epfl|schmårrn.**

Ẹrd|bían, die [eigentlich: Erdbirne; als die Kartoffel eingeführt wurde, dienten als Bezeichnung zweigliedrige Komposita mit bekannten Früchten als Grundwort; dieses wurde mit Bestimmungswörtern wie Erde-, Boden- etc. spezifiziert, weil ein wesentliches Merkmal der Kartoffel darin besteht, dass die essbaren Teile unter der Erde wachsen; so entstanden Begriffe wie Erdapfel, Erdbirne, Bodenbirne, Grundbirne etc.; Grundbirne ist laut Wilfried Seibicke im Umkreis der Mosel, der Pfalz, des Südrheinfränkischen und teilweise im Schwäbischen anzutreffen] (Außerfern) (veraltet): *Kartoffel (Solanum tuberosum).*

es[1], ẹs; dös (Ötztal) 〈Personalpronomen, 2. Person, Plural〉: *ihr* [das Pronomen ist sprachhistorisch sehr interessant; im Germanischen gab es neben Singular- und Pluralformen auch einen sogenannten Dual: ihr zwei; im Gotischen hatte er die Form it; in ahd. Zeit ging der Dual als Kategorie verloren, daher verschwanden im Großteil des Sprachgebiets auch die Dualformen; anders in den altbairischen Mundarten, dort nahmen diese Formen die Pluralbedeutung an und die alten Pluralformen gingen verloren; das neue Pluralpronomen wurde so häufig auch an das Verb angefügt (z. B. es habt es für: ihr habt), dass es allmählich zur Flexionsendung wurde (es håbts)]. „Andreas: Wos tats denn ös do? Karl-Friedrich: Ich versteh kein Wort. (...) Andreas: Wos tats denn ös do? (...) Ich glaub, der alte Fuzzy will wissen, was wir hier tun!“ („Aus Felix Mitterers „Die Piefke-Saga“, 1. Teil).

es², is, ’s ‹Artikel› [Kurzform]: *das.*

Escht, Ẹscht, das [eigentlich: Nescht (= Nest); entstanden durch falsche Abtrennung von einn|est (der erste Laut von Nest wird als Teil des auf -n endenden unbestimmten Artikels betrachtet und schwindet]: *Nest.*

Ẹssl, die [entstanden durch falsche Abtrennung von ein'n|essel (der erste Laut von Nessel wird als Teil des auf -n endenden unbestimmten Artikels betrachtet und schwindet] (Stubaital): *Nessel.*

ẹt ‹Partikel der Beteuerung› [Herkunft unklar] (Oberinntal): **1.** *doch, nun wohl* **2.** *manchmal, ab und zu.*

ẹt, ịt, ọ̈t ‹Partikel›: *nicht.*

ẹtla ‹Adv.› [mhd. etlīch (= etlich)]: *einige* ❖ **an etla Leit:** *ein paar Leute.*

etsche|petsch, ạ̈tsch|pätsch ‹Interj.› [dabei streicht man mit dem Zeigefinger der rechten Hand über den der linken Hand; diese Bewegungsgebärde erinnert an das gleichbedeutende und mit einer ähnlichen Gebärde verbundene Rübenschaben, das in anderen Dialekten als Schabab bezeichnet wird]: *unter Kindern üblicher Zuruf, wenn jemand verspottet werden soll.*

ẹtt, ọ̈tt ‹Partikel›: **1.** *doch* **2.** *denn* **3.** *etwa* **4.** *wohl, halt.*

Et|wedere, der [Substantivbildung zu entweder; dieses zu mhd. e(i)ntweder, ahd. einweder, aus ein und weder]: *der eine oder der andere; einer von beiden:* der Etwedere von euch muss es gewesen sein.

Ẹtz, das [eigentlich: Netz; entstanden durch falsche Abtrennung von einn|etz (der erste Laut von Netz wird als Teil des auf -n endenden unbestimmten Artikels betrachtet und schwindet] (Unterinntal): *Heunetz.*

Ẹtz(e), die [Substantivbildung zu ahd. ezzen (= abweiden); davon leitet sich auch die Bezeichnung Ötztal ab]: *Weide, Nachweide.*

ẹtzn ⟨hat⟩ [zu Etz(e), siehe dort]: *weiden.*

e̱wala sein [geht wohl ähnlich wie weh auf einen Schmerzlaut zurück] (Achenkirch): *wehleidig sein, ständig jammern.*

E̱we, die: *siehe A.*

ẹxtra ⟨Adv.⟩ [lat. extra (= außerhalb, außerdem; über ... hinaus]: **1.** *zusätzlich, außerordentlich, eigen:* er håt a extrigs Glasl (= er hat ein Glas für sich allein) **2.** *wählerisch, anspruchsvoll:* sei nit går so extra **3.** *zum Trotz:* etwas gråd extra måchn.

F

fa-, fer-: *siehe ver-.*

Fåbes, die: *siehe Fowassn.*

Fabrikler, Fabrittler, Fabrinta, der [Nomen Agentis zu Fabrik; belegt bei Schatz]: *Fabriksarbeiter.*

fåchn ⟨hat⟩ [mhd. fahen, ahd. fahan; daneben kommt schon früh im 20. Jh. fangen auf, das sich zuerst in anfangen durchsetzt]: *fangen.*

Fåck, die [mhd. varch, varke (= Schwein; mit Ausfall des r; bei Ferkel ist das r hingegen erhalten geblieben)]: **1.** *Schwein:* „Åft sein mir nåcher gången, i und du a (...) / und i nimm mei foasts Fåckele / und renn damit davon. / Halleluja." (Aus: „Es håt sich hålt eröffnet"; in Tirol in vielen Varianten verbreitet) **2.** *unreinlicher Mensch, Schmutzfink* **3.** (Schimpfwort) *moralisch schmutziger, verabscheuungswürdiger Mensch, sexueller Schmutzfink* ❖ **dea tuat nit zun Fackifånga:** *er hat O-Beine.*

fåckelen, fåcketzn [zu Fåck]: *schweinisch reden.*

Fåckeler, der [zu Fåck]: *schweinischer Mensch.*

fåckisch ⟨Adj.⟩ [zu Fåck]: **1.** *unsauber, schmutzig* **2.** *anzüglich, obszön:* gestan hån ma an fåckischn Hoangascht kåb (Internetbeleg, Kitzbühel).

Fåckl|sau, der oder die [zu Fåck]: *Mutterschwein.*

fad ⟨Adj.⟩ [franz. fade (= reizlos, schal, seicht, unschmackhaft); zu lat. fatuus (= albern, blödsinnig)] (auch süddt.); **fadnig** (Zillertal): **1.** *nach nichts schmeckend; schlecht gewürzt, schal:* ein fades Gericht, die fad schmeckende Speise **2.** *langweilig, ohne jeglichen Reiz:* ein fader Zipfl, ein Fadian (= ein langweiliger Mensch), eine fade Nocken (= eine langweilige Frau) ❖ **mia is fad:** *ich langweile mich* ❖ **dabei wird ma ned fad:** *da kommt keine Langeweile auf.*

Faim, der: *siehe Foam.*

fålch, fålchat ⟨Adj.⟩ [zu mhd. val, Genitiv valwes (= bleich)] (Osttirol): *blondhaarig.*

falęscht 〈Adv.〉 [eigentlich für (oder von) letzt] (Osttirol): *mit der Zeit.*

faln, fain 〈hat〉 [mhd. fælen, fēlen, fālen, feilen (= fehlen, sich irren, trügen); zu franz. faillir, dieses zu lat. fallere (= täuschen, betrügen, verbergen)]: **1.** *fehlen* ❖ **dem falts:** *der ist nicht ganz richtig im Kopf* **2.** *ein Ziel, einen Weg verfehlen* **3.** *einen Fehlschuss tun.*

Falǫtt, der [vielleicht zu franz. falot (= schnurriger Mensch); ev. in Anlehnung an ital. fa lotto (= er spielt Lotto, d.h. statt zu arbeiten)]: *Gauner, Nichtsnutz.*

fålsch, fåisch 〈Adj.〉 ❖ **ein fålscher Hund:** *ein unehrlicher, hinterhältiger Mensch* ❖ **ein fålscher Fuffzger** [eigentlich: ein gefälschter Fünfziger (Geldschein)]: *ein unehrlicher, hinterhältiger Mensch.*

fan[1] 〈hat〉 [mhd. vewen, vowen, ahd. fouwen (= sieben)] (Unterinntal): *Getreide sieben.*

fan[2]: *siehe fe(b)m.*

Fåne, Foune, Fune, Fun, der [mhd. vane, van (= Fahne, Banner; unter einer Fahne stehende Heeresabteilung); davon die Verkleinerungsform Fandl (mit hellem a)]: *Fahne* ❖ **a Fandl im Wind:** *ein unzuverlässiger, opportunistischer Zeitgenosse.*

Fång|eisen, das (scherzhaft): *Ehering.*

fången ❖ **ane fången:** *eine Ohrfeige bekommen.*

Fangge, die [zu mhd. fanke (= Funke); vgl. fanggetzn; in zahlreichen Flurnamen, z.B. Fanggaloch, Fanggokar; siehe auch Flengge, das ursprünglich Lumpenkerl bedeutet hat] (Oberinntal, Lechtal, Vinschgau): **1.** *gespenstiges Weib, Hexe (Kinderschreck)* **2.** (Tobadill) *dumme Frau.*

fanggen 〈hat〉 [zu Funke; ursprünglich: anzünden]: *funkeln.*

fanggern 〈hat〉 [so wie fånggen zu Funke; vgl. standardsprachlich anfunkeln (= jemanden mit (böse) funkelnden Augen ansehen)]: *veranlassen, anfangen.*

fangg|etzn 〈hat〉 [Intensivum und Frequentativum zu fånggen]: *funkeln, glänzen.*

Fan|reita, der [1. Bestandteil: siehe fan; 2. Bestandteil: mhd. rîter, ahd. rît(e)ra, vgl. altenglisch hridder (= Sieb), das Wort Reiter (= Sieb) wird österreichweit verwendet und regional in D]: *grobes Sieb (für Getreide etc.).*

Fårb, die ❖ **eine gute Fårb håm:** *eine leichte Bräunung, ein gesundes Aussehen haben* ❖ **Fårb schintn:** *mit Gewalt bräunen.*

Fårch, das [mhd. farch, ahd. farh (= Schwein), zu lat. porcus (= Schwein)] (Unterinntal): *Schwein.*

F

Fårfl, die [zu mhd. farfelen (= Suppe mit geriebenem Teig; mit verquirlten Eiern; auffällig ist die lautliche Ähnlichkeit mit ital. farfalle (= Schmetterlinge; eine Art (Suppen)Nudeln), aber ein Zusammenhang ist nicht erwiesen] (Zillertal): *Teigflocke.*

Fårfl|suppe, die [siehe Fårfl]: *Suppe mit geriebenem Teig.*

faschían, faschíern ‹hat› [zu Fasch, dieses ist eine im 19. Jh. im Tirolischen noch belegte Dialektform des küchensprachlichen Ausdrucks Farce (= aus gehacktem Fleisch, Fisch, Gemüse, Ei, Gewürzen u. a. hergestellte Füllung bei Fleisch- u. Fischspeisen); zu franz. farce, dieses über vulgärlat. Zwischenstufen zu lat. farcire (= hineinstopfen)]: *ein Fleisch durch die Faschiermaschine (= durch den Fleischwolf) drehen.*

Faschíate, Faschíerte, das; ein **Faschíerts: 1.** *faschiertes Fleisch als Grundprodukt* **2.** *Speise aus faschiertem Fleisch.*

faschíater Bråtn, faschíerter Bråtn, der [immer öfter auch **Håckbråtn**]: *weckenförmige Speise aus faschiertem Fleisch, eingeweichtem Weißbrot, Ei und Gewürzen.*

Fåsching, der [mhd. vaschanc, vaschang (= Fasching, Fasnacht); eigentlich: Ausschenken des Fastentrunks; umgedeutet aus: vastganc (= Faschingsprozession)]: *Fasching (entspricht der Fasnacht im westlichen Landesteil).*

Faschtl, das [Verkleinerung von mhd. vart (= Gang, Lauf)] (Langkampfen): *eine gute Hand für etwas.*

Fås|nåcht, die [mhd. vast-naht, vas-naht (= Abend vor Beginn der Fastenzeit, Tag vor Aschermittwoch; 1. Bestandteil: Herkunft unklar, vielleicht zu frühneuhochdeutsch faseln (= gedeihen, fruchtbar sein); die Fastnacht wurde als altes Vorfrühlings- und Fruchtbarkeitsfest gefeiert; im 12./13. Jh. dann angelehnt an fasten; 2. Bestandteil: Nacht in der alten Bedeutung Vorabend]): *Fastnacht (entspricht dem Fasching im östlichen Landesteil)* ❖ **in die Fås|nậcht gíen** (Imst): *Fasnacht abhalten (Maskentreiben).*

Fatsche, die [ital. fascia, dieses zu lat. fascia]: *Binde, Wickelbinde.*

fatschn ⟨hat⟩ [Verbalbildung zu Fatsche]: *mit einer Binde einwickeln.*

Fäu|muata, die [Umdeutung von Feifålter, siehe dort; über ein gedankliches Feivater zu Feimutter] (Unterinntal): *Schmetterling.*

Féachn, die (Plural) [mhd. vēch (= mehrfarbig, gefleckt)] (Osttirol): *Sommersprossen.*

Féal, Fęrla, die [zu romanisch ferla, lat. ferula (= Stab, Rohr)] (veraltet): *Holzgitter auf Kufen zum Heutransport im Winter.*

féascht: *siehe fert.*

fe(b)m, fan, fegn ⟨hat⟩ [ahd. fouwen bzw. fewen (= sieben)]: **1.** *(durch) sieben* **2.** *die Milch abrahmen.*

Fechel, Fele, das [siehe Schwäbisches Wörterbuch Fel²]: *Mädchen.*

Federn|ball, der [1. Bestandteil: Federn als Füllung von Bettzeug; 2. Bestandteil: Tanzveranstaltung] ❖ **auf an Federnball gehen** (scherzhaft): *schlafen gehen.*

Feder|pennal, das [Pennal zu lat. penna (= Feder)]: *Etui für die Schreibutensilien von Schülern.*

fedle ⟨hat⟩ [auch: zåmmfedle; Herkunft wie fe(b)m, siehe dort; mit -d- statt dem aus -w- entstandenen -b-]: *Reste zusammenklauben.*

Feicht(e), die [mhd. viehte, ahd. fiuhta, weitere Herkunft unklar; vielleicht ursprünglich: die Stechende oder der Stecher (im Hinblick auf die Nadeln)]: *Fichte.*

feichtn, fịchtn ⟨Adj.⟩ [zu Feicht(e); siehe dort]: *aus Fichte:* ein feichtenes Brett.

Fei|fålter, der [mhd. vīfalter (= Schmetterling)]: *Schmetterling.*

Feig(a)l, Feiei, das [mhd. viol, auch vigol (= Veilchen), das auf lat. viola zurückgeht.]: *Veilchen.*

Feir|tåg, Feisch|tåg, der [mhd. vīr(e)tac, ahd. fīratag (= Feiertag)]: *jährlich wiederkehrende Gedenktage, an denen nicht gearbeitet wird.*

Feitl, der [Herkunft unklar, vielleicht zu feideln (= mit einem stumpfen Messer schneiden), zu falten im Sinn von zusammenklappen oder zu Veitl, Koseform des Vornamens Veit] (auch süddt.): *einfaches Taschenmesser* ❖ **jemandem springt/geht da Feitl in da Tạschn auf:** *jemand gerät blitzartig in Rage* (das Springmesser geht auf, ehe er es aus der Hosentasche genommen hat) ❖ **då möcht i Feitl/Veitl hoaßn:** *das darf nicht wahr sein, das kann nicht stimmen.*

fẹlk ⟨Adv.⟩ [mhd. vollic (= völlig, ausreichend)] (Osttirol): *fast, beinahe.*

Fẹlle, die [gehört zu ital. cipolla (= Zwiebel), wie das cimbrische schavöllo und das lusernische tschovöl zeigen] (Oberinntal): *Gartenzwiebel, Küchenzwiebel (Allium cepa).*

Fen, Pfen, der [ahd. fonno, zu lat. favonius (= günstiger Wind)]: *Föhn, warmer Wind.*

fẹnsterln ⟨hat⟩ (auch süddt. und schweizerisch): *die Geliebte nachts besuchen, indem man durch das Fenster einsteigt.*

fer- ⟨Vorsilbe⟩ *siehe ver-.*

Fẹrala, die: *siehe Feal.*

Fẹrch[1]**, Fårche, Foarche,** die [mhd. vorhe, verhe, ahd. forha (= Föhre, in D: Kiefer)]: Föhre.

Fẹrch[2]**, Fårche,** die [mhd. forhele, ahd. forhana, eigentlich: die Gesprenkelte (nach den bunten Tupfen auf dem Rücken)]: *Forelle.*

fẹrgga ⟨ist⟩ (Lechtal): **1.** *vorwärts gehen* **2.** *von der Hand gehen.*

fẹrgge ⟨hat⟩ [eigentlich: fertigen] (Oberinntal): *mühsam schleppen, schwer arbeiten.*

Fẹrggl, die; **Fẹrggele, Fạrggele,** das [lat. ferculum (= Traggestell)]: **1.** *Gestell zum Tragen von Heulasten* **2.** *Traggestell für Heiligenstandbilder bei Umzügen.*

Fe̲rla, die: *siehe Feal.*

Fẹrner, Fe̲a̲rner, der [geht so wie die Schneebezeichnung Firn auf ahd. firni (= vorjährig) zurück, ursprünglich: der vom Vorjahr liegengebliebene Schnee)] (West- und Zentraltirol): *Gletscher.*

Fẹrschler, der (Fußballersprache): *Ballweitergabe oder Schuss mit der Ferse.*

fẹrschln ⟨hat⟩ [zu Ferschn] (Fußballersprache): *den Ball mit der Ferse spielen.*

Fẹrschn, die [wie gesamtdeutsch Ferse]: *hinterer gewölbter Teil des Fußes (Vorfußes).*

fẹrt, fe̲a̲rt(n), fe̲a̲scht, fe̲a̲scht ⟨Adv.⟩ [zu mhd. vërne, vërn, vërnet, vërt, vërnent, vërnt (= im vorigen Jahr)]: *im Vorjahr:* „Und a Schilehrer und a Schandi / und da Toifl und da Niklo / hend feacht wållfåhrtn gången / und hend heuer no nit då ...“ (Aus: „Und an Tux an schian Tal“)

Fẹschak, der [zu fesch mit tschechischer Endung -ak]: **1.** *fescher Mann* **2.** (abwertend): *eitler Mann, der sich übertrieben modisch kleidet; Modegeck.*

Fe̲se, die [mhd. vese (= Spreu)]: *Kleinigkeit.*

fe̲sln, fe̲slen ⟨hat⟩: *leicht (einzelne Flocken) schneien.*

fẹtt ⟨Adj.⟩ [aus dem älteren norddeutschen Ausdruck vet, eigentlich Partizip Perfekt von feist; gesamtdeutsch mit folgenden Bedeutungen: fettreich, dick, üppig; jugendsprachlich bedeutet fett: großartig, toll; in dieser Bedeutung zu amerikanisch-englisch phat (= hervorragend, super)] (regional auch in D): *völlig betrunken* ❖ **fett wia r a Radierer / wia r a Ölsardine etc.**: *völlig betrunken.*

Fẹttn, die [zu fett (= völlig betrunken)]: **1.** *Rausch:* in der Fetten sein **2.** [belegt bei Wander] *Verweis, Strafe:* seine Fetten kriegen.

fẹtzalen ⟨hat⟩ [zu fetzn] (Unterinntal): *nach Urin riechen.*

fẹtzn ⟨hat⟩ [Herkunft unklar] (derb): *urinieren.*

Fẹtzn, der [mhd. vetze, zu vassen (= fassen), gesamtdeutsch heute mit den Bedeutungen: abgerissenes Stück Stoff, Papier etc., billiges Kleidungsstück]: **1.** *kleines Stück Stoff zum Säubern, Aufwischen, Polieren etc.* **2.** *Fünfer im Zeugnis* **3.** *Alkoholrausch* ❖ **der ghört mit einem nåssn Fetzen derschlågn:** *mit ihm ist nichts anzufangen.*

fiasln ⟨hat⟩ [eigentlich füßeln, Ableitung von Fuß]: *jemandem das Bein stellen:* er hat ihn gfiaslt.

fịchtig ⟨Adj.⟩ [aus der 3. Person (es fichtet an) des Verbums anfechten gebildet] (Oberinntal): *begierig* (siehe auch: ånfichtn).

fienze ⟨hat⟩ [Herkunft unklar] (Oberinntal): *sticheln, spötteln.*

fier|gådnig, fier|gårnig ⟨Adj.⟩ [2. Bestandteil: mhd. gadem, gaden (= Raum, Zimmer)]: *vierräumig.*

Fierling, der [laut Schatz in Osttirol als Getreidemaß bekannt; also wohl zur Zahl vier] (Prägraten) (veraltet): *rundes Holzgefäß für Korn.*

fiern, fian, ⟨hat⟩ [eigentlich: führen; mhd. vüeren, ahd. fuoren (= in Bewegung setzen, fahren machen); gesamtdeutsch: jemandem den Weg zeigen und ihn geleiten etc.]: *jemanden mit einem Fahrzeug befördern:* I fia eam schnell zum Bahnhof (in D: fahren statt führen: Ich fahr ihn schnell zum Bahnhof).

Fịdla, der [siehe Futt] (Außerfern): *Hintern.*

Fịgg(e), die [Herkunft unklar] (Unterinntal): **1.** *gedörrter Obstschnitz* **2.** *im Wachstum zurückgebliebenes Kind.*

fịggn ⟨hat⟩ [zu ficken mit den ursprünglichen Bedeutungen schlagen, reiben etc.; die Bedeutung koitieren ist jüngeren Datums]: *reiben, wetzen.*

Fịgg|mil, die [1. Bestandteil ficken mit der ursprünglichen Bedeutung hin- und herschieben, 2. Bestandteil: Mühle]: **1.** *Fickmühle, ein Kniff beim Mühlespiel, wodurch abwechselnd zwei anstoßende Mühlen (d.h. drei Steine, die in gerader Linie stehen) zugemacht werden können* **2.** *Ausweg, Ausflucht nach zwei Seiten.*

Fịgl, der: *Firngleiter (eine Art Kurzski für firnigen Schnee).*

Figler, der: *jemand, der Firngleiten betreibt.*

figln, ich figle ⟨hat⟩ [aus den Anfangsbuchstaben der Bestandteile Firn- und -gleiter gebildet]: *firngleiten.*

fildern ⟨hat⟩ [zu Füllen] (Osttirol): *ein Füllen werfen.*

Filse, Fise, die [Herkunft unklar]: *Deckblatt des Maiskolbens.*

Fimml, Fíamler, der [zu lat. femella (= Weibchen); weil der männliche Hanf kleiner ist und deswegen früher mit der Bezeichnung weiblich versehen wurde; später wurde die Bedeutung nach den botanischen Grundsätzen korrigiert, sodass heute ein Wort mit der Bedeutung Weibchen für den männlichen Hanf in Verwendung ist] (Zillertal): *männlicher Hanf.*

Finger, der ❖ **si wås aus die Finger zuzeln:** *etwas frei erfinden* ❖ **si alle zehn Finger åbschleckn können:** *über eine günstige (und unverhoffte) Entwicklung froh sein müssen.*

Finger|haggln, das [2. Bestandteil: Substantivierung von (ein)haken]: *Wettkampf, bei dem sich zwei Männer mit ineinander gehakten Mittelfingern über einen zwischen ihnen stehenden Tisch zu ziehen versuchen.*

fir, fia, fi [mhd. vür, ahd. furi (= vor, voraus)]: **1.** ⟨Präposition mit Akkusativ⟩ *für:* des is fir mi (= das ist für mich); in dieser Bedeutung sind nur die schwachtonigen Formen üblich. **2.** ⟨Vorsilbe von Verben und Substantiven⟩ *vor, vor etwas hin, voraus:* **fiar|stelln** (= vorstellen), **fiar|låssn** (= vorlassen, vorbeilassen), **fiar|gian** (= nach vorn gehen, sich vordrängen); **Fiar|dåch** (= Vordach), **Fiar|fenster** (= Vorfenster), **Fiar|hång** (= Vorhang); siehe auch Fürtuch.

fircha ⟨Adv.⟩ [eigentlich ein dialektales fürher, wo standardsprachlich hervor (älter: herfür) steht, doch ist das Verständnis für die Schriftform fürher verloren gegangen; als Vorsilbe auch mit Verben kombinierbar, signalisiert eine Bewegungsrichtung zum Sprecher hin bzw. von hinten oder aus etwas heraus]: **1.** *von dort hinten hierher nach vorn* **2.** *aus, zwischen, unter etwas heraus:* auch als Vorsilbe bei Verben: firchatraun (= hervortrauen).

firchi ⟨Adv.⟩ [eigentlich ein dialektales fürhin, wo standardsprachlich hinfür steht, doch ist das Verständnis für die Schriftform fürhin verloren gegangen; als Vorsilbe auch mit Verben kombinierbar, signalisiert eine Bewegungsrichtung vom Sprecher weg bzw. von hinten oder aus etwas heraus]: **1.** *nach vorn, vorwärts* **2.** *aus, zwischen, unter etwas hinaus:* **fịrcha|kemma** (= nach vorne kommen); **fịrchi|gehn** (= nach vorne gehen).

F<u>i</u>r|tig, F<u>i</u>sch|ta, etc.: *siehe Fürtuch.*

fịschat ⟨Adj.⟩ [Herkunft ungeklärt] (Zillertal): *oval.*

F

fịschling ⟨Adv.⟩ [ahd. furi (= vor, nach vorne); Gegenteil von arschling, woher auch das -sch- kommt] (Unterinntal): *vorwärts.*

Fisima|tẹntn, Fisima|tẹnzen (Plural) [vielleicht Streckform zu fisiment (= bedeutungsloser Zierrat), zu mhd. visieren (= die Wappenfiguren ordnen und beschreiben); zahlreiche andere Erklärungsversuche sind wenig plausibel] (wird oft für tirolerisch gehalten, ist aber gesamtdeutsch): *Ausflüchte, Winkelzüge:* mach keine Fisimatenten (= mach keine Umstände).

F<u>i</u>sl, der, auch: Ochsenfisl [ursprünglich das männliche Glied der Tiere, mhd. visel, vësel (= Penis)]: *zügige Rute zum Schlagen.*

Fisler<u>ei</u>, die [zu fisln, siehe dort]: *langwierige, penible Arbeit.*

F<u>i</u>sl|feia, F<u>i</u>sl|foala, das (Ebbs) [2. Bestandteil: Feuer, 1. Bestandteil zu viol, siehe auch Feig(a)l]: *Veilchen.*

f<u>i</u>sln ⟨hat⟩ [mhd. viselen (= nagen, mit spitzen Fingern an etwas herumarbeiten); dieses zu mhd. visel (= Faser)] (auch bairisch): *etwas in feine Fasern zerlegen.*

Fis<u>o</u>le, Fis<u>e</u>le, Fis<u>ö</u>n, die [mhd. visōl, phasōl friaulisch fasul, lat. phaseolus, zu griechisch phasḗolos]: *grüne Bohne in Schotenform (Phaseolus vulgaris).*

fịx ⟨Interj.⟩ [verkürzt aus Kruzifixus]: *verflucht.*

fix|l<u>au</u>don ⟨Interj.⟩ [nach dem österreichischen Feldmarschall Gideon Ernst Freiherr von Laudon (1716–1790)]: *verflucht.*

f<u>i</u>zln, f<u>u</u>zln ⟨hat⟩ [Herkunft unklar, vielleicht so wie fisln eine Intensivbildung zu mhd. visel, Plural: viseln (= die Fasern, die Fransen);

offensichtlich eine Nebenform zu fuzln mit ähnlicher Bedeutung]: *sehr klein schreiben oder zeichnen.*

Flạchl, das (Zillertal): *Dachhälfte.*

fla̱dern ‹hat› [vielleicht zu rotwelsch fladern (= waschen, fleddern)]: *(eine Kleinigkeit) stehlen.*

Flä̱dla ‹das› [Verkleinerung von mhd. vlade (= Fladen)] (Außerfern): *(Wurst)scheibchen.*

flạ̊ggat, flạ̊gg|óarat ‹Adj.› [zu Flågge, siehe dort]: *mit abstehenden Ohren.*

Flạ̊gge, die [verwandt mit Flagge, ursprünglich: die Flatternde; aus dem Niederdeutschen] (Zillertal): *abstehendes Ohr.*

flạggisch ‹Adj.› [Herkunft unsicher, vielleicht zu hinflaggn] (Unterinntal, Zillertal): *unreinlich, unanständig.*

flạggn, flạ̊ggn ‹ist› [eigentlich: flacken; vermutlich zu flach, das früher in einer Nebenbedeutung auch faul bedeutet hat; zu mhd. vlach, ahd. flah, eigentlich: ausgebreitet]: *faul herumsitzen, faul daliegen:* „Mei åltes Weib is besser gwen, sie håt ma gebm a Bett / die Junge stellt mar a Pritschn vir, mågscht flåckn oder nit. / Fidra ...“ (Aus: „Und als ich sechzehn Jahr alt war“, im deutschen Sprachraum in vielen Varianten verbreitet).

Flạnderle, das [siehe flanderlen] (Oberinntal): *etwas, das dahinschwirrt (Rußflocke, Schmetterling etc.)*

flạnderlen ‹hat› [zu flandern (= flattern, wehen)] (Oberinntal): *leicht schneien.*

Flạnggal, das [Verkleinerung von älterem Flank, Flanken (= Stück), z. B. ein Flanken Land (= ein Stück Land), ein Flanken Fleisch (= ein Stück Fleisch); dieses zu mhd. vlanc mit der Grundbedeutung Funke]: *ein leichtes, winziges Stück;* z. B. Ruaß-, Schnee-, Wollflanggal etc.: ein Staubflanggal im Aug haben.

Flạrre, Fla̱re, Pflạrre, die [mhd. vlarre, vlerre (= breite, unförmige Wunde)]: *etwas Breitgedrücktes, z. B. Fladen von Kot, Mist; flachgedrückte Schlepplast von Nadelholzästen.*

Flåsch(e), Flåschn, die [mhd. vlasche, ahd. flaska, entweder zu flechten (ursprünglich umflochtenes Gefäß) oder zu flach (ursprünglich flaches Gefäß); Bedeutung 3: auf die Vorstellung einer leeren Flasche zurückgehend]: **1.** *Flasche* **2.** *Ohrfeige, Schlag* **3.** *unfähiger Mensch.*

flåschn ‹hat› [zu Flåsche²]: *jemanden schlagen, verprügeln.*

Flaudere, die [Herkunft unklar] (Oberinntal): *Ohrfeige.*

F

Flaxe, Flax, die (meist Plural: die Flaxn) [aus altbairisch flach(t)sin; ursprünglich wohl: Flechtsehne]: *Sehne, Flechse.*

flaxig, flaxat ‹Adj.› [zu Flaxe]: *von Sehnen durchwachsen:* ein flaxiges (minderwertiges) Fleisch.

fléass: *siehe floass.*

Fleck, Flek, der [mhd. ein starkes Maskulinum vlëc und ein schwaches Maskulinum vlëcke, die sich vermischt haben; eigentlich: flaches, breitgeschlagenes Stück; gesamtdeutsch sind die Bedeutungen: verschmutzte Stelle; bestimmte Stelle, bestimmter Punkt (vom Fleck weg)] **1.** (Küchensprache) *flacher Germteigkuchen, belegt z. B. mit Erdbeeren, Marillen oder Zwetschken:* Erdbeerfleck, Marillenfleck, Zwetschkenfleck **2.** (Küchensprache) kurz für *Kuttelfleck:* Flecksuppe **3.** *Fünfer im Zeugnis.*

Fleckerl|teppich, der (auch bairisch): **1.** *aus Stoffresten genähter Teppich* **2.** *unvollkommene und daher unbefriedigende Lösung, Stückwerk.*

Fleisch|kas, der [siehe auch Leberkas]: *Gericht aus fein gehacktem Schweine- und Rindfleisch, das in Kastenform gebacken wird, bis sich eine braune Kruste bildet.*

Fleisch|loabal, das (Küchensprache): *Faschiertes in Form eines Laberls.*

Flengge, Flenggn, Flangge, der [eigentlich: Flank (= Fetzen, Lumpenkerl), über eine Zwischenstufe Fank verwandt mit Funke; laut Grimm ein österreichisches Wort]: **1.** *abgerissenes Stück Tuch* **2.** *abgerissenes Stück Haut* **3.** *kleine Rotzglocke an der Nase.*

Flętzn, der [zu mhd. letzen (= hemmen, aufhalten, verhindern); verwandt mit verletzen]: *Hautwunde, Abschürfung.*

Flịchter, die [Herkunft unklar]: **1.** *Blatt der weißen Rübe* **2.** *Blatt des Kohlkopfs* **3.** (Oberinntal) *Blatt des Maiskolbens.*

Flịder, der [Hornung vermutet eine Wortmischung mit Flitter] (gaunersprachlich und jugendsprachlich, salopp): *Geld.*

flíentschn ‹hat› [Herkunft unklar; vielleicht verwandt mit flennen, fletschen] (Osttirol): *weinen, greinen.*

Flịnsal[1], das [Herkunft unklar, Flins aus mhd. vlins (= Kiesel), bezeichnet in Südtirol feinen Sand] (Unterinntal): *Schneeflocke.*

Flịnsal[2], das [zu flinsln (= flimmern, glitzern)]: *Ohrstecker, Ohrschräubchen (als Schmuck bei Frauen und Männern).*

Flịnse, die [Herkunft unklar; belegt bei Schatz und Wander] (Osttirol): *(leichte) Ohrfeige.*

flịnsln ‹hat› [zu mhd. vlinsen (= zittern; schimmern)]: *flimmern, glitzern.*

Flịtsche, die [zu mhd. vletach vetach, verwandt mit Flittich, Fittich; vgl. die standardsprachliche Wendung: unter die Fittiche nehmen] (Osttirol): *Flügel.*

Flịtsche, Flịtsch, Flętsch, die [Herkunft unklar]: **1.** *Deckblatt des Maiskolbens,* meist Plural: die Flitschn **2.** *langes Pflanzenblatt.*

Flịtschn, die; **Flịtschal**, das [wohl zu mhd. vlittern, vletter (= kichern, schmeicheln, kosen); im Wort Flitterwochen mit einer aufwertenden Bedeutung]: *leichtfertige junge Frau.*

flóass, fléass ‹Adj.› [zu mhd. vlōz (= Strömung, Flut); zum Verb fließen]: **1.** *seicht, untief fließend* **2.** *dünn* (z. B. eine Humusschicht).

Flóach, der [mhd. vlō(ch), ahd. flōh; vermutlich schon früh an fliehen angelehnt oder Entstellung eines älteren Namens für das Tier]: *Floh:* „Und s Diandl tuat ma load, die håt an Floach in da Pfoad / muass i eini glånga, muass ihn aussa fånga, / hola rio ..." (Aus dem Lied „über d'Ålm hån i gjuchazt").

Flode, der [Herkunft unklar] (Osttirol): **1.** *Bienenwabe* **2.** *Kuhfladen.*

Floder, der [mhd. floder (= das Fließen des Wassers)]: *Ausfließen des Wassers aus einem Brunnenrohr.*

flóich, floicho [aus dem Imperativ von fliehen]: *Warnruf.*

Floicho, der (Zillertal): *dummer Mensch.*

flọppatzn, flọppetzn, flạ̊ttetzn ‹ist› [wohl zu mhd. vlocken (= fliegen, sich schwingen); das Suffix -atzen ist ein germanisches Intensivsuffix, im Gotischen als -atjan belegt]: *schwerfällig fliegen (von Hühnern, Jungvögeln).*

Flóun(e), Flona, der (Oberinntal): *Schaum, Absonderung beim Zerlassen der Butter* ❖ **es håt kuen Floun:** *es geht nicht gut weiter.*

Flụcht|åcht(a)l, das [1. Bestandteil: Flucht im Sinn von Heimgehen]: *letztes Glas Wein vor dem Verabschieden.*

Flụmsn, die [Herkunft unklar] (Schwaz) (salopp): *Ohrfeige.*

Fluse, Pfluse, die [Herkunft unklar] (Stubaital): *Stachelbeere (Ribes uva-crispa).*

Fóam, der [mhd. veim, ahd. feim (= Schaum), verwandt mit engl. foam (= Schaum); vgl. abgefeimt]: *Schaum:* Kein Bier, nur lauter Foam!

fóamen ‹hat› [zu Foam, siehe dort]: *schäumen.*

fóar-: *siehe vor-.*

Fóar|essn, Fóarmas, fóarnacht: *siehe unter vor-.*

fóast ‹Adj.› [mhd. veizit (= fett, dick)]: *dick, fett.*

Focha, die [mhd. voha, ahd. foha (= Füchsin)] (Ötztal): *Füchsin.*

Fọchetz, die; (Ötztal: **Fọ̈chza**, die) [mhd. vochenz(e) (= eine Art Kuchen oder Weißbrot), ahd. fochenza, mittellat. focatia, zu lat. focus (= Herd, Herdfeuer, Pfanne)]: **1.** *ohne Germ gebackenes Brot zu bestimmtem Zeiten und Anlässen (Ostern, Allerheiligen als Patengabe)* **2.** *misslungenes Brot.*

fọlgn ⟨hat⟩ [mhd. volgen, ahd. folgēn, Herkunft unklar; die standardsprachlichen Bedeutungen nachgehen, nachkommen etc. werden im Tirolischen nicht verwendet; hier ausschließlich die nachfolgende Bedeutung]: *gehorchen.*

Fo̱n, der: *siehe Fåne.*

fọppm ⟨hat⟩ [wie standardsprachlich foppen (= im Scherz etwas Unwahres sagen und sich freuen, wenn der andere darauf hereinfällt), aber im Tirolischen mit einer zusätzlichen Bedeutung; spätmhd. foppen (= lügen), aus der Gaunersprache; Herkunft unklar]: *aufschneiden.*

Fọrch(e), Fạ̊rche, die [mhd. vorhe, ahd. forha, indogermanischer Baumname]; **Fạrcha,** die (Ötztal): *Föhre (in D Kiefer).*

fọrchn, fẹrchn ⟨Adj.⟩ [mhd. verhīn, vorhīn, Adjektiv zu mhd. vorhe]: *föhren, von Föhren, aus Föhrenholz (in D von Kiefern, aus Kiefernholz).*

Fọrmẹnta: *siehe Urementle.*

Fọtz, der [Herkunft unklar; ähnlich wie Fotzn, wobei der Fotz und die Fotzn oft vermengt werden]: *(verdrießlich) verzogener Mund* ❖ **an Fotz ziehn:** *beleidigt dreinschauen* ❖ **den Fotz hängen lassn:** *einen resignierten Eindruck machen.*

Fọtz|hobl, der [aus Fotz(e) und Hobel, weil das Instrument am Mund (wie ein Hobel) hin- und hergeschoben wird] (auch bairisch): *Mundharmonika.*

fọtzn ⟨hat⟩ [zu Fotzen] (auch bairisch) (derb): *ohrfeigen.*

Fọtzn, Fọtze, die [Herkunft unklar; eine Verbindung zu Fotze (= Vagina) erscheint evident, wobei eine Bedeutungsentwicklung von dicke Lippe und Kussmund hin zu Schamlippen, Vagina angenommen wird; gesamtdeutsch sind die Bedeutungen Vagina und Hure]: **1.** (auch bairisch) (derb) *Mund* **2.** (auch bairisch) (derb) *Ohrfeige.*

fọtz|rangln ⟨hat⟩ [1. Bestandteil: Mund (auch bairisch); 2. Bestandteil: rangglen, ranggl (= sich balgen, spielend raufen)]: *heftig schmusen* (Internetbeleg, Kitzbühel).

Fowassn, Fóissn, die (Plural) [wohl Spielform zu südtirolerisch belegtem låbese, dieses zu lat. labathum (= Sauerampfer, Mangold oder eine andere Pflanze)]: *Wiesen-Sauerampfer, auch Großer Sauerampfer oder nur Sauerampfer genannt (Rumex acetosa).*

Fråggele, Fråggal, das [zu ital. flacone (= kleine Flasche); ein Beispiel für den häufig auftretenden Lautwechsel von fl- zu fr-; dieser auch in anderen Sprachen, z. B. wird aus ital. flacone ein ladinisches fracla (= altes Viertelmaß; Weinkrug) und ein friaulisches frachil (= altes Maß)]: **1.** *½ Seidel Bier* **2.** *⅛ Liter Schnaps.*

F

Frank|furter, die (Plural) [das Rezept dieser Würstel wurde 1805 in Wien von Johann Georg Lahner kreiert, einem aus Frankfurt am Main stammenden Fleischergesellen] (Küchensprache): *aus Schweine- und Rindfleisch hergestellte, leicht geräucherte Brühwurst:* ein Paar Frankfurter.

Franzos, der [wie standardsprachlich: Franzose]: *verstellbarer Schraubenschlüssel.*

Fråß, der [zu fressen]: *grobes, schlechtes Essen.*

fråt, frot ‹Adj.› [mhd. frat (= verletzt, wund)]: *aufgeschürft (vom Boden)* ❖ **fråt machen:** *durch Holzschleifen den Boden aufschürfen.*

fratschln, aus|fratschln ‹hat› [Intensivbildung zu fragen]: *indiskrete Fragen stellen.*

Fråtz, der [frühneuhochdeutsch fratz(e) (= Laffe, geckenhafter Kerl) zu ital. frasca (= Laubzeichen, das als Zeichen einer offenen Schank ausgesteckt wird; ausgelassener Mensch)]: **1.** *verzogenes oder böses Kind* **2.** (meist Plural, derb) *Kinder.*

Frau, die (religiös): *die Mutter Gottes Maria:* Du liewe Frau! Inser liewe Frau (wie: Du lieber Gott!).

Frauen|tåg, der: *Marienfeiertag (besonders Mariä Himmelfahrt):* der Hoach-inser-Frauentag.

freilich, freila ‹Adv.› [mhd. vrīliche, ahd. frīlīh (= auf freie Weise, offenbar)]: **1.** *jawohl, allerdings:* na, freilich **2.** (ironisch) *Ausdruck des Zweifelns und Staunens:* na, freilich, was denn noch.

Freit|hof, der [mhd. vrīthof (= Vorhof eines Tempels, eingefriedeter Raum um eine Kirche, Kirchfriedhof); ahd. frīthof, ursprünglich: eingefriedeter Raum, erster Bestandteil also zu (ein)frieden, nicht zu Frieden]: *Friedhof.*

Fremde, der, ein Fremder ❖ **Was weiß ein Fremder?** *Wie soll ich das wissen?*

fremden, fremdeln ‹hat›: *scheu gegenüber Fremden sein (von Kindern).*

Fresser, der: *Jungschwein.*

Fretter, der (Oberinntal: **Fregger,** der) [zu frettn]: *einer, der sich hart tut; armer Schlucker.*

Fretterei, die [zu frettn, häufig auch: Gfrett]: **1.** *mühsames Leben* **2.** *mühevolle Arbeit, die nicht zügig vorangeht.*

frettn, ‹hat› [mhd. vretten (= sich wund reiben, quälen)] (auch süddt.): **1.** *sich mühsam durchbringen* **2.** *sich mit etwas abmühen, sich plagen.*

Freunderl|wirtschåft, die [1. Bestandteil: jemand, der zum engeren Freundeskreis gehört; in D auch: Vetternwirtschaft] (österreichisch, abwertend): *Begünstigung von Freunden, Günstlingswirtschaft, Korruption.*

Freund|schåft, die [1. Bestandteil: mhd. vriunt (= Freund, Liebhaber, Geliebter, auch Freundin, Geliebte; Verwandter), die zuletzt genannte Bedeutung ist in der Standardsprache verloren gegangen, im Tirolischen erhalten geblieben]: *Verwandter.*

fría, frúa ‹Adj.›: *früh;* auch in Komposita: Friamahd, Fruamahd; Friamess, Fruamess.

fríatig: *siehe frúetig.*

Frid, Fridn, der; [mhd. vride (= Friede, Waffenstillstand, Schutz, Sicherheit, Ruhe), die zuletzt genannte Bedeutung ist im Tirolischen erhalten geblieben]: Ruhe: jemanden in Frid lassen; Gib endlich an Frid!

Frid|hofs|jodler, der (scherzhaft): *starker Husten (der den bevorstehenden Tod ankündigt).*

fríesn ⟨hat⟩ [mhd. vriesen, ahd. freosan (= frieren)] (auch bairisch): *frieren.*

Frisch|gfångte, der, ein Frischgfångter [zu frisch und zu fangen]: *Neuling; jemand, der erst seit kurzem in einer Firma arbeitet oder in einer Organisation tätig ist.*

frisln ⟨hat⟩ [Intensivbildung zu friesn]: **1.** *frösteln* **2.** *eine Gänsehaut bekommen.*

F

Frisln, das [zu frisln] (auch bairisch): **1.** *Frostgefühl* **2.** *Gänsehaut:* mia rennt a Frisln übern Buggl.

Frittattn, die [ital. frittata, zu fritto, Partizip Perfekt von friggere, dieses zu lat. frigere (= rösten, braten); verwandt mit frittieren, das auf franz. frit zurückgeht, Partizip Perfekt von frire (= backen, braten)] (Küchensprache): *in dünne Steifen geschnittene Omelette als Suppeneinlage.*

Frittattn|suppm, Frittattn|supp(e), die (Küchensprache): *Suppe mit Frittaten als Einlage.*

Fritzle, der [nach dem Vornamen] (Außerfern) (abwertend): *Deutscher.*

Fróas, das [mhd. vreise, ahd. freisa (= Gefahr; Not; Schrecken): *Fraisen:* die Froasn kriegen.

Früchtl, das (auch bairisch; in D ansonsten: Früchtchen): *missratener, frecher Jugendlicher.*

Frúet, der [mhd. vruot (= froh, munter)]: *körperliche Frische, Behändigkeit.*

frúetig ⟨Adj.⟩ [zu fria und frua]: *frisch, tüchtig, behände.*

Fru-Fru, das: *Sauerrahm mit Marmelade* (diese befindet sich am Boden des Bechers und wird vor dem Verzehr aufgerührt).

Fúas, Fúes, Fúis, der [ahd. fuoȥ, gesamtdeutsch: vorderer Teil der unteren Gliedmaßen von den Zehen bis zur Ferse]: *die gesamten unteren Gliedmaßen von der Hüfte bis zur Zehe:* (der Bereich von den Zehen bis zur Ferse heißt in Österreich Vorfuß) ❖ **jemanden am falschen Fuas derwischen: 1.** (Sportlersprache): *einen Angriff* *so durchführen, dass der Gegner das Gewicht am falschen Fuß hat und nicht reagieren kann* **2.** *jemanden in einer für ihn ungünstigen Situation angreifen* ❖ **si di Füas in Bauch stehn:** *so lange stehen, bis einem die Füße weh tun* ❖ **Füas kriagen:** *gestohlen werden* ❖ **wia eingschlafene Füas schmecken:** *schal, fad schmecken* ❖ **erste Reih fuasfrei: 1.** *Sitzplatz im Theater, Flugzeug etc., an dem man keine anderen Besucher unmittelbar vor sich hat* **2.** *bei einer Entwicklung bequem zuschauen können, ohne eingreifen zu müssen* (oft mit der Erwartung, dass die Angelegenheit für die handelnden Personen kein gutes Ende nimmt).

fuchs|passn (Kichbichl): *auf die Entbindung warten.*

Fuggere, die [siehe fuggern]: *Frau, die täuschelt, heimlich handelt.*

fuggern, fuggere ⟨hat⟩ [nach dem berühmten Handelshaus der Fugger, das im 16. Jh. den Tiroler Bergbau dominierte]: *täuscheln, heimlich handeln.*

Fünfer, Fimfa, Fimfer, der [in Tirol und in den anderen Dialekten Österreichs werden Zahlsubstantive traditionell mit -er gebildet: Einser, Zweier, Dreier usw.; wird bei den Jugendlichen und besonders in den Großstädten durch die Eins, die Zwei, die Drei usw. verdrängt]: **1.** *die Ziffer fünf* **2.** *die Zeugnisnote 5 (in Österreich negativ)* ❖ **jemandem einen Fünfer geben:** *jemanden negativ bewerten.*

Furggl(e), die [lat. furcula (= kleine Gabel)]: *zweizinkiges Gerät (z. B. zum Heueintragen, Quirl zum Zerrühren der Käsemasse, zweirädriger Holzwagen etc.).*

Für|tuch, Fir|túach, Fíar|túach, Fisch|ta, Fusch|tach, Fíer|tig, das [mhd. vürtouch aus ahd. furi (= vor); im älteren Deutsch das geläufigste Wort für Schurz] (auch süddt. und schweizerisch): **1.** *Umlegetuch, Schal, Brusttuch:* „Und s Diandle is sauber in sein Sunntågsgwandl (3 ×) då flatttern von weitem die Fürtigsbandl, die Fürtigsbandl bei der Nåcht. / Gehst mit, gehst mit ...“ (Aus „Aufn Tauern tuat s schauern“, in ganz Österreich in verschiedenen Varianten verbreitet) **2.** *Vorbindschurz, Arbeitsschurz.* „Aber Dirndei woaßt wos, / ja dei Firsta is noß, / ziags aus und broats aus, / ja dann leng ma uns drauf“ (Aus dem Lied „Und a Waldbua bin i“).

Futt, Fud, die [mhd. vut, das ursprünglich sowohl Hintern wie Scheide bedeutet; in den alemannischen Dialekten vorwiegend in der ersten Bedeutung] (derb): *weibliches Genital.*

Fụtzlerei, Fuzlerei, die [zu Fuzel]: *etwas sehr klein Geschriebenes oder Gezeichnetes.*

fụtzln, fuzln ⟨hat⟩ ich fuzle [zu Fuzele, siehe dort]: **1.** *sehr klein schreiben oder zeichnen* **2.** *sehr kleine Stücke abschneiden.*

fụxn ⟨hat⟩ [vom Tiernamen Fuchs]: **1.** *stehlen* **2.** etwas fuxt mich: *etwas will nicht funktionieren, macht mich ärgerlich.*

Fụzele, Fuzl, das [Herkunft unklar, vielleicht so wie fisln zu mhd. visel, Plural: viseln (= die Fasern, die Fransen); Verwandtschaft mit Fussel wahrscheinlich]: *ein winziges Stück.*

G

Das Präfix (die Vorsilbe) ge- oder Ge- wird auch dann durch einen nachfolgenden Trennstrich | gekennzeichnet, wenn das e ausgefallen ist und wenn das Präfix kaum noch erkennbar, aber etymologisch nachweisbar ist. Der Trennstrich trägt dazu bei, den Wortstamm sichtbar zu machen und die Herkunft des Wortes zu verdeutlichen. Wenn Sie ein Wort unter ge- nicht finden, zum Beispiel gestaucht, dann könnte es unter g- stehen (in diesem Fall gstaucht).

gaberln ⟨hat⟩ auch: **auf|gaberln** [gabeln (zu Gabel) mit -r-Einschub] (Fußballersprache; in D: den Ball hochhalten, tanteln): *den Ball möglichst oft mit dem Fuß in die Höhe schlagen, ohne dass er zu Boden fällt:* im Gaberln ist er Meister.

Gåbl(e), die [mhd. gabel(e); ahd. gabala (= Gabel); ursprünglich: gegabelter Ast; die Bedeutungen Essgerät, Gerät mit zwei oder mehreren Zinken in der Landwirtschaft, Weggabelung und Astgabel sind gesamtdeutsch; daneben im Tirolischen einige zusätzliche Redewendungen] ❖ **mit der Adamsgåbl essen; mit der Alpenvereinsgåbl essen; mit Vaters Gåbl essen:** *mit den Fingern essen.*

Gåbl|früh|stück, das [als Lehnwort aus dem Standard auch so gesprochen; ursprünglich: Gerichte, die man nur mit der Gabel (= ohne Messer) essen kann]: *zweites Frühstück am späten Vormittag, aber vor dem Mittagessen.*

gach, gache ⟨Adj.⟩ [ahd. gāhi, mhd. gæhe (= jäh), mit dem Suffix -ling: jählings: siehe angaling]: **1.** *jäh* **2.** *schnell hereinbrechend* ❖ **an Gachn kriagn:** *zornig werden* ❖ **auf die Gach(n):** *so plötzlich:* das kann ich dir auf die Gach(n) nicht sagen.

gach|blond ⟨Adj.⟩: **1.** *weißblond* **2.** *wasserstoffblond.*

Gåchl, die [Herkunft unklar] (Osttirol): *Beerenwanze (Dolycoris baccarum), gehört zur Familie der Baumwanzen (Pentatomidae).*

Gach|wind, Ga|wind, Ga|wint(e), der [gelegentlich auch die, weil das Wort meist im Plural gebraucht wird, was zu falscher Singularbildung verleitet; 1. Bestandteil: gach, siehe dort; 2. Bestandteil: Wind (als Verursacher)]: **1.** *Schneewechte* **2.** *Schneewind.*

Gachz, Géachze, Gåchetzn, das [eigentlich: Geächze]: *Ächzen, Ächzerei.*

gach|zritt ⟨Adj.⟩ [1. Bestandteil: siehe unter gach; 2. Bestandteil: siehe zritt]: *jähzornig.*

Gåda|låda|lalla, Gada|lada|lälla, Gouda|louda|lalla, der [1. Bestandteil: siehe Gådn, Bedeutung 3; 2. Bestandteil: Fensterladen; 3. Bestandteil: vermutlich zu Lälla (= Zunge), auch schweizerisch, zu lällen (= die Zunge herausstrecken), verwandt mit lallen; wegen der zungenartigen Form dieser Vorrichtung] (Außerfern): *Elternschlafzimmerfensterladenoffenhalter* (Vorrichtung, um den offenen Fensterladen zu fixieren) [Schibboleth, das im Außerfern verwendet wird, um die Sprachgewandtheit von Fremden zu testen]: „Nun kann es sein, dass Sie dieses Lied nicht versteh'n! (...) Wer ausgeaht, geaht ‚auf 's Ries', und a Glogga isch a ‚Schalla'! / Und der Eltern-schlafzimmer-fenster-laden-offen-halter, isch d'r ‚Goudaloudalalla'"! (Aus dem Lied „Knou mah!" der Lechtaler Musikgruppe Bluatschink).

Gådn, das oder der, **Gadele, Gada,** das [mhd. gadem, gaden (= Haus von nur einem Gemach; Gemach überhaupt, Kammer, hochgelegener Verschlag, Stockwerk)]: **1.** *Kammer neben der Stube:* „... a nuschtr zwischen fingrn / grollen zäln und betn / di kucha / drneebm di schtuuba / drhintr is gaadele ..." (Aus dem Gedicht „paurnhaus" von Hans Haid) **2.** *Speisekammer, Vorratskammer* **3.** *Elternschlafzimmer.*

Gåffer(e), Gåmpfer, Kåffer, der [mhd. kampfer, gaffer, zu mittellat. camphore, zu arabisch kāfūr (= Kampferbaum), aus dem Altindischen; die Lautform gaffer hat sich im Tirolischen erhalten]: *Kampfer.*

Gagga måchn (kindersprachlich): *die Notdurft verrichten, Kot ausscheiden.*

Gagge, die [zu gaggn]: *Kot.*

Gåggele, Gågei, das [zu gackern]: (verniedlichend): *Ei.*

Gåggetzer, der oder die [zu gåggetzn, siehe dort]: *ein Huhn, das heftig oder fortwährend gackert.*

gåggetzn ⟨hat⟩ [Intensivbildung zu gackern]: *heftig oder fortwährend gackern.*

Gåggetzn, das [zu gåggetzn, siehe dort] (abwertend): *Kinder- oder Mädchengelächter.*

gåggln, gågglen, gåggelen ‹hat› [Herkunft unklar]: *trödeln, tändeln.*

gaggn ‹hat› [vgl. lat. cacare (= Kot ausscheiden, mit Kot verunreinigen)] (derb): *die Notdurft verrichten, Kot ausscheiden.*

Gågl, Gåga, der [eventuell auch zu lat. cacare (= Kot ausscheiden, mit Kot verunreinigen)]: **1.** *Kotkügelchen* (von Ziege, Schaf, Gämse, Maus, etc. auch: Goasgågl, Mausgågl; mit Verkleinerungsendung: Mausgagelen) **2.** *kleine Kugeln (aus Erde, Sand, Plastilin usw.)* **3.** *(auffällig) kleiner Mensch, Knirps.*

galing, galingsch, galschn: *siehe angaling.*

galn ‹hat› [siehe Gun] (Osttirol): *unvorsichtig mit offenem Licht spielen.*

gålt ‹Adj.› [mhd., ahd. galt (= keine Milch gebend, nicht trächtig, unfruchtbar); laut Kluge zu einem germanischen Wort, das unfruchtbar bedeutet hat; laut Duden eigentlich Partizip Perfekt zu ahd. galan (= singen, zaubern, behexen), weil unfruchtbares Vieh nach dem Volksglauben als behext galt]: **1.** *keine Milch gebend (vom Jungvieh und von der Kuh unmittelbar vor dem Kalben)* **2.** *nicht trächtig* **3.** *ohne Besitz* **4.** *ohne gute Karten (beim Kartenspiel).*

Galtling, Gåltling, der [eine -ling-Ableitung von gålt]: *Jungrind, weibliches Rind im 2. Lebensjahr.*

Gamill, Gramille, Gramilln, Gamün, die [mhd. kamille, zu mittellat. camomilla, zu lat. chamæmelon, zu griechisch chamai (= auf der Erde wachsend) und mēlon (= Apfel), wohl nach der Form und dem Duft der Blüten] (veraltet): *Kamille:* „Der Vater hat Bauchweah / und schreit nach Gramilln. / ‚Es sein' koane im Haus! –' moant die Bäurin (...) „Dös will i söchn, vermaleidet / 's ganze Jahr habts Bauchweh, ös Weiberleut / und wenn i amol Gramilln brauch, / war'n koane da, für 'n meinigen Bauch. / Überhaupt, – er tuat jo gar nimmer weah! – / Und erscht recht müassn jetz' Gramilln her!"" (Aus dem Gedicht „Gramilln" von Anni Kraus).

Gåmpe, der [geht auf romanisch campo, lat. campus zurück] **1.** *flacher Platz auf einer Anhöhe bzw. bei der Almhütte* **2.** *eingehegtes Stück Weide.*

gạmpern ⟨ist⟩ [zu mhd. gampen, gumpen (= springen, hüpfen): *in Sprüngen laufen* (v. a. von Kühen, wenn sie abwärts rennen).

Gạms, Gạmpse, Gạmezza, die, auch: der und das [mhd. gamȝ, ahd. gamiȝ, zu spätlat. camox; spielt als das klassische Hochgebirgstier in der Identifikation Tirols eine bedeutende Rolle; auch in Flur- und Bergnamen (Gamsjoch, Gamskar, Gamskogel, Gamslecke etc.), viele Komposita in der Jägersprache (Gamsbårt, Gamsgoass, Gamsbock etc.) und in zahlreichen Pflanzennamen (Gamsblüml, Gamsbart, Gamswurz etc.)]: *Gämse:* „Koan Jodler hearscht ma (= hört man) von der Schneid, und 's Gams, des ziacht bergo." (Aus dem Lied „Hiatz is hålt wieda da Summa aus" von Matthias Keuschnigg; Wirt der Weindiele in Kirchberg).

Gạms|blüml, Gạms|bliamal, das: **1.** *Echte Arnika (Arnica montana)* **2.** *Aurikel (Primula auricula):* „Von der Schwoag bis auf d' Hochålm is a nimmer weit, / wo 's a Waxllab, a greans, schiane Gamsbliamal geit (= gibt)." (Aus dem Lied „Von der Schwoag bis auf d' Hochålm").

Gạms|krickl, das [2. Bestandteil: siehe Krickl]: *Horn der Gämse.*

gạmsig ⟨Adj.⟩ [ursprünglich: flink, munter, zu Späßen aufgelegt; zu Gams, siehe dort] (auch bairisch): *geil, zu sexuellen Abenteuern bereit.*

gạmsn ⟨hat⟩ [ursprünglich: toben, herumtollen; zu Gams und gamsig, siehe dort] (auch bairisch): **1.** *nach Mädchen Ausschau halten* **2.** *sexuelle Abenteuer suchen.*

Ga̲n, die: *siehe Gun.*

Gạ̊nde, die [laut Schatz zu romanisch ganda (= Schuttmasse)] (Oberinntal): *Hang mit Steingeröll.*

Gạngger, der; **Gạnggerl, Gạnggal,** der und das [Herkunft unklar; vielleicht Verbindung zu Kanker, einer Spinnenart, zu der auch die Weberknechte gehören, oder zu altnordisch gangari, ein Beiname des Gottes Wotan; demnach wäre Gankerl ein verkleideter Wotan]: **1.** (meist kindersprachlich) *Teufel:* „... im Oberland obn, da sitzt a kloans Ganggerl (...) Der Ruaß und der Hexenschuss, dös war no a Leichts, aber kimmsch dem in die Kralln, ja, da hilft dir nix G'weichts." (Aus dem Lied „Auf der Höttinger Alm hockt a Kaserweibl") **2.** *(allzu) lebhaftes Kind.*

Gang|steig, der [1. Bestandteil: hier mit der Bedeutung Steig, Fußweg, also verdeutlichende Verdoppelung, denn der 2. Bestandteil bedeutet dasselbe]: *Fußsteig:* „Übers Loaterl da steig i ’s nit auffi, da Gangsteig der is ma z ’hoch dr’obn / geh i liaba, schön langsam, schön leise über dem almisch’n Bodn ...“ (Aus dem Lied „Übers Loater da steig i s nit auffi“).

gånkl ⟨Adj.⟩ [ahd. gangheil (= gesund zum Gehen)] (Osttirol): *gesund, unverletzt.*

Gansl, das [Verkleinerungsform von Gåns (dieses mit verdunkeltem a), zu mhd. und ahd. gans, eigentlich: Faucherin (nach den Lauten, die eine Gans in erregtem Zustand ausstößt)]: **1.** *kleine Gans* **2.** *Gans als Speise* **3.** *unerfahrene, sich kindisch gebende junge Frau.*

Gansl|bråtn, Gåns|bråtn, der (Küchensprache): *traditionelles Essen zu Martini (deshalb auch: Martinigansl).*

Gansl|essn, das (Küchensprache): *traditionelles Gänsebratenessen.*

Gansl|haut, die [dialektale Form von Gänsehaut] (scherzhaft): *Hautschauder infolge von Schreck, Angst etc.*

Gansl|wein, der (scherzhaft): *Leitungswasser.*

Gånster, die [mhd. ganeist(e), g(e)neiste (= Funke)]: *sprühender Funke.*

gånstern ⟨hat⟩ [zu mhd. ganeisten, g(e)neisten (= Funken sprühen)]: *unheimlich funkeln.*

Gånter, der [lat. cantherius (= Balkengestell) zu cantharus (= bauchiges Gefäß)]: **1.** *Stoß von Baumstämmen* **2.** *Balkengestell zum Lagern von Fässern.*

går, gå ⟨Adj.⟩ [ahd. garo (= bereit, gerüstet); in D bedeutet gar durchgekocht (in Tirol und ganz Österreich heißt es stattdessen: das Fleisch ist durch); die Bedeutung aufgebraucht wird in D mit einem anderen Wort realisiert: die Eier sind alle]: *aufgebraucht, aufgezehrt:* die Eier sen går (= es sind keine Eier mehr vorrätig).

gåretzn, goratzn, gruggsnen, gråggn ⟨hat⟩ [lautmalend in vielen Varianten]: **1.** *knarren* **2.** *ein enervierendes Geräusch von sich geben* (z. B. wenn man mit Kreide auf der Tafel schreibt, mit einem Fingernagel über eine Glasplatte fährt usw.) **3.** *meckern, nörgeln.*

gas|ge|warig, gas|g|warig 〈Adj.〉 [siehe gwarig]: *über ein Auto, das schon beim leisesten Tupfer auf das Gaspedal (zu) stark reagiert.*

Gaße|straubn, die (Plural) [1. Bestandteil: mhd. geiʒ (= Ziege); 2. Bestandteil: siehe Strau(b)m] (Osttirol): *Isländisches Moos (Cetraria islandica).*

gąssla, (aufs) Gąssl gehn 〈ist〉 [zu Gåssn, aber wegen des -l nicht verdunkelt] (Unterinntal): **1.** *fensterln gehen* **2.** *mit dem Hund Gassi gehen* (= den Hund ausführen, damit er seine Notdurft verrichtet).

Gåssn|bua, der (auch süddt. und schweizerisch): *Bub, der sich viel auf der Straße herumtreibt.*

G

Gatsch, Gątsch, der [lautmalend, vermutlich ursprünglich mit kurzem Vokal] (auch bairisch): *breiige Masse; aufgeweichte Erde, Schneematsch* ❖ (scherzhaft) **Hupf in Gatsch!** *Verschwinde! Lass mich in Ruhe!*

gatschig, gątschig 〈Adj.〉 [zu Gatsch]: *mit aufgeweichter Erde oder mit Schneematsch versehen:* der Weg is gatschig; mit de gatschigen Schuach kimmst ma nid ins Zimmer.

Gåtz(e), die, **Gątzl,** das [zu ital. cazza (= Schöpfkelle); während bei der Hauptform Gåtz(e) der a-Laut verdunkelt wird, wird er bei Gatzl – wie bei Verkleinerungsformen mit -l, -le, -ai üblich – zu a umgelautet)]: *Schöpfkelle.*

gątzn 〈hat〉 [mit Präfix ge- zu mhd. atzen, etzen (= speisen, beköstigen), Kausativum von essen] (Osttirol) (veraltet): *ein Vogeljunges füttern.*

Gau, Gei, das [mhd. gou, ahd. gewi; dieses zu einer germanischen Wurzel, die Gegend, Landschaft bedeutet hat; Gei aus Gäu ist eine Nebenform zu Gau]: **1.** *die kleineren Orte in der Umgebung eines größeren* ❖ (auch süddt. und schweizerisch) **jemandem ins Gäu kommen/gehn:** *sich in fremde Angelegenheiten einmischen, in fremdem Einflussbereich herumwildern:* Geh mir ja ned ins Gei! **2. auf den Gei gehn:** *ausgehen, dem Vergnügen nachgehen.*

Gaudi, Gaude, die [Gaudi ist in Österreich und im gesamten Bairischen ein Femininum, weil sich das Wort nicht vom Singular des lat. Neutrums gaudium ableitet, sondern vom Plural gaudia, der bereits vulgärlat. im Singular als Femininum auftritt; vgl. auch ital. la gioia, franz. la joie; in D ist Gaudi auch sächlich] (auch bairisch): *Vergnügungen, Spaß, ausgelassene Fröhlichkeit.*

gaudig ⟨Adj.⟩ [zu Gaudi]: *spaßig, lustig, unterhaltsam.*

gawich: *siehe awich.*

Gawicha, der [zu gawich und awich, siehe dort] (veraltet): *Mensch, vor dem man sich in Acht nehmen muss.*

ge-, g-, gi- als Vorsilbe von Verben: die Lautformen sind, wie ein Blick in den Tiroler Sprachatlas zeigt, von Landesteil zu Landesteil verschieden; vor den Verschluss- und Reibelauten (b/p, pf, d/t, z, g/k) wird etwa im Partizip Perfekt der Verben das ge- üblicherweise mit dem Folgelaut verschmolzen, wodurch es schwindet, also buntn (= ge-bunden), pfiffn (= ge-pfiffen) usw.; im Inntal östlich von Telfs und im Silltal wird ge- vor einem mit r- anlautenden Wort(teil) zu k: krissen (= ge-rissen); vor Vokal steht (fast) überall einfaches g-: gårwat (= ge-arbeitet), gimpft (= ge-impft) usw.

Ge-, G-, Gi- als Vorsilbe von Substantiven: die Lautformen sind gleich verteilt wie unter ge- beschrieben; die meisten Stichwörter sind in den folgenden Artikeln gesondert behandelt; hingewiesen sei auf die Gruppe der neutralen Verbalabstrakta vom Typ Ge-rede (= was geredet wird, Rederei), ähnlich Ge-fass (= Einfassung, Verschalung; zu fassen), Ge-jol [zu johlen] (Oberinntal; der). Der Typ ist, wie das Beispiel zeigt, auch in der Standardsprache üblich. Weil er im Dialekt noch produktiv ist, können auch ad hoc solche Substantive gebildet werden, die im Übrigen oft (nicht immer) pejorativ sind: **Gfråg** (= lästige Fragerei; zu fragen), **Gfraß** (= Fraß; zu fressen), **Gfrątz** (zu fratzen oder Fratz), **Gfrętt** (= Plage, Mühe; zu fretten), **Gflęnn** (= Weinen; zu flennen), **Gleit, Geleite** (= Geläute; zu läuten), **Gscher** (= Schererei): „Los zua, die Engl singen schon: / Gott in der Höh sei Ehr! / Mei Hansei, tua do weita schon / måchst du uns heit a Gscher." (Aus: „Geh, Hansei, påck dei Binggei zsåmm").

gebm ⟨hat⟩ ❖ **då gibt's nix:** *das steht außer Zweifel* ❖ (jugendsprachlich) **si an Film gebm:** *einen Film anschauen* ❖ **Gib's ihm!** *Verprügle ihn ordentlich! Drangsaliere ihn!*

ge|daucht, daucht ⟨Adj.⟩ [wohl zu mhd. diuhen, dühen, douhen (= drücken, schieben; eindrücken, niederdrücken)]: *gebeugte Körperhaltung:* ein altes gedauchts Mandl.

Gẹddl, die [vermutlich lautmalend aus dem Lockruf für eine Geiß, ein Geißlein] (Osttirol): *Ziege, Geiß.*

ge|dẹftet, dẹftet ‹Adj.› [eigentlich Partizip Perfekt von deftn (= durch Tadel oder Schaden niederdrücken); Herkunft unklar; laut Hornung vielleicht zu einem älteren beduft (= niedergeschlagen, sehr bedrückt)]: *entmutigt, niedergedrückt, verzagt.*

Ge|håje, G|hoa, Koa, das [zu hoajen, siehe dort] (Tuxertal) (veraltet): *Dunst bei großer Sommerhitze:* schau, wie 's heid a Gehåje måht (= schau, wie dunstig es heute ist).

G

Ge|hịlbe, das [mhd. gehilwe (= Gewölk)]: *mit Wolken überzogener Himmel.*

ge|hịlbe, kịlb, küb ‹Adj.› [zu Gehilb]: *nebelig, mit Wolken überzogen.*

gẹll, gạlt, ga, gö ‹Diskussionsmarker am Beginn oder Ende eines Satzes; der Sprecher signalisiert, dass er Zustimmung erwartet› [zu gelten; eigentlich: es möge gelten; im Oberinntal ein Schibboleth; wer dort gell statt soe, verwendet; wird sofort als Fremder erkannt]: *nicht wahr:* du gehst aber nimmer aussi, gell/gö!

gẹlle ‹hat› (Außerfern) [mhd. gellen (= laut tönen, schreien)]: *weinen.*

gẹltn, gạltn ‹hat› [mhd. gelten (= zurückzahlen, vergelten, kosten, wert sein)]: *wert sein, gelten:* des güt nid (= das gilt nicht).

gẹlts Gott, vergẹlts Gott [eigentlich: Gott möge es dir vergelten (= zugutehalten)] (veraltend): *Dankesformel.*

gen, géa(n), gían ‹ist gången› [ahd. gēn, gān (= gehen, schreiten, wandeln, sich bewegen); gehen ist in ganz Österreich der häufigste Ausdruck für: schrittweise fortbewegen (in D statt gehen oft laufen; laufen bedeutet in Ö: rasches schrittweises Fortbewegen; allerdings ist rennen häufiger] ❖ **Geh! Åber geh! Gehn S'! Åber gehn S'!** (auch süddt.): *als Ausdruck der Ablehnung:* Geh! Warum soll ich mir das gefallen lassen? ❖ **Geh! Gehn S'!** (auch süddt.): *als Ausdruck der Ermunterung:* Geh! Erzähl ma wås! ❖ **jemanden gehn låssn** (auch süddt.): *jemanden in Ruhe lassen:* Låss mi gehn!

Ge|nụss|specht, der (auch bairisch): *Genießer, Feinschmecker.*

Gẹrre, Gọ̈rre, die [Herkunft unklar] (Osttirol): *Mutterschaf.*

Get, Ged, Göd, der [siehe Göt(e); lautlich wohl zu einer mhd. Nebenform göte zu stellen]: *Pate bei Taufe oder Firmung.*

Get, Ged, Gud: *siehe Gotl.*

g|farlach, g|fala, g|farlig ‹Adj.› [-lich bzw. -ig-Ableitung von Gefahr, dieses zu mhd. geväre (= Hinterhalt, Betrug), zu mhd. väre, ahd. fära (= Nachstellung, Hinterlist)]: *gefährlich.*

gfíarig, gfíerig ‹Adj.›: *praktisch.*

g|figgat ‹Adj.› [Herkunft unklar, vielleicht zu figgn, siehe dort]: *schmächtig, schwächlich.*

g|finkelt ‹Adj.› [wohl zu dialektal Fink (= schlauer Mensch), eventuell auch Partizip Perfekt zu einem früher gebräuchlichen finkeln (= auf der Drehbank glätten)]: *schlau, durchtrieben.*

G|floigach, das [Kollektivbildung zu fliegen] (Tuxertal): *(viele) Fliegen, Fliegenzeugs.*

G|frast, G|frast, das; auch verstärkend: Hundsgfrast, Saugfrast etc. [zu mhd. gevræȝe (= Fresserei, Lust); zu fressen, dieses zu ahd. freȝȝan, eine Verschmelzung aus der Vorsilbe ver- und essen; erst im Mittelalter differenziert in essen (beim Menschen) und fressen (bei Tieren)] (auch bairisch) (abwertend): **1.** *schlimmes Kind* **2.** *böser Mensch.*

g|frearn, g|frean ‹hat› [aus mhd. frœren (= gefrieren lassen): *gefrieren lassen.* ❖ **g|freang** ‹hat sich› (reflexives Verb): *sich Erfrierungen zuziehen, erleiden.*

G|frett, das [zu sich fretten (= sich mühsam durchbringen)] (auch süddt.): *Ärger, Mühe, Plage.*

g|frirn, g|frían, g|froin ‹is gfruan/gfrorn/gfrosn› [aus mhd. gevriesen (= gefrieren, festfrieren)]: *eisig werden.*

G|friß, G|fris, das [eigentlich: Gefrieß; zu fressen, dieses zu ahd. frezzan, eine Verschmelzung aus der Vorsilbe ver- und essen; erst im Mittelalter differenziert in essen (beim Menschen) und fressen (bei Tieren)] (auch süddt.) (derb und abwertend): **1.** *(hässliches) Gesicht* (wie nord- und mitteldeutsch Fresse) **2.** *elender Kerl.* **3. ein Gfriß schneiden:** *eine Grimasse machen* **4.** *Larve.*

g|froan ⟨Adj.⟩ [Partizip Perfekt von gfrirn]: *spöttisch, aggressiv-keck:* der hat wieder so gfroan dahergredt.

g|håbm, kåm [mhd. gehaben (= halten, haben, besitzen); in dieser Bedeutung ist es durch heben verdrängt worden] (Osttirol): *ein Kind auf dem Arm tragen.*

g|haut, kaud ⟨Adj.⟩ [isoliertes Partizip Perfekt zu hauen]: *durchtrieben, gerissen.*

gíadla, gíatlach, gíatla; in Langkampfen auch: **gíadei** ⟨Adv.⟩ [mhd. güetlich (= gut, freundlich)]: **1.** *sanft, gütig* **2.** *still, ruhig* **3.** *langsam, mit Bedacht.*

G

Giftler, der [zu Gift, dieses zu ahd. gift, zu einem erschlossenen germanischen gefti- (= Gabe); ursprünglich Femininum und als solches noch in Mitgift erhalten; als Neutrum heute mit der Bedeutung Stoff mit schädlicher Wirkung] (abwertend): *Drogenabhängiger.*

Gift|schüppl, der [2. Bestandteil: siehe Schüppl]: **1.** *widerspenstiger Haarschopf; Haare am Hinterkopf, die in die Höhe stehen* **2.** *zu Jähzorn neigender Mensch.*

Gift|spritzn, die [eigentlich: jemand, der Gift versprüht]: *zänkische Frau.*

giggatzn, goggetzn ⟨hat⟩ [Intensivum oder Frequentivum mit dem Suffix -etzen; mhd. gigzen, gichsen, gichzen, ahd. gickezzen, (= einen leichten Schrei ausstoßen); vgl. giggln; lautmalend] **1.** *gicksen* **2.** *stottern* **3.** *unterdrückt lachen.*

Giggl, der; **Gigger, Giggeler,** der [Herkunft wie standardsprachlich Gockel lautmalend, zu giggln[1] und giggatzn, siehe dort]: *Hahn.*

giggln[1], gigglen ⟨hat⟩ [lautmalend, wie giggatzn, siehe dort] (auch schweizerisch): **1.** *glucksen* **2.** *kichern* **3.** *kindlich lachen.*

giggln[2] ⟨hat⟩ [abgeleitet von mhd. gucken (= neugierig schauen)]: *hinschauen, obwohl es verboten ist (oder beim Versteckspiel):* durchs Schlüsselloch giggln; des gilt it, du hasch giggIt.

Gilla, die [mhd. gülle (= Pfütze)] (Außerfern): *Jauche.*

Gi|raffl, das: *siehe Graffl.*

Gitsche, Gitschn, die [Herkunft ungeklärt]: **1.** (Osttirol) *Normalbezeichnung für junges Mädchen, Tochter oder Freundin.* **2.** (Oberinntal) *unangepasstes, ungehorsames, ausgelassenes Mädchen:* freche Gitschn.

glådern ⟨hat⟩ [Herkunft unklar] (Westendorf): *zittern.*

Glan[1], die (Plural) [zu Glan[2], weil die Blätter im Herbst rotglühend werden; siehe auch: Grant(e)]: *Preiselbeere (Vaccinium vitis-idaea).*

Glan[2], **Glone, Glune,** die [mhd. glanst (= Glanz) und mhd. glanster, glanaster (= Funke); vgl. mhd. gān (= Funke) und ahd. ganeistra (= Funke)] (veraltet): *Funke, glühende Kohle.*

g|lången ⟨hat⟩ [eigentlich: ge-langen]: **1.** *ausreichend sein, genug sein* ❖ **des glång(t) ma:** *das ist genug, das reicht mir* ❖ **jetzt ist amål glång:** *jetzt reichts* **2.** *(dar)reichen:* geh, glång ma den Hammer umma (= bitte reich mir den Hammer herüber).

Glångg, der [zu glånggern (= lose hängen, baumeln, pendeln)]: *Penis* (Internetbeleg, Kitzbühel).

g|langgern, g|lenggern, g|langgl(e)n ⟨ist⟩ (zu ahd. klenken (= aufbinden, lösen)]: *lose hängen, baumeln (z. B. ein Strick).*

Glånglar|bíara, die: *siehe Langgelebire.*

Glass, Gelase, das [vielleicht zu franz. glacer (= mit Zuckerguss überziehen)]: *übertriebenes Getue:* håt de a Glass mit dem Kind.

G|latsch, das [Kollektivbildung zu latschat (= nassweich), Bedeutung 2, siehe dort]: *halb geschmolzener Schnee, Tauwasser am Boden.*

g|latschig ⟨Adj.⟩ [zu Glatsch, siehe dort]: *nass und kotig (von Schmelzwasser).*

glåtzat ⟨Adj.⟩ [zu Glatze; die Variante glatzig ist ausgestorben]: **1.** *kahlköpfig, ohne Haare* **2.** (Mechanikersprache) *ohne Profil (von Autoreifen):* glåtzate Reifen (= abgefahrene Reifen).

glåtzat ⟨Adv.⟩ [lautmalend aus glatt]: *tatsächlich:* der håt doch glåtzat die Antwort gwisst.

glauch ⟨Adj.⟩ [mhd. gelūch, glūch (= geschwollen, aufgedunsen)] (Osttirol): *aufgedunsen, feucht angeschwollen.*

gleim(e) ⟨Adj.⟩ [mhd. gelīme (= dicht angeschlossen, zusammengeleimt); zum Substantiv līm (= Leim)]: **1.** *fest gefügt, eng anliegend* ❖ **gleim beinander:** *eng beisammen:* „Auf der Höttinger Alm hockt a Kaserweibl. Dös hat auf die Zottlan a wollerns Häubl. / Und wenn d' di z'gleim hinhocksch und 's Gsicht umibiegsch, ja, da kann da passieren, dass'd in Hexenschuss kriagsch ..." (Aus dem Lied „Auf der Umbrückler Alm hockt a Kasermandl") **2.** *leicht übergewichtig:* a gleime Gsellin **3.** *knapp* (Ötztal): „... müeren / & leenen / sellamol / wöltan / gleim / gongen" (= Muren und Lawinen, dieses Mal sehr knapp gewesen) (Hans Haid in dem Gedicht „seuchen & katastrophen & allerlei unheil").

G

glenggern: *siehe glanggern.*

glernig, glirni(g), gléarig ⟨Adj.⟩ [mhd. gelirnig, gelernic (= gelehrig)] (Oberinntal): *gelehrig.*

glíanig ⟨Adj.⟩ [vom Partizip Präsens des Verbs mhd. glüen (= glühen) abgeleitet]: *glühend:* „Aber dös isch no gar nix: im Oberland obn, / da sitzt a kloans Ganggerl ganz gleim bei an Grobn, / mit a kohlschwarzn Larven und glianige Augen, / ja, da siegst bald den Himmel, bald die Höll' außerschaugn." (Aus dem Lied „Auf der Umbrückler Alm hockt a Kasermandl").

Glitzgerpfannle, das [1. Bestandteil zu mhd. glitzen (= glänzen); 2. Bestandteil: Verkleinerung von Pfanne] (Außerfern): *Hahnenfuß (Ranunculus).*

Gloap, Geloape(t), das, **Lape,** die [Herkunft: siehe loapm, Loapach]: *Überbleibsel vom Essen.*

glousnroat ⟨Adj.⟩ [1. Bestandteil zu mhd. glosen (= glühen, glänzen); 2. Bestandteil: rot] (Osttirol): *glänzend rot.*

Glufe, die [mhd. glufe (= Spange, Stecknadel), wohl aus oberital. glove (= Astgabel)] (Osttirol): **1.** *Sicherheitsnadel* **2.** *jede Form von Anstecknadel* **3.** *(abwertend) Orden, Preis.*

Glump, Glumpat, das [eigentlich: Gelump]: *wertloses Zeug.*

glunggetzn, gluggetzn ⟨hat⟩ [Intensivbildung auf -atzn/-etzn/-itzen zu einem lautmalerischen Verb in der Art von gluckern, glucksen]:

glucksen (von Wassertropfen) [das Wort ist nicht mehr im Gebrauch, liegt aber der Bezeichnung des Glungetzer, einem der Innsbrucker Hausberge, zugrunde; die Schreibung mit einfachem -g- vor dem Suffix -etzen ist sowohl in Hinblick auf die Aussprache wie auf die Etymologie falsch].

glụstn ⟨hat⟩ [eigentlich: gelüsten; zu Lust]: *auf etwas Lust haben.*

g|mah(n)te Wiesn, die ❖ **(für jemanden) a gmah(n)te Wiesen sein:** *(für jemanden) kein Problem mehr darstellen.*

G|meingg, das [zu menggn, siehe dort]: *Raunzerei.*

G|men, das [mhd. menen, mennen (= ein Zug- oder Reittier mit der Gerte vorwärtstreiben; auf dem Wagen fahren; Fronfuhre leisten), mhd. mene (= Fuhre, Fuhrwerk, Gespann, Frondienst mit dem Fuhrwerk)] (veraltet): *Gespann (= vor einen Wagen gespannte Zugtiere).*

G|nạgg(e), das [zu mhd. nac (= Nacken)]: *Genick* ❖ **jemandem aufs Gnagg steigen:** *jemanden hart anpacken* ❖ **jemanden im Gnagg håm:** *von jemanden belästigt werden.*

Gnạ̈psala, das [zu mhd. gnappen (= wackeln); siehe Knapperle] (Außerfern): *leichter, kurzer Schlaf (im Sitzen):* a Gnäpsala måchn.

g|nedig, ge|neatig [eigentlich: g(e)nötig; mhd. genœte (= eifrig, beflissen); gehört zum Substantiv mhd. nôt (= Drangsal, Mühe, Not; Anlass, Zweck; dringendes Verlangen, eifriges Streben und Eilen, Beflissenheit); ahd. nôt, weitere Herkunft unklar; mit der heutigen standardsprachlichen Schreibung gnädig wird das Wort fälschlich mit dem Substantiv Gnade in Verbindung gebracht] ❖ **es gnedig håbm:** *beschäftigt sein, in Eile sein.*

g|neissn; auch: **der|gneissn** ⟨hat⟩ [eigentlich: ge-niusen (= spüren, wittern, merken); aus mhd. niusen, niesen (= versuchen, erproben; mit gleichem Grundwort, aber anderer Vorsilbe (be-): ahd. pi-niusen, gotisch bi-niuhsjan (= auskundschaften] (auch bairisch): *merken, durchschauen, begreifen, verstehen:* i håbs glei gneisst.

goare ⟨ist⟩ [Herkunft unklar] (vom Rind): *mit den Hörnern herumfahren.*

Goare, die [Herkunft unklar] (Oberinntal) (veraltet): *lebhaftes, ungeschicktes Mädchen.*

Goder, der [bairisch für norddeutsch Koder; mhd. goder (= Schlund), eventuell verwandt mit lat. guttur (= Kehle)]: *Doppelkinn, Fettwulst zwischen Kinn und Hals.*

Goderl, Godei, das [Verkleinerung zu Goder]: *Bereich zwischen Kinn und Hals* ❖ **jemandem das Goderl kratzn:** *jemandem schöntun, jemandem schmeicheln.*

Gof, der, die oder das; Plural: **gofa** [bei Grimm belegt mit Hinweis auf ein Verb gofen (= zum Narren halten)] (Außerfern; auch schweizerisch): *Kind.*

Gọgge, Gọggn, der [Herkunft unklar] (Oberinntal): *Wimmerl, kleines eitriges Geschwür.*

Gọggl, der: *siehe Giggl.*

Goiserer, der [nach Bad Goisern in Oberösterreich]: *schwerer, genagelter Bergschuh.*

Gölta, Goita, der [mhd. kolter, kulter, golter (= gefütterte Steppdecke)] (veraltet): *gefütterte Decke, Steppdecke.*

gọschat 〈Adj.〉 [zu Gosche] (abwertend): **1.** *frech, vorlaut, angeberisch.* **2.** *jemand, der sich verbal nie zurückhält.*

Gọschate, der; ein Goscherter [zu Gosche] (abwertend): *jemand, der nicht auf den Mund gefallen ist.*

Gọsche, Gọschn, die [Herkunft unklar, vielleicht verwandt mit lat. geusiæ (Plural) (= Rachen, Schlund)] (meist abwertend, derb) (regional auch in Deutschland): *Mund, Maul, Mundwerk* ❖ **jemandem a Goschn ånhängen:** *jemanden beschimpfen, Streit beginnen* ❖ **auf die Goschn fliagn:** *hinfallen, stürzen* ❖ **in die Goschn haun:** *einen Schlag ins Gesicht versetzen* (auch übertragen) ❖ **si die Goschn zreißen:** *über jemanden herziehen* ❖ **Wånn dea amoi stirbt, dånn muaß man sei Goschn separat derschlågn:** *scherzhaft über eine geschwätzige Person* ❖ **die Goschn håltn:** *still sein, schweigen* ❖ **Hände fålten, Goschn hålten:** *nicht kritisieren, sondern alles wie ein geduldiger Christ hinnehmen.*

Gotl, Godl, die [feminine Entsprechung von Göt]: *Patin bei Taufe oder Firmung.*

Göt(e), Ged, der [zu ahd. gota; vermutlich schon in vorchristlicher Zeit die Bezeichnung für einen Elternersatz; von Kluge zu altnordisch gode (= Priester, der zu Gott Gehörige) gestellt; siehe auch: Get] (auch bairisch): *Taufpate, Firmpate.*

Gọtt, der [mhd., ahd. got, Herkunft unklar; vielleicht eigentlich: das durch Zauberwort angerufene Wesen, das Wesen, dem geopfert wird; die historische Volksfrömmigkeit der Tiroler spiegelt sich in einer Reihe von Redewendungen wieder, die häufig verwendet werden]: **1.** *Gott* ❖ **vergelt's Gott, gelt's Gott:** *dankeschön* ❖ **in Gott's Nåm(en):** *soll sein* ❖ **um Gott's Willn:** *Ausruf des Schreckens* **2.** *Kruzifix, Wegkreuz* [aus dieser zusätzlichen Bedeutung des Wortes Gott erklärt sich die Innsbrucker Ortsbezeichnung: Beim Großen Gott (ursprünglich: Beim großen Wegkreuz)].

G|rạffl, G|rạffi, das [Ge-raff-el: das Zusammengeraffte, Ableitung von mhd. raffen (zupfen, rupfen, raffen, eilig an sich reißen): *Wertloses Zeug, Gerümpel.*

Grålle, die; auch: **Grållele,** das [eigentlich: Koralle]: **1.** *etwas Kleines, Rundes* **2.** *Kugeln auf dem Rosenkranz:* „... herrgöttswinkel / schtarbbiltlen / aubeholten / kreizweg / wollfoorn / foschtn / nutschgrollen / knieln / auschtean / niidrknieln, peetn / hoamgean AMEN" (Aus dem Gedicht „religio tyroliensis ötztaliensis I" von Hans Haid).

Grållner, die (Plural) [Herkunft unklar, vielleicht zu Grålle]: *kleine Kartoffeln.*

graméiln, graméile [aus romanisch ramalér mit Präfix ge-; lat. remagulare]: *wiederkäuen.*

Gramille, Gramilln, Gråmün, die: *siehe Gamill.*

Gråmml, Gråmml, Grụmml, die [zu ital. gramola (= Breche, Flachsbreche)] (veraltet): *Gerät zum Zerkleinern von hartem Brot.*

G|ramuri, Kramuri, die, selten auch: der [ursprünglich mit Vorsilbe ge- als Geramuri, dieses zu gramuren (= Nebenform von rumoren) mit der Bedeutung Unordnung machen; die gleichbedeutenden Ausdrücke Kramasuri und Ramasuri sind Streckformen; die Ableitung aus Kram und der rumänischen Pluralendung -uri ist wohl verfehlt; das selten vorkommende maskuline Geschlecht ist eine Anlehnung an Kram]: *unnütze, wertlose Gegenstände.*

Granạda [eine Stadt in Spanien] ❖ **glei spiln s'** (= spielen sie) **Granada** [nach Grüner/Sedlaczek aus der Soldatensprache; symbolisiert die Angst der Soldaten vor einem Granatenhagel; später volksetymologische Deutung mit Bezug auf das Lied „Granada" von Augustin Lara (1935)]: *gleich passiert etwas Wildes, etwas Unangenehmes.*

Grạnggln, die: *siehe Grant(e).*

G

Grạnitz, Grạnitzn, die [wie standardsprachlich Grenze zu mhd. greniz(e), aus slawisch granica (ursprünglich: Ecke, Kante, Rand), aber weniger stark eingedeutscht; belegt bei Schatz] (Kitzbühel): *Grenze:* „Und i hör nix mehr wischpln (= pfeiffen), i hör nix mehr schrein, mei Bua muaß schon längst über d' Granitzn sein ..." (Aus dem Lied: „Wann du durchgehst durchs Tal", ursprünglich wohl kärntnerisch, wird auch heute noch in Tirol gesungen; in neuerer Zeit durch den Oberösterreicher Hubert von Goisern popularisiert).

Grạnt, der [aus ahd. grintan, allerdings nur erschlossen, d.h. ohne Beleg; vergleicht sich mit altenglisch grindan (= mit den Zähnen knirschen)] (auch bairisch): *schlechte Laune, Unmut, Verärgerung* ❖ **an Grạnt håm:** *schlecht gelaunt sein.*

Grånt, der, auch: **Grạntl(e),** das [mhd. grant (= Trog, Behälter, Schrank)]: **1.** *Trog, Truhe* **2.** (veraltet) *Wasserschiff im Herd.*

Grạnt(e), Grạntn, Grạnggln, die [Lehnwort aus dem Romanischen: grödnerisch graneta, zu lat. granittum, granum (= Körnchen)] (auch Salzburg und Südwestösterreich): *Preiselbeere (Vaccinium vitis-idaea):* „... earepfle in kaldr / wintraadle an doche / ingsöütne granten in gaadelan ..." (Aus dem Gedicht „paurnhaus" von Hans Haid).

grạntig 〈Adj.〉 [zu Grant]: *missmutig, übellaunig, zänkisch.*

grạntln 〈hat〉 [zu Grant]: *missmutig, übellaunig, zänkisch sein.*

Grạnt|scherbm, der [2. Bestandteil: bedeutet auch Nachttopf, Leibschüssel]: *Griesgram.*

Grạsche, Grạsch, die [zu franz. courage (= Mut)] (veraltet): *Wagemut:* „Hintagn Gezåggl is Grasch in der Tasch" (= hinter lumpigen Kleidern ist Geld in der Tasche; der Schein trügt) (zitiert bei Schatz aus dem Zillertal).

Grat, die [aus dem Plural von mhd. grät (= Stufe, auch hohe Stufe) rückgebildet]: **1.** *Fichtennadel* **2.** *Fischgräte* **3.** (abwertend) *sehr dünne Frau.*

Gratsch(e), die [ital. gracchia, dieses zu lat. gracula; heute als Gattungsname für Vögel, die auch Beo genannt werden; in Tirol auch für Vögel, die zu den Rabenvögeln (Corvidae) gehören]: **1.** *Elster (Pica pica)* **2.** *Tannenhäher (Nucifraga caryocatactes)*

gratschn, gratsch(l)n, gretschn ⟨hat⟩ [lautmalerisch]: **1.** *krachen (durch Abbrechen eines Astes etc.)* **2.** *knirschen, knarren.*

grattln ⟨ist⟩ [Ableitung von Gråttn]: *mit einem Fahrzeug (schnell) fahren.*

Gråttn, der [über romanische Vermittlung auf lat. cratis (= Flechtwerk, Gefüge) zurückgeführt]: *schlechter Wagen:* eini an Gråttn und dahi gehts (= hinein ins Auto und los gehts) (Internetbeleg, Kitzbühel).

graupat, kraupat ⟨Adj.⟩ [zu Graupen (= enthülstes und gerundetes Weizen- oder Gerstenkorn, etwas Zerzaustes, Verwahrlostes); laut Hornung vermutlich zu slawisch krupa vermengt mit einem dialektalen Wort]: **1.** *buschig* **2.** *zerzaust, verwahrlost:* „A gscheckats Påår Ochsn, a graupate Kuh, / dös gibt mir mei Våter, wenn i heiraten tua." (Aus dem Lied „Vom Zillertål außer").

Graus|birn, die [zu mhd. gruʒ (= Korn); Grauß bezeichnet die grobkörnigen Erhebungen auf der Schale, wodurch die Frucht zum Verzehr kaum geeignet ist; vgl. Grüner/Sedlaczek; die Ableitung von Grausbeeren ist wohl falsch]: *eine Mostbirnenart* ❖ **då steign oan die Grausbirn auf** [die Schale der Birnen erinnert an einen Hautschauder (vgl. den gesamtdeutschen Ausdruck Gänsehaut)]: *da überkommt einen ein angstvoller Schauder, ein Gefühl der Beklommenheit, des Entsetzens.*

Gregge, Gregg(e)ler, Greggn, der [Herkunft unklar; laut Grimm ursprünglich ein eigenständiges Wort, das dann mit der Sippe Gregg(n), siehe dort, vereinigt wurde]: **1.** *Verkrüppeltes, Kümmerliches* **2.** *kleiner, unansehnlicher Mensch* **3.** (Osttirol) *darbendes Kind.*

Grẹgger, der [das Wort illustriert mit seinen zwei Bedeutungen die Vermengung von die Gregg und der Gregge] **1.** *Person mit triefenden Augen* **2.** *kleine unansehnliche Person.*

Grẹgg(n), die [Herkunft unklar, siehe auch Gregge, mit dem es nachträglich vermengt wurde]: **1.** *Schmutzkruste in den Augenwinkeln* **2.** (Unterinntal) *Nasenschmutz.*

Gretl|frisur, die [1. Bestandteil: Kurzform des weiblichen Vornamens Margarethe]: *Frisur mit zum Kranz aufgesteckten Zöpfen.*

Gretsche, die [Herkunft unklar] (Oberinntal): *Fruchtzapfen der Zirbe.*

Gríaggla, der: *Beinstellen beim Ranggeln.*

gríaggln ⟨hat⟩ [zu Gruegg, siehe dort]: *durch Beinstellen zu Fall bringen.*

gríasln ⟨hat⟩ [zu Grieß und Griaßler]: *schöntun.*

Grías|koch, Gríes|koch, das [zu kochen mit folgender Bedeutung: durch Gekochtwerden Wasser abgeben und dadurch eindicken]: *ein breiartiges Gericht aus Grieß.*

Gríasler, der [zu Grieß; eigentlich: Grießhändler; ähnliche Herkunft und Bedeutung wie Greißler; (in Franz Grillparzers „Der arme Spielmann“ noch in diesem Sinn: „Vor allem aber waren gewisse Kuchen beliebt, die eines benachbarten Grießlers Tochter selbst verfertigte und noch warm zu Markt brachte.“)]: *Schöntuer, penetranter Schmeichler.*

gríass di, gríass enk, gríass eich, gríass Gọtt, gríass Got, gríass di Gọtt, gríass di Got [ursprünglich: (es) grüße dich Gott, das formelhaft verkürzt wurde: grüße dich)]: *übliche Grußformel auf dem Land, zunehmend auch in den Städten.*

g|ríewig ⟨Adj.⟩ [mhd. gerüewic (= ruhig, gelassen), zum Substantiv ruowe (= Ruhe)] (veraltet): **1.** *ruhig* **2.** *rührig, flink.*

Grịff|buchse, die [2. Bestandteil: wie standardsprachlich Büchse zu mhd. bühse, ahd. buhsa; lat. pyxis; eigentlich: Dose aus Buchsbaumholz] (Osttirol): *Federpennal.*

G|rịnn, Krịnn, das [eigentlich: Gerinne]: *Rinnsal, Gerinne.*

G|ris, Grịss, Kriß, das [zu reißen, riss, gerissen] (regional auch in D): *Wetteifern, Andrang, Zulauf:* um den ist ein Mordsgris (= er ist sehr begehrt/umworben).

Grịschpele, Grịschpei, das [Verkleinerung von Gruspl, siehe dort]: *mageres, zu kleines Kind.*

Grisele, Grusele, das [Herkunft unklar; vielleicht lautmalend zu Gries] (Oberinntal): *Körnchen (Mehl):* **khuen / koan Grisele:** *gar nichts.*

grọppatzn, grọggetzn, groigetzn ⟨hat⟩ [mhd. kropfitzen (= rülpsen); lautmalerisch] (veraltet): *rülpsen.*

Grọgge, die: *siehe Weppisgrogge.*

Grọschn|kliebar [2. Bestandteil: Nomen Agentis zu kliebm (= spalten, aufhacken, z. B. Holz); wörtlich: jemand, der die Groschen noch spaltet]: *spöttische Bezeichnung für einen sehr sparsamen, schon geizigen Menschen.*

Groß|kopferte, der; ein Großkopferter (abwertend): *hochgestellte Person.*

grọttn-, frisch entlehntes Wortelement, um ein negatives Adjektiv zu verstärken, z. B.: **grọttn|schlecht** (= besonders schlecht), **grọttnschiach** (= besonders hässlich).

grụddln, grụddl ⟨hat⟩ [Herkunft unklar] (Osttirol): *kitzeln.*

Grúegg, die (Unterinntal); **Grúegge, Grúenggn,** der (Oberinntal) (derb): *ungestalter, krummer Fuß (= Bein).*

Grui(m)pe, Groigge, die [mhd. griebe, griube (= Griebe)]: *Spreckgrieben (= ausgelassene Speckwürfel).*

Grund|bira, die (Außerfern) [eigentlich Grundbirne]: *Kartoffel (Solanum tuberosum).*

grụnnig ⟨Adj.⟩ [wohl zu mhd. gram (= gram, böse)] (Osttirol): *zornig, schlecht gelaunt.*

Grụspl, Grụsple, Grụspi, die [zu mhd. krosel, krospel, kruspel (= Knorpel); zu Bedeutung 2. vgl. auch das bei Schmeller vermerkte kruspeln

(= knirschen wie ein zerbissener Knorpel; knirschend zerbeißen)]: **1.** *Knorpel* **2.** *sprödes Backwerk.*

Grutte, die [Herkunft unklar] (Osttirol): *(größere) Kiste.*

Gsålz, das [eigentlich: Gesälz, zu Salz; verwandt mit Sulz, dieses zu ahd. sulza, sulcia (= Salzwasser)] (Lechtal): *Marmelade:* „Nun kann es sein, daß Sie dieses Lied nicht versteh'n! (...) / A ‚Buchl' isch a Semml und a ‚Gsalz' a Marmelad'! / A ‚Trimmsler' isch a Mensch, der nix tuat, und dem isch fad!" (Aus dem Lied „Knou mah!" der Lechtaler Musikgruppe „Bluatschink").

G

Gsass, das [mhd. gesæze; abgeleitet von sitzen] (Prägraten): *Hose.*

g|schåffn ⟨hat⟩ [mhd. schaffen (= erschaffen, schaffen); wohl zu ahd. scaffan und scaffōn, ursprünglich: schnitzen, mit dem Schaber bearbeiten; verwandt mit dem neuhochdeutschen Wort Schaffner): *gut miteinander auskommen:* die zwei gschåffn oanfach nit.

G|schaft, der [ahd. giscafft als Ableitung des Verbs scaffōn, siehe gschåffn] **1.** *Übereifer, Wichtigtuerei* **2.** *Überheblichkeit* **3.** (Osttirol) *Eitelkeit.*

g|schaftig ⟨Adj.⟩ **1.** *eifrig, sich demonstrativ betätigend* **2.** (Osttirol) *eitel.*

G|schaftlin, die (abwertend): *eine Frau, die sich überall einmischt.*

G|schaftl(er), der (abwertend): *ein Mann, der sich überall einmischt.*

G|schaftl|húaber, der (auch süddt.): **1.** *umtriebiger Mensch, der aber nichts zustande bringt* **2.** *jemand, der sich überall einmischt.*

G|schaftl|húaberei, die: *umtriebiges Getue, das nichts bringt.*

gschaftln ⟨hat⟩ [Verbalbildung zu Geschäft]: *sich wichtigmachen.*

g|schålnt sein, g|schoind sein [zu Schale mit der Bedeutung Bekleidung, Gewand]: *fein gekleidet sein.*

g|schamig ⟨Adj.⟩ [-ig-Ableitung von mhd. geschamen (= sich schämen)] (auch bairisch): *schüchtern, verschämt:* Sei nicht so gschamig!

G|schear[1], **G|scherre,** das [zu veraltet scheren (= ausbeuten, quälen); vgl. standardsprachlich: ungeschoren davonkommen]: *Mühsal, Schererei:* „Los zua, die Engl singen schon: / Gott in der Höh sei Ehr! / Mei Hansei, tua do weita schon / måchst du uns heit a Gscher." (Aus: „Geh, Hansei, påck dei Binggei zsåmm").

G|schear[2], das ❖ **wia da Herr, so 's Gscherr** [Herkunft unklar, möglicherweise zu Schar, vermengt mit mhd. gescherre (= Handwerkszeug, Hausrat, Pferdegeschirr); vgl.: die angeschirrten Pferde; wohl auch im Zusammenhang mit: sich um etwas scheren; Vergleiche dieser Art finden sich schon bei Titus Petronius, dem römischen Senator und Autor des Romans Satyricon: Qualis dominus, talis et servus (= wie der Herr, so auch der Sklave)] (auch bairisch): *genauso wie der Herr sind auch seine Untergebenen zu beurteilen, genauso wie der Vater seine Söhne etc.* (meist auf schlechte Eigenschaften bezogen).

g|scheart, g|scheat ‹Adj.› [Partizip Perfekt von mhd. schern (= scheren, abschneiden); die heutige Bedeutung stammt aus jener Zeit, als Bauern kein langes Haar tragen durften]: *ungehobelt, grob, provinziell:* gscheart daherreden ❖ **a gschearter Hamml:** *Mensch mit schlechten Manieren.*

g|scheggat ‹Adj.› [zu altfranz. eschec (= Schach), eigentlich: schachbrettartig gemustertes Pferd]: *scheckig.*

Gschisti|gschasti, das [ursprünglich nur ostösterreichisch; wortspielerisch mit Ablaut i-a; eventuell in Anlehnung an geschissen und Geschichte]: *Umstände, Getue, Aufhebens.*

G|schlåder, G|schleder, G|schludre, das [zu schledern (= Nässe, Schlamm verspritzen); dieses zu mhd. slöteren, allerdings nur erschlossen] (abwertend) (auch bairisch): **1.** *dünner Kaffee* **2.** *schales Getränk* **3.** *schlechte Suppe.*

G|schloß, das [mhd. gesloȝ und sloz: Türverschluss; Schloss; Burg]: **1.** *(Tür)schloss* **2.** *Schloss, Burg.*

g|schmachig ‹Adj.› [zu Geschmack und schmecken]: *schmackhaft, wohlschmeckend.*

g|schmålzen ‹Adj.› [zu Schmalz]: *teuer, hochpreisig:* gschmalzene Preise.

g|schmọrganz, zmöerns [eigentlich: des Morgens]: *am Morgen.*

g|schnạ̊chts, znåchts [eigentlich: des Nachts]: *am Abend.*

g|schnạppig ⟨Adj.⟩ [zu schnappen]: *schnippisch.*

G|schrạ̊pp, der [aus dem Wienerischen übernommene Bezeichnung, die wohl mit dem tirolischen Gschrapp (= kleiner Brocken) in Verbindung zu setzen ist] **1.** *kleines Kind* **2.** (abwertend) *Kind.*

G|schrạpp, G|schrẹpp, das [verwandt mit norddeutsch schrappen (= kratzen, schaben; wodurch ein kleiner Brocken entsteht); auch die Wörter schroff und Schrofen gehören vermutlich zu dieser Wortfamilie]: **1.** *zerbröckeltes Gestein auf Wegen* **2.** *Schrofenpartien, die den Hang unterbrechen.*

g|schrauf(e)t ⟨Adj.⟩ [Partizip Perfekt zu schraufn (= schrauben)] ❖ **gschrauft daherredn:** *sich einer hochgestochenen Sprache bedienen.*

G|schwéal, das [zu mhd. ge-swer (= Schmerz, Geschwür); dieses zu mhd. swern (= schmerzen, schwären, eitern), zu ahd. sweran; weitere Herkunft unklar] (veraltet): *Geschwür* ❖ **des gånze Gschwéal:** *diese üble Bande.*

G|schwịster(e)|kind, das [die Kinder stammen von Geschwistern ab (= die Eltern sind Geschwister)]: **1.** *Cousin* **2.** *Cousine.*

g|sẹlchter Åff, g|sạlchater Åff, g|söchta Åff, der [gselcht im Sinn von ausgezehrt, auch abwertend für homosexuell] (abwertend): *Dummkopf, Geck.*

G|sẹllin, G|söin, die [Femininableitung von ahd. gisello, einer Soziativbildung zu Saal, also: einer, der im selben Saal, im selben Haus wohnt; dann der Gefährte; mhd. geselle (= Gefährtin); im Unterinngebiet östlich von Schwaz Normalbezeichnung für eine (erwachsene) Frau]: *Frau:* a nette (a unguade, a lustige) Gsöin; aussn vor der Tür steht a Gsöin.

g|sẹngte Sau [Partizip Perfekt zu sengen] ❖ **fåhrn wia r a gsengte Sau:** *besonders schnell fahren* (z. B. mit dem Auto).

Gsi|berger, der [zu alemannisch gsi (= gewesen); im Unterschied zu den anderen österreichischen Dialekten heißt das Partizip Perfekt von sein im Alemannischen nicht gwesn, sondern gsi (mhd. gesīn); da das Präteritum von sein (er war, sie war, es war) nicht existiert, kommt gsi oft vor und eignet sich besonders gut, um die im Alemannischen unterbliebene Diphthongierung von mhd. ei (mīn, dīn, sīn) zu signalisieren]: *Vorarlberger, Alemanne.*

G|sod, G|sed, das [eigentlich: das Gesottene; mhd. sieden, ahd. siodan (= sieden, wallen)]: *Brühfutter, Häcksel.*

G|spån, G|spun, der [eigentlich Gespann; dieses laut Grimm zu mhd. gespan (= Gefährte, Genosse, Kompagnon); verwandt mit spannen (einer, mit dem man zusammengespannt ist); Ableitung von mhd. gespān (= Zerwürfnis, Streit; einer, der im Streit mithilft) ist unwahrscheinlich] (veraltet): **1.** *Kamerad, Begleiter* **2.** *Liebhaber, Geliebter* **3.** *Bräutigam.*

G|spånin, G|spunin, die [weibliche Form von Gspån, siehe dort]: **1.** *Kameradin, Begleiterin* **2.** *Liebhaberin, Geliebte* **3.** *Braut.*

g|sparig ⟨Adj.⟩ [zu sparen, dieses zu mhd. sparn, ahd. sparēn, sparōn (= bewahren, schonen), zu ahd. spar (= sparsam, knapp), ursprünglich (= weitreichend, ausreichend)]: *sparsam, ärmlich:* „Wånn du mit dein Herzerl so gsparig willst sein, / åft nimmst a Papierl und wickelst es ein, / und leg 's in a Schachterl und bind dir 's guat zua / åft wird 's da nit staubig und stiehlt dir 's koa Bua." (Aus dem Lied „Und a Sprung übers Wasserl").

G|spass, G|spaß, der [wie Spaß zu ital. spasso, aber mit Vorsilbe Ge-]: **1.** *scherzhafte Äußerung* **2.** *Freude, Vergnügen.*

g|spassig, g|spaßig ⟨Adj.⟩ [zu Gspaß]: **1.** *lustig, witzig* **2.** *sonderbar.*

g|spezig ⟨Adj.⟩ [wohl Ableitung von mhd. spaz (= Spatz, Sperling)]: *klein, nett.*

G|sprenge, das [zu sprengen im Sinn von: was von der geraden Linie abweicht; laut Duden auch vergleichbar mit niederdeutsch sprengen (= einen Balken in gebogener Form aus einem Stamm sägen); ein Sprengwerk ist in der Fachsprache des Bauwesens eine Konstruktion, bei der ein meist horizontaler Träger durch geneigte Streben abgestützt wird]: *Holz des Brückenjochs.*

g|spritzt ⟨Adj.⟩ [eigentlich Partizip Perfekt von spritzen] (auch bairisch): *mit Wasser verdünnt:* ein gespritzter Wein; ein Achtel

(Weißwein) gespritzt; ein Apfelsaft gespritzt; auch: sauer gspritzt (mit Sodawasser) und süß gspritzt (mit Limonade).

G|spr̩itzte, der; ein Gspritzter (auch bairisch, sonst in D: Weinschorle): *mit Soda- oder Mineralwasser verdünnter Wein.*

G|stạng, G|stẹng, das [zu Stange]: **1.** *Stangenwerk, Gestänge* **2.** *Wagendeichsel* **3.** *Hirschgeweih als Wandschmuck.*

G|stạnzl, das [zu ital. stanza (= Wohnraum); übertragen: Raum für Gedanken] (auch bairisch): *lustiges, volkstümliches Lied, meist vierzeilig und oft mit anzüglichem Text.*

G

g|stauch(e)t ⟨Adj.⟩ [eigentlich Partizip Perfekt zu stauchen (= gegen etwas stoßen und es dadurch kürzer und dicker machen)]: *kleinwüchsig, gedrungen.*

g|stẹck(e)t ⟨Adv.⟩ ❖ **gsteckt voll:** *gedrängt voll.*

G|stẹll(e), das [wie standardsprachlich Gestell zu mhd. gestelle, ahd. gistelli; Kollektivum zu ahd. stal (= Stelle, Standort); gesamtdeutsch heute mit der Bedeutung Kfz-Fahrgestell usw.] **1.** (auch schweizerisch) *Stellage (für Bücher, Weine etc.)* **2.** *körperliche Gestalt, Körperbau* ❖ **jemandem das Gstell åbräumen:** *jemandem ordentlich die Meinung sagen.*

G|stẹmm, das [Kollektivbildung zu mhd. stam (= Stamm)] (veraltet): **1.** *Hirschgeweih als Wandzierde* **2.** *Stützbalken im Bergwerksstollen.*

g|stiart, g|stiascht ⟨Adj.⟩ [ursprünglich: wild, aufgebracht; aus mhd. stieren (= brünstig sein), siehe stia(r)n mit Bedeutung 2]: **1.** *brünstig* **2.** (Unterinntal) *lustig, nett:* er is a Gschtiaschta (= er ist ein lustiger Kerl); a gschiaschts Diandl (= ein herziges Mädchen).

g|stọpft ⟨Adj.⟩ [zu stopfen]: *reich, wohlhabend.*

G|stọpfte, der; ein Gstopfter [zu gstopft, Partizip Perfekt von stopfen (= ein Loch in einem Gewebe ausbessern; mit einer Füllung versehen)]: *reicher, wohlhabender Mensch.*

G|strạ̊mpfte, G|stạ̊mpfte, der; ein Gstrampfter [zu strampfen (= mit den Füßen aufstampfen) und zu stampfen]: *ein Tanz, bei dem mit den Füßen aufgestampft wird.*

Gstraun, Gstrein, der [romanisches Lehnwort: ital. castrone zu lat. castrare (= kastrieren)]: **1.** *der kastrierte Widder* **2.** *Leithammel:* „Den? Ha ha – dös Dreckmandl, den G'straun, den Kapaun – na, mit dem brauchst nit z'eifern. Hannsl, voar dem graust mir ja!" (Aus „Die Eav", Einakterzyklus „Die sieben Todsünden" von Franz Kranewitter.)

G|stritt, G|strid, das [zum Partizip Perfekt von streiten: gestritten]: *Streiterei.*

G|studíerte, der; ein Gstudierter [zu studieren]: *Akademiker.*

g|sund|stessen, g|sund|stössen ‹hat sich› (reflexives Verb) [2. Bestandteil: stessen, eine Nebenform von stoßen]: *unverdient viel Geld verdienen, sich bereichern, sich sanieren:* mit dem Gschäft håt er si gsundgstessen.

Gúatl, Gúetele, Gúatsl, Gutsel(e), das [eigentlich: Guterl, etwas kleines Gutes; viele regionale Varianten; Ableitung zu gut und Gutes mit -l als Verkleinerungsendung] (auch bairisch): *kleine Süßigkeit zum Naschen, meist für Kinder (ähnliche Bedeutung wie Zuckerl, Bonbon).*

Guf(e)l, der [laut Grimm ein im Süden des oberdeutschen Raumes oft anzutreffendes Wort; es ist verwandt mit Gaufe (= die hohle Hand; im Unterinntal auch ein der hohlen Hand ähnelndes Gefäß), Gubel (= Hügel, Felsabhang) und Kofel (= Berg, Stein); häufig in Flurnamen] (Oberinntal): **1.** *Erhöhung, Abhang* **2.** *Höhle, Nische an einem Felsen.*

Gugger, der [zu gucken]: *Fernglas.*

Guggo|handscha, der [1. Bestandteil: letzter Rest der ursprünglich häufigen Pflanzenbezeichnungen mit Kuckuck- als Erstglied; 2. Bestandteil: Handschuh] (Osttirol): **1.** *Clusius-Enzian (Gentiana clusii), auch Stängelloser Kalk-Enzian, Echter Alpenenzian oder Kalk-Glocken-Enzian genannt* **2.** *Kochscher Enzian (Gentiana acaulis), Stängelloser Enzian, Stängelloser Silikat-Enzian oder Silikat-Glocken-Enzian genannt.*

Gugl|hupf, der [mhd. gugel (= Kapuze) und hüpfen in der Bedeutung sich heben (wegen des Germteigs)] (Küchensprache): *eine Art Napfkuchen* (ursprünglich meist aus Germteig, jetzt auch aus Biskuitteig und anderen Teigen).

Gula zagn [eigentlich: Gula zeigen; Gula wohl zu mhd. gula (= Schlund, Gurgel), aus lat. gula (= Kehle), wohl durch das Romanische vermittelt] (Osttirol): **1.** *Zunge zeigen* **2.** *mit der Handspreize die lange Nase zeigen.*

Gumpm, der oder die [Herkunft unklar, vielleicht zu mhd. gumpen (= springen)]: *tiefe Stelle (Tümpel) im Bach, auch kesselförmige Bodenmulde.*

Gun, Gane, die, Verkleinerungsform: Gandei, das [mhd. ganeist(e); ahd. ganistra (= Funke)]: *Funke.*

G

Gunne, die [Herkunft unklar] (Osttirol): *Mulde.*

Gungge, der [Herkunft unklar] (Osttirol): *kleiner Hügel.*

Gupf, der [bei Mengenangaben endungsloser Plural: Gupf; mhd. gupf, das dem Wort Gipfel zugrunde liegt] (auch süddt. und schweizerisch): **1.** *(meist geringe und runde) Erhebung im Gelände* **2.** *abgerundeter Teil von etwas:* ein Gupf Schlagobers auf dem Kaffee; zwei Gupf Erdbeereis **3.** *etwas, dessen oberes Ende hervorschaut.*

Gurkn, die [wie standardsprachlich Gurke aus dem Westslawischen; vgl. polnisch ogórek, tschechisch okurka; dieses laut Duden zu mittelgriechisch ágouros (= Gurke), zu griechisch á̄oros (= unreif); die Gurke wird grün geerntet] **1.** *große Salatgurke* **2.** *einfältige, tollpatschige Person* **3.** *Nase* **4.** (Fußballersprache) *Aktion, bei der ein Spieler dem anderen den Ball durch die Füße rollt und außen an ihm vorbeiläuft* (in D: jemandem einen Beinschuss verpassen, auch: jemanden tunneln).

Gusto, der [ital. gusto; dieses zu lat. gustare (= kosten)] (auch süddt., gegen Norden ausbreitend): **1.** *Appetit, Lust:* Worauf hast du im Moment an Gusto? Auf Speckknödl? **2.** *Verlangen, Begehren:* de Frau wär so ganz mein Gusto gwesn.

Gusto|stückl, das [1. Bestandteil: Gusto, siehe dort; 2. Bestandteil: Stück mit Verkleinerungsendung; wobei diese nicht Kleinheit, sondern hohe Qualität ausdrückt]: **1.** *besonders feines Stück Fleisch:* ein Gustostück vom Rind **2.** *etwas Besonderes, ein Höhepunkt:* die Schlussarie war ein Gustostückl.

G|wadner, G|wader, der [zu wehen mit Präfix Ge-; siehe auch Gwaridl] (Unterinntal): *zusammengewehter Schnee.*

g|wagn ‹hat› [erschlossenes mhd. gewägen (= das Gewicht heben); zu Waage]: *etwas mit Hebelwirkung heben.*

G|wåmp, Ge|wåmpe, das [zu Wampe; dieses zu mhd. wamme, wambe, wampe, (Bauch, Wanst, Mutterleib; Bauchteil am Tierfell; unedle Eingeweide geschlachteter Tiere); ahd. wamba, Herkunft unklar; in der Standardsprache sagt man Wampe im allgemeinen von Menschen, Wamme von Tieren]: *Eingeweide (von Schlacht- und Jagdtieren, die ausgeweidet werden).*

g|wan ‹es tut› (unpersönliches Verb) [zu wehen]: *trocken oder windig schneien.*

G|wånd, das [wie standardsprachlich Gewand zu mhd. gewant (= Kleidung), ahd. giwant; zu wenden, also ursprünglich: Gewendetes, Wendung, auch: Tuchballen, in denen das Tuch gefaltet ist; heutige Bedeutung unter Einfluss von ahd. giwāti, giwādi (= Kleidung); dieses zu weben; gesamtdeutsch heute nur mit der Bedeutung langes, feierliches Kleidungsstück für besondere Anlässe]: *Bekleidung, Kleidung, Anziehsachen* ❖ **si ins Gwånd hauen/schmeißen:** *sich anziehen* ❖ **ausm Gwånd fåhren:** *sich ausziehen* ❖ **jemanden ausm Gwånd beuteln:** *jemandem hart zusetzen.*

gwånggetzn, gwåggetzn, gwiggetzn, gweanggetzn ‹hat› [die lautmalenden Verben quieken, quietschen sind laut Kluge aus älterem quikezen abgeleitet]: *ächzen, knarren, quietschen.*

G|wa|ridl, der oder das [1. Bestandteil zu wehen; 2. Bestandteil: zu Ri(e)dl[1], siehe dort] *zusammengewehter Schnee, Wechte.*

g|warig, ge|warig ‹Adj.› [Ableitung von mhd. gewarn (= gewahr werden)]: **1.** *von feinem Gespür* (etwa für Lob, Hohn, Spott oder versteckte Anerkennung) **2.** *hellhörig (in der Nacht).*

Gweichts, das [substantiviertes Partizip Perfekt von weihen]: *Geweihtes (z.B. Weihwasser, Weihrauch):* „Aber dös isch no gar nix: im Oberland obn, da sitzt a kloans Ganggerl (...) Der Ruaß und der Hexenschuss, dös war no a Leichts, aber kimmsch dem in die Kralln, ja, da hilft dir nix G'weichts." (Aus dem Lied „Auf der Höttinger Alm hockt a Kaserweibl").

Gwiggetzer, die [siehe gwanggetzn]: *Klarinette (in der Musikkapelle).*

H

ha, hạn; Plural: **hạnt, hạnts** 〈Fragepartikel〉 [Herkunft unklar] (veraltet): **1.** *wie bitte? was hast du gesagt? erklär mir das bitte?* (gilt in der Standardsprache als unhöflich, im Dialekt aber als normal) **2.** *nicht wahr?* (d. h. als Verstärkung einer Frage, die man selbst stellt): des is decht schön, ha?

Ha, Hei, das [mhd. höu, hou, höuwe, houwe, ahd. houwi (= Heu, Gras); verwandt mit hauen, eigentlich: das zu Hauende oder das Gehauene]: *Heu.*

Haberer, Hawara, der [aus dem Wienerischen zu jiddisch chawer (= Genosse); vergleiche hebräisch ḥaver (= Gefährte)]: **1.** *Verehrer, Liebhaber:* sie hat an neuen Haberer **2.** *Freund, Kumpan, Zechbruder.*

habern, hawern 〈hat〉 [Herkunft unklar; laut Hornung zu Hafer, mhd. haber; dialektal: Håwern; also eigentlich: Hafer essen; aber im Gegensatz zum dialektalen Herkunftswort nicht verdunkelt]: *essen, kräftig zulangen.*

håbm, håm 〈hat kåbt〉 [ahd. habēn, ursprünglich: fassen, packen; die nachfolgend angeführten Verwendungen sind typisch für das bairisch-österreichische Dialektgebiet] ❖ **då håt's wås:** *da gibt es Schwierigkeiten* ❖ **Wås håmma denn?** *Wo fehlt es?* ❖ **Håst mi?** *Verstehst du mein Argument? Hast du es begriffen? Sind wir uns einig?* ❖ **Des hätt' ma!** *Das ist erledigt!* ❖ **es mit wås håbm:** *sich bei einer Sache gut auskennen, etwas mit Begeisterung tun:* Sie håt's mitn Fotografieren (= Ihre Fotos sind super); mitn Lernen håt er's åber nid ❖ **mit jemandem wås håbm:** *mit jemandem ein Verhältnis haben:* er håt wås mit ihr, de zwoa håm wås miteinånd.

Hạchl(e), die [mhd. hachel, hechel (= ein Gerät zur Flachsbearbeitung; gebrochener Flachs wird durch das Gerät gezogen, um die Fasern vom Werg zu trennen); verwandt mit Haken, denn das Gerät besteht aus nebeneinanderstehenden Metallspitzen]: **1.** *Hechel* **2.** (im übertragenen Sinn) *Frau, die andere durchhechelt bzw. schlechtmacht.*

Hạckl, das [Verkleinerung von Hacke]: *kleine Hacke* ❖ **jemandem das Hackl ins Kreuz haun:** *jemanden hinterrücks angreifen, gegen jemanden intrigieren.*

Håder, Huder, der oder die [mhd. hader oder huder, huderwāt (= zerrissenes Stück Zeug, Lumpen, Lappen); ahd. hadara (= Lappen, Ziegenfell); vielleicht ist im Mittelalter die Bedeutung Lumpen deshalb entstanden, weil sich ärmere Menschen eine Bekleidung aus Stoff nicht leisten konnten und Kleidungstücke aus Ziegenfell trugen; siehe auch: Huder(n)]: *Lumpen, Fetzen.*

Håderling, der [zu Håder, siehe dort] (veraltet): **1.** *im Wuchs zurückgebliebener Mensch* **2.** *Leichtgewicht.*

Håder|lump, der [ursprünglich verdeutlichende Verdoppelung der gleichbedeutenden Wörter Håder und Lumpen]: *verkommenes Subjekt, abgefeimter Lump.*

Håder|wach(t)l, der (veraltet): *schlampig gekleideter Mann.*

Hafeles|ber, die (Außerfern) [1. Bestandteil: eigentlich: Töpfchen; zu Hafen (= Gefäß), weil die gepflückten Himbeeren innen hohl sind und wie kleine Töpfe aussehen]: *Himbeere.*

Haferl, das [Verkleinerung von Hafen]: **1.** *kleiner Kochtopf, große Tasse* **2.** *jähzorniger Mensch.*

Haferl|schuach, der [scherzhafter Vergleich Haferl = Häferl]: *fester Halbschuh, Wanderschuh.*

Haftl, das [Verkleinerung von älterem Haft (= Haken, Spange)] (auch süddt.): *Verschluss aus einer Öse und einem kleinen Haken zum Zusammenhalten eines Kleidungsstücks* ❖ **aufpassn wie ein Haftlmåcher:** *ganz genau aufpassen.*

haggln ⟨hat⟩ [zu hacken (= mit der Hacke arbeiten); mit dem für den bairischen Sprachraum typischen -l-Einschub]: **1.** *salopp für (schwer) arbeiten* **2.** *streiten:* Warum müssts ös immer miteinand haggln?

Hågl|buachaner, der [von ahd. haganbuoche (= Hainbuche), wobei hag Einzäunung, Hecke bedeutet; sie ist für ihr hartes, zähes Holz bekannt, gehört aber nicht zu den Buchen] (Unterinntal): **1.** *wetterfester, zäher Mann* **2.** *unzähmbarer Charakter.*

hal(e), håi, hai, hei im Außerfern **hel** ⟨Adj.⟩ [mhd. hæl(e) (= verhohlen, verborgen, vergänglich, schlüpfrig, glatt)] (auch bairisch):

1. *schlüpfrig, glatt, rutschig (bei Eis oder Schnee):* gib acht, heut ist es hal **2.** (Osttirol) *unehrlich, schmeichlerisch, aalglatt.*

Hålbe, Hålwe, Håiwe, die [Substantivierung von halb]: **1.** *ein ½ Liter Wein* **2.** *ein ½ Liter Bier, ein großes Bier.*

Hålb|seidener, der; ein Halbseidener [zu halbseiden]: *Mann von zweifelhaftem Ruf.*

hålb|seidn 〈Adj.〉 [wahrscheinlich aus dem Wienerischen; laut Hornung ursprünglich auf Seidenstrümpfe bezogen, und zwar auf Frauen, die nur Strümpfe aus Halbseide trugen; später auch für Prostituierte und Strichbuben; außerdem ist Halbseidener belegt mit der gaunersprachlichen Bedeutung intelligenter Sträfling]: *von zweifelhaftem Ruf.*

H

Håll [Herkunft des Ortsnamens unklar; der lange Zeit vermutete keltische Ursprung wird heute in Zweifel gezogen; als wahrscheinlich gilt eine Ableitung von einem Wort, das Salz bedeutet hat] ❖ **nach Håll kommen, in Håll eingeliefert werden etc.** [nach dem Psychiatrischen Krankenhaus des Landes Tirol in Hall] (scherzhaft): **1.** *in eine Irrenanstalt eingeliefert werden* **2.** *verrückt sein, nicht ganz bei Trost sein* ❖ **Hall einfach!** [eigentlich: nach Hall, aber ohne Rückfahrkarte]: *Er ist völlig verrückt!*

Halodri, der [entweder zum Ausruf hallodrio oder zu Allotrio (= mit Lärm ausgeführter Unfug, Dummheiten); dieses zu griechisch allótria (= fremde abwegige Dinge)] (auch bairisch): *leichtfertiger, unzuverlässiger Mann:* mit diesem Hallodri hätte sie sich nichts anfangen dürfen.

hålt, håed 〈Partikel〉 [ahd. halt (= mehr, vielmehr), Komparativ zu ahd. halto (= sehr)] (auch süddt. und schweizerisch): *eben:* so is das hålt; es war ma hålt recht.

Hamml, Hammi, der [wie standardsprachlich Hammel zu mhd. hamel, ahd. hamal (= verstümmelt)]: *hornloser, kastrierter Widder (= verschnittener Schafbock).*

han, hagn, hei(g)n, heije 〈hat〉 [siehe Ha]: *Heu einbringen.*

Hanarl|schíassn, das [mit Hahn ist der Spilhåhn gemeint; siehe dort]: *Jagd auf den Spielhahn:* „Und as Hahnarlschießn ist mei größte

Freid, weil's beim Hahnarlschiaßn krumpi Federn geit (= gibt), / ja und die krumpn Federn hobn sie überall / in der Wienerstadt die größten Herrn." (Aus dem Lied „Der Spielhahn").

hånd|såm, hånd|sum 〈Adj.〉 [zu Hand; nach der gleichen Vorstellung wie handlich] (regional auch in D): **1.** *bequem handhabbar* **2.** *leicht zu bewerkstelligen* **3.** *geschickt, umgänglich, verträglich.*

Hånd|wagei fohn 〈ist〉 [mit dem Handwägelchen fahren]: *onanieren (vom Mann)* (Internetbeleg, Kitzbühel).

Hangerl, das [eigentlich Hängerl; Ableitung zu hängen] (auch bairisch): *Kinderlatz.*

Hansl[1], der [Vorname Hans (= Johann) mit Verkleinerungsendung] (auch bairisch; gesamtdeutsch ist die Bedeutung unfähiger, dummer Mann): *Koseform für Hans* ❖ **die paar Hanseln, ein paar Hanseln** (abwertend): *einige wenige Menschen.*

Hansl[2], der [laut Hornung eigentlich Hanzl; zu Heinzel, Heinzelmann, ein Kobold, der nach dem Volksglauben am Boden des Fasses haust]: *abgestandener Bierrest.*

hantig 〈Adj.〉 [mhd. handec, hendec (= stechend, scharf, bitter); ahd. hantag, hantigī (= schwer, bitter, hart); vermutlich zu einem Verb mit der Bedeutung stacheln, stechen] (auch bairisch): **1.** *bitter, herb, gallig scharf:* dieser Wein ist so hantig, dass man ihn nur wegschütten kann **2.** *unfreundlich, gereizt, schlecht gelaunt, barsch.*

Hanza, die: *siehe Huenzn.*

Hap[1], Hap(t)l, das [zu mhd. houbit, houbt, houpt (= Kopf von Menschen und Tieren)] (veraltet): *Stück Vieh, Kopfzahl des (Klein)Viehs.*

Hap[2], das [kurz für ahd. pfluogeshoubit (nach Schatz)] (veraltet): *Pflughaupt, das die Pflugschar trägt.*

Hapl, Heipl, das [zu mhd. houbt, houpt (= Haupt an Menschen und Tieren); hier übertragen auf Gemüse]: **1.** *Salatkopf* **2.** *Krautkopf.*

happern 〈es hat〉 (unpersönliches Verb) [wie standardsprachlich hapern aus dem Niederdeutschen; zu mittelniederländisch häperen (= stottern)]: *stocken, nicht klappen:* beim Schreibm happerts hålt (= das Schreiben gelingt noch nicht, da fehlt es).

Hår, der [eigentlich der Haar; zu mhd. har und ahd. haru (= Fla weitere Herkunft unklar; ob eine Verwandtschaft zum sächlic Substantivum Haar (= Kopfhaar, Barthaar etc.) besteht, ist fraglic *Flachs.*

Hạrffe, Hạrpfe, Hẹrpfe, die [mhd. har(p)fe, ahd. har(p)fa, laut Duden wahrscheinlich zu einem Verb mit der Bedeutung (sich) drehen, (sich) krümmen, entweder mit Bezug darauf, dass das Instrument mit gekrümmten Fingern gezupft wird oder bezogen auf die gekrümmte Form des Instruments; die Bedeutungen 2 und 3 aufgrund der harfenähnlichen Form]: **1.** *Harfe* **2.** *Gestell zum Garbentrocknen* **3.** *Drahtnetz an einem Stab zum Zerkleinern des Käsebruchs.*

Hạrm, der, **Hạrm(d)l, Hạrm(e)le,** das [mhd. hermelin, ahd. harmil, harmilī (= Wiesel, besonders das im Winterpelz); laut Kluge zu einem indogermanischen Wortstamm mit der Bedeutung Reif, Schnee; also eigentlich: das wie Schnee aussieht]: *Hermelin (Mustela erminea), genannt auch Großes Wiesel oder Kurzschwanzwiesel.*

Häs, das [mhd. hæz (= Rock, Kleid)] (Außerfern): *Kleidung.*

Hạscher, Hạscherle, das; meist mit dem Zusatz: **armes Hascherl(e)** [Verkleinerung von Hascher] (auch süddt.): **1.** *unselbstständiges, bemitleidenswertes Wesen, schüchterner Mensch:* „Bei ihrn Bettal is sie gsessn und beim Fensterl is gloahnt, jå, / und wia da Bua hålt nit kemman is, då håt dås Hascherle gwoant.“ (Aus dem Lied „Über d' Ålma, über d' Ålma“) **2.** *schwächliches, kränkliches Kind.*

Håsl, die; Oberinntal: **Hasle,** die [mhd. hasel, ahd. hasal, weitere Herkunft unklar]: *Gemeine Hasel (Corylus avellana) (= Haselstrauch, Haselnussstrauch).*

hasig ⟨Adj.⟩ [vermutlich zu Hase (auf das Fluchtverhalten dieser Tiere anspielend)] (veraltet) (westliches Oberinntal): *schnell, flink, hurtig, rührig.*

Hạspl, der [mhd. haspel (= Seilwinde, Garnwinde), ahd. haspil (= Garnwinde)]: **1.** *Garnwinde* **2.** *Winde am Wagen, um ein Seil anzuziehen.*

Hatscher, der [zu hatschen] (auch bairisch): *langer, beschwerlicher Fußmarsch.*

hatschert ⟨Adj.⟩ (auch bairisch): **1.** *hinkend:* ein hatscherter Mann **2.** *unvollkommen, missglückt:* eine hatscherte Lösung.

hn ⟨ist⟩ [wohl zu hacketzen (= hackenförmig gehen)] (auch bai-sch): **1.** *schleifend gehen, hinken* **2.** (abwertend) *in auffällig langsamer, gemächlicher Art gehen:* „Wenn ma hatschn, hatschn, hatschn, durch die Latschn, Latsch, Latschn in dem schönen Lånd Tirol, jå då freuet sich die Sennerin ... (Aus dem Lied: „Wenn ma schaun übern Zaun") ❖ **das ist g|hupft wie g|hatscht:** *das ist einerlei.*

Häuserin, die (auch bairisch): *Wirtschafterin, Pfarrerskochin.*

Häusl, Heisl, das [Verkleinerung von Haus] (auch bairisch): **1.** *kleines Haus* ❖ **aus dem Häusl sein:** *in großer Erregung sein, verwirrt sein* **2.** (salopp) *Toilette.*

Häusl, gelbes [nimmt Bezug auf den Fassadenanstrich des Psychiatrischen Krankenhauses in Hall; siehe auch Håll] ❖ **er ghört ins gelbe Häusl:** *er ist verrückt.*

hausla ⟨Adj.⟩ [Herkunft unklar] (Osttirol): *vorsichtig, bedacht.*

Häusl|depp, der [1. Bestandteil: Häusl, siehe dort, dient der Verstärkung] (abwertend): *besonders dummer Mensch.*

hausn ⟨hat⟩ [ursprünglich: sich an einem Ort aufhalten, wohnen; dann auch: wirtschaften, und zwar sowohl im Sinn von gut haushalten als auch schlecht haushalten; dies erklärt die diametral entgegengesetzten Bedeutung in verschiedenen Regionen von Ö; in Tirol auch aufhausen (= schlecht wirtschaften, pleite machen]: **1.** *gut wirtschaften, haushalten:* „Und iatzt kånn i hålt nimmermehr hausn / iatzt muaß i hålt Wegmåcha gehen. / Da loahn i mi hin auf mei Schaufl, werd monatli zåhlt für das Stehn." (Aus dem Lied „Wås schlågt denn då drobm"; das Lied stammt vielleicht aus Kärnten, ist aber seit dem 19. Jahrhundert auch in Tirol beliebt) **2.** *wüten:* hausn wia r a Wilder.

Haut, die [mhd., ahd. hūt, eigentlich: die Umhüllende; auch standardsprachlich in Verbindung mit attributiven Adjektiven, z. B.: eine ehrliche Haut (= ein ehrlicher Mensch); siehe auch Heita] ❖ **an årme Haut: 1.** *eine bedauernswerte Frau* **2.** *eine Frau, die kein Geld hat.*

Håwa|goas, die [eigentlich: Habergeiß, Hafergeiß (= Ziegenbock; siehe Håwan); laut Kluge und Duden ist Habergeiß die Bezeichnung für eine Schnepfenart (Bekassine), wobei der Tiername Ziege zur Bezeichnung dieser Vögel verwendet wird (wegen der meckernden Geräusche beim Balzflug); Schmeller weist darauf hin, dass die Bekassine in der Oberpfalz Heppengaiß genannt wird, ebenfalls ein Synonym für Ziege; die im Tirolischen auftretenden Bezeichnungen für andere Vögel sind bisher nicht schlüssig erklärt]: **1.** *Uhu (Bubo bubo)* **2.** *Waldkauz (Strix aluco),* er gilt wegen seines Rufes kiwítt (interpretiert als „Komm mit!") als Totenvogel **3.** *Begleiterin der Perchten, bei den Perchtenläufen am 5./6. Dezember* (sie trägt eine Zistl, einen Tragekorb, auf dem Rücken; den Kindern wird erzählt, sie trage darin Kinder mit sich fort): „... I hun a Tanzrin, / ischt nit arm und nit reich / an Gsicht und an A... / siecht sie a Habrgoaß gleich" (Aus „Zillertaler Reimkunst" von Erich Hupfauf).

Håwan, Håwer, der [mhd. haber, ahd. habaro; die Form Hafer ist laut Kluge erst in neuhochdeutscher Zeit aus dem Niederdeutschen übernommen worden; laut Duden vielleicht zu einem germanischen Wort für (Ziegen)bock]: *Hafer.*

H

hawe|di|ére [eigentlich: habe die Ehre]: *saloppe Grußformel.*

Hax, Haxn, der [mhd. hachse, ahd. hächsina (= Kniebug des Hinterbeines, besonders vom Pferd)]: **1.** *Fuß, meist im Plural die Füße (= Beine) von Tieren wie Schwein, Kalb, Lamm* (in der Küchensprache jedoch Stelze) **2.** *Füße (= Beine) des Menschen:* sich den Haxen brechen ❖ **si die Haxn ausreißen:** *sich für etwas mit aller Kraft einsetzen* ❖ **die Haxn in d' Hånd nehmen:** *schnell rennen.* ❖ **jemandem das Haxl stellen** (Haxl = Verkleinerung zu Haxn): *jemandem das Bein stellen.*

haxln ‹hat› [Verbalbildung zu Haxen und Haxl]: *jemand das Bein stellen.*

héarisch ‹Adj.› [mhd. hērisch, herisch (= sich nach Art eines Herren benehmend, erhaben), zu mhd. hērre, herre, (= Mann von Adel, Gebieter); gleiche Herkunft wie standardsprachlich herrisch (= gebieterisch, herrschsüchtig)] (veraltet): **1.***vornehm* **2.** *hochgestochen.*

Hefn, der [Lehnwort aus dem Wienerischen; zwei Wörter sind hier zusammengefallen: (a) Hafen (= Topf), zu ahd. havan, weitere Herkunft unklar, und (b) Hafen (= Schiffshafen), Herkunft unklar; die österreichische und bairische Nebenform Häfen statt Hafen beim Wort (a) dürfte dem Bedürfnis entsprochen haben, zwischen den zwei gleichlautenden Wörtern zu unterscheiden]: *Gefängnis* ❖ **in Hefn kemma:** *ins Gefängnis kommen.*

Hefn|bruader, der: *jemand, der oft im Gefängnis sitzt, Gauner.*

hei: *siehe hal(e).*

Heia måchn ⟨hat⟩ [zu Heia]: *schlafen.*

Heia, die [laut Kluge kindersprachlich und dialektal im Ober- und Mitteldeutschen verbreitet, es kann sich um ein lautmalendes Wort handeln, aber auch um den Anschluss an einen indogermanischen Stamm mit der Bedeutung liegen, schlafen]: *Bett, Wiege:* wir gehen in die Heia (= wir gehen schlafen).

Hei|bock, der [eigentlich: Heubock; der Standardausdruck Heuschrecke geht auf mhd. höuschrecke, ahd. houscrecho zurück, 2. Bestandteil zu schrecken in der älteren Bedeutung (auf)springen; daneben sind zahlreiche volkstümliche Bezeichnungen entstanden, oft in Kombination von Tiernamen, die das Springen symbolisieren] (Osttirol): *Heuschrecke.*

Heiele, Heidl, Neidl, das [laut Schatz Substantivbildung zu hauen; demnach mhd. höuwel, zu mhd. houwen (= hauen); mit Sprosskonsonant entsteht höudel, woraus durch Entrundung Heidl wird; das anlautende N- bei Neidl stammt aus dem vorausgehenden unbestimmten Artikel)]: **1.** *Wangenstreich, kurzer Schlag* **2.** *Tätscheln der Wange eines Kindes* **3.** *mit der Wange Streicheln.*

heier, hoia, huir(e) ⟨Adv.⟩ [ahd. hiuru, älter hiu jāru (= in diesem Jahr)] (auch süddt. und schweizerisch): *dieses Jahr, in diesem Jahr.*

Hei|hupfer, der [eigentlich: Heuhüpfer; in den Dialekten Österreichs der Normalausdruck für dieses Insekt; hupfen mit der Bedeutung springen]: *Heuschrecke.*

Hei|ox, der [eigentlich: Heuochse] (stark abwertend): *Dummkopf.*

Heita, der [zu Haut, siehe dort]: **1.** *bedauernswerter Mensch* **2.** *ein Mensch, der kein Geld hat:* a årma Heita.

Held, Höd, der [mhd. helt; Herkunft unklar] (oft ironisch und abwertend): *ungeschickter Mensch.*

Helf|gott; höfgott ⟨Interj.⟩ [Niesen war früher ein erstes Anzeichen für eine Pest-Ansteckung, daher empfahl man die niesende Person der Hilfe Gottes] (auch süddt.): *Wunsch, wenn jemand geniest hat.*

Hẹmad, Hẹmp, das [wie Hemd zu mhd. hem(e)de, ahd. hemidi zu hamo, ursprünglich: Hülle]: *Hemd* [hat das ältere Pfoad, siehe dort, schon stark zurückgedrängt].

Hẹndl, das [Verkleinerung von Henn(e) (= weibliches Huhn); in der Küchensprache ist allerdings ein Huhn jeglichen Geschlechts gemeint, denn zum Verzehr geeignete Hendln (Backhendln, Brathendln) können sowohl weiblich als auch männlich sein (in D meist Hähnchen = Verkleinerung von männliches Huhn, in der dortigen Küchensprache ebenfalls keine Unterscheidung zwsichen weiblich und männlich; das -d- in Hendl ist ein Sprosskonsonant zwischen -n- und -l zur leichteren Aussprache, wie in Dirndl etc.] (Küchensprache) (auch bairisch): *Huhn* ❖ **dreinschaun, wie wånn dir d Hendln s Brot weggfressn hättn:** *ein Gesicht machen, das ausdrückt, dass man verwirrt ist und nicht angemessen reagieren kann.*

Hẹnnen|haut, He̲na|haut, Hẹnna|pfrupfe, die [eigentlich: Hennenhaut; nach der Ähnlichkeit mit der Haut eines gerupften Huhns (vgl. den standardsprachlichen Ausdruck Gänsehaut); 1. Bestandteil: Henne, mhd. henne, ahd. henin, henna: Weibchen des Hahns)]: *durch Kälte oder Schrecken, Angst bewirkte Veränderung der Haut (die Haarbälge treten hervor und die Haare richten sich auf).*

Hẹnnen|pratzeln, die (Plural) [nach dem Vergleich mit dem Abdruck von Hühnerfüßen; in D: Krähenfüße]: *Hautfalten, die vom äußeren Augenwinkel zur Seite verlaufen:* „Schau dich in Spiegel, wie sie einhacken, die Hennenbratzeln!" (Legt ihre gekrümmten Finger an die äußeren Augenwinkel.) „Solche Bratzen, haha!" („Erde", Komödie von Karl Schönherr).

Hẹnnen|steige, He̲na|steign, die: *Hühnerkäfig.*

Hẹnn|gei(e)r, der [Hühner zählen zu den Beutetieren des Habichts] (Osttirol): *Habicht (Accipiter gentilis gentilis).*

Hẹppin, die [laut Schatz zu hoppern (= auf- und niederbewegen), dieses zu hoppen (= hüpfen); eine Verwandtschaft zu hüpfen, das seinerseits laut Kluge auf die Lautgebärde *hup zurückgehen könnte, ist nicht ausgeschlossen] (veraltet): **1.** *Kröte* **2.** *plumpes Weib.*

he̲r-, he̲a̲r-, he̲a̲-: das Adverb her ist in Verbindung mit Ortsadverbien der Richtung normalerweise nachgestellt und schwachtonig: åba, åwa (= ab + her), eina (= ein + her) etc.; wenn aber die Richtung (zum Sprecher hin) betont werden soll, geht es voran und wird starktonig: herå(b), herau(f), herein, herum etc.; bei Ortsadverbien der Ruhe geht es voran und ist schwachtonig: heraussn, heroben, heruntn; herentn, herent steht für herüben, Gegenstück ist entn, siehe dort, und ent bzw. drenten, drent (= auf der anderen Seite).

her|ent(n) ‹Adv.› das Gegenstück ist enten und ent bzw. drenten, drent: *auf dieser Seite, diesseits, herüben.*

her|gen ‹ist hergången› [gesamtdeutsch: neben jemandem hergehen etc.] (auch süddt.): **1.** *herkommen:* Gehst her! (= Komm her!) ❖ **etwas geht blöd her** (auch bairisch): *etwas läuft schief* ❖ **Wo isch des her|gången?** *Wo hat sich das gefunden, wo ist das aufgetaucht?* **2.** *zu haben sein:* um den Preis geht des nit her (= so billig ist das nicht zu haben) ❖ **de geht nicht so leicht her:** *die lässt sich nicht leicht herumkriegen, ins Bett kriegen.*

her|innen, her|inn ‹Adv.› (auch süddt.; ansonsten in D: hier drinnen): **1.** *hier innen* (beim Sprecher): herinnen is es fein wårm **2.** *in Sicherheit, ins Haus, in den Stadel, in die Scheune gebracht:* die ham die ganze Ernte schon herinnen ❖ **das håmma båld wieder herinnen** (auch süddt.): *das haben wir bald wettgemacht* (z.B. vergeudetes oder verlorenes Geld, verlorene Zeit).

Herr|gott[1], der [mhd. herregot (= Gott; eigentlich die Anrede: Herr Gott!] (auch süddt.): **1.** *Gott* (in erster Linie Gott Vater, auch Jesus) **2.** (auch süddt.) *ein Fluch;* auch: **Herr|gott|sakrament, Herr|gott noch einmal, Harrgott Seitn** ❖ **den Herrgott einen guten Mann sein lassen** (auch süddt.): *sich um nichts kümmern* ❖ **dem Herrgott den Tag (åb)stehlen:** *nicht arbeiten, faulenzen* ❖ **dem Herrgott die Fiaß åbschlecken/åbbeißen:** *bigott sein, frömmeln.*

Herr|gott[2], der [siehe auch Gott] (auch süddt.): *bildliche Darstellung Gottes, meist Jesus als Kruzifix.*

Herr|gotts|früh ❖ **in åller Herrgottsfrüh:** *ganz in der Früh.*

Herr|gotts|schnitzer, der (auch süddt.): *Holzbildhauer, der vor allem Herrgotten schnitzt.*

Herr|gotts|winkl, der (auch süddt.): *Ecke mit Kruzifix.*

her|richten ‹hat› [gesamtdeutsch: ein Zimmer herrichten] (auch süddt.): *hinlegen, bereitlegen, zurechtlegen:* a Wurstbrot herrichten

❖ **si herrichten:** *sich für einen bestimmten Anlass schön machen (z. B. für einen Tanzabend).*

Herrischn, die [Substantivbildung zu mhd. herisch (= erhaben, herrlich; nach Art eines Herrn sich benehmend] (veraltet): *die sozial höher Gestellten* (Ärzte, Rechtsanwälte, Notare etc.) (Internetbeleg, Kitzbühel).

Herrschaft no amoi, Herrschåft|saxn [in der wohl wortspielerischen Variante Herrschaftshaxn wird das s als Teil des 2. Bestandteils empfunden]: *verflixt, verflucht.*

her|sechn ‹hat› [eigentlich: hersehen]: *danach aussehen:* der siecht her wie ein Christbaum; wie 's hersiecht, wird 's bald regnen.

H

Herz|kasperl, der [in D: Herzkaspar] (salopp): *Herzanfall, Herzinfarkt, Herzjagen.*

Hess, die [zu mhd. hose, ahd. hosa (= Hose); bezeichnete ursprünglich eine Art Strümpfe, die an die eigentliche Hose angeknüpft waren; das altenglische hosa bezeichnet deshalb ebenfalls die Fruchthülse; siehe auch das bei Schatz belegte Dialektwort Hoasboan (= Saubohne, die Bohne in der Schote)] (veraltet): *Hülse, Schote* ❖ **Bohnen aushessn:** *Bohnen aushülsen (= aus der Schote lösen).*

Hetsche|petsch, die [offensichtlich Verdoppelung von Hetsche mit verändertem Anlaut; sowohl ins Ungarische als auch in mehrere slawische Sprachen entlehnt; Herkunft unklar, das Wort vergleicht sich mit engl. hotch-potch, hodge-podge (= Eintopf, Mischmasch, Gemüse mit Hammelfleisch), aber ein Zusammenhang ist nicht erwiesen] (auch bairisch): *Hagebutte (Rosa canina).*

Hetz, die [ursprünglich: Hetzjagd auf Tiere; verwandt mit Hatz]: **1.** *Spaß, (billiges) Vergnügen* **2.** *Belustigung (oft auf Kosten anderer)* ❖ **aus Hetz:** *zum Spaß.*

hetz|hålber ‹Adj.›: *zum Spaß.*

Heu, Hei, Ha, das [mhd. höu(we), ahd. hou(wi); verwandt mit hauen, eigentlich: das gehauene Gras]: *Geld:* Geld wie Heu haben.

Heu|geign, die [Heugeige meint die lange Stange, die auf dem Wagen das Heu festhält, ferner das Gestell zum Grastrocknen: beide erinnern an Lyra (= Leier, die Urform der Geige)]: **1.** *lange Stange,* *die das Heu auf dem Wagen festhält* **2.** *Gestell zum Grastrocknen* **3.** *langer, schmächtiger Mensch.*

Heu|hupfer, der: *siehe Heihupfer.*

Heu|ochs, der: *siehe Heiox.*

heurig ⟨Adj.⟩ [siehe heier]: *diesjährig* ❖ **koa heuriger Hås sein:** *erfahren sein.*

Heu|rige, der [zu heuer]: **1.** *Wein der letzten Lese* **2.** *Lokal, wo vor allem heuriger Wein und einfache Speisen angeboten werden.*

Hex(e), die [mhd. hecse, ahd. hazissa, hagzussa (= Hexe); 1. Bestandteil vermutlich verwandt mit Hag (= Hecke, Einfriedung), also eigentlich: auf Zäunen reitendes Wesen; 2. Bestandteil: geht auf ein Wort zurück, das Geist, Gespenst bedeutet hat]: **1.** *Hexe* **2.** *bösartige, zänkische Frau:* alte Hex **3.** *bezaubernde junge Frau:* a fesche Hex.

hi, hia, hü(a), hio ⟨Fuhrmannsruf⟩: *vorwärts!*

Hiasl, der [Koseform zum Vornamen Matthias]: *beschränkter, nicht ernst zu nehmender Mensch:* so a Hiasl.

hildern ⟨hat⟩ [lautmalerisch zu mhd. hellen (= ertönen, hallen)] (Osttirol): *hallen.*

himletzn, himiåtzen, himmetzn ⟨hat⟩ [mhd. himel-litzen (= blitzen, wetterleuchten)]: *wetterleuchten.*

Himml, Himmi, der [mhd. himel, ahd. himil, Herkunft unklar; vielleicht zu einem Wortstamm, der ursprünglich Stein bedeutet hat, oder zu einem, der ursprünglich Hammer bedeutet hat]: **1.** (wie standardsprachlich) *Himmel* **2.** *Kirchengewölbe* **3.** *Baldachin; tragbarer Himmel, der bei Prozessionen über dem Altarsakrament und dem Priester getragen wird.*

Himml|brånd, der [eine von vielen volkstümlichen Bezeichnungen für diese Heilpflanze (Blitzkerze, Donnerkerze, Fackelblume, Feldkerze, Himmelkerze, Löwenkerze, Wetterkerze, Windblume, Wollblume etc.); für den Hintergrund der Benennung Himmelbrand gibt es nur Vermutungen: früher wurden die langen Blütenstängel in Pech getaucht und als Fackeln genützt]: *Königskerze (Verbascum).*

Himml|fåhrts|nåsn, die [eigentlich: gegen Himmel gerichtete Nase]: *Stupsnase.*

hin ⟨Adv.⟩ **1.** *beschädigt, zerbrochen (von Sachen)* **2.** *tot (von Tieren)* **3.** *erschöpft (von Menschen):* i bin total hin.

hin- als erster Teil einer Ortspartikel: siehe unter her-, wo dieselben Regeln gelten; allerdings bezeichnet hin- die Richtung vom Sprecher weg.

hin|blattln ⟨hat⟩ [dialektale Form von hinblättern, aber von der Verkleinerungsform Blattl abgeleitet]: *eine beträchtliche Summe Geld zahlen.*

Hin|fålln, Hin|fållate, das [zu hinfallen]: *Epilepsie.*

hin|fetzn ⟨hat⟩: **1.** *schnell und fehlerhaft hinschreiben* **2.** *schnell und oberflächlich erledigen.*

hin|flaggn ⟨hat sich⟩ (reflexives Verb) [mhd. flac (= faul, lau); mhd. flacken (= faul werden; faul sein)]: *sich hinsetzen oder hinlegen, um zu faulenzen.*

hin|haun ⟨hat hinghaut⟩ [gesamtdeutsch: auf eine Stelle schlagen, sich niederlegen etc.]: *in Ordnung gehen, funktionieren* ❖ **des haut schon hin:** *das wird schon funktionieren.*

hinig ⟨Adj.⟩ [Ableitung von hin (= beschädigt, unbrauchbar, tot); kann nur attributiv verwendet werden, nicht prädikativ oder adverbial]: *kaputt:* ein hiniger Håfn (= Topf).

hinter- (Osttirol): *zurück-:* **hinter|gebm, hinter|zåhl(n), hinter|redn.**

hinter|fotzig ⟨Adj.⟩ [laut Kluge entweder zu fotzeln, frotzeln (= zum Besten halten) oder zu Fotz (= Mund)] (auch bairisch): **1.** *hinterhältig, hinterlistig* **2.** *unaufrichtig, falsch.*

hinter|schi ⟨Adv.⟩ [eigentlich: hinter sich]: *rückwärts, verkehrt:* er geht hinterschi.

Hinter|tupfing ⟨erfundener Ortsname⟩ [mit Endung von Ortsnamen, wie sie besonders für Teile Bayerns üblich sind] (eher bairisch): *tiefste Provinz.*

Hinter|tupfinger, der [siehe Hintertupfing]: *Provinzler, Hinterwäldler.*

hintn ‹Adv.›: *hinten;* in Kurzform **hint und vorn:** *ganz und gar* ❖ **mir geht es hint und vorn ned zsåmm:** *ich weiß weder aus noch ein* ❖ **jemandem hint und vorn ålls einischiabm:** *jemanden über Gebühr verwöhnen.*

hintn|drein, hintn|nåch ‹Adv.› **1.** *zu spät* **2.** *im Nachhinein:* hintnnåch is jeder a Prophet **3.** *danach.*

hin|wern ‹ist› [siehe hin]: *sterben (von Tieren):* die Kuh ist mir leider hin (ge)wordn; der ist Gott sei Dank hin (stark abwertend und grob von Menschen).

hipsch: *siehe hübsch.*

Hirn, Hire, Hían, das: *Hirn* ❖ **er hat a Hirn wia r a Nudlsieb:** *er ist besonders vergesslich* ❖ **dem håm 's ins Hirn gschissen:** *er ist besonders dumm.*

Hirn|kastl, das: *Hirn als Sitz des Verstandes, Kopf* ❖ **das geht nicht in mein Hirnkastl:** *das kann ich mir nicht merken, das kann ich nicht begreifen.*

hitz (Osttirol): *siehe iatz(at).*

ho, hö, hou ‹Diskussionsmarker am Beginn oder am Ende eines Satzes; der Sprecher signalisiert, dass er Zustimmung erwartet› [In der Gegend von Haiming (im Inntal bei der Einmündung des Ötztals) sagt man hoa, im Ötztal hö, im Stanzertal he, aber nur am Redeschluss; gleiche Herkunft wie das im Oberinntal gebräuchliche sö, aber im Ötztal ist hö ein Schibboleth; wer dort stattdessen einen anderen Diskussionsmarker verwendet (z. B. sö oder gell), wird sofort als Fremder erkannt] (Ötztal): *nicht wahr.*

hoajen, hoaje ‹hat› [mhd. heien (= gedeihen, gedeihen machen), zu ahd. (gi)hei (= Hitze)] (Oberinntal): *hegen, pflegen, gut halten.*

Hoa(n)|gascht, Hoan|gert, Hue|gert, der [mhd. heimgarte (= eingefriedeter Garten, trauliche Zusammenkunft außer Haus)]: *gemütliche Plauderei:* „Wånn a's Diandl sauber is / und håt sinst a an Schmiss, / wånn ihr der Hoangascht gfållt, / und s' håt sinst a a Gstålt, wånn s' a koa Geld nit håt (...) åft låss ma ‘s schnålln (Aus dem Lied: „'s Diandl is wunderschian“).

hoan|gaschtn ⟨hat⟩ [siehe Hoa(n)gascht]: *entspannt plaudern:* beim Hoangaschtn kemmen d' Leit zsamm.

Hoam|reara, der [1. Bestandteil: Heim zu mhd., ahd. heim, ursprünglich: Ort, wo man sich niederlässt; 2. Bestandteil: rearn (= weinen)]: *übertrieben mit seinem Heimatort verbundener Mensch.*

hoch|drånn, hoach|drånn, huach|drånn [2. Bestandteil: vgl. standardsprachlich: gut oder schlecht dran sein]: *überheblich.*

hoch|gschissn ⟨Adj.⟩ [2. Bestandteil: isoliertes Partizip Perfekt zu scheißen] **1.** *eingebildet, anmaßend* **2.** *in höhere Kreise hineingeboren.*

H

hockn bleibm ⟨ist hocken bliebm⟩ (auch süddt.): *sitzen bleiben.*

hockn, huckn ⟨ist⟩ [Intensivbildung zu mhd. hûchen (= kauern, sich ducken, im Norden des Sprachraums in der Bedeutung kauern; gesamtdeutsch: in der Hocke sitzen etc.; Stubenhocker ist gesamtdeutsch] (auch süddt., schweizerisch): *sitzen* ❖ **sich zu jemandem hocken** ⟨hat⟩ (auch süddt.): *sich zu jemandem setzen:* hock di her zu mir (= setz dich zu mir).

Hockn|bleiber, der [zu hockn bleibm]: *Sitzenbleiber, Repetent.*

hofelig ⟨Adj.⟩ (Reutte): *vorsichtig, bedächtig:* Tua hofelig! (= Mach langsam, geruhsam, mach dir keinen Stress) Fahr hofelig! (= Fahr vorsichtig, fahr nicht zu schnell!)

hoi ⟨Interj.⟩ *Ausruf der Überraschung, auch einfache Kontaktpartikel:* hoi du, hock di her!

ho|ig ⟨Adj.⟩ [von Schatz zu mhd. heien (= wachsen, gedeihen) gestellt] (Osttirol): *trübe, leicht nebelig.*

Holler, Hol(d)er, Hoia, der [ahd. holuntar, doch schon im Mhd. verkürzt zu holer, holder, neben holunter, holunder mit gleicher Bedeutung] (auch süddt.): *Holunder (Sambucus nigra)* ❖ **an Holler reden:** *Unsinn reden.*

Holler|mandl, das; **Holler|mandl|mu(a)s,** das: *Brei aus Holunderbeeren mit Mehl und Birnen.*

Holler|staudn, die [siehe Holler]: *Holunderbusch.*

Họlz, Hoitz, das ❖ **Holz vor der Hütten håm** [in Anspielung auf die Holzvorräte, die an der Frontseite eines Bauernhauses gelagert werden; laut Schatz waren die Rufe „Holz! Ho Holz! Holz ba der Hitt!“ ursprünglich Rufe der Holzarbeiter zum gleichzeitigen Anpacken]: *vollbusig sein.*

Hölzl, Hötzl, das [Verkleinerung zu Holz] ❖ **jemandem a Hölzl werfen:** *jemandem einen Hinweis geben, eine nützliche Anregung machen.*

Họlz|lege, Hoitz|leg, die [2. Bestandteil: Substantivbildung zu legen]: *Stoß gehackten Holzes.*

hölzln ⟨hat⟩ [vielleicht zu Hölzl (= kleines Holz); dann wäre die ursprüngliche Bedeutung: so reden, wie wenn man ein Hölzl im Mund hat] (in D vor allem lispeln): *Zischlaute fehlerhaft aussprechen, da die Zunge an die oberen Vorderzähne stößt.*

Honig, Henig, Hunig, der, **Hinig, Hụngch,** das [mhd. honec, honic; schon in vormhd. Zeit gibt es Formen mit -u- in der Stammsilbe; die Lautungen mit -e- und -i- sind Umlaute von o und u]: *Honig.*

Họpfn|stång(e), die [lange Stange, auf der Hopfen gezogen wird] (scherzhaft): *großer, hagerer Mensch.*

họpp oder trọpp [hopp zu hoppen (= hüpfen, springen); tropp vermutlich verwandt mit englisch drop (= fallen lassen, fallen)]: *alles oder nichts.*

họppern, họppm ⟨hat⟩ [möglicherweise verwandt mit hüpfen, das laut Kluge auf die Lautgebärde *hup zurückgehen könnte]: **1.** *sich auf- und niederbewegen, schwanken* **2.** *ein Baby oder Kleinkind im Arm (auf dem Schoß) halten.*

họps ⟨Adv.⟩ [vermutlich zu hoppern und hoppen, siehe hoppern; (vgl.: auch schwanger bedeutet eigentlich schwerfällig); das Wörterbuch der elsässischen Dialekte vermerkt hops mit der Bedeutung schwanger (besonders unehelich) und hops machen mit der Bedeutung schwängern (besonders unehelich)] (derb): *schwanger.*

Họrcherl, das [Substantivbildung zu horchen] (ORF-Jargon): *Kopfhörer.*

hor|la, hour|le(k), hour|lek|lek ⟨Interj.⟩ [2. Bestandteil von hourlek und hourleklek: laut Schatz zu Lecke (= Viehfutter aus Mehl, Kleie und Salz); dieses zu lecken (= schlecken); demnach sind horla und hourle Kurzformen] (Oberinntal): *Lockruf für Schafe.*

hornigeln: *siehe oanigln.*

Huat, Huit, der [wie standardsprachlich Hut zu mhd. und ahd. huot, eigentlich: der Schützende, Bedeckende] ❖ **der Huat brennt:** *es besteht höchste Gefahr; wir sind in größten Schwierigkeiten* ❖ **den Huat draufhaun:** *aus Frustration oder Verärgerung etwas aufgeben.*

Huat|schnur, die [ausschlaggebend für die nachfolgende Redewendung war die Bedeutung Hutschnur (= Eingrenzung einer Weide mit Schnüren); zu ahd. huota (= Wache, Obhut); ahd. huoten (= bewachen, behüten, auf etwas achten); Erklärungen mit Verweis auf das Hutband sind Volksetymologie und nicht zutreffend] ❖ **das geht mir über di Huatschnur** [eigentlich: über die Weidegrenze hinaus]: *das geht mir zu weit.*

H

hudln ⟨hat⟩ [zu Huder(n) und Hudel (= Fetzen), eigentlich: zerfetzen] (auch bairisch): *zu schnell und dadurch schlampig arbeiten, etwas schnell und unüberlegt machen* ❖ **Nur nit hudeln!** *Langsam, nur nichts überstürzen! Zeit lassen:* Nur it hudla, des gibt ledige Kinder!

Huder(n), der und die [Nebenform zu Hudel (= Lumpen, Lappen, zerfetztes Zeug)]; laut Grimm schon im Mhd. bezeugt: mhd. huderwât (= zerlumpte Kleidung); die Zugehörigkeit dieses Worts zu Håder ist evident, siehe dort]: *Lappen, Tuchfetzen.*

Hudler, der [zu hudeln]: *jemand, der dauernd hudelt.*

Huenzn, die (Plural) [zu Heinz, Kurzform von Heinrich]: *Heumännchen.*

Hụf, Huf, die [mhd. und ahd. huf (= Hüfte); das -t- im neuhochdeutschen Wort Hüfte ist ganz jung] (veraltet): *Hüfte.*

hunaggisch ⟨Adj.⟩ [von Mayr als Hahn-nackig aufgelöst; demnach 1. Bestandteil: mhd. han, hane (= Hahn)] (veraltet): *kampflustig, unerschrocken (besonders von Kleinen, die sich vor nichts fürchten).*

Hụnd, der [mhd. und ahd. hunt, alter indogermanischer Tiername; dieses Tier steht laut Röhrich in Redensarten nicht nur für Wachsamkeit und Treue, sondern auch für das Bild des Elenden und Niederträchtigen; die nachfolgenden Redewendungen sind nicht gemeindeutsch und in Tirol recht häufig] ❖ **untern Hund:** *miserabel, höchst minderwertig, unter aller Kritik* ❖ **aus jedn Dorf a Hund:** *bunt gemischt und nicht zusammenpassend* ❖ **jemanden an bucklatn Hund hoaßen** [bucklat (= buckelig)]: *jemanden arg beschimpfen* ❖ **a brennter Hund** [brennt (= raffniert)] (nicht abwertend, sondern eher anerkennend): *ein gerissener Kerl.*

Hụnds- als 1. Wortbestandteil: *bringt zum Ausdruck, dass etwas besonders minderwertig ist:* **Hunds|gfrieß, Hunds|wetter** etc. ❖ **ålle Hundsminuten:** *alle Augenblicke, immer wieder.*

Hundia̲ner, der [zu Hund mit Endung -ianer; diese bezeichnet die Anhänger eines Mannes oder einer Richtung (z. B. Freudianer)] **1.** (abwertend) *Gauner* **2.** (nicht abwertend, sondern anerkennend) *unbekümmerter, frecher Kerl.*

Hụndling, der [zu Hund mit Endung -ling; diese dient so wie -ing zur Bildung von Zugehörigkeitssubstantiven]: **1.** (abwertend) *Gauner* **2.** (nicht abwertend, sondern anerkennend) *unbekümmerter, frecher Kerl.*

Hụngch, Hịnk, He̲i̲nig, He̲nik, der [mhd. honec, honic, ahd. honag, die u-Form geht auf ein erschlossene germanische hunanga zurück]: *Honig.*

hụnte ⟨Adv.⟩ [hie + unten] (Lechtal): *unten.*

hụntel(e)n ⟨hat⟩ [zu Hund]: *unangenehm nach Hund riechen.*

hụpfn ⟨ist⟩ [wie hüpfen, aber in den bairisch-österreichischen Dialekten nicht umgelautet]: (auch süddt.): *hüpfen* ❖ **das ist ghupft wie gsprungen:** *das ist völlig egal.*

hu̲rnågl: *siehe Oanigl.*

Hụscher, der [wohl zu huschen, aber genauer Zusammenhang unklar; vielleicht Anspielung auf psychisch Kranke, die ruhelos auf und ab gehen]: *geistiger Defekt* ❖ **an Huscher håbm:** *verrückt sein, nicht richtig im Kopf sein.*

hụss[1] ⟨Interj.⟩ [verkürzt von gleichbedeutend hussa und hussasa (beides gemeindeutsch); schon bei Oswald von Wolkenstein: „Nu huss, sprach der Michel von Wolkenstain"]: *Ruf zum Antreiben eines Hundes (besonders bei der Jagd).*

hụss² ⟨Adj.⟩ [von der Interjektion abgeleitet]: *begierig auf etwas:* huss sein.

hụssn ⟨hat⟩ [mhd. hussen (= sich schnell bewegen, hetzen, reizen); zu huss(a) (= Hetzruf für Jagdhunde)]: *hetzen, treiben.*

hụtschn, hu̱tschn ⟨hat⟩ [zu einem Ausruf hutsch, der eine schwankende Bewegung andeutet] (auch süddt.): **1.** *schaukeln* **2.** *in den Schlaf wiegen* (z. B. ein Kind).

Hụttl, Họttl, die [zu Huttn, siehe auch huttlt] (veraltet): *unordentliches Weib.*

Hụttler, der [zu Huttn]: **1.** *Lumpensammler, schlampiger Mann* **2.** *maskierte Fasnachtsfigur.*

hụttlt, dẹr|hụttlt, der|họttlt ⟨Adj.⟩ [Partizip Perfekt zu einem Verb hutteln, das nicht belegt ist und zu Huttn gehört] (veraltet): *zerknittert, schlampig.*

Hụttn, Hụtze, der [zu Huder und Håder, siehe dort]: **1.** *Tuchlappen.* **2.** *Rausch:* der håt wieder an Huttn khet (= er war wieder sturzbetrunken).

Hụtzl|mandle, die (Plural) [Grund für die Benennung unklar] (veraltet) (Lechtal): **1.** *Fruchtstand der Waldreben (Clematis)* **2.** *Windröschen (Anemone)* **3.** *Hutzlmandl und Hutzlweibi als Märchengestalten.*

íader, aníada, aníade, aníads; im Oberinntal auch: **der íad, d'íad, s'iad** ⟨Pron.⟩ [mhd. ieweder, entstanden aus der Verschmelzung von ahd. io und (h)wedar (= wer auch immer), im Zillertal ist die althochdeutsche Form noch sichtbar: **íetweder**]: *jeder.*

íatz(at), íetz(at), íazn ⟨Adv.⟩ [mhd. iezuo, iezunt, iezen, iezent (= gerade jetzt, eben, gleich darauf)]: *jetzt.*

íaxn, íaxe, die [Ichse, Irxe; mhd. üehse, uohse (= Achselhöhle); der Vokal ía in der Dialektform geht auf umgelautetes uo zurück]: **1.** *Achsel des Menschen* **2.** *Blattachsel* **3.** *Geiztrieb (entwickelt sich in der Blattachsel)* **4.** (Architektur): *Winkel zwischen Dachfläche und Wand; Dachkehle.*

iber, iwa ⟨Adv.⟩: *siehe über-.*

ibl: *siehe übel.*

Ilge, Gilge, Üg, die [mhd. lilje (= Lilie); ahd. lilia, zu lat. lilia, Plural von lilium; laut Duden aus einer Sprache des östlichen Mittelmeerraums; vgl. ital. giglio]: *Lilie (Lilium).*

Ilm, die, **Ümbam,** der [mhd. ulme, ulmboum, laut Duden entlehnt aus oder urverwandt mit lat. ulmus (= die Rötliche, Bräunliche, nach der Farbe des Holzes)]: *Ulme (Ulmus).*

Impe, Imp(m), die [mhd. imbe, impe, imme; ahd. impi, von dem auch das Wort Imker kommt]: *Biene.*

impirg ⟨Adj.⟩ [laut Schatz zu ahd. innapurio (= der Einheimische, der im Haus Geborene)] (veraltet): *sich zurückhaltend:* ein impirger Mensch (= ein wortkarger, verschlossener Mensch).

in (mask.), **in'd** (fem.), **inda** (fem.), auch **an, anda:** *Ersatz für den bestimmten Artikel von Dativ und Akkusativ:* I håb in Bauern gsechn, I håbs in / an Bauern ge(b)m, I håbs inda Bäurin gsågt [der Dativ Plural lautet: in di: in di Leit (= den Leuten)].

Irch, das [mhd. irch, irh (= Bock, weißgegerbtes Leder, besonders von Gämsen, Hirschen, Rehen), ahd. irch, zu lat. hircus (= Bock)] (Unterinntal) (veraltet): *fein gegerbtes Leder von Böcken oder Wildtieren.*

Ischta, der: *siehe Erchtåg.*

Isl, der [mhd. üsel (= Asche, Funkenasche, Aschenstäubchen] (Osttirol) (veraltet): *Unrat, Kehricht.*

Iss(e), die [Herkunft unklar] (veraltet): *Waldwiese.*

it, itte [statt nit, nitte; laut Schatz möglicherweise eine Nachwirkung von mhd. iht (= irgendwas), das in Nebensätzen nicht bedeuten konnte]: *nicht.* „Miar lese it, miar rechna it. Miar kenna ou it schreiba. Miar braucha kuane Lehrer it, miar wölla Dolba bleibe!" (Aus dem Lied: „Miar Oberländer fölsaföscht").

Itaker, der [zu Italien] (regional auch in D) (abwertend): *Italiener.*

I

itrachn ⟨hat⟩ [mhd. iterücken (= wiederkäuen); zu mhd. ite, itniuwe (= wieder neu, ganz neu) und mhd. rücken, rucken (= schiebend an einen neuen Ort bringen)] (veraltet): *wiederkäuen.*

iwaschi ⟨Adv.⟩ [eigentlich: über sich]: *darüber, an der Oberfläche:* es Heu is nur iwaschi trockn.

Jån, Ju(n), der [mhd. jān (= fortlaufende Reihe der Reime; Reihe des gemähten Grases oder des geschnittenen Getreides)] (veraltet): *Streifen im Feld, der beim Mähen oder Jäten entsteht.*

Jangger, der [zu Jänker (= kurzes Obergewand); ursprünglich nur für Frauen; Herkunft unklar; ein Zusammenhang mit Jacke ist nicht erwiesen] (auch bairisch): **1.** *Trachtenjacke* (meist aus gewalktem Stoff, auch gestrickt, mit zwei Knopfreihen) **2.** *leichte Jacke:* „Tria hoho! Åber der Kain håt sein Bruada, / tria hoho, den Abel daschlågn. / Tria hoho! Er håt den Jangger ågnumma, / tria hoho, und die Stiefl auszogn." (Aus dem Lied „Tria hoho", auch bekannt unter dem Titel „Der Adam und d' Eva").

Jause, Jausn, die [mhd. jūs; zu slowenisch južina (= Mittagessen)]: *Zwischenmahlzeit am Vormittag oder Nachmittag.*

jausnen ‹hat›: *eine Zwischenmahlzeit einnehmen.*

Jausn|gegner, der: *nicht ernstzunehmender Gegner im Sport.*

Jausn|station, die: *kleine Gaststätte.*

je, oje ‹Interj.› [wie oje entstellt aus lat. Jesu domine (= o Herr Jesus!); siehe jessas]: *Ausruf des Erstaunens, Bedauerns oder Erschreckens.*

jechn ‹hat› [mhd. jëhen, jën (= sagen, sprechen, bekennen, beichten); ahd. jehan (= sagen)] (veraltet): **1.** *laut hallen* **2.** *sich gut anhören* **3.** *widerhallen.*

jessas! jessas na! jessas|maria|und|josef! ‹Interj.› [entstellt aus Jesus bzw. Jesus, Maria und Josef]: *Ausruf des Erstaunens oder Erschreckens.*

Jet, Jed, das [eigentlich: das Gejätete, zu jäten, dieses zu mhd. jeten, geten, ahd. jetan, getan, weitere Herkunft unklar]: *Unkraut.*

Joch, Joch, Jouch, das; Plural: Jecher [mhd. joch, ahd. joh, eigentlich: Zusammenbindendes); gesamtdeutsch sind folgende Bedeutungen: auf der Stirn bzw. dem Nacken aufliegender Teil des Geschirrs bei eingespannten Ochsen; etwas, wodurch die Freiheit eingeschränkt ist; Einsattelung im Kamm eines Gebirges, häufig in Ortsbezeichnungen wie Brandjoch, Kreuzjoch etc.] ❖ **schreien wie ein Jochgeier** [gemeint ist Bartgeier *(Gypaetus barbatus)*, auch Lämmergeier genannt]: *laut schreien.*

Johånns- [wie Johann, aber mit der älteren Betonung auf der zweiten Silbe]: z. B. **Johånns|kirche** (in Imst), **Johånns|beere** (= Johannisbeere) etc.

Joppe, Joppm, die [mhd. jope, joppe, juppe (= Jacke, Stück der Rüstung), laut Duden zu altital. giuppa, zu spanisch aljuba, dieses zu arabisch (al-)ǧubbah (= wollenes Unterkleid)]: *ländliche Männerjacke.*

ju, juhu, juhu, juhui etc. ⟨Interj.⟩ [mhd. jū, jūch (= Laut der Freude)]: *Ausruf der Freude.*

J

juch(et)zn, juchatzn, juchzge ⟨hat⟩ [mhd. jūchezen (= jū, jūch schreien), Verbbildung zum ju-Ausruf mit dem mittelhochdeutschen Suffix -ezen (heute -atzen, -etzen, -itzen etc.]: *ju bzw. juhu schreien, jubeln, jauchzen.*

Juchetzer, Juchetzer, Juchz(g)er, der [siehe juch(et)zn]: *Jauchzer:* „Und a Sprung übers Wasserl, a Juchezer drauf, und an Klopfer åns Fenster, liabs Dianderl, måch auf. (Aus dem Lied „Und a Sprung übers Wasserl").

Jutte, die [Herkunft unklar] (veraltet): **1.** *Molke* **2.** *ungesalzene Suppe.*

Kạchl, Kạchla, die [mhd. kachel(e), ahd. chachala (= irdener Topf); mit lat. und griechischen Wurzeln; in D nur mit der Bedeutung Ofenkachel]: **1.** *irdener Topf* **2.** *Nachttopf* **3.** *Fliese* (z. B. im Badezimmer) **4.** (derb) *Vulva* **5.** (abwertend, derb) *Schimpfwort für eine Frau* (meist: ålte Kåchl).

Kaffee, der [in Tirol wie in ganz Österreich immer endbetont] ❖ **des is nit dei Kaffee:** *das geht dich nichts an.*

Kaffee|haus, das [älter Coffeehaus, Coffeehouse, Lehnübersetzung aus dem Englischen]: *Gaststätte, wo besonders Kaffee ausgeschenkt wird und Zeitungen sowie Magazine aufliegen:* mia gehn ins Kaffeehaus (bei exakter Namensnennung wird hingegen das Wort Café verwendet: mia gehn ins Café Peintner).

Kaffeetscherl, das [mit der Endung wird der emotionale Bezug zum Ausdruck gebracht]: *Kaffee.*

Kaiser- als 1. Bestandteil von Wörtern [aus dem Namen Caesar, entlehnt zu einer Zeit, als das Wort noch Kaisar gesprochen wurde] (auch bairisch): *drückt in Bildungen mit Substantiven aus, dass etwas besonders fein ist:* Kaiserfleisch (= geselchtes Bauchfleisch mit besonders saftiger Schwarte); Kaiserteil (= bestes Schnitzelfleisch vom Schwein; Schale); Kaiserschmarren (= Schmarren aus gerissenem Omelettenteig mit Staubzucker und oft auch mit Rosinen bestreut); Kaiserwetter (= prachtvolles Wetter).

-kaiser, der **als 2. Bestandteil** (oft ironisch): *drückt in Bildungen mit Substantiven aus, dass jemand der Oberste, der Erste in einer Gruppe ist* ❖ Betriebsratskaiser, Ortskaiser, Skiliftkaiser.

Kạlbl(e), Kaiwi, das: *kleines Kalb* ❖ **schaun wia r a åbgstochns Kalbl:** *dümmlich und starr dreinschauen* ❖ **is die Kuah hin, soll's Kalbl a hin sein:** *jetzt ist alles egal.*

Kål|fạkter, der [ursprünglich: jemand, der mit dem Einheizen betraut ist (z. B. Hausmeister), zu lat. cal(e)facere (= warm machen, einheizen); vermutlich gesamtdeutsch] (abwertend) (veraltet): *jemand, der für andere untergeordnete Hilfsdienste verrichtet.*

kạ̊lln, kå̲ln, kå̲in ⟨hat⟩ [aus mhd. kallen (= viel und laut sprechen, schwatzen; singen; krächzen)]: **1.** *bellen* **2.** *heiser husten* **3.** *keuchen* **4.** *schreien, laut schimpfen.*

kå̲ltn, kå̲e̲ttn ⟨hat⟩ [aus mhd. gehalten (= sich halten, aufbewahrt bleiben; festhalten, behüten, bewahren); vgl. aufkåltn (= aufbewahren)]: *behalten.*

Kạmpl[1], Kạmpi, der [mhd. kamp, kambe, kamme; ursprünglich Verkleinerung von Kamm, jedoch nicht wie bei Verkleinerungsformen üblich mit sächlichem Geschlecht, sondern männlich]: *Haarkamm.*

Kạmpl[2], Kạmpi, der [Verkleinerung von Kämpe; ein norddeutsches Wort, verwandt mit Kämpfer]: *tüchtiger Kerl:* ein fescher Kampl (= ein schöner Mann).

Kana̲ri, der [benannt nach den Kanarischen Inseln, Herkunftsort des Vogels]: *Kanarienvogel (Serinus canaria forma domestica).*

Kå̲ndl(a), Ku̲(n)dl, Ku̲l, die [das d wird nicht gesprochen; mhd. kanne, kannel, kanndel; ahd. channa, dieses zu lat. canna (= kleines Rohr, Röhre); verwandt mit Kanal, das auf lat. canalis (= Röhre, Rinne) zurückgeht]: **1.** *Kanne* **2.** *Holzrinne (aus einem Baum gehauen).*

Kå̲ner, Ko̲ner, Ku̲ner, der [mhd. kaner, kener (= Rohr, Rinne); Nebenform von mhd. kanne, kannel, kanndel; siehe Kåndl(a)] (veraltet): **1.** *Dachrinne* **2.** *steile Felsrinne im Bach, am Gletscher.*

Kapazụnder, der [Wortbildung aus Kapazität und Wunder] (oft scherzhaft): *Spitzenkönner, herausragender Fachmann auf einem bestimmten Gebiet.*

Kạpo, der [Kurzform von franz. caporal (= Unteroffizier); ferner: Häftling eines Konzentrationslagers, der andere Häftlinge beaufsichtigt]: *Chef, Vorarbeiter, Anführer.*

Kạppl|ständer, der [1. Bestandteil: Verkleinerung zu (Uniform)kappe; 2. Bestandteil: Kleiderständer] (scherzhaft, abwertend): *Polizist.*

Kaprịtze, die [zu franz. caprice (= Laune, Spleen)]: *eigensinnige Laune.*

Karfió̲l, der [über Califiori zu ital. cavolfiore; dieses zu cavolo (= Kohl) und fiore (= Blume)] (auch süddt.; in D ansonsten: Blumenkohl): *Kohl, dessen knolliger Blütenstand als Gemüse gegessen wird.*

karnịfln, karnịfflen ‹hat› [nach dem alten Kartenspiel Karnöffel, Karnüffel; dieses vielleicht zu carnifolium, ein Pflanzenname]: *quälen, peinigen, schikanieren.*

Kạ̊rrn, Kå̲(r)n, Kạ̊rre, der; Plural: **Kạ̊rrn** [mhd. karre, ahd. karro, zu lat. carrus (= vierrädriger Wagen, Karre); aus dem Keltischen] (auch süddt.; sonst: die Karre): **1.** *zweirädriger (Hand)wagen* **2.** *schlechter Wagen (auch Auto).*

kạrrn, kạrre ‹hat› [mhd. kerren (= einen schrillen Ton von sich geben, keifen, wiehern, grunzen, knarren); vermutlich lautmalend zu krr] (Oberinntal): **1.** *knurren* **2.** *einen Hund (mit krr) reizen.*

Kạ̊rrner, Kå̲na, der [eigentlich: Karrener; Ableitung zu Kårrn, siehe dort]: **1.** *Bevölkerungsgruppe aus dem Vinschgau* [sie bestand aus verarmten Bauern und Tagelöhnern, die bis in die Mitte des 20. Jh. mit zweirädrigen Karren als Wanderhändler durchs Land zogen; als Fahrende wurden sie von der ansässigen Bevölkerung verachtet und mit den „Zigeunern" gleichgesetzt; der Maler und Dichter Luis Stefan Stecher hat ihnen in seinem Gedichtband „Korrnrliadr" ein literarisches Denkmal gesetzt] **2.** *Mensch mit schlechtem Benehmen:* du Kårrner! (= du ungezogener Kerl!), das sind Kårrner (= das ist ein Gesindel) ❖ **streitn wie die Kårrner:** *wild und ungehobelt streiten.*

ka̲sig ‹Adj.› [zu Käse]: *käsebleich.*

Ka̲s|pappele, Ka̲s|pappei, das [1. Bestandteil: Käse; 2. Bestandteil: mhd. papele, papel (= Malve); Malven werden dialektal auch Pappeln genannt (siehe Påppl); daneben bezieht sich Kaspappele auch auf die käselaibförmigen, schleimhaltigen Früchte, aus welchen früher Papp (= Kinderbrei) zubereitet wurde (siehe Pappele)]: *Wilde Malve (Malva sylvestris), Große Käsepappel.*

Kạsperl, der [Kasperl ist auch bairisch; in D ansonsten Kasper und Kasperle): **1.** *lustige Figur mit roter Zipfelmütze im Volkstheater oder im Puppenspiel* **2.** *Mensch, der nicht ernstzunehmend ist* (in der Schule: Klassenkasperl).

Kạsperl|theater, das: **1.** *Theater, in dem Stücke mit der Figur des Kasperls aufgeführt werden* **2.** *lächerliche Angelegenheit* ❖ **då**

geht's zua wia r in an Kasperltheater: *da geht es drunter und drüber.*

Kạ̊stala, der [eigentlich: aus dem Kasten]: *Schnaps, den man für freundlichen Besuch bereithält.*

katholisch mạchn ⟨hat⟩ [aus der Zeit der Gegenreformation, als weite Teile von Österreich und Bayern rekatholisiert wurden] (auch bairisch): *jemanden gewaltsam zu etwas bekehren, jemandem eine bestimmte Haltung aufzwingen, jemanden mit drastischen Mitteln zum Einlenken bringen:* den wern ma a no katholisch måchn.

Kạttl, die [aus Katharina; siehe auch: Ratschkattl]: *dummes Mädchen.*

kạ̊tz|grau, kåtz|gro(w) ⟨Adj.⟩ [eigentlich: grau wie eine Katze; vgl. franz. gris de chat, englisch cat's grey; in anderen Regionen des deutschen Sprachraums: katzengrau]: *ganz grau.*

kạtzl(e)n ⟨hat⟩ [zu Katze]: *junge Katzen werfen.*

Kạtzl|mạcher, der [ursprünglich eine Bezeichnung für wandernde Handwerker aus Italien, die selbst gemachte Schöpflöffel, ital. cazze, dialektal Gatzen, verkauften; zu spätlat. cattia; gehört zu einer Reihe fremdenfeindlicher Ausdrücke, die in Zeiten der Monarchie populär waren] (auch bairisch) (stark abwertend): *Italiener.*

Kạ̊tzn|gschroa, das [2. Bestandteil: Geschrei; nach dem Gedanken: das Essen schreit beim Rösten wie eine Katze] (veraltet): *ein schnell geröstetes Essen.*

Kạ̊tzn|schwånz, Kạ̊tzn|schwoaf, Kạ̊tzn|zågl, der [2. Bestandteil Zågl zu mhd. zagel (= Schwanz): *Schachtelhalm, Zinnkraut.*

Kåwes, Kåwas, Kåbis, der [ahd. kabuz, zu lat. caput (= Kopf)]: *Weißkraut.*

Kegl|schei(b)m, das [2. Bestandteil: scheiben (= schieben)] (auch bairisch): *Kegeln.*

keif ⟨Adj.⟩ [mhd. kīf (= fest, derb, dicht)]: *fest, prall (voll).*

keiwe(n) ⟨hat⟩ [wie standardsprachlich keifen zu mhd. kīben, kīven (= scheltend zanken, keifen)] (Oberinntal, Paznaun) (veraltet): *zanken, keifen.*

Kẹlper, Kạlpere, die [vermutlich zu mhd. kelberg (= Halsschutz)] (veraltet): *Halsband, Halsriemen der Hunde.*

Kẹntl, Kẹndl, der [zur Herkunft siehe kentn] (veraltet): *Kienspan, kleines Scheit.*

kẹntn, auch: **ein|kentn** ⟨hat⟩ [mhd. künten, künden (= zünden, heizen), ahd. chuntian, vielleicht zu lat. in-cendere (= entzünden), denn geschriebenes c wurde im Lat. als k gesprochen; bei Grimm wird auf eine schwedische Nebenform von kynda, nämlich kvända (= anzünden), verwiesen, dazu kvinsel (= Span zum Feuermachen), mit ähnlichen Wörtern im Norwegischen; demnach könnte qu für k der ursprüngliche Anlaut eines gemeingermanischen Wortes gewesen sein, bei gleichzeitiger Schwankung des Vokals] (veraltet): *heizen, einheizen.*

Kẹrn|beisser, der [dieser ist die größte in Europa heimische Art der Finken; er kann Obstkerne aufbeißen]: *Distelfink oder Stieglitz (Carduelis carduelis).*

Ker|tatl, das [1. Bestandteil zu kehren; 2. Bestandteil: Schatz stellt das Wort zum Feminimum Tat (= Schublade, Tröglein), mit der Verkleinerungsform Tatl und erwähnt auch Tischtatl, Salztatl] (Wipptal): *Kehrschaufel.*

Kes, das [mhd. kēs (= Eislager auf dem Gebirge, Gletscher); ahd. chēs (= Eis, Frost); weitere Herkunft unklar] (im östlichen Teil des Landes, etwa ab Schwaz in Gebrauch; sonst: Ferner): *Gletscher.*

Kese, die [Herkunft unklar] (Osttirol): *Schaukel.*

kesn ⟨hat⟩ (Osttirol): *schaukeln.*

kẹssig, kạssig ⟨Adj.⟩ [wie standardsprachlich gehässig zu mhd. ge-hezzec (= hassend)] (veraltet): *feindlich gesinnt, feindselig.*

Kẹssl, der [wie standardsprachlich Kessel zu mhd. kezzel, ahd. kezzil, dieses zu lat. catillus (= Schüsselchen)]: **1.** *Kessel* **2.** *Mulde im Hochgebirge; daher danach Berg- und Flurnamen wie Kesselwand, Kesselkogel etc.*

kẹssl|ån, kẹssl|un sein [zu Kessel]: *nicht weiter können, nicht weiter wissen.*

Kẹstn, Kẹstne, die [zu mhd. kesten(e) und ahd. chestin(na); genauso wie das jüngere Kastanie zu lat. castanea und griechisch kastáneia (= Frucht des Kastanienbaums), zu kástanon (= Kastanienbaum)]: *Edelkastanie (Castanea sativa).*

Kíachl(e), das oder der [zu mhd. küechel(īn), Verkleinerungsform zu mhd. kuoche (= Kuchen)]: *in heißem Fett gebackene Mehlspeise.*

Kías, die, **Kíasl, Kíasei,** das [wohl zu kus (= Lockruf für Kühe)] (veraltet): *Kalb.*

kịchetzn ⟨hat⟩ [wie standardsprachlich kichern zu ahd. kichazzan (= mit hellem Laut lachen); lautmalend]: *verhalten lachen.*

kifln, kiflen ⟨hat⟩ [mhd. kifelen (= lange und heftig nagen), dieses zu kifen (= nagen, kauen)]: **1.** *nagen; an etwas kauen* **2.** *mit einem Problem beschäftigt sein.*

kịlb(e), küb ⟨Adj.⟩ [Adjektivableitung vom mhd. gehilwe (= Gewölk); weitere Herkunft unklar]: *bewölkt.*

Kim, Kịmml, Kimach, der [ahd. kūmi; im Mhd. neben küme auch kümel und kumich (= Kümmel); heute von Kimml weitgehend verdrängt]: *Kümmel.*

Kịmpf(l), Kịmpfi: *siehe Kumpf(l).*

Kinigl|hås, der [mhd. küniclīn, künglīn (= Kaninchen), geht zurück auf lat. cuniculus (= Kaninchen); in der Lautform ähnlich wie mhd. küniclīn (= kleiner König); volksetymologisch an die dialektale Aussprache von König, also Kini, angepasst] (auch bairisch): *Kaninchen* ❖ **si vermehrn wia die Kiniglhåsn** [weil sich diese Tiere in großen Würfen vermehren]: *sich rasch und in großer Zahl vermehren.*

kịntsn, kịnzn ⟨hat⟩ [abgeleitet von Kind]: *ein Kind wiegen, Kinder betreuen.*

Kịpf, der [zur Herkunft siehe Kipferl] (Reutte): *Brot in Weckenform.*

Kịpferl, Gịpfal, Gịpfele, das [Verkleinerung von süddt. Kipf, dieses zu mhd. kipf(e), ahd. kipf(a) (= Wagenrunge), zu lat. cippus (= Pfahl); nach der länglichen, leicht gebogenen Form; die Anekdote, dass das Kipferl aus der Zeit der Türkenbelagerungen stammt und dem türki-

K

schen Halbmond nachgebildet ist, gehört also ins Reich der Legende; das Wort ist nachweislich viel älter]: *gebogenes Gebäck:* Mohnkipferl, Nusskipferl, Plunderkipferl (aus Plunderteig), Vanillekipferl (mit Vanillezucker bestreut).

Kịr(ch)|tåg, der [mhd. kirchtac (= Kirchweihfest, Jahrmarkt)] (in OÖ, S und Bayern stattdessen Dult; ansonsten in D: Kirchweih, Kirmes)]: **1.** *Hauptfest einzelner Kirchen* **2.** *Fest, Jahrmarkt* ❖ **Heut ist Kirchtag!** *Heute geht es festlich zu!* ❖ **mit oan Hintern auf drei Kirchtåg tanzn:** *überall dabei sein wollen, sich überall wichtigmachen.*

Kịrch, Kịrchn, Kịrche, die [wie standardsprachlich Kirche zu mhd. kirche (= Kirchengebäude, Gemeinschaft der Gläubigen, Kirchenpfarrstelle), ahd. kiricha, zu spätgriechisch kyrikón (= Gotteshaus), zu kýrios (= Herr), eigentlich: das zum Herrn gehörende Haus]: **1.** *(Haupt-)kirche des Orts* **2.** *Gottesdienst:* Kirchn gehn ❖ **mit der Kirchn ums Dorf fåhrn:** *viele Umwege machen.*

Kịtte, Kịttn, Kwịtte, die [schon neben mhd. quiten auch küten und neben ahd. qitina auch kutina; geht laut Duden letztlich auf griechisch kydṓnia (mẽla) (= Quittenäpfel) zurück, nach der antiken Stadt Kydōnía auf Kreta]: *Quitte.*

Kitt|ẹpfl, die (Plural) [eigentlich: Quittenäpfel; siehe Kitte] (Osttirol): *Quitten.*

Kịttl, Ki̲tl, Ki̲dl, der [mhd. kit(t)el; gesamtdeutsch: Arbeitsüberkleid] (auch bairisch): *Frauenrock* ❖ **hinter jedem Kittl her sein:** *ständig Frauen umwerben.*

Kịttl|fåltn, Kịttel|fålte, die ❖ **an der Kittelfåltn hängen, dauernd an ihrer Kittelfåltn sein:** *sich an eine Frau anhängen, unselbstständig sein.*

Kịttn|ka̲s, der [eigentlich: Quittenkäse; siehe Kitte] (Osttirol) (veraltet): *Quittenbrot.*

kịtzln, kịtzern ⟨hat⟩: *ein Kitz zur Welt bringen.*

Klạchl, Klẹchl, der [mhd. kleckel, klechel, klächel (= Glockenschwengel); zur Herkunft laut Grimm zwei Möglichkeiten: ist das Wort vom Glockenschwengel ausgegangen, so gehört es zu dem Stamm klack (= klopfen), ist aber das Baumeln der Grundbegriff, so fände es einen

Anknüpfungspunkt in dem Stamm klank (= baumeln, schwanken), der auch ohne das -n- vorkommt; vgl. tirolerisch glagglen (= baumeln)]: **1.** *Glockenschwengel* **2.** *zäher Schleimklumpen, schwerer Auswurf* **3.** *großer, ungefüger Mensch* (auch: Rotzklachl = Rotzbengel).

Klå̲g(e), die [wie standardsprachlich Klage zu mhd. klage, ahd. klaga, weitere Herkunft unklar] ❖ **klå̲gn** oder **er ist in da Klå̲g:** *er ist in der Trauerzeit.*

Klạ̊mper(e), die [mhd. klambe, klamme (= Klemme, Fessel, Klammer)]: *(Eisen)klammer.*

Klạ̊mpfn, Klạ̊mpfe, die [mhd. klampfer (= Klammer, Haken)]: *Gitarre.*

Klạ̊nk¹, der [mhd. klanc (= Klang von Gesang, Stimme, Glocken etc.)]: *Ton, Glockenschlag.*

Klạ̊nk², Klạ̊nch, der [mhd. klanc (= Schlinge, List, Ränke) zu ahd. klenken (= schlingen, zusammenfügen)] (veraltet): *Schlinge eines Seils oder Fadens* ❖ **einen Klank måchn:** *eine Fadenschlinge machen.*

klạnkeln, klạnklen ⟨hat⟩ [zu Klank¹; infolge des -l-Einschubs in der Endsilbe wird das a nicht verdunkelt]: *die Glocke mehrfach anschlagen lassen, ohne zu läuten.*

Klạ̊pf, der [mhd. klapf (= Knall, Krach), verwandt mit standardsprachlich klappern; die Bedeutung 2 wäre dann aus einer Metapher entstanden] **1.** *Knall, Schlaggeräusch* **2.** *Felsbrocken, Felsstufe im Gelände.*

klạ̊pfn ⟨hat⟩ (Osttirol): *mit der Peitsche schlagen.*

Klạpper(e), die [zu klappern]: *Klapper, geschwätzige Frau.*

Klạ̊ss(e), Klụsse, die [ahd. chlozza (= Fuge, Kerbe)]: *Spalte, Riss im Holz oder in der Mauer.*

Klå̲te, die [mhd. klate (= Kralle)] (veraltet): **1.** *Tatze, Kralle* **2.** *grobe Hand.*

klå̲tig, klạ̊ttig ⟨Adj.⟩ [zu Klått(e), siehe dort] (Oberinntal): *schmutzverklebt.*

Klått(e), Klåte, die [entweder zu ahd. kletto, einer Ableitung von klebēn (= kleben, anhaften) oder lautliche Spielform von Knåttl(e), siehe dort] (veraltet): **1.** *Schmutzballen im Haar* **2.** *Unratknollen am Haar der Stalltiere.*

klau(b)m ‹hat› [mhd. klūben (= pflücken, stückweise auflesen), verwandt mit Klaue] (auch süddt.): *Stück für Stück aufnehmen (z.B. Holz, Reisig, Beeren, Schwammerln).*

Klaub|auf, Klaup|au, der [zu klauben]: *Knecht des Nikolaus (ein Kinderschreck).*

Klause mạ̊chn ‹hat› [ahd. klūsa, entlehnt aus lat. clausa (= eingehegtes Grundstück, Kloster), das zu cludere (= schließen) gehört] (Osttirol): *brauchtümliche Wegabsperrung bei Hochzeiten.*

kléaper, klewer ‹Adj.› [mhd. klëber, ahd. klepar (= klebrig)]: **1.** *körperlich schwach entwickelt, schmächtig:* ein kleapers Mandl **2.** *knapp ausreichend.*

kléatzln ‹hat› [von der Verkleinerungsform von mhd. klōz (= Klotz) abgeleitet] (Osttirol): *tändelnd arbeiten, trödeln.*

klẹckn, auch: **der|klẹckn** ‹es hat› (unpersönliches Verb) [mhd. klekken, ahd. kleken; geht laut Kluge auf ein Schallverbs zurück] (veraltet): *ausreichen, genügen:* „A Kandl Milch / kleckt dechter ette (= reicht doch nicht) / fir fuchzehn Maislan / unter mein Bette; / fir fuchzehn Maislan / unter mein Bette / kleckt a Kandl / Milch dechter ette" (ein Zugenbrecher für Kinder).

Klẹmmer, der; **Klẹmm|seckl,** der [schweizerisch Batzenklemmer gibt einen Hinweis auf die Etymologie: jemand der sein Geld festhält] **1.** *sparsamer Mensch* **2.** *Geizhals.*

klẹnkn ‹hat› [siehe Klånk[1]]: *leicht läuten.*

klẹpfln, ạ̊n|klepfln, ụn|klepf(l)n ‹hat› [Iterativ zu mhd. klopfen (= klopfen, pochen, schlagen)]: **1.** *alter Adventsbrauch, nach dem die Kinder an drei Donnerstagen betend und singend von Haus zu Haus gingen und kleine Gaben erhielten; zum Teil tun das heute auch Organisationen mit Erwachsenen (etwa Mitglieder des Kirchenchors).*

Klẹpfl|líad, das [siehe klepfln]: *Lied, das beim Anklopfen an den Türen gesungen wird (Adventsbrauch).*

klewer ⟨Adj.⟩: *siehe kleaper.*

kliabm ⟨hat⟩ [wie standardsprachlich klieben zu mhd. klieben, ahd. chliuban; verwandt mit klauben]: *(Holz) spalten:* „Und 's Dianal is jung und kloan, muaß scho viel, holaradiridi, / muaß scho viel holaradiridi Årbeit toan, / Holz eintrågn, Scheitl kliabn und die Buam, und die Buam liabn." (Aus dem Lied „Und 's Dianal is jung und kloan").

Klo, Klóa(je), Klúa, die [ahd. klōa (= Klaue, Huf)] (veraltet): *Klaue, Huf.*

Klóanet, das [wie standardsprachlich Kleinod zu mhd. kleinōt (= ursprünglich Kleinigkeit, dann kleine, fein gearbeitete Sache, Ding von höchstem Wert, das unersetzbar ist] (Ötztal): *Gewinn beim Preiskegeln.*

Klóa|birn, Klóa|ban, Klóa|wan, Klúa|wan, die [1. Bestandteil: zu klieben, zu mhd. klieben, ahd. chliuban (= spalten); 2. Bestandteil: Birne]: **1.** (Plural) *gedörrte Birnen* **2.** (als Neutrum) *Birnenbrot.*

K

Klóaz(e), Klóazn, die [wie standardsprachlich Kletzen zu mhd. klœʒen (= mit einem klōʒ (= Keil) spalten, trennen, auseinanderreißen); weil die Früchte vor dem Dörren gespalten werden] **1.** *Dörrbirne* **2.** *gedörrte Schnitte Obst.*

Klóazn|brot, das [siehe Kloaz(e)]: *traditioneller Birnzelten.*

Klock, der [mhd. klocken (= klopfen); Parallelform zu klopfen; siehe klepfln]: *einmaliges Klopfen.*

klúeg(e) ⟨Adj.⟩ [wie standardsprachlich klug zu mhd. kluog (= fein, zierlich; tapfer; geistig gewandt); die dialektale Bedeutung ist in der Standardsprache ausgestorben]: **1.** *fein, zart:* ein klueger Zwirn (= ein feiner Faden) **2.** *hohe, schwache Stimme.*

Klumper(e), die [spätmhd. klumpern (= lärmen)]: *große Kuhschelle.*

Klumse, die [mhd. klumse, klunse (= Spalte)] (auch bairisch): *Spalt, Riss, Sprung.*

Kluppe, die [mhd. kluppe (= Zange); zu klieben]: **1.** *Wäscheklammer* **2.** *Haarspange.*

Klusse, die: *siehe Klåss(e).*

Knacker, die [kurz für Knackwurst]: *eine Wurstsorte.*

Knapperle, das [zu knåppn (= nicken), dieses zu mhd. gnappen (= wackeln); demselben Gedanken folgen einnicken und ein Nickerchen machen] (Außerfern): *leichter, kurzer Schlaf (im Sitzen):* a Knapperle tean.

knårzn, knarzn ‹hat› [ursprünglich knarrezen, Nebenform zu knarren]: *knarren.*

Knåttl(e), Knådl, die [zu kneten]: **1.** *Kotknollen an den Haaren der Tiere* **2.** (abwertend) *(unsaubere) Frau* **3.** (Zillertal) *Kosewort für Mädchen.*

Knedl|akademie, die (scherzhaft, abwertend): *Höhere Bundeslehranstalt für wirtschaftliche Berufe (HBLA) (früher Frauenberufsschule).*

Kníabisla, der [1. Bestandteil: Knie; 2. Bestandteil: siehe bisln] (auch bairisch): **1.** *kleiner Bub, der in die Hosen uriniert* **2.** *unreifer, nicht ernstzunehmender Kerl* **3.** *Feigling.*

Kníabisla|hosn, die (Singular) [siehe Kniabisla] (jugendsprachlich) (scherzhaft): *besonders weite Hosen, deren Bund unter der Hüfte getragen wird* (engl. Baggy Pants; charakteristisch für bestimmte Jugendszenen).

Knofl, Knoflach, Knofli(g), der [zu ahd. knoblauch, kloblauch; laut Hornung über knoflach zu Knofel; zu klieben, klob, gekloben (= spalten), also eigentlich: gespaltener Lauch]: *Knoblauch.*

Knospe, Knospm, der [zu lat. cuspus (= Holzschuh)]: **1.** *grober Schuh (ursprünglich mit Holzsohle)* **2.** *grober Mensch.*

Knotte, der [mhd. knote (= Knoten)] (Osttirol): *Felsbrocken.*

Ko(je), Kuje, die [zu koi(d)n, siehe dort]: **1.** *Kiefer* **2.** *Kinn.*

kóajig, kåig, kåichig ‹Adj.› [zu hoajen, siehe dort]: *dunstig.*

kóar|assig ‹Adj.› [wohl zu mhd. küre, kur (= Prüfung, Wahl)] (Osttirol): *heikel.*

Kobel, der: *siehe Kobl.*

kobern ⟨hat⟩ (Zillertal): *hart arbeiten.*

Kobl, Kowi, der [wie standardsprachlich Kobel zu mhd. kobel (= enges, schlechtes Haus) und mhd. kobe (= Schweinestall; Käfig; Höhle)]: **1.** *Hütte, Verschlag* **2.** *Schweinestall (auch: Saukowi)* **3.** *Taubenschlag (auch: Taubmkowi)* **4.** *Wespennest.*

Kọch, Koch, der oder das [zu kochen mit folgender Bedeutung: durch Gekochtwerden Wasser abgeben und dadurch eindicken; ahd. kohhōn; dieses zu lat. coquere (= kochen, backen, brauen)] (Küchensprache) (auch bairisch): **1.** *aus gekochtem Obst, Grieß oder Ähnlichem hergestellter Brei:* Apfelkoch, Hollerkoch, Grießkoch etc. **2.** (Oberinntal) *Schmarren.*

Kofl, der [mhd. kofel (= Bergspitze); weitere Herkunft unklar]: *Bergkuppe, Felsblock* [häufig Zweitglied bei Berg-, und Flurnamen, z. B.: Patscherkofel (Hausberg von Innsbruck)].

Kogl, der [eventuell aus lat. cuculkus (= Mütze, Kappe)]: **1.** *Bergkuppe* (oft in Bergnamen, z. B. Gamskogl) **2.** (Ötztal) *Berg, Bergspitze.*

kói(d)n, kúi(d)n ⟨hat⟩ [wie standardsprachlich kauen zu mhd. kiuwen, ahd. kiuwan (= kauen); umgelautet noch in Wiederkäuer]: *kauen.*

kọld(e)risch, kojerisch ⟨Adj.⟩ [zu Kolder, siehe dort]: **1.** *schreckhaft (vom Ross)* **2.** *aufgeregt, jähzornig (vom Menschen).*

Kọlder, der [alemannische Nebenform zu standardsprachlich Koller (= Zornausbruch), zu mhd. kolre, ahd. koloro; entlehnt aus spätlat. cholera, das ursprünglich Gallenbrechruhr bedeutete; es wurde von der mittelalterlichen Medizin zu griechisch cholē gestellt, das die Galle als Organ des Zorns bezeichnet]: **1.** *Zornausbruch, Anfall* **2.** *Dummkoller (Erkrankung des Gehirn bei Pferden).*

Kọlderer, der [zu Kolder, also eigentlich ein Choleriker]: *auffahrender Mensch, Polterer.*

Kol|rabi, Kol|rawi, der [im 17. Jh. aus ital. cavola rapa eingedeutscht]: *Kohlrübe.*

Kọmmat, Komet, Kụmmet, das oder der [wie schweizerisch Kummet zu mhd. komat, kumet, zu polnisch chomąt(o) (= Halsjoch), weitere Herkunft unklar]: *Halsjoch der Zugtiere.*

kommott ⟨Adj.⟩ [wie standardsprachlich kommod zu franz. commode, dieses zu lat. commodus (= angemessen, vollständig, bequem, passend, zuvorkommend, höflich)]: **1.** *bequem, gemütlich* **2.** *umgänglich.*

Konfusions|råt, der [1. Bestandteil zu konfus (= verwirrt, durcheinander); aus Ostösterreich übernommen] (scherzhaft): *Mensch, der alles durcheinanderbringt.*

Kopf, Koupf, der [wie standardsprachlich Kopf zu mhd. kopf, koph (= Becher, Trinkgefäß); laut Duden scherzhaft übertragen auf Hirnschale, Kopf; ahd. chopf (= Becher, Trinkschale), wohl zu spätlat. cuppa, zu lat. cupa); auch als Zweitglied in Bergnamen: Achselkopf; Rangger Köpfl (Verkleinerungsform)] ❖ **jemandem auf 'n Kopf scheißen:** *jemanden brüskieren, verhöhnen, provozieren* ❖ **Und wenn er si aufn Kopf stellt!** *Was immer er auch macht, es wird ihm nichts nützen!* ❖ **eam an Kopf wåschn:** *ihm Vorhaltungen machen.*

köpfeln, kepfl(e)n ⟨hat⟩ (Sportlersprache) (auch süddt. und schweizerisch; in D ansonsten: köpfen): **1.** *den Ball mit dem Kopf stoßen* **2.** *einen Kopfsprung machen.*

Köpfler, Kepfler, der (Sportlersprache) (auch süddt. und schweizerisch): **1.** *Kopfball* **2.** *Kopfsprung ins Wasser.*

Kopf|nuss, die [gehört zu einer Reihe von Bezeichnungen für Schläge, die auf Obstarten zurückzuführen sind: Ohrfeige zu Feige, Tachtel zu Dattel]: *Schlag auf den Kopf.*

Kopf|stickl, das (ohne Verkleinerungsendung regional auch in D: Kopfstück)]: *Schlag auf den Kopf.*

koppm ⟨hat⟩ [mhd. köppeln (= rülpsen)]: **1.** *rülpsen* **2.** (meist Unterinntal) *mit der Zunge schlenkern (vom kranken Rind)* **3.** *zwanghaftes Luftschlucken bei Pferden.*

koscher ⟨Adj.⟩ [jiddisch koscher, zu hebräisch kašer (= einwandfrei); gesamtdeutsch: nach den jüdischen Speisegesetzen erlaubt] (regional auch in D): **1.** *einwandfrei; in Ordnung; unbedenklich, legal:* Is des Geschäft koscher? **2.** *anständig:* Ist er koscher? (= Kann ich ihm trauen?) – Er ist mir nicht ganz koscher!

Kotze, der; **Kotzn,** die [mhd. kotze (= grobes, zottiges Wollzeug); Decke oder Kleid davon, ahd. chozzo, chozza, Herkunft unklar, eventuell zu lat. cottus, cotta, das auf griechisch kótthybos (= militärisches Ausrüstungsstück) und kosýmbē (= Mantel von Hirten und Landleuten zurückgeht)] (auch süddt.): **1.** *grobe Wolldecke* **2.** *Umhang aus grobem Wollstoff.*

kọtzn|grob(e) 〈Adj.〉 (auch süddt.): *sehr grob.*

Knóu, der, Plural: **Knóub:** Bub [mhd. knabe] (Lechtal): *männliches Kind:* „Knou mah!" heißt ein Lied der Lechtaler Musikgruppe „Bluatschink".

Kra, Kru, der; **Kraje,** die [ahd. kraja, krawa, eigentlich: die Krächzerin; auch das Wort krähen gehört in diese Wortfamilie; die u-Form (Kitzbühel) schwer erklärbar]: *Rabe, Krähe.*

Kråcher, der [zu krachen]: **1.** *heftiger Knall:* es tuat an Kråcher **2.** *Greis:* alter Kråcher.

Kracherl, das [vermutlich nach dem Geräusch beim Öffnen des Verschlusses oder nach dem Geräusch der sprudelnden Kohlensäure]: *Limonade.*

Kråchn, die [zu krachen]: **1.** *Pistole* **2.** *Schusswaffe.*

Kråmpm, Gråmpm, der [zu mhd. krampe (= Spitzhacke); ursprünglich nur im Norden des deutschen Sprachraums, dann gesamtdeutsch; verwandt mit Krampf, dieses zu ahd. kramph (= gekrümmt)] (auch bairisch) (veraltet): **1.** *Spitzhacke:* mit Kråmpm und Schaufel arbeitn **2.** *altes, mageres Pferd.*

Krampus, der [da der Krampus eine Teufelsfigur ist, hat er Krallen; vgl. ital. gramputo (= mit Krallen versehen)]: *Begleiter des Nikolaus am 5./6. Dezember, er hat Kette, Rute und Butte.*

Krane|witt, der; meist Plural: **Krane|wittn, Kra|wattn;** auch: **Kra|met,** der [wie standardsprachlich Kranewit zu mhd. kranewite, ahd. kranawitu, zu ahd. krano (= Kranich) und ahd. witu (= Holz, Wald)] (auch bairisch): **1.** *Wacholder (Juniperus)* **2.** *dessen Beeren.*

Krane|witter, Kra|watter, Kre|meter, der (auch bairisch): *Wacholderschnaps.*

Kranzl(e), das **1.** *kleiner Kranz* (z. B. aus Blumen) **2.** *die acht Kegel um den Mittelkegel* ❖ **ein Kranzl scheibm:** *alle Neune mit Ausnahme des mittleren Kegels umwerfen (beim Kegelscheiben).*

Krạnzl|jungfer, Krạnzl|gịtsche, die (auch bairisch): *Brautjungfer.*

Krạnzn, die; **Krạnz|beer,** die [siehe Kranewitt; das -z- ist aus dem Genetiv kranewites zu erklären; auch die Ortsnamen Kranzach, Kramsach gehören zu diesem Wort] (Unterinntal): *Wacholderbeere(n).*

krạpf ⟨Adj.⟩ [Herkunft unklar] (veraltet): *körperlich stark, widerstandsfähig:* a krapfs Birschle.

Krạ̊pfn, der [mhd. kräpfe (= hakenförmiges Gebäck), eigentlich (= Haken, Klammer), ahd. kräpho (= Haken); demnach war das Gebäck früher hakenförmig]: **1.** (auch bairisch) *kleines, (meist) rundes, meist mit Marmelade gefülltes Gebäck, das in schwimmendem Fett gebacken wird.* **2.** (abwertend) *dickliches Mädchen.*

krạtzl(e)n ⟨hat⟩ [zu kratzen]: *kritzeln, schlecht schreiben.*

krạ̊tzn ⟨hat⟩ ❖ **des kråtzt mi ned:** *das berührt mich nicht.*

Kraut, das (Plural nur für Gewürz, Heilpflanze; diese Bedeutung gesamtdeutsch) [mhd. krut (= kleinere Blätterpflanze, Gemüse, besonders Kohl; das daraus bereitete Gericht; Nahrung überhaupt] (auch süddt.): **1.** *Gemüsepflanze für die Sauerkrautherstellung sowie als Gemüse und als Salat (Brassica oleracea convar. capitata var. alba)* (kurz für Weißkraut; ansonsten in D Weißkohl, weißer Kappes: siehe Kåwes) **2.** *Blaukraut bzw. Rotkraut (Brassica oleracea convar. capitata var. rubra)* (in D Rotkohl, roter Kappes) ❖ **Des mącht 's Kraut a nid fett!** *Damit wird die Sache auch nicht besser! Das nützt auch nichts! Darauf kommt es jetzt auch nicht mehr an!*

Krauter, Krauterer, Kreuterer, der [Substantivbildung zu krautern]: **1.** *jemand, der hart wirtschaftet* **2.** *ungepflegter, aber nicht unguter Mann.*

krautern, kreutern ⟨hat⟩ [Herkunft unklar]: *hart arbeiten.*

Kraut|fleckerln, die (Plural): *Gericht aus Fleckerln (Nudelsorte) und Kraut.*

Kraut|ståmpfer, die (Plural): [Kraut wurde früher in Bottichen mit den Füßen gestampft] (abwertend): *große, kräftige Füße (= Beine).*

kraut|walsch ⟨Adj.⟩ [1. Bestandteil: laut Finsterwalder ursprünglich zu ital. crudo (= roh, grob); 2. Bestandteil: ahd. wal(a)hisc

(= Bezeichnung für die romanischen Volkssprachen); das Gegenwort zu krautwalsch wäre ein nicht mehr gebräuchliches kluegwelsch (= feinwelsch) für Ital.; im Bewusstsein der Sprecher wird es zu Kraut gestellt]: **1.** *Ladinisch* **2.** *generell für jede unverständliche Sprache, auch für einen ungewohnten Dialekt oder bei groben sprachlichen Mängeln.*

Krawåt, Krawåd, der [kroatisch hrvat, früh als Krabat, Krawat entlehnt]: **1.** *Slowene* **2.** (abwertend) *Kroate.*

Krawat|staude, die [siehe Kranewitt]: *Wacholderbeerenstrauch.*

Krawạttl, das [Verkleinerung von Krawatte, dieses zu franz. cravate; eigentlich: kroatische Halsbinde (von kroatischen Reitern getragen, dann modisches Accessoire am Pariser Hof)]: *Krawatte* ❖ **ea påckt 'n beim Krawattel:** *er stellt ihn heftig zur Rede, er ruft ihn zur Ordnung.*

krawutisch werdn ‹ist› [zu Krawot; auf vermeintliche Eigenschaften der Kroaten anspielend; Vermischung mit Wut]: *zornig, wütend, rabiat werden.*

Krạxe, Krạxn, die [mhd. krächse; früh entlehnt aus slowenisch krošnja; der Kraxentrager, ein Berg am Brenner-Pass, trägt seinen Namen: nach dem alten Kraxnträger, einem Wanderhändler, der seinen Kram auf dem Rücken trug]: **1.** (auch bairisch) *Traggestell unterschiedlicher Art; regional auch korbartig* **2.** (derb) *hässliche Frau* **3.** *Paraphe* **4.** *unleserlicher Schriftzug.*

krẹchl(n) ‹hat› [ge- + röcheln, dies Iterativum zu mhd. rochen, ahd. rochōn (= brüllen)] (Osttirol): *husten.*

krẹcke, krẹckn ‹ist› [mhd. krecken (= mit Schall zerplatzen, knacken); bei Oswald von Wolkenstein: „von Schrecken krecken mir die Bain"] (veraltet): *einen Riss bekommen, zerbrechen.*

Kredẹnz, die [ital. credenza, eigentlich (= Glaube, Vertrauen); aus der Wendung: far la credenza (= als Mundschenk an einem Seitentisch Speisen vorkosten), zu lat. credere (= glauben, anvertrauen, vertrauen)]: *Geschirrschrank mit einer Fläche zum Anrichten der Speisen.*

krefeln ‹ist› [Präfix ge- zum bei Schatz belegten gleichbedeutenden Verb refflen, das auch reiben, streifen bedeuten kann] (Osttirol) (veraltet): *kriechend klettern:* „Und a Körbl, Körbl af 'n Buggl, Buggl, /

und a Wurznpickl in die Händ, / fållt åft a Wettar ein, recht weit von Hüttna sein, / müaß ma ummerkrefeln in die Wänd ...“ (Aus dem Lied „Wånn i no amål af d Welt kimm“, auch „Wurzengråberlied“ genannt, bezogen auf die Tätigkeit des Enziangrabens und Schnapsbrennens, die im 19. Jahrhundert einen wichtigen Erwerbszweig für die Bewohner des Zillertales darstellte).

kreiste, kreistn, kreissn ‹hat› [mhd. krīsten, klīsten (= stöhnen, ächzen)]: *schwer atmen, sich räuspern.*

Kren, der [mhd. krēn(e), aus slawisch chrěnъ, tschechisch křen oder einem entsprechenden Wort aus dem Sorbischen] (auch süddt.; in D ansonsten Meerrettich): *Wurzel mit scharf schmeckender Würze (Armoracia rusticana)* ❖ **z' jedm sein Kren dazuatuan:** *ungefragt zu allem seinen Kommentar abgeben* ❖ **zan Krenreibm sein:** *für nichts zu gebrauchen sein.*

Krickl, das [zu Krücke, dieses zu ahd. krucka (= Stock mit gekrümmtem Griff)] (Jägersprache): **1.** *Horn der Gämse:* „Vom Gamsbock die Krickln, vom Hirschl die Gweih“ ist der Titel eines beliebten Liedes **2.** *Geweih des Rehs.*

kring, g(e)ring [mhd. geringe, ahd. giringi (= leicht), weitere Herkunft unklar]: *leicht an Gewicht.*

Krispindl, das; auch **Krisperl, Krisperle** [nach einer Figur des Altwiener Volkstücks, erstmals bei Philipp Hafner als Crispin; ursprünglich Dienerfigur von charakteristischer hagerer Gestalt aus der Commedia dell'arte; wohl entlehnt aus mittellat. crispus (= kraus)]: *magerer, schwächlicher Mensch.*

kropfert ‹Adj.› [zu Kropf]: *an einer Erkrankung des Kropfes leidend* ❖ **si kropfert låchn:** *sich totlachen.*

kropfetzn ‹hat› [verbale Intensivbildung zu Kropf] (veraltet): *rülpsen.*

Krot, Kroute, Krod, die [so wie Kröte zu mhd. krot(te), ahd. krota, kreta, Herkunft unklar] ❖ **die Krot schlucken:** *etwas Unangenehmes in Kauf nehmen, um sich aus einer Zwangslage zu befreien.*

krum(n) ‹hat› [mhd. krām (= Zeltdecke, Ware, zu dem die Wörter Kramladen und kramen gehören] (Osttirol): *herumstöbern.*

krump ⟨Adj.⟩ [wie standardsprachlich krumm zu mhd. krump (= gekrümmt, verdreht); die alte Form lebt in der Mundart weiter]: *krumm* ❖ **sich krump und bucklert låchn:** *sich totlachen:* „Und der Spielhahn ist a Vogel, ist a wunderschönes Tier, ja, er hat weiß und schwarzi, krumpi Federn, und dö Federn, dö g'fallen mir." (Aus dem Lied „Der Spielhahn") ❖ **ausbleibm bis krumpi fuffzen** (eigentlich: bis ungerade fünfzehn): *ewig wegbleiben.*

Krump|schnåbl, der [eigentlich Krummschnabel] (Osttirol): *Fichtenkreuzschnabel (Loxia curvirostra), eine Vogelart aus der Familie der Finken (Fringillidae).*

Kuckuck, der (scherzhaft): *Bundesadler* (auch als Emblem auf der Pfändungsmarke) ❖ **in Kuckuck draufpicken:** *pfänden.*

Kummerl, das oder der (abwertend): *Kommunist.*

Kumpf(l), der [mhd. kumpf (= Schüssel, Gefäß)]: *Kumpf, bei der Sensenmahd länglicher Behälter für den Wetzstein.*

K

Kunter, Kuntrach, das [mhd. kunder, kunter (= lebendes Wesen, Tier)]: **1.** *Kleinvieh (Schafe, Ziegen)* **2.** (Kitzbühel) *Kinder.*

Kurzer, Kurzn, Kuschze, der: *Kurzschluss.*

kus kus ⟨Interj.⟩: *Lockruf für Kühe.*

kusch ⟨Interj.⟩ [von franz. coucher (= niederlegen), zu lat. collocare (= aufstellen, legen, stationieren, unterbringen)]: **1.** *Befehl an einen Hund, sich hinzulegen und still zu sein* **2.** (derb) *Aufforderung an einen Menschen, still zu sein.*

Kusele, Kusla, Küsal, Kíes(ei) [zu kus, kus (= Lockruf für Kühe)]: **1.** *zärtliche Bezeichnung für Kühe* **2.** (Zirl) *Tannenzapfen* (laut Schatz aus der Kindersprache).

Kutte, die [gehört zu ahd. chutti (= Herde), das auch in nichttirolischen Mundarten weiterlebt] (Osttirol): *Gruppe, Menge (von Menschen).*

kuttern, kudern ⟨hat⟩ [mhd. kuteren, kuttern, kittern (= lachen, verlachen)]: *verhalten lachen.*

kwire, kwíere ⟨hat⟩ [ahd. queran (= knarren, seufzen)] (veraltet): *weinerlich tun, stöhnen.*

L

La, Lo, Loa, Lowa, Låwise, die [mhd. lā (= Lacke, Sumpf), verwandt mit standardsprachlich Lacke und letztlich so wie dieses auf lat. lacus (= See) zurückgehend]: *Wassergraben, Rinnsal, kleiner Seitenarm von Bächen (schwach fließend).*

låb, låw(e) ‹Adj.› [mhd. lā, ahd. lão, lāw, laut Duden ursprünglich: warm, brennend]: **1.** *lau, mäßig warm, nicht warm und nicht kalt* **2.** *matt, wenig wert* [häufig in Form einer Negation]: nid lab (= nicht so schlecht).

Lab(e), Lam, die [mhd. loube (= Schutzdach aus Laub, leichtes Vordach; bedeckte Vorhalle, Vorhalle, Raum unter der Stiege einer Kemenate, offener Gang am oberen Stockwerk eines Hauses etc.); es war also zunächst das Dach gemeint, später der darunter befindliche Raum]: **1.** *Söller (= Dachboden) am Bauernhaus* **2.** *Hausflur, Gang* **3.** (Zillertal) *WC (früher Plumpsklo am Söller).*

Labratsche, die [wohl zu ital. labbro (= Lippe)] (Oberinntal) (derb) (veraltet): **1.** *hässlicher, verzerrter Mund* **2.** *Grimasse.*

Låcher, der ❖ **des kost mi an Lâcher:** *das nehme ich nicht ernst.*

låchn ‹hat› ❖ **der geht in Keller låchn** [im Mittelalter war Lachen in der Öffentlichkeit verpönt, weil die Kirchenväter fürchteten, man lache sie aus]: *er ist völlig humorlos.*

Låd, die [wie standardsprachlich Lade zu mhd. lade (= Behälter); dieses zu einem Verb, das hinbreiten, aufschichten bedeutet hat] ❖ **då fållt einem 's Ladl åwi** [gemeint ist der Kinnladen (= das Unterkiefer); also eigentlich: da sperrt man aus Überraschung den Mund auf]: *es ist nicht zu fassen.*

Låg(e), die [wie standardsprachlich Lage, aber mit einer zusätzlichen Bedeutung im Tirolischen]: *Schicht von Holz, Obst etc.*

Lagg, der [Herkunft unklar; vielleicht Nebenbedeutung von Lack (= Material für einen Anstrich)] (auch bairisch): *Zweck, Sinn:* es hat keinen Lagg.

lagg, laggig ‹Adj.› [Herkunft unklar] (Oberinntal): *matt, nicht frisch.*

Lạggl, der [das Wort könnte auf den franz. General Mélac zurückgehen, dessen Truppen im 17. Jh. Teile der Kurpfalz und Städte in Württemberg und Baden verwüsteten] (auch süddt.): **1.** *großer Mann* **2.** *ungehobelter Mann, Grobian.*

Låmmer, die; im Stubaital: **Glamer,** das [romanisch vermitteltes Lamara, aus Lama (= Flusssenke)]: **1.**_Geröllhalde_ **2.** *Steingeröll in Muren.*

Lạmpl, Lạmpi, das [Verkleinerung von mhd. lamp (= Lamm)] **1.** *kleines Lamm* **2.** (abwertend) *geduldiger, fügsamer Mensch* ❖ **einmal wird auch 's Lampl wild:** *einmal gerät auch der Geduldigste in Rage* ❖ **mir san ja eh die reinsten Lampln:** *wir sind über jeden Verdacht erhaben, wir sind garantiert friedfertig.*

Lạmpl|schwóaf, der [Schwanz von einem Lamm] ❖ **zittern wia r a Lamplschwoaf:** *heftig zittern.*

Låmse, Låmsn, die [Herkunft unklar]: *schwierige Wegstelle.*

L

Lan, Lane, Lene, die [ahd. lewina, leina, louwin, zu rätoromanisch lavina, dieses zu lat. labi (= gleiten)]: **1.** *Lawine:* „Der Knechtl, über den Berg auf hat er müssen, heut im ersten Frühlicht. (...) Und oben, vor lauter Singsang und Tirilii, bis er eine Schneelahn aufgweckt hat. (...) Und spuckt ihn auf a nackete Felsplattn hin; der ganze Knechtl nur mehr so ein bluetigs Häuferl!" („Erde", Komödie von Karl Schönherr) **2.** *Erdrutsch, Mure.*

Lånd, das [wie standardsprachlich Land, aber zusätzliche Bedeutung im Tirolischen]: *Haupttal (im Gegensatz zum Seitental und zum aufsteigenden Hang/Mittelgebirge)* [deshalb heißt das Unterinntal (von Innsbruck ostwärts) noch heute Unterlånd, das Oberinntal Oberlånd; laut Schatz ging der Innerötztaler *ge lånte,* wenn er ins Inntal ging; die Bewohner des Haupttals hießen *Lånter* bzw. *Landler,* im Ötztal *Låntegar.*

Lånd, das [standardsprachlich: politisch selbstständiges Staatsgebiet, z. B. Österreich; dazu abweichende Bedeutung in Tirol]: *Bundesland Tirol:* Tiroler Lieder werden im gånzn Lånd gsungen (= in ganz Tirol).

lanen, lenen 〈es hat〉 (unpersönliches Verb) [zu Lan, siehe dort] ❖ **es tuat lanen:** *es gehen Lawinen ab.*

Lạngch|wid, die [mhd. und ahd. lancwid (= Langwiede, Langholz)]: *Längsbalken, der die Wagenachsen bindet.*

Lạnggele|bi̱re, Lạnggala|bi̱ara, die [siehe långgelet; die Birne wird auch in der Schweiz und in Baden Württemberg kultiviert; laut dem „Illustrierten Handbuch der Obstkunde" von Lucas Oberdieck (erschienen in Stuttgart 1859–1875) war der aus ihr hergestellte Most besser und teurer als der von den allermeisten anderen Sorten; auch zum Dörren sehr gut geeignet] (Oberinntal): *Langbirne:* „Wenn d' Stadtlar fråga: ‚Wo seids hear', då mâch ma it lång Fåxa, / von oban acha, sall isch gwiss, wo d' Långgalabiara wâchsa." (Aus dem Lied „Miar Oberländer fölsaföscht").

långgelet, lạnggalat ⟨Adj.⟩ [wohl zu mhd. langeleht, langeliht, Ableitung von mhd. lanc (= lang)]: *länglich.*

Lạngs, Lạnges, Lạngez; Lång̣s, Lång̣es, Lång̣ez, der [mhd. langeʒ, lengeʒ, lenze (= Frühling); ahd. langez (= Frühling), eigentlich: Zeit der länger werdenden Tage; geht auf ein nicht belegtes langa-tina zurück: 1. Bestandteil: lang, 2. Bestandteil: suffixartig verwendete Form von Tag; gleiche Herkunft wie Lenz, das nur noch in dichterischen Texten zu finden ist]: *Frühling, Lenz:* „Hui, wia lustig isch mear's Löbn, / wia isch's widar nett und fein, / Obschied ist in Wintar göbn, / widar ruckt der Langas ein." (Aus dem „Frühlingslied" von Carl v. Lutterotti).

lạngslen, lạngezlen ⟨es hat⟩ (unpersönliches Verb) ❖ **es tut lạngezlen:** *es wird Frühling, es lenzt.*

lång̣|stanzat ⟨Adj.⟩ [zu Stanze, Bedeutung 1, siehe dort]: *langbeinig.*

La̱(n)|strich, Le̱nen|strich, der, **La̱na,** das [1. Bestandteil: siehe Lan]: *Lawinenstrich (= Fläche, wo die Lawine abgegangen ist).*

lạntschn, lạnzln, lạnzl, in Reutte auch: **rantschn**⟨hat oder ist⟩ [Herkunft unklar]: **1.** *herumschlendern, statt zuhause zu bleiben (besonders von Kindern)* **2.** *nichts Rechtes tun, die Zeit vergeuden* ❖ **er ist lantschn gångan:** *er ist herumgestreift, er hat sich herumgetrieben.*

Låp̣p(e), der [mhd. lappe, lap (= einfältiger Mensch, Bösewicht), zu Lappen (= schlaff Herunterhängendes) und lappen (= schlaff werden, herunterhängen]: *jemand, der sich alles gefallen lässt, einfältiger Mensch:* a guata Låpp is a a Låpp (= wer sich alles gefallen lässt, ist auch ein Dummkopf).

Lårfn, die [lat. larva (= Schreckgespenst)]: **1.** *Larve, Maske* **2.** (derb) *Gesicht, Mund:* „Aber dös isch no gar nix: Im Oberland obn, / da sitzt a kloans Ganggerl ganz gleim bei an Grobn, / mit a kohlschwarzn Larven und glienige Augen, / ja, da siegst bald den Himmel, bald die Höll' außerschaugn ..." (Aus dem Lied „Auf der Umbrückler Alm hockt a Kasermandl") ❖ **hålt die Lårfn:** *sei still!*

Låtsch, Låtscher, Låtsch(er), der; **Låtsche,** die [eigentlich: ein Mensch von schlurfendem, nachlässigem Gang; zu latschen (= schlurfend gehen, träg gehen); siehe latschat]: *allzu gutmütiger Mann; träge, allzu gutmütige Frau.*

latschat, låtschat, letschat, letschig ⟨Adj.⟩ [laut Grimm eigentlich latisch; -isch-Ableitung zu einem älteren let, das sich in einigen bairischen Dialektausdrücken findet, z. B. Lettfeige (= zaghafter Tropf, Memme) und mit mhd. loter, ahd. lotar verwandt ist); siehe auch Glatsch]: **1.** *latschend, breit* **2.** *nassweich (vom Schnee, von Brot etc.)* **3.** *träge, matt, kraftlos (vom Menschen).*

Latsche, Latschn, die [laut Zehetner ein alpenromanisches Wort, ladinisch lač, dieses zu lat. laqueus (= Schlinge, Fessel); Föhre ist der im Bairischen gängige Ausdruck für Kiefer] (auch bairisch): *Legföhre, Bergföhre (Pinus mugo)* (strauchartig wachsende Föhre mit niederliegenden Ästen).

Långta, das [Kurzform von Lattenmaß; Schatz gibt dafür 8 Ellen an] (Imst): *landwirtschaftliches Flächenmaß (1 L = 42 Quadratmeter).*

Lauser, der [ursprünglich: jemand, der Läuse hat, Lump] (regional auch in D): *Lausbub.*

laustern ⟨hat⟩ [mhd. lustern (= horchen, lauern, auflauern), ahd. hlūstrēn, lūstrēn; das Wort ist in der Standardsprache ausgestorben, lebt nur noch in einigen Dialekten des deutschen Sprachraums weiter; es ist vermutlich verwandt mit mhd. luren (= lauern), das erhalten geblieben ist]: *spähen, Ausschau halten.*

laut|mar, laut|marig ⟨Adj.⟩ [Adjektivbildung zu älterem Substantiv Lautmar (= Gerücht); dieses zu Mär (= Erzählung, unglaubwürdige Geschichte), zu mhd. mære (= Kunde, Nachricht, Erdichtung, Märchen), ahd. māri, zu mhd. mæren (= verkünden, berühmt machen), ahd. mären (= verkünden, rühmen)] (auch bairisch): *ruchbar, offenkundig; in aller Munde.*

L

Lawere, die [spätlat. labarus, labarum (= Standarte); früher auch Zunftfahne] (Imst): *kleine Kirchenfahne mit einer Abbildung* (beim Fasnachtszug eine Abbildung, die besungen wurde).

Låwisse, die [zu lat. lapathum (= Sauerampfer)] (Osttirol): *großer Ampfer (Rumex alpinus).*

Lazi måchn ⟨hat⟩: *Albernheiten, Späße machen.*

Leber, Lewa, die [mhd. leber(e), ahd. lebara; Herkunft unklar; vielleicht ursprünglich: die Fette; das Organ galt früher als Sitz der Gefühle und Urheber der Triebe] ❖ **Wås is dir denn über d' Leber glaffn?** *Warum bist du so schlecht gelaunt?* ❖ **die beleidigte Leberwurst spieln:** *grundlos oder übertrieben beleidigt sein.*

Leber|kas, der [1. Bestandteil: vermutlich nicht zu Leber (das Organ), denn der Leberkäse enthält keine Leber, sondern zu mhd. lewer (= Hügel, hügelartiger Aufwurf als Grenzzeichen), dieses zu lebere (= gestockte Masse); vgl. auch mhd. lebermeer (= sagenhaftes geronnenes Meer, in dem die Schiffe stecken bleiben); 2. Bestandteil: wegen der Form (wie ein kastenförmiger Käse); wo Leberkäse nicht verwendet wird, gilt Fleischkäse] (Küchensprache) (auch süddt.): *Gericht aus fein gehacktem Schweine- und Rindfleisch, das in Kastenform gebacken wird, bis sich eine braune Kruste bildet.*

Leber|kas|semmel, die, **Leber|kas|semmele,** das; (Küchensprache) (auch süddt.): *eine Scheibe Leberkäse wird zwischen zwei Semmelhälften gelegt.*

Leber|knödel, der (Küchensprache) (auch süddt.): *Knödel, der unter anderem mit Leber zubereitet wird.*

Lege, Leg, Legge, die [zu legen]: **1.** *flach gelegte Schicht von Holz, Garben, Obst etc.* **2.** *Ort, an dem etwas abgelegt wird:* Holzleg(e) etc.

lęggille, a lęggile ⟨Adv.⟩ [siehe Lege] (Osttirol): *eine kleine Weile.*

Leger[1], der [zu legen, gemeint ist der Ort, wo man sich hinlegt]: *Lagerplatz des Viehs auf der Alm* [auch in ortsbezeichnenden Komposita wie Hochleger, Niederleger, Schafleger etc.].

Leger[2], der [zu hereinlegen (= jemanden täuschen und ihm Schaden zufügen)]: *Falle, List.*

Leger[3], der [siehe Lege] (Osttirol): *Falle, List.*

lei, la ‹Adv.› [aus mhd. gelîche (= gleichermaßen, auf gleiche Weise, durchwegs; gilt wegen des Villacher Faschingsrufes Lai-Lai als Wesensmerkmal des Kärntnerischen, wird aber genauso in Tirol und in Teilen Salzburgs verwendet]: *nur, bloß:* „Tirol is lei oans Is a Landl a kloans / Is a schians, is a feins / Und dös Landl is meins" (Aus dem Lied: „Tirol is lei oans").

Leiberl, Leibele, das [Verkleinerung von mhd. lîp, lîb (= Leben, Leib, Körper); dann Erweiterung der Bedeutung auf Bekleidung des Oberkörpers] **1.** (auch bairisch) *Herrenunterhemd* **2.** (auch bairisch, aber dort nur abwertend) *Trikot von Sportlern* ❖ **a Leiberl håm:** *einen Platz in der Kampfmannschaft sicher haben, etwas erreicht haben* ❖ **koa Leiberl håm:** *keine Chance haben.*

leibig ‹Adj.› [mhd. lîbec (= beleibt)] (Osttirol): *beleibt.*

Leib|speis, die [Wortbildung, wie standardsprachlich Leibgericht] (regional auch in D): *Speise, die jemand besonders gern hat, Lieblingsspeise.*

L

Leija, das [mhd. lî(n)lach (= Betttuch) zu lîn (= Flachs) bzw. lachen (= Decke); das j ist der aus -l- entstandene Vokal; Schatz kennt noch die Lautung Leilach] (Wildschönau): *altes Leinentuch.*

Leirl, das [von Schatz zu mhd. lîre (= Leier, Kurbel) gestellt] (Osttirol) ❖ **s' Leirl håbm:** *unter einer Schwellung des Handgelenks leiden, eine Sehnenscheidenentzündung haben.*

leit|scheuch, leit|schúich(e) ‹Adv.› [1. Bestandteil: Leute; 2. Bestandteil: scheu]: *schüchtern, menschenscheu.*

Lemper|görre, die (Osttirol): *trächtiges Schaf.*

lempern ‹hat› (Osttirol): *ein Lamm zur Welt bringen.*

Lerga(n)t, das [ladinisch laricatu, zu lat. larix (Lärche)]: *Lärchenpech* [wurde früher mithilfe eines Lergatbohrers direkt aus den Stämmen gewonnen].

lettig ‹Adj.› [zu Lettn, siehe dort]: *schlammig.*

Lettn, Lette, der [mhd. lette (= Lehm)]: **1.** *schlammige Masse* **2.** *Erdkot.*

lẹtz(e), lọ̈tz ‹Adj.› [mhd. letze, lez (= verkehrt, unrichtig, unrecht, schlecht); mhd. letzen (= matt, machen, hemmen); verwandt mit lass (= matt, träge)] (auch süddt. und schweizerisch): **1.** *verkehrt, falsch* **2.** *schwächlich, klein:* a letzes Bürschl (= ein schwächlicher Bursche) **3.** *unwohl, übel:* i bin letz beinand (= ich bin gesundheitlich schlecht beisammen); mir is letz wordn (= mir ist übel geworden).

Lẹtze, der oder die [eigentlich: der oder die Schwache]: *das jüngste der Kinder.*

Lịppl, der, meist **Bå̧tzn|lippl** [Lippl kurz für Philipp]: *ungeschickter Mensch, ungeschickter Bub.*

Li̲sl, die [Koseform von Elisabeth]: **1.** *Elisabeth* **2.** *Bierkrug, der zwei Liter fasst.*

li̲snen, lịssn ‹hat›: *siehe losn.*

Lo̲, die: *siehe La.*

Ló̲a̲m, Lú̲e̲m, der [mhd. lēm, leime, ahd. leimo, verwandt mit Leim]: *Lehm.*

ló̲a̲mig: *siehe luem.*

Ló̲a̲pach, das; in Osttirol: **La̲pe,** die [Kollektivum zu loapm, siehe dort] (Zillertal): *Überbleibsel, Reste vom Essen oder von der Ernte auf den Feldern.*

ló̲a̲pm ‹hat› [mhd. und ahd. leipen (= übrig lassen)]: **1.** *übrig lassen* **2.** *dulden, zulassen.*

Lo̲da, Lo̲ter, Lọtter, der [wohl verwandt mit ahd. liotan (= ausschlagen, keimen), gehört wie Leute zu einer germanischen Wurzel, die wachsen bedeutet hat; altnordisch lodenn (= bewachsen, haarig, rau) könnte darauf hindeuten, dass der männliche Bartwuchs als Benennungsmotiv in Frage kommt]: **1.** *im Ostteil des Landes Bezeichnung für den erwachsenen Mann* (noch vor Mannas, siehe dort): ein großer, kleiner, gscheiter usw. Loda; ein sauberer Loda (= ein fescher Mann) **2.** (veraltet) *Ehemann:* mein Loda, Loter [das Wort wird von Mann verdrängt] **3.** (Osttirol) *unheimliche Gestalt, Krampus* **4.** (Osttirol) *Schlingel* (auch mit der Verkleinerungsform Lötterle).

losn, losnen, lisnen, lissn ‹hat› [mhd. losen neben lüsenen (= hörend achtgeben, zuhören, horchen); dieses verwandt mit mhd. luschen (= lauschen)] (auch süddt. und schweizerisch): *horchen, zuhören.*

Loter, der: *siehe Loda.*

lúagn ‹hat› [eigentlich lugen, und so in gehobener Sprache; mhd. lügen, luogen, ahd. luogēn, weitere Herkunft unklar, wahrscheinlich mit englisch to look verwandt] (Oberinntal, Außerfern, regional auch in D): **1.** *schauen:* „Wönn d' Eisabåhn, då aucha kimmt, då Büable wearats luaga. / Gånz voara ischt der Tuifl drån mit zwoa roatan Ouga." (Aus dem Lied „Miar Oberländer fölsaföscht") **2.** *Ausschau halten, spähen, nach jemandem blicken* **3.** *hervorschauen.*

Luck, das [ahd. lucka (= Öffnung, Lücke) geht laut Kluge auf ein germanisches Wort zurück, das Schluss, Verschluss bedeutete] (Osttirol): Deckel.

luck, luckert ‹Adj.› [siehe Luck]: *löchrig:* „Wo tuat man die Bsoffenen begråbm, begråbm, damit sie nou länger nåss håbm, nåss håbm? / In Kellr unt das Fåss isch båld luck und båld nåss und a luschtiger Friedhof isch dås." (Aus dem Lied „Wo tuat man s die bsoffenen Leit hin", oft auch unter dem Titel „Wo werden die Sparer begraben").

L

lúem, lóam, lúemig, lóamig ‹Adj.› [laut Schatz aus dem ahd. Suffix -luomi (= zu etwas geneigt), im Paznaun noch im Adjektiv krånkliem (= kränkelnd) enthalten]: **1.** *weich, wohlig warm* **2.** *lässig.*

Lúem|síader, Lóam|síader, Lam|sóider, der [wie standardsprachlich Leimsieder (= Hersteller von Leim); diese Tätigkeit galt als eintönig]: **1.** *energieloser, langweiliger Mensch* **2.** *jemand, der teilnahmslos dasitzt und nicht an der Unterhaltung teilnimmt.*

Lugn|schippl, der [2. Bestandteil zu Schüppl, siehe dort]: *jemand, der gewohnheitsmäßig oder häufig lügt.*

Lulatsch, der [Herkunft unklar, wird oft für tirolerisch gehalten, weil ein Bezug zu Latsch gesehen wird, ist aber gesamtdeutsch; die Berliner nennen ihren Fernsehturm langer Lulatsch]: *schlaksiger, hoch aufgeschossener (junger) Mann.*

lulu måchn ‹hat› (kindersprachlich): *urinieren.*

Lulu, das (kindersprachlich): *Urin.*

Lun, Luner, der [mhd. und ahd. lun (= Achsnagel)] (veraltet): *Achsnagel* (hält das Rad in der Achse fest).

Lutscher, der [zu lutschen]: *Bonbon am Stiel für Kinder.*

Lutter, Luter, Luda, die [Herkunft unklar]: *Bergerlen, auch Grünerlen genannt (Alnus viridis), eine strauchförmige Erlenart.*

lutterisch ‹Adj.› [eigentlich lutherisch, zu Martin Luther] (veraltet, aber bekannt): **1.** *nichtkatholisch, andersgläubig* **2.** *ketzerisch:* du Luttarischer! (wenn z. B. ein Bub den Gottesdienst nicht besucht).

ma ⟨Partikel⟩ [entweder zu ital. ma (= aber) oder ein verkürztes Marandjosef]: *Marker am Beginn eines Redebeitrags, um Aufmerksamkeit zu erwecken; vergleichbar mit: Hör zu!* Ma, håm wir glåcht!

Måch, das [Herkunft unklar]: *Mastfutter.*

machln ⟨hat⟩ [-eln-Ableitung des Verbs machen]: **1.** *basteln* **2.** *herumwerkeln (auch planlos).*

Madl, Madle, das [mhd. magetlīn, Verkleinerung zu maget (= Jungfrau; unfreies Mädchen, Dienerin, Magd)]: **1.** (im Westen des Landes, etwa bis Schwaz, in Verwendung) *Normalbezeichnung für Mädchen* **2.** *Tochter:* mein ältestes Madl (= meine älteste Tochter) **3.** *Freundin, Geliebte.*

Måge, Mågn, der, **Mogn,** die (Plural) [mhd. māge, māhen; ahd. māho, mago (= Mohn); laut Duden wahrscheinlich aus einer Mittelmeersprache]: *Mohn* (Pflanze, Kapsel, Korn).

Magg(e), der; in Osttirol: **Megge,** die [wohl wie das standardsprachliche Macke (= Verrücktheit, Spleen) zu hebräisch makkạ (= Schlag; Verletzung)]: *durch Schlag entstandene Vertiefung in Holz oder Blech.*

maggn ⟨hat⟩ [wohl aus Magge]: **1.** *pressen* **2.** *etwas beschädigen, eine Delle hineinmachen.*

maląd ⟨Adj.⟩ [franz. malade (= krank)] (Brixlegg): *schlecht beisammen, kränklich.*

Malta, der [in der Schriftform meist: Malter; auffällige Ähnlichkeit mit ital. malta (= Mörtel), doch ist unklar, ob ein ital. Wort ins Deutsche entlehnt wurde oder umgekehrt] (Maurersprache): *Mörtel.*

Målter, Måltere, Måltra, das [mhd. malter, malder (= ein Getreidemaß; eigentlich: das, was man auf einmal zum Mahlen gibt), ahd. maltar; vermutlich zu mahlen]: **1.** *Mulde, Trog* **2.** *Mahlgetreide.*

Mama|reara, der [2. Bestandteil: Substantivbildung zu rean (= weinen): *Muttersöhnchen.*

man, marn ⟨hat sich⟩ (reflexives Verb) [mhd. mæren (= verkünden, berühmt machen): *sich zeigen, auf sich aufmerksam machen.*

mander|leitisch, mander|leidisch, mander|tamisch ⟨Adj.⟩: *auf Männer aus (von Frauen).*

Mandl, Mandle, das [Verkleinerung von Mann] (auch bairisch): **1.** *kleiner (alter) Mann* **2.** *männliches Tier* **3.** *auf dem Feld gegeneinander aufrecht gestellte Garben gemähten Getreides* **4.** *Vogelscheuche* **5.** *Wegzeichen aus Steinen* **6.** (fachsprachlich in Anspielung auf die Geschlechtsteile von Mann und Frau) *Stecker einer Kupplung* (das Gegenstück heißt Weibl) **7.** *Figuren bei einem Brettspiel* ❖ **Mandln mächen, sich aufmandln:** *aufbegehren, Schwierigkeiten machen* ❖ **nimmer wissen, ob man a Mandl oder a Weibl is** (zu Mandl in Bedeutung 2, in diesem Fall scherzhaft auf Menschen bezogen): *sich nicht mehr auskennen, mit sich selbst uneins sein.*

Mange, Manggei, das [Herkunft unklar]: *Murmeltier* [das weibliche Murmeltier wird manchmal Katze genannt, das männliche Bär und die Jungtiere Affe (daher auch Bärmange, Kåtzenmange, Åffnmange)].

Månge, Mång, Mångl, die [mhd. mange (= Bügelpresse, deren Walzen mit Steinen beschwert wurden); zuvor bezeichnete das Wort eine Kriegsmaschine zum Schleudern von Steinen] (auch süddt. und schweizerisch): *großes Gerät, in dem Wäsche zwischen zwei Walzen gezogen und geglättet wird* ❖ **jemanden in die Mangl nehmen/ in der Mangl håbm/durch die Mangl drehn** (auch süddt. und schweizerisch): *jemandem hart zusetzen, jemanden in Bedrängnis bringen.*

mangglп ⟨hat⟩ [belegt bei Mayr]: *etwas heimlich dazutun oder wegnehmen.*

Mau(n)gg(e), die: *Versteck im Heu*

maunggln, mangglen ⟨hat⟩ **1.** *etwas vertuschen* **2.** *heimlich tauschen.*

mångn, mång, mångern [siehe Månge[2]]: *bügeln.*

manig ⟨Adj.⟩ [dem Mond wurde Einfluss aufs Gemüt nachgesagt] (Osttirol) (veraltet): *übellaunig.*

Månn, Moun, Mun, der, Plural: **Mander** oder **Mander|leit** [verdrängt die alten dialektalen Bezeichnungen Mannas, Mannatz, Mannetz, Mannitz]: *erwachsener Mann.*

Mạnnas, Mạnnatz, Må̩nnatz, Mạnnitz, das [aus dem flektierten Genetiv des ahd. Adjektiv mannīn (= männlich) abgeleitet; der Auslaut -as ist im Osten Tirols anzutreffen, im Westen gelten -atz, -etz, gelegentlich auch -itz]: *Mann.*

Må̲nns|bü̲d, das [eigentlich: Mannsbild] (meist abwertend): *Mann* (aufwertend nur mit entsprechenden Adjektiven): a feschs Mannsbüd (= ein ansehnlicher Mann).

må̩ntln ⟨ist⟩ [vermutlich zu Mantel; sich mit einem Mantel versehen, also: sich verabschieden] (belegt bei Mayr) (scherzhaft): *weggehen, davongehen.*

må̲r, mo̲r(e), må̲rb, mịrbe ⟨Adj.⟩ [ahd. maro, Genitiv marwes, mhd. sowohl mar wie mürwe]: **1.** *mürbe, locker (von Speisen bzw. Futter)* **2.** *der Zustand einer gedüngten und bewässerten Almwiese.*

Marẹnde, die [rätoromanisch marenda, dieses zu lat. merenda (= Vesperbrot); zu lat. merere (= erwerben, verdienen, sich Verdienste erwerben)] (auch schweizerisch, aber dort neutral): **1.** *Zwischenmahlzeit am Nachmittag.* **2.** *auch die besagte Uhr- bzw. Tageszeit (gegen 17 Uhr).*

marẹnden, mare̲na ⟨hat⟩ [zu Marende, siehe dort]: *eine Zwischenmahlzeit einnehmen.*

Mạrge, Mạrgen, die [Herkunft unklar] (veraltet): *kleiner Kasten für Esswaren, Küchenschrank.*

Maro̲ni, die (Plural) [ital. marrone (= Esskastanie); vielleicht zum Adjektiv marrone (= braun)] (auch süddt.; schweizerisch mit anderer Schreibung: Marroni): *Esskastanien (Castanea sativa).*

Mạrterl, Mạrterle, das [Verkleinerung von Marter (= Darstellung des gegeißelten Jesus)] (auch bairisch): **1.** *Bildstock* **2.** *Gedenkzeichen für einen Verunglückten am Ort des Unglücks, Todeszeichen am Straßenrand.*

Mạrtl, Mạchtl, Mạschtei, der [Kurzform des männlichen Vornamens Martin; in Bayern im Watten stattdessen Max] (Kartenspielersprache): *Herzkönig im Watten.*

Måsaru̲n, der (Unterinntal): *Majoran.*

Mąschger, Mąschgerer, der [zu ital. maschera (= Maske)]: *Maskierter in der Fasnacht.*

mąschgern gehn, (åls a) Mąschgerer gehn ⟨ist⟩ [siehe Maschger]: *sich maskieren, in Fasnachtsverkleidung gehen.*

Mą̊scht|krum, der [eigentlich Markt-kram] (veraltet): *vom Krämermarkt mitgebrachtes (unbedeutendes) Geschenk.*

Må̲se, Må̲sn, Må̲sle, Mo̲sl, die [mhd. māse, ahd. māsa (= Narbe); das Wort ist laut Grimm seit dem 17. Jh. in der Standardsprache ausgestorben, es lebt nur noch in oberdeutschen Dialekten weiter, auch alemannisch Mosa (= Flecken)]: **1.** *Narbe einer Wunde* **2.** *Flecken auf der Haut* **3.** *Muttermal* **4.** *Schmutzfleck, Farbfleck (auf einem Gegenstand).*

Mą̊ss, die [die vom Bairischen ausgehende Variante mit Kurzvokal steht mit der Entwicklungsgeschichte des Wortes im Einklang; mhd. māʒe (= zugemessene Menge), ahd. māʒa; dieses ist von mhd. māʒ (= das Maß) zu trennen; da es sich bei dem Herkunftswort māʒe um einen Zweisilber handelt, tritt im Bairischen keine Dehnung, sondern Kürzung des Vokals ein; wenn das Verständnis für die Herkunft verloren geht, wird gedehnt; vor allem im Osten Österreichs, wo die Vokaldehnung stark ausgeprägt ist] (bairisch): *Menge von 1 Liter Bier:* er hat zwei Mass Bier getrunken.

X **mątschn, der|mątschn** ⟨hat⟩: *zerdrücken.*

Måtá̲u̲n, der [vermutlich Verballhornung des lat. Namens mutellina; die Pflanze heißt in der Schweiz Mutte, Muttern]: *Alpen-Mutterwurz (Ligusticum mutellina).*

Matthä̲i̲ am Letzten [Anspielung auf das Ende des Matthäus-Evangeliums (das Ende der Zeiten)] (auch süddt.): *mit der Kraft / mit den finanziellen Mitteln am Ende:* bei ihm ist Matthäi am Letzten.

Mątze, die [mhd. Metze (= Koseform des Vornamens Mechthild, früher Machthild, unter Verlust des ersten Gutturals bereits ahd. Mathilt, latinisiert Mathildis (vgl. englisch Mathilda); laut Grimm führt die häufige Verwendung des Vornamens zunächst zu einer allgemeineren Bedeutung, als Name für eine Frau, die man nicht näher bezeichnen kann oder will, dann für eine unverheiratete Frau; im Zuge einer Bedeutungsverschlechterung auch für Pfaffenköchin, Zuhälterin eines Pfaffen und für eine leichtfertige Frau]: **1.** *Hündin* **2.** *Hure.*

Måtzn, der, **Måtze,** die [Herkunft unklar]: *durch einen Stoß entstandene Delle (in Holz oder Blech).*

mauggan ⟨hat⟩ [Herkunft unklar; belegt bei Mayr] (veraltet): **1.** *liebkosen, zärtlich umschlingen* **2.** *zärtlich raufen.*

maulat ⟨Adj.⟩ [wohl mhd. mūleht, mūlet (= mit großem Mund versehen; mürrisch)]: *scheltend.*

maul|fressig ⟨Adj.⟩ (Osttirol): *vorlaut.*

méar[1] ⟨Adv.⟩ [ahd. mēr, mēror; ein Komparativ von viel mit verschiedenen zusätzlichen Bedeutungen]: *wieder, neuerdings, nochmals:* håts mear gregnet?

méar[2] ⟨Adj.⟩ [siehe Adverb mear[1], hier zum Adjektiv erweitert]: *meisten:* die mearan Leit (= die meisten Leute).

Méarl, das [eigentlich dialektale Verkleinerungsform von Möhre, zu mhd. mörhe, morhe, ahd. morha, moraha, weitere Herkunft unklar, vielleicht zu einem Wortstamm, der Wurzel bedeutet hat; Karotte hat in Tirol keine dialektale Deckung, das Wort ist eine überregionale Lebensmittelbezeichnung; laut Duden zu niederländisch karote, franz. carotte, lat. carota, griechisch karōtón (= Möhre, Karotte); siehe auch Merche] (Unterinntal) (veraltet): *Karotte (Daucus carota subsp. sativus).*

M

Meigge, die, **Meiggele,** das [siehe Madl] (Paznaun): *Mädchen.*

Meingge, Męngga, die [zu menggn]: *lästiges Weib.*

meitern ⟨hat⟩ [wie standardsprachlich meutern (= Unwillen, Missfallen über etwas äußern, aufbegehren) aus mhd. meuten (= sich empören), unter Einfluss von altfranz. muete (= Aufruhr) zu lat. movere (= bewegen)] (Osttirol): *schimpfen.*

Mel|beeren, Méal|beer(n) (Plural) [1. Bestandteil zu Mehl (wegen des säuerlich-mehligen Geschmacks)]: **1.** *Vogelbeeren, auch Eberesche oder Elsbeeren genannt (Sorbus)* **2.** *„falsche" Preiselbeeren (innen weiß; nicht gut für Marmelade).*

męlch, mąlch ⟨Adj.⟩ [mhd. melch (= Milch gebend) zu mhd. melken, melchen (= transitiv: melken; intransitiv: Milch geben); laut Duden ursprünglich abstreifen, wischen; die intransitive Verwendung ist im

Tirolischen in Form eines Adjektivs erhalten geblieben]: **1.** *Milch gebend (von Kühen, Schafen etc.)* **2.** *Milch machend (von gutem Gras).*

Mẹlcher, Mạlcher, der [zu melken]: *Melker, Senner.*

Mẹlcher|múẹs, das: *fettes, gebackenes Mus in der Sennhütte.*

mẹldn, si å̱n|meldn ⟨hat⟩: *ein Zeichen geben (von Verstorbenen oder Sterbenden).*

Me̱nebrugga, die [1. Bestandteil: Gespann; 2. Bestandteil: Brücke]: *Tenne, Auffahrt in die Scheune.*

me̱nen ⟨hat⟩ [mhd. menen, mennen (= ein Zugtier oder Reittier antreiben, auf dem Wagen führen); ahd. mennen, mittellat. minare (= treiben) (veraltet): **1.** *mit einem Gespann führen* **2.** *ein Gespann (Ochsen) lenken* **3.** *hart arbeiten, schwer tragen.*

mẹnggn, me̱ingge ⟨hat⟩: **1.** *lästig klagen* **2.** *lästig fordern* **3.** *stänkern.*

me̱nig ⟨Adv.⟩ [mhd. menige (= große Zahl, Menge), belegt bei Mayr] (veraltet): *(sehr) viel.*

Me̱n|kalb, Me̱n|kuh [zu menen, siehe dort] (veraltet): *Kalb, Kuh, die eingespannt wird.*

Mẹnsch ⟨Interj.⟩ [auch in D, dort oft: Mensch Meier]: *Ausruf der Bekräftigung, des Erstaunens:* Mensch, is des schön.

mẹntisch ⟨Adv.⟩ [Herkunft unklar; belegt bei Mayr]: **1.** *sehr viel* **2.** *sehr arg* **3.** *großartig.*

Mẹntsch, Mẹnsch, das [mhd. mensch(e), ahd. mennisco, älter: mannisco, eigentlich: der Männliche; schon im Mhd. wird mensch(e) als Maskulinum und als Neutrum verwendet; die maskuline Form (der Mensch) wird fortan für Individuen unabhängig von ihrem Geschlecht verwendet und als Kollektivum für das menschliche Geschlecht, die neutrale Form (das Mensch) dient zur Bezeichnung von weiblichen Personen; in Tirol meist abwertend (in anderen Dialektregionen Österreichs ist das Mentsch auch die Normalform zur Bezeichnung eines Mädchens)]: **1.** *Frau* **2.** *Geliebte.*

mẹntschern, ụmmer|mentschern ⟨hat⟩ (Osttirol): *mehrere Frauen/Freundinnen haben.*

Mẹrche, die [wie Möhre zu mhd. mörhe, morhe, ahd. morha, moraha; das e in Merche ist ein entrundetes -ö- von mhd. mörhe (gesprochen mörche); siehe auch: Mearl]: *Karotte (Daucus carota subsp. sativus).*

Mẹspel, Mẹspele, das, **Mịspla,** die [mhd. mispel, ahd. mespila, zu lat. mespilus, zu griechisch méspilo; der Ausdruck ist in beiden antiken Sprachen ein Lehnwort unbekannter Herkunft; warum der Name Mispel dazu verwendet wurde, um auch die Vogelbeere damit zu bezeichnen, ist unklar]: **1.** *Mispel* **2.** *Vogelbeere (Sorbus).*

Mẹspeler, der [zu Mespel]: *Vogelbeerschnaps.*

mẹst ⟨Adj.⟩ *gemästet, zum Mästen bestimmt:* a meste Kuh (= eine Kuh, die für die Schlachtung angefüttert wird).

Mẹtte, Mẹttn, die [mhd. met(t)en, mettin(e), ahd. mettīna, mattīna, zu kirchenlat. mattina, laut Duden kurz für matutina (hora oder vigilia), ahd. mettina, zu lat. matutina (= Morgenandacht)]: **1.** *mitternächtlicher oder frühmorgendlicher Gottesdienst vor einem hohen kirchlichen Fest; Mitternachtsgottesdienst, Mitternachtsmesse* **2.** *Lärm:* a bsoffene Mettn (= Lärm von Betrunkenen).

m<u>ia</u>chtln, m<u>ie</u>chteln ⟨hat⟩ [zu älterem müechteln; Herkunft unklar]: *nach Schimmel riechen, muffeln.*

M<u>ia</u>d|såck, der [zu müde]: *lästiger, zudringlicher Mensch.*

M<u>ia</u>s, M<u>ie</u>s, das [ahd. mos, mios; laut Grimm gilt als wahrscheinlich, dass ursprünglich mit mos das Gewächs gemeint war und mit mios das Land, auf dem es wächst; dies stimmt mit der Verwendung von Mias im Tirolischen überein]: *Waldmoos.*

Mịchl, Mụch, der [die u-Form ist vermutlich eine Rückbildung, die die Lautung Michl als Verkleinerung auffasst, wie Stickl (= Stücklein) zu Stuck (eigentlich: Stück); das war umso leichter möglich, als der Name auch zur Bezeichnung eines dummen Menschen verwendet wurde]: *Michael:* Michele Machele / brunzt ins Kachele / Kachele rinnt / Michele stinkt (Kinderreim).

mịchlat ⟨Adj.⟩ [zu Michl; den Trägern dieses Vornamens wurden früher öfter schlechte Eigenschaften zugeschrieben] (Osttirol): *eingebildet.*

mịchön, mịcheln ⟨hat⟩ [siehe michlat]: *groß tun.*

miersch, miesch ⟨Adj.⟩ [gehört wohl zu spätmhd. (zer)mürsen (= zerstoßen)] (veraltet): **1.** *matt, kraftlos* **2.** *morsch, faul.*

mindln ⟨hat⟩ [Herkunft unklar] (Internetbeleg, Kitzbühel): *urinieren.*

Minei, das [Verkleinerungsform zu Minna (= Kurzform des weiblichen Vornamens Wilhelmine); auch der Name von Katzen; vgl. auch franz. faire (la) minette (= den Cunnilingus ausüben); im Französischen ist Minette die Kurzform des weiblichen Vornamens Guillemette (= Wilhelmine); das Wort mit der ursprünglichen Bedeutung junges Kätzchen dient auch im Französischen zur Bezeichnung der Vulva] (Kitzbühel): *Vulva* ❖ **das Minei riwitzn** [ein Intensivum und Frequentativum zu reiben)]: *sich selbst befriedigen (von der Frau)* (Internetbeleg, Kitzbühel).

Mingge, die [Herkunft unklar] (Osttirol): *vertrocknete Kornähre.*

Minich, Minach, der [scherzhafte Bildung aus mhd. münech (= Mönch)] (Osttirol): *kastrierter Widder, Bock.*

minin ⟨hat⟩ [Herkunft unklar; vielleicht zu Minei oder nach einem Wort von Müttern und Ammen, mit dem kleine Kindern zum Urinieren aufgefordert werden] (Internetbeleg, Kitzbühel): *urinieren.*

Mippl, das [ursprünglich Muttmal, wovon der 1. Bestandteil auf mhd. mütte, mutte (= Scheffel), ahd. mutti zurückgeht, dieses lat. modius (= Maß); der zweite Wortteil ist ein Rest von -mal (wie in einmal), das den Wandel von -tt- zu -pp- bewirkt hat] (Oberinntal): **1.** *Scheffel* **2.** *altes Saat- bzw. Flächenmaß (Fläche, für die 1 Mutt Samen nötig ist).*

mirgg ⟨Adj.⟩ [umgelautetes mhd. murc (= morsch, mürbe, welk, faul)] (Osttirol): *morsch, mürbe.*

mir|ået ⟨Adj.⟩ [1. Bestandteil: ahd. meri (= Meer); 2. Bestandteil: alt] (Ebbs): *uralt.*

mitter- ⟨Adj.⟩ [aus ahd. mitti, einer Nebenform von mittil, aus dem standardsprachlich mittler- entstanden ist]: *mittler-* der mittere Bua (= der mittlere Sohn); es ist mitter kålt (= es ist ziemlich, sehr kalt).

Móar, der [zu mhd. meier (= jener Bauer, der im Auftrag des Grundherren die Aufsicht über die Bewirtschaftung der Güter führt; zu lat.

maior (= der Größere, der Vorsteher)]: **1.** *Mannschaftsführer beim Eisstockschießen* (weist die Mitglieder seiner Mannschaft an, wohin sie zielen sollen) **2.** *jemand, der sich in den Vordergrund stellt und das Kommando übernimmt, Gschaftlhuber.*

Móass, das [ahd. meizan (= hauen, hacken)] (Oberinntal): *abgeholzter Waldteil.*

Móidl, Måidl, die [mhd. maget, magt, mait, meit (= Jungfrau, besonders: Jungfrau Maria; Mädchen]: *Maria.*

Möitz, Mötz, die [lautlich vorauszusetzen ist eine nicht belegte Form Melz, die u. a. an indogermanisch mel (= weich, zart), auch an Mechthild angeschlossen wurde; Herkunft unklar] (in der an den Pinzgau anschließenden Region ursprünglich die Normalbezeichnung für) *junges Mädchen.*

Mon(e), Mun(e), Mun, der [ahd. mano (= Mond), das auslautende -d des Wortes Mond ist erst in neuerer Zeit angewachsen]: *Mond.*

Montschalla, Muntschallo, Mutschalla, die [wie Bitschei[2] aus lat. buccella; siehe auch Buchl] (Lechtal): *Weißbrot aus vier oder fünf Teilen (entweder zeilenartig oder bretzelartig angeordnet).*

morb: *siehe mår.*

morget, morgez, zmorgest, zmöerns etc. [zu Morgn]: *am Morgen.*

Mos|bern, Mos|ben, die (Plural): *Heidelbeeren (Vaccinium).*

Mos|ber|nockn, die (Plural): *warme Süßspeise mit Heidelbeeren.*

Mötz, Möütz, die [Herkunft ungeklärt, vgl. Erben/Moser] (Alpach- und Brixental): *alte Normalbezeichnung für Mädchen.*

motzn, mötzn, mouzn ⟨hat⟩ [wie standardsprachlich motzen; laut Duden eine Nebenform von mucksen]: **1.** (Unterinntal) *vormelken, das Melken einleiten, indem man die Zitzen langsam streicht* **2.** *langsam arbeiten, zögernd handeln* **3.** *motzen.*

Much: *siehe Michl.*

Múeser, der [zu ahd. muos (= Speise)]: **1.** *Kochkelle* **2.** *jemand, der alles (zu) langsam macht.*

M

Múes|kella, die: *Kochkelle.*

mụffelet, mụffig 〈Adj.〉 [zu muffeln]: *faulig riechend.*

mụffeln, mụffelen 〈hat〉 [mhd. müffeln (= faulig riechen)] (regional auch in D, dort oft müffeln): *modrig riechen, faulig riechen.*

Mụffn, die [zu Muffe (= Verbindungsstück); dieses ist eine norddeutsche Nebenform von Muff (= eine Art Pelzhandschuh); in der nachfolgenden Redewendung steht Muffn verhüllend für Arsch] ❖ **mir geht die Muffn:** *ich habe Angst.*

mufle, mụflen, mụlfle 〈hat〉 [zu Muffel, verkürzt für: ein Mundvoll; in anderen Dialekten auch muffeln]: **1.** *einen Bissen nach dem anderen nehmen, mit vollem Mund kauen* **2.** *zahnlos kauen* **3.** *undeutlich sprechen.*

Mụgge, Mụggn, die [mhd. mücke, ahd. mucka; lautmalend]: *Mücke* ❖ **då bist du no mit di Muggn gflogn:** *da warst du noch nicht geboren.*

Mụggetzer, der [Substantivbildung zu muggetzn]: *Muckser* ❖ **koan Muggetzer toan:** *sich ganz still verhalten.*

mụggetzn 〈hat〉 [verwandt mit standardsprachlich mucksen; Intensivsuffix -atzn, siehe dort]: **1.** *mucksen* **2.** *raunen:* ma muggetzt im Dorf über dich (= man raunt im Dorf über dich).

Mugl, die [mhd. mugel (= Brot), weitere Herkunft unklar]: **1.** *(zu) kleiner Knollen* **2.** *kleines Brot* **3.** *kleiner Hügel.*

mugln, å|mugln 〈hat〉 [Herkunft unklar; belegt bei Mayr]: *einen Säugling herzen, bis er vor Freude kräht.*

Muli, der oder das [zu ital. mulo (= Maultier; Dummkopf, Tölpel)] (auch süddt.): **1.** *Maultier (Kreuzung zwischen Pferdestute und Eselhengst* [die umgekehrte Kreuzung, also Pferdehengst und Eselstute, wird Maulesel genannt] **2.** (neutral und maskulin) *sturer, störrischer, unfreundlicher Mensch.*

Mụll, der [wie standardsprachlich Müll ein Lehnwort aus dem Norddeutschen (= Staub, trockene Erde); verwandt mit mhd. müllen (= zerstoßen, zermahlen)]: *Müll.*

Mụlle, die [laut Schatz zu Mull (= Stier)]: *unwilliges, mürrisches Gesicht* ❖ **eine Mulle machen** (Osttirol): **1.** *ein unwilliges Gesicht machen, beleidigt sein* **2.** *ein introvertierter Mensch.*

mụlln ⟨hat⟩ [wohl zu Mull] (in Thaur bei Innsbruck): *in der Fasnacht den Maskenzug mitmachen;* auch: **als Muller gehn.**

Mu̲natl, das [eigentlich: Monatsblümchen; bei Schmeller: Monatsblüeml; Monat zu mhd. mōnōt, mānōt, ahd. mānōd, zu Mond (der Mondmonat dürfte den ursprünglichen Kalendermodellen zugrundegelegen sein und war Basis für die Unterteilung des Jahres)] (Osttirol) (veraltet): *Gänseblümchen (Bellis perennis).*

mụngge, mụnggn ⟨hat⟩: *langsam oder zahnlos kauen.*

mu̲n|laggid ⟨Adj.⟩ [dem Mond wurde auch Einfluss auf das Wohlbefinden nachgesagt] *unwohl.*

Mụrfl(e), die [siehe murfln] (abwertend): *Mund, Gesicht.*

Mụrfler, der [zu murfln]: **1.** *jemand, der undeutlich redet* **2.** *der undeutliche Laut.*

mụrfln, mụrflen, mụlflen ⟨hat⟩ [laut Grimm ein Iterativum zu mhd. murfen (= nagen), alemannisch mürpfen und murpfen; Bedeutung 2 möglicherweise unter Einfluss von murmeln, mhd. murmeln, ahd. murmulōn, lautmalend]: **1.** *mit geschlossenen Lippen kauen (wie alte zahnlose Leute)* **2.** *undeutlich reden.*

Mụrmele, Mụrmentl, das: *siehe Urmentele.*

Mụrre, die [belegt bei Schatz für Tirol, bei Lexer für Kärnten und bei Schmeller für den bairischen Raum; mit gleicher Bedeutung im Schwäbischen]: *verdrießliches Gesicht:* a Murre mâchn.

mụrre, mụrrig ⟨Adj.⟩ [zu Murre, siehe dort]: *unwillig, verdrießlich, schlecht gelaunt.*

Mụrrer, der [zu murren; seine Auflehnung, Unzufriedenheit mit brummender Stimme zum Ausdruck bringen; dieses zu mhd. murren; lautmalend]: *Verweis, Tadel:* ohne an Murrer (= ohne sich aufzulehnen).

mụrz-, mọrz-: verstärkend vor anderen Wörtern [Ausgangspunkt ist laut Schatz ein Stamm, der in ahd. murzilingun (= völlig, unbedingt) erscheint; deshalb findet sich das Präfix sowohl in der Lautung morz- wie auch murz-, und zwar nicht nur bei Substantiven; auffällig ist die lautliche Ähnlichkeit mit verstärkend mords-, Mords- (z. B. mordsfidel, Mordsangst, Mordsstimme); ob sich murz- mit mords- vermengt hat oder vielleicht sogar ahd. murzilingun als gemeinsames Herkunftswort in Frage kommt, wäre noch zu erforschen)] (veraltet): *ganz und gar, in höchstem Maß* ❖ **murz|å** [eigentlich: murzab]: *ganz ab(getrennt);* **murz|lar:** *ganz leer;* **murz|fremd:** *völlig fremd.*

Musi, Musig, die (auch bairisch): *Musik* ❖ **ohne Geld keine Musi: 1.** *ohne Bezahlung keine Leistung* **2.** *Geld regiert die Welt* ❖ **Da spielt die Musi!** *Hier herhören!* ❖ **Da hört sich die Musi auf!** *Bis hierher und nicht weiter!* ❖ **Auf dass a Musi spielt!** *Damit etwas los ist!*

musper, musperlig ‹Adj.›: *frisch, rührig, gut gelaunt.*

Mutt, die [mhd. und ahd. mutte (= Scheffel), zu lat. modicus (= Maß)]: *altes Getreidemaß.*

Muttl, der [aus dem Romanischen zu vorrömisch Mutt]: *hornloses Tier (bei Widder, Kuh, Geiß).*

muttlat ‹Adj.› (veraltet): *stumpf, ohne Spitze oder scharfe Ecke.*

Mutt|mål, das [siehe auch Mippl]: *altes Sämaß* (Menge, die einem Mutt entspricht).

N

nạ, na̲, nọ, nụ etc. ⟨Adv.⟩ [mhd. nū, nūn, ahd. nū; vermutlich verwandt mit neu]: *nun:* na, des geat wol (= nun, es geht durchaus); na, gea decht (= nun, geh doch).

na̲, na̲, no̲a̲, nu̲a̲ ⟨Partikel⟩ [mhd., ahd. nein; aus ahd. ni (= nicht) und ein; eigentlich: nicht eins]: *nein.*

Na̲[1], das, **s' Na̲** [Substantivableitung zu na, siehe dort]: *das Nein.*

Na̲[2], das, **s' Na̲** [ob ein Zusammenhang mit Na[1] besteht (Zeit, in der das Mondlicht fehlt), ist ungeklärt] (Osttirol, Brixental, Weidring, Kitzbühel): *Neumond.*

nạ̊cha, nạ̊chat ⟨Adv.⟩ **1.** *nachher, anschließend:* zerscht an kloan Spaziergång und nåcha zum Wirt **2.** *jetzt, nun:* wås willst nåcha måchn?

nå̲ch|antern ⟨hat⟩ [siehe antern]: *nachäffen.*

Nå̲ch|g|schwister(e)|kind, das [siehe Gschwister(e)kind] (veraltet): *Enkel von Geschwistern.*

nå̲chi ⟨Adv.⟩ [eigentlich nachhin]: *hinach:* i bin eam nåchi (= ich bin ihm nachgegangen).

nå̲chnt, na̲chnt, nå̲c̲het ⟨Adv.⟩: *nahe:* nåchnt bei der Kirch.

Nå̲ch|schwoab, die [eigentlich: Nachschweibe; siehe nåchschwoam] (auch bairisch): *feuchtfröhliche Nachfeier; Umtrunk nach einem Fest.*

nå̲ch|schwoam ⟨hat⟩ [eigentlich: nachschweiben; mhd. sweiben (= schwenken, spülen)] (auch bairisch): **1.** *nachschwemmen, nachspülen* (z.B. ein Glas, einen Teller) **2.** *einen weiteren Schluck nehmen* (z.B. vom Wein) **3.** *feuchtfröhlich nachfeiern.*

Nạ̊cht, die: *Nacht;* daraus abgeleitet **gschnạ̊chts, tschnạ̊chts, znạ̊chts, znạ̊cht(s);** *am Abend, abends;* im Stubaital auch: **Gschnå̲cht,** der: *Abend.*

nạcht, nạchtn, nẹcht ⟨Adv.⟩ [mhd. hīnaht, hīneht (= zu dieser Nacht]: **1.** *gestern Abend* **2.** *gestern.*

nå̲ch|t(a)rọggn ⟨hat⟩ [zu Tarock]: **1.** (Kartenspielersprache) *dem Partner Tarock nachbringen, wenn dieser zuvor Tarock angezeigt (ausgespielt) hat* **2.** (Kartenspielersprache) (abwertend) (als Substantiv auch bairisch: Nachtarock): *nachträglich den Spielverlauf analysieren* **3.** (abwertend) *etwas, das bereits vereinbart wurde, erneut zur Diskussion stellen.*

Nạ̊cht|kastl, das: *kleines Möbelstück neben dem Bett.*

Nå̲ch|zipf, der [2. Bestandteil: ablautend zum Verb zapfn (= mündlich prüfen), siehe dort; in der Variante Nachzapf ist der Vokal des Herkunftsverbs noch erhalten]: *Wiederholungsprüfung nach einer negativen Jahresnote.*

nạ̊ckat ⟨Adj.⟩ [mhd. nacket, ahd. nackot (= unbekleidet, nackt, entblößt)]: *nackt* ❖ **jemandem mitn nåckatn Årsch ins Gsicht hupfn:** *jemanden grob anfahren.*

Nạ̊cker|patzl, das [2. Bestandteil: Verkleinerung von Patzn]: *nacktes Kind, nackter Mensch* ❖ **geistigs Nåckerpatzl:** *dummer Mensch.*

Nådn, der: *siehe Åtn.*

Nạffetzer, Nạpfetzer, Nạ̊pfetzer, der (veraltet): *kurzer Schlummer* ❖ **an Nåpfetzer tuan:** *kurz schlummern.*

nạffetzn, nạpfetzn, nạ̊pfetzn ⟨hat⟩ [mhd. nafzen (= schlummern) mit Endung -ezen, ahd. naffezen, napfezen; siehe auch -atjan] (veraltet): *einnicken, leicht schlummern.*

Na̲gele, Na̲gal, Na̲gei, das [Verkleinerung von Nagel; zu mhd. nagel (= Nagel an Händen und Füßen; Nagel aus Holz oder Metall); aus der älteren norddeutschen Nebenform negelke ist der Pflanzenname Nelke entstanden]: **1.** *kleiner Nagel* **2.** *Nelke* **3.** *(leichter) Rausch.*

nạggl(e)n, nạ̊ggl(e)n; auch: **nạggetzn, nạ̊ggetzn** ⟨hat⟩ [eigentlich: nackeln, nacketzen; laut Grimm zu Nacken, dieses zu mhd. nac, nackes, ein Wort, das weitgehend durch die ablautende Kollektivbildung Genick zu mhd. genic, genicke mit gleicher Bedeutung ersetzt worden ist] (auch bairisch): **1.** *wackelig sein, wackeln, sich locker bewegen:* der Tisch nagglt **2.** *zittern, beben (vor Kälte, Angst)* **3.** *etwas durch Hin- und Herbewegen lockern, rütteln.*

Nạggler, Någgler, der [zu naggl(e)n, siehe dort]: *rüttelnde Bewegung:* der Tisch håt koan Naggler tan (= der Tisch ist ganz fest gestanden.)

Nåle, Nole, Åle, die [mhd. āle, das -n- am Wortanfang ist durch Agglutination des vorhergehenden unbestimmten Artikels entstanden]: *Ahle.*

Nane, Nanl(e), Nale, Na(n)dl, Nune, Nona, die [mhd. āne (= Großmutter) aus ahd. ana; das anlautende N- ist aus dem vorausgehenden unbestimmten Artikel agglutiniert]: *Großmutter:* „mamma / naale / boosa / fromme haut / olle tooge / sella / züig: / peetn / foschtn / nutschrgrollen / pöppelen / wicklen / kreizle drau / faatscha / IHS ...“ (Aus „religio tyroliensis & ötztaliensis II“ von Hans Haid).

Nạnni, Nạnne, die [weiblicher Vorname]: *Anna.*

nạpfetzn: *siehe naffetzn.*

narisch, nạrrisch ⟨Adj.⟩ [wie standardsprachlich närrisch zu Narr]: **1.** *verrückt:* bist narisch? (= bist du verrückt?) ❖ **i wea narisch:** *Ausdruck großer Freude* **2.** (zur Steigerung) *sehr, besonders schnell, stark etc.:* es tuat narisch weh, es brennt wia narisch, fåhr ned wia narisch ❖ **narische Schwammerln g(fr)essn håm:** *hyperaktiv und übermütig sein.*

N

Nårrn|kastl, das [eigentlich: Narrenkasten (= Käfig, in dem im Mittelalter Narren eingesperrt und zur Schau gestellt wurden)] ❖ **ins Nårrnkastl schaun** [hat mit der ursprünglichen Bedeutung wohl nichts zu tun; gemeint ist: wie ein Narr mit starrem Blick in einen imaginären Kasten hineinschauen]: **1.** *Löcher in die Luft starren, einen Tunnelblick haben, völlig geistesabwesend sein* **2.** (scherzhaft) *fernsehen.*

Nåtsch(e), die oder der; **Nåtscher,** der [nach dem gleichlautenden Lockruf für Schweine (natsch; auch: nutsch)]: *Schwein* (Sau oder Eber).

nåtschn, nåtschl, nåtsche ⟨hat⟩ [eigentlich: wie ein Schwein essen]: *schmatzend essen.*

Néader|seite, die; **Néader,** die [mit Umlaut aus mhd. norder (= nördlich)]: *Schattenseite* (z. B. nordseitige Felder).

Néassa, Néasser, die (Plural) [zu mhd. nōȝ (= Vieh, Nutzvieh; besonders Rind, Pferd, Esel und kleineres)]: *Kleinvieh.*

Néater, der [Nomen Agentis zu neatn]: *jemand, der sich schwer tut.*

néatn ⟨hat⟩ [zu Not]: **1.** *mühsam arbeiten, sich mit wenig abfinden müssen* **2.** *nötigen, aufdrängen.*

Nęff, die [wohl zu einem in anderen Dialekten erhalten gebliebenem gnefen, genäfen (= bissig schimpfen); Grimm vermerkt auch schwäbisch gnefig, genäfig (= bissig), ferner nefen (= kritteln, nörgeln)] (veraltet): *lästiges Weib.*

nęffn, auf|neffn ⟨hat⟩ [Herkunft unklar]: *reiben, scheuern:* sich die Haut aufneffn (= sich die Haut aufreiben).

Neidei, Neidl, Neiderl, das [wohl mit Agglutination des vorausgehenden unbestimmten Artikels zu Heidl)]: *Liebkosung mit der Wange.*

neidln, åb|neidln ⟨hat⟩ [siehe Neidei]: *die Wange eines Kinds liebkosen.*

neinern, neinerlen ⟨hat⟩ [zu neun]: *eine Zwischenmahlzeit um 9 Uhr einnehmen.*

Nęlle, Nąlle, die [mhd. nel, nelle (= Spitze, Scheitel, Kopf); ahd. nel (= Hinterhaupt)]: *das Grübchen im Genick.*

Nen(e), Nein(dl), Nen(d)l, der [ahd. ano (= Großvater); ursprünglich wohl ein Lallwort aus der Kindersprache; maskulines Gegenstück zu Nane, siehe dort] (veraltet): **1.** *Großvater* **2.** (Tuxertal) *Enkelkind.*

Nęspl, die; **Nęspele,** das: *siehe Mespel.*

Nętsch, Netsch, Pfnętsch, der [durch Agglutination aus: ein Etsch-Kreuzer; gemeint sind Veroneser (Münzen), die bei ihrer Einführung schon entwertet waren und einen schlechten Ruf hatten] **1.** *kleine Münze* **2.** *ganz wenig Geld* ❖ **nur a poa Netsch vadienan:** *nur ganz wenig verdienen* ❖ **der håt koan Pfnetsch a da Tåschn:** *er hat kein Geld mit* (Internetbeleg, Kitzbühel).

Nętschen, Ętschen, die [zu Netsch]: *verkrüppelt Gewachsenes.*

Nider|leger, der [zu niederlegen]: *der untere Lagerplatz der Alm.*

niene, neane ‹Adv.› [mhd. niener (= nirgend, oft nur ein verstärktes nicht, keineswegs); vgl. nindacht]: *nirgends.*

niersch ‹Adj.› [Herkunft unklar] (Oberinntal): *locker, porös.*

Niesche, die [verwandt mit dem in mitteldeutschen und schweizerischen Dialekten belegten Nieschel, Nischl (= Kopf); Herkunft unklar] (Oberinntal) (derb): *Gesicht.*

Nigele, das (Osttirol): *kleines Schmalzgebäck.*

Nigl, der [vermutlich Kurzform des Namens Nikolaus]: *Knirps, kleiner Bub.*

-nigl als 2. Bestandteil: *verstärkt die charakterlichen Eigenschaften, die im 1. Bestandteil genannt werden:* **Bos|nigl** (= boshafter Mensch), **Grant|nigl** (= übellauniger Mensch), **Filz|nigl** (= geiziger Mensch) [Filz bedeutet seit dem 15. Jh. auch: grobschlächtiger Bauer (wegen seiner Kleidung)], Notnigl (= geiziger Mensch) etc.

nigl|någl|nei, nigl|någl|nui ‹Adj.› [verdoppelnde Bildung mit Ablaut zu nagelneu] (auch schweizerisch): *völlig neu.*

ninderscht, ningascht, nindercht ‹Adv.› [mhd. niener, niender(t) (= nirgend, oft nur ein verstärktes nicht, keineswegs); vgl. niene]: *nirgends.*

nit, nit, nid, ned, it; im Oberinntal nachdrücklich **(n)itte;** im hinteren Ötztal schwachtonig auch **nt,** in Osttirol auch **et(te)** [mhd. und ahd. ni-wicht (= nicht etwas, nichts), zu mhd. wiht (= Geschöpf, Ding, etwas) ist zur Verneinung geworden]: **1.** *nicht* **2.** (veraltet) *nichts.*

nix; im Oberinntal auch **nui(ch)t:** *nichts.*

Nóagl, Nóagei, das [Verkleinerung von Neige, mhd. neige (= Neigung, Senkung, Endschaft, Tiefe), zu mhd. neigen (= neigen, sich neigen, senken, sich senken, sinken); vgl. zur Neige gehen]: *Rest im Trinkglas.*

nóasslen ‹hat› [Herkunft unklar] (Ötztal): *aus dem Futter das Beste herausfressen.*

Nóatsch, der; **Néatschle,** das [Herkunft unklar] (Oberinntal): *Käppchen des Priesters.*

Nọck, der [eigentlich: knolliger Berg; gehört wohl zu einer Gruppe von Wörtern für etwa Kurzes, Gedrungenes (Knolle, Knopf etc.) (auch bairisch): *kleine Erhebung, bewachsener Felsen.*

Nọckn, die [Nebenform von Nock; neuerdings auch immer häufiger: **Nọckerl,** das)]: **1.** *kleine kugelförmige Masse aus Mehl, Grieß etc. als Suppeneinlage* **2.** *dumme, eingebildete Person.*

Nọlle, No̲le, Nọller, der [Herkunft unklar; auffallend ist die Ähnlichkeit mit norddeutsch Nöler (= langsamer, schwerfälliger Mensch), zu norddeutsch nölen (= etwas auf ärgerliche Weise sehr langsam tun)] (veraltet): **1.** *täppischer, dummer Mensch* **2.** *jemand, der ohne Fachkenntnisse an etwas werkt.*

nọlln ⟨hat⟩ [siehe Nolle] (Zillertal): *ohne Fachkenntnisse herumwerken.*

nọlpat, nọlpig ⟨Adj.⟩ [Herkunft unklar]: *plump.*

Nọlpe, der oder die; **Ölpm, Ọlpe,** der [Herkunft unklar]: *vorstehender Kopf eines Balkens.*

no̲tig, no̲a̲tig, no̲dig ⟨Adj.⟩ [mhd. nōtec, nōtic (= Not habend, bedrängt, dürftig; notwendig, dringend); zu Not] (auch süddt.): **1.** *geizig, schäbig* **2.** *arm, Not leidend.*

Nu̲dl|suppm, die (Küchensprache) (auch bairisch): *Suppe mit Nudeln als Einlage* ❖ **nid auf der Nudelsuppm dahergschwommen sein:** *nicht naiv sein, sich gut auskennen.*

Nú̲e̲sch, Nú̲a̲sch, der [mhd. nuosch (= Rinne Röhre); weitere Herkunft unklar]: **1.** *Holzrinne* **2.** *beschädigtes und wieder verwachsenes Baumstammstück.*

nú̲i̲tela (Inf.) [aus nuit (= nichts)] (Kindersprache) (Völs): *strafweise nichts zu essen bekommen.*

Nụllerl, das [Verkleinerung von Nuller]: **1.** *kleine Null* **2.** *unbedeutende Person.*

nụll|komma|nịx, auch nụll|komma|jo̲sef [letzteres durch Nullkommajosef® für ein alkoholfreies Bier österreichweit popularisiert, aber schon vorher in Gebrauch]: *gar nichts.*

nụschpan ⟨hat⟩ [Herkunft unklar]: *murmeln.*

Nụster, Nụschter, Nọster, Nọschter, der [zu Pater noster ... (= Vater unser ...)]: *Rosenkranz* ❖ **in Nuschter beten:** *den Rosenkranz beten.*

nụtz ⟨Adj.⟩ [mhd. nutz (= nützlich, brauchbar)] (Osttirol): *brav, nett.*

O

óa(n), úa(n), a(n) ⟨Zahlwort⟩ *ein:* es is oans (= es ist ein Uhr).

óa(n)laf, úendlaf, úe(n)lf [mhd. einlif, eilif, eilf, ahd. einlif (= elf)] (veraltet): *elf.*

Óach|katzl, das, **Oachkåtze,** die: *Eichhörnchen* [das Wort **Óach|katzl|schwóaf** (= Eichhörnchenschweif) wird scherzhaft benützt, um Fremde zu testen, inwieweit sie tirolerische Laute aussprechen können].

óachl gehn [laut Schatz verhüllend für Eid]: *da spielt sich nichts ab.*

óagn ⟨Adj.⟩ [wie standardsprachlich eigen zu mhd. eigen, ahd. eigan, ursprünglich Partizip Perfekt zu einem Verb, das so viel wie haben, besitzen bedeutet hat; die Bedeutung 1 ist standardsprachlich, die Bedeutung 2 ist in der Standardsprache veraltet und lebt in Dialekten weiter]: **1.** *eigen, zugehörig:* in oagnen Haus **2.** *eigenwillig:* an oagner Mensch (= ein Sonderling).

óan|aggad, úen|agget, úen|egget, daneben immer öfter **oan|augat, oen|egig** ⟨Adj.⟩ [mhd. einöuge, einöugec, ahd. einougi (= einäugig)]: *einäugig.*

Óanat|hof, der [mhd. eineinæte, einote (= allein liegend)] (Stubaital): *Einzelhof.*

Óanigl, Hǫrnigl, Hüenågl, Unigler, der [zu mhd. hornunc (= Februar)]: *leichtes Frieren in den Fingern.*

óanigln, óaneiglen, uneglen ⟨es hat⟩ (unpersönliches Verb) [eigentlich: hornigeln; zu Hornung (= Februar); der Monatsname könnte laut Kluge auf die Zeit des Geweihabwerfens bei den Hirschen bezogen sein; also ursprünglich: hornen]: **1.** *Frostprickeln in den Fingern spüren* **2.** *den spezifischen Schmerz empfinden, wenn eiskalte Hände oder Füße wieder warm werden.*

óan||litz, úen||litz, úe||letze [mhd. einlütze, einlützec (= allein, einzeln, einsam)]: *einzeln, einzig.*

Óan(t)|hålm|gschwịsterat, Óan|hoim|gschwịsterat, die (Plural) [eigentlich: Einhalb-Geschwister]: *Stiefgeschwister.*

Óan|schicht, die [2. Bestandteil zu mhd. schicht (= Lage, Wechsel in der Arbeitsgruppe)]: *Einschicht, Einöde.*

Óar|hóun, Óar|hu(n), Auer|hån, der [mhd. orrehan neben ūrhan, ahd. ūrhano; der 1. Bestandteil ūr- ist in germanischen Sprachen die Bezeichnung für das männliche Tier; geht vermutlich auf einen indogermanischen Wortstamm zurück, der beregnen im Sinn von besamen bedeutet hat]: *Auerhahn (Tetrao urogallus).*

Ó(a)rt, Úascht, Éaschtl, das (nur Bedeutung 2), das [mhd. ort (= Stelle; Anfang, Ende; Spitze)]: **1.** *Ende, Endstück* ❖ **mir geht's Ort her:** *meine Geduld ist zu Ende* **2.** *Bauerngut.*

Óar|waschl, das [Waschel: verwandt mit wacheln, nicht mit waschen] (auch bairisch): **1.** *Ohrmuschel* **2.** *Ohr* ❖ **er is no feicht hinter die Ohrwaschln:** *er ist noch jung und unerfahren* ❖ **koa Ohrwaschl rührn:** *nicht reagieren, nicht aktiv werden* ❖ **auf di Ohrwaschln sitzn:** *nicht hinhören können oder wollen.*

Óass, das [eigentlich: Eiß; mhd. und ahd. eiz (= Geschwür); gehört zu einer indogermanischen Wurzel, die Schwellung bedeutet hat]: **1.** *Eitergeschwür* **2.** *Furunkel.*

Óata|påtzn, der [1. Bestandteil zu Eiter; 2. Bestandteil: siehe Påtzn; der Strauch wird laut Adelung wegen seiner Stacheln, die eine eitrige Wunde verursachen können, in den bairisch-österreichischen Dialekten Eiterpatzen oder Eiterbutz(en) genannt]: *Stachelbeere (Ribes uva-crispa).*

ob, óub 〈Präposition〉 [mhd. obe, ahd. oba (= oberhalb)]: *oberhalb:* obm Dach, ob der Kirchn [im westlichen Oberinntal gebräuchlich (sonst **ober**); daher auch die Ortsnamen Obladis, Obkirch etc.].

Obers, das [eigentlich: das Obere der Milch, das besonders fetthältig ist] (auch bairisch, ansonsten in D: süße Sahne): *süßer Rahm.*

Ober|landler, Ober|lantler, der: *Oberinntaler:* „Bevoust vun an Owalandla a Bussl kriagst, kriagst vu an Untalandla a Kind!" (Internetbeleg, Kitzbühel).

Ọbstler, der [zu Obst, mhd. obez, ahd. obaz; ursprünglich: das Dazuessen, die Beikost (also nicht nur Obst, sondern auch Gemüse)]: *Obstschnaps.*

ọchetzn, ọchelen ⟨hat⟩ [zur Interjektion mhd. och gebildet; wie mhd. achzen zur Interjektion mhd. ach (mit gleicher Bedeutung)]: *ächzen, jammern.*

ọff, ọffe, ọffn ⟨Adj.⟩ [wie standardsprachlich offen zu mhd. offen, ahd. offan, verwandt mit auf]: *offen.*

Ọlpm, Ọlpm|ståd l, der [siehe Nolpe]: *Stadel aus unbehauenen Stämmen.*

ọm: *siehe åm.*

Omat, Omet, das [mhd. und ahd. ā-māt, uo-māt (= nochmalige Mahd, das zweite Mähen)]: *Nachheu, Grummet.*

Ọmp(a)rẹll, der: *siehe Åmperell.*

Ọppm, Ọ̈ppm, der [Herkunft unklar] (Ötztal, Osttirol): *Buckel im Gelände.*

Ọrmenta, das (Stubaital): *siehe Urementle.*

ös: *siehe es* [ö ist traditionell eine Schreibung für geschlossenes e].

Öwesa, Öwesn (Ötztal), **Ọbsen** (Unterinntal), die [mhd. obense (= Vordach)] (veraltet): **1.** *Hausgang* **2.** *Vorraum der Kirche* **3.** *Halle am Friedhofseingang.*

P

Påchn, der: *siehe Båchn.*

påckn ⟨hat⟩: **1.** *einpacken* **2.** *ergreifen, fassen.*

Pafese, Pofesn, Profesa, die (Plural) [mhd. pafese, pavese, zu ital. pavese (= aus der ital. Stadt Pavia)] (Küchensprache) (auch bairisch): *zwei zusammengelegte, mit Marmelade oder einer anderen Füllung bestrichene Weißbrotscheiben, die in Fett herausgebacken werden.*

påfn: ⟨hat⟩ [mittellat. bava (= Speichel)]: **1.** *Speichel absondern (bei Kindern)* **2.** *gierig sein.*

Påggal, das [Herkunft unklar]: *eine Art Semmel, Brötchen.*

pågglet ⟨Adj.⟩ [Herkunft unklar]: **1.** *gebrechlich* **2.** *verwachsen.*

Pal(e), die [alpenromanisch pala (= Schaufel)]: *kleine Schaufel aus Holz, kleine Kelle.*

palandern, palantern ⟨hat⟩ [Herkunft unklar]: *wegjagen, hinausweisen.*

Palfe, Palfn, Pålfe, Pålfn, die [laut Grimm Palfen, Balfen (= großer, überhängender Felsen; Felsenhöhle); Herkunft unklar; von Schatz zu ahd. balvin gestellt]: **1.** *kleine überwachsene Bodenerhebung, wie sie durch Viehtritte zustande kommt* **2.** *Felsvorsprung.*

P

Pallawatsch, Ballawatsch, der [vermutlich zu ital. balordaggine (= Dummheit, Unbesonnenheit)] (auch bairisch): *Durcheinander, Wirrwarr.*

Pålm|buschn, der (auch süddt.): *Gebinde aus Zweigen, das am Palmsonntag in der Kirche gesegnet wird.*

Pålme, Pålwe, Påim, Påln, die: **1.** *Palmweide (salix caprea)* **2.** *Palmbuschen für den Palmsonntag.*

Pålm|esl, der: **1.** *Bub, der die Palmstange fallen lässt* **2.** *Bub, der am Palmsonntag als letzter aufsteht.*

Pålm|katzln, die (Plural) (auch süddt.): *blühende Zweige der Salweide.*

pạmper sein [Herkunft unklar, wahrscheinlich doch zum Substantiv Pamper, im Sinn von fröhlich wie ein Lamm]: *tüchtig, gut beisammen sein.*

Pạmper, der; **Pạmperle, Pạmpal,** das [eigentlich: kleines rundes Ding; dieses Wort ist im bairisch-österreichischen Dialektraum recht häufig und hat diverse Bedeutungen]: **1.** *kosendes Wort und Lockruf für Schafe* **2.** *Lamm.*

pạ̊mpfen ⟨hat⟩ [lautmalend] (auch bairisch): **1.** *sich den Mund vollstopfen* **2.** *schnell essen, schlingen.*

Pạms, Pạ̊ms, der [altfranz. panse (= Bauch), dieses zu lat. pantex; verwandt mit Pansen] (auch bairisch): **1.** *dicker Bauch* **2.** *(lästiges) dickes Kind.*

Panade, die [franz. panade, eigentlich: Brotsuppe, provenzalisch panada, zu lat. panis = Brot] (Küchensprache; auch in D, allerdings mit der Bedeutung Panier (= Backhülle aus Mehl, Ei und Semmelbröseln): **1.** *Brandteig* (= Mehl wird in kochendes Wasser mit Butter und Salz gestreut und solange gerührt, bis sich die Teigmasse vom Geschirr löst) **2.** *Weißbrotteig als Streck- und Bindemittel für Farcen.*

Panadl|suppe, die [1. Bestandteil: zu ital. panata oder franz. panade, eigentlich: Brotsuppe; zu lat. panis (= Brot)] (Küchensprache): **1.** *Suppe mit geriebenem Brot und Ei* **2.** heute meist: *Rindssuppe mit einer Einlage aus Weißbrotschnitten.*

Pania, Panier, die [zu panieren] (Küchensprache): *Backhülle aus Mehl, Ei und Semmelbröseln.*

panian, paniern ⟨hat⟩ [franz. paner (= mit geriebenem Brot bestreuen), zu lat. panis (= Brot)] (Küchensprache): **1.** *Fleisch, Huhn, Fisch, Gemüse etc. vor dem Braten in Mehl wälzen, dann in geschlagene Eier tauchen und schließlich mit Semmelbröseln bestreuen:* a panierts Schnitzel **2.** (Sportlersprache) *hoch besiegen:* die Gegner paniern.

Pạntsch, der [zu pan(t)schen (= mischen), besonders Getränke mit etwas mischen und dadurch verfälschen]: **1.** *vermischte Flüssigkeit* **2.** *schlechtes oder übel riechendes Getränk* (z.B. warmes Bier, schwacher Kaffee).

Pạntscherl, das [Verkleinerung von Pantsch, ursprünglich wohl: ein Mann und eine Frau, die nicht zusammenpassen]: *Liebelei, Affäre.*

pạntschn ‹hat› [mischen, besonders Getränke mit etwas mischen und dadurch verfälschen; vermutlich eine Kombination von patschen und manschen; erstes Vorkommen im 15. Jh.: Pansch-Wein]: *ein Getränk vermischen und dadurch verfälschen.*

Ạ̊nzn, Pạ̊nze, der [Panzen, Nebenform von Pansen; alpenromanisch zu ital. pancia (= Wanst, Bauch); vgl. auch franz. panse (= Wanst, Bauch, Pansen); beides geht auf lat. pantex (= Wanst) zurück]: **1.** *Magen der Wiederkäuer* **2.** *großer Bauch (eines Menschen)* **3.** *Fass* (für Wasser, Bier, Wein).

Pạ̊pp, der [Verkleinerung zu mhd. pappe, peppe (= Brei); lautmalerisches Kinderwort; siehe auch Pappele (= Mehlmus für Kinder)]: **1.** *Mehlkleister* **2.** *Klebestoff.*

Pạppe, Pạppm, die [laut Hornung verwandt mit Papp (= Brei) und letztlich lautmalend; genauer Zusammenhang unklar] (derb): *Mund* ❖ **halt die Pappm:** *halt den Mund* ❖ **jemand die Pappm einschlagn/poliern:** *jemanden ins Gesicht schlagen.*

Pạppele, Pạppal, Pạppei, das [gleiches Wort wie Påpp (= Mehlkleister), siehe dort; Verkleinerung zu mhd. pappe, peppe (= Brei); lautmalerisches Kinderwort]: **1.** *Mehlmus für Kinder.* **2.** *Babynahrung generell.*

Pạ̊ppl, Pạ̊pple, die [mhd. papel(e), ahd. popilboum, entlehnt aus lat. populus (= feminin: Pappel; maskulin: Volk, Bevölkerung, Nation); weitere Herkunft unklar; Pappel diente nicht nur als Bezeichnung für Baum, sondern laut Grimm auch für Pflanzen verschiedener Art, die man nicht benennen konnte; daher ahd. popilboum zur Unterscheidung von diesen anderen Pflanzen; siehe Kaspappele]: **1.** *Pappel (Populus)* **2.** *Malve (Malva) (im Kompositum Kaspappele, siehe dort).*

pạ̊ppm: **1.** (transitiv ‹hat›) *(ver)kleben* **2.** (intransitiv ‹ist›) *kleben bleiben.*

Pạ̊ppmdeckl, der [zu Påppe]: *Karton.*

Paradeiser, der [Kurzform von Paradeisapfel (Frucht, die nach der Darstellung in der Bibel zur Vertreibung aus dem Paradies geführt hat); Paradeis (= ältere Form von Paradies)] (veraltet): *Tomate (Solanum lycopersicum).*

Parapli, Paraplui, der [franz. parapluie, aus griechisch pará (= gegen) und franz. pluie (= Regen)] (nur noch scherzhaft): *Regenschirm.*

Parte, die; **Parte|zettl**, der [zu ital. dare part (= Nachricht geben) und franz. un billet de part (= schriftliche Geburts-, Heirats- oder Todesanzeige); nach dem früher üblichen Einleitungssatz einer derartigen Nachricht: „Herr ... gibt Parte von ...“]: *Todesanzeige.*

parterr ‹Adj.› [siehe Parterr]: **1.** *ebenerdig:* parterre wohnen **2.** *erschöpft, niedergeschlagen:* ich bin völlig parterr.

Parterr, das [franz. par terre (= zu ebener Erde)] (regional auch in D): **1.** *Erdgeschoß:* eine Wohnung im Parterre **2.** *eine Gruppe von Sitzreihen zu ebener Erde im Theater.*

Parterr|wohnung, die [siehe Parterr]: *Wohnung im Erdgeschoß.*

Parti, die [franz. partie, gesamtdeutsch heute mit: die obere Partie des Gesichts, eine Partie Schach; eine Landpartie, eine gute Partie sein etc.]: **1.** *für eine bestimmte Arbeit zusammengestellte Gruppe von Arbeitern* ❖ **då steht die Partie**: *da geht nichts weiter* ❖ **die Partie aufhålten:** *den Fortgang einer Sache behindern* **2.** *ein geselliges Zusammentreffen zu Spiel oder Sport:* se spieln heit a Partie Watten.

Parti|führer, der [zu Partie mit der Bedeutung 1]: *Vorarbeiter.*

Pass, die [zum Verb passen, Bedeutung 3]: *Lauerstellung* ❖ **auf der Pass sein:** *lauernd auf jemanden oder etwas warten.*

passian, passiern ‹ist› [franz. passer, dieses zu lat. passus (= Schritt)] (im bairisch-österreichischen Dialektraum das gängigste Wort für dieses Bedeutungsfeld): *geschehen, sich ereignen, zutragen* ❖ **da is was passiert / da is nix passiert:** *da ist etwas Schlimmes geschehen / da ist nichts Schlimmes geschehen.*

passn ‹hat› [zu franz. passer; dieses zu lat. passus (= Schritt); gesamtdeutsch: das Kleid passt; erst im 17. Jh. mit zusätzlicher Bedeutung an etwas vorübergehen] **1.** (auch süddt.) *in Ordnung sein, ausreichen* ❖ **Passt alles?** *Frage des Kellners, ob das Essen in Ordnung ist oder noch etwas bestellt wird* ❖ **Passt scho!** *Feststellung des Gastes, dass der Kellner das Restgeld behalten darf* **2.** (auch bairisch) *bekömmlich sein, zuträglich sein:* des passt ma **3.** (regional auch in D) *auf jemanden oder etwas gespannt warten, lauern:* „Und der Guggu im Wåld / is a schlauer Vogl, / ’s Dirnal passt auf ’n Buam / drum schlåft ’s går so rogl.“ (Aus dem Lied „Und der Guggu im Wald“).

pata, pato ⟨Adv.⟩ [zu Pater (= Mönch)]: *mittellos:* er ist völlig pata.

Påtsch, Påtsche, Påtscher, der, **Påtschele,** das [zu patschen (= ein klatschendes Geräusch verursachen); Patsch ist keine Kurzform von Tollpatsch]: *gutmütiger, unbeholfener Mensch.*

påtschat ⟨Adj.⟩ [zu patschen]: *ungeschickt.*

Påtsch|gåggl, der [1. Bestandteil: zu patschn und påtschat, siehe dort; 2. Bestandteil: vielleicht zu gåggln, siehe dort]: *ungeschickter Mensch* ❖ **du Påtschgåggl:** *milder Tadel für jemanden, dem ein Missgeschick passiert ist.*

patschierig, pakschierig ⟨Adj.⟩ [Schatz leitet das Wort von mhd. bäges giric (= streitsüchtig) ab; laut Hornung von beigeschirrig (= zweites, kleineres Zugtier im Geschirr eines Wagens)]: **1.** *zierlich, possierlich* **2.** *drollig, spaßhaft.*

Påtschn, der [lautmalend nach dem Geräusch derartiger Schuhe] (auch bairisch, aber selten): **1.** *Hausschuh* ❖ **die Påtschn aufstelln:** *sterben* **2.** (in D: platter Reifen) *Reifendefekt.*

Påtschn|kino, Påtschn|kino, das [zu Påtschn, Bedeutung 1] (scherzhaft): *Fernsehgerät.*

Påtschn|taxi, Påtschn|taxi, das [zu Påtschn, Bedeutung 1] (scherzhaft): *das Zufußgehen als Verkehrsmittel:* wenn koa Straßnbahn kommt, nimm i a Påtschntaxi.

Påtzer, der [zu påtzn]: **1.** *jemand, der viel kleckst* **2.** *jemand, der Fehler macht; Stümper* **3.** *Fehler, Klecks.*

Påtzerei, die [zu påtzn]: **1.** *Kleckserei* **2.** *Anhäufung von Fehlern.*

påtzn ⟨hat⟩ [ursprünglich: zusammenkleben, zusammenhängen; vermutlich Intensivbildung zu backen]: **1.** *bei einer Tätigkeit einen kleinen Fehler machen* (auch bairisch): **2.** *klecksen* ❖ **jemandem oane påtzn:** *jemandem eine Ohrfeige geben.*

Påtzn, der (auch bairisch): **1.** *Klecks* **2.** *Klumpen* **3.** *größere Menge, größeres Stück von etwas:* ein Påtzn Geld (= viel Geld); eine Påtzngschicht (= eine großartige Sache; einen Påtzn Rausch haben (= stark betrunken sein) **4.** *Schlag auf die flache Hand (mit einer Rute).*

På̧tzn|lippl, der [1. Bestandteil: zu påtzn, siehe dort; 2. Bestandteil: Kurzform von Philipp, siehe Lippl]: *jemand, der herumpatzt, sich bekleckert* (meist von Kindern).

P<u>au</u>nze, P<u>au</u>nzn, die [eigentlich: etwas Kleines, Knolliges; Herkunft unklar]: **1.** *knollenartige Speise aus Mehl oder Erdäpfeln (= Kartoffeln)* **2.** *eine Art rundlicher Pflaumen* **3.** *dickes Kind.*

P<u>au</u>nzerl, das [Verkleinerung zu Paunze, siehe dort, und zwar insbes. Bedeutung 2 (die weiblichen Geschlechtsorgane werden oft mit Namen von Früchten wie Dattel, Feige, Pflaume, Zwetschke bezeichnet)]: *Vulva, Vagina:* „Dein Paunzerl is oans / is a netts und a kloans / is a schians und a feins / und des Paunzerl is meins." (Werner Pirchner: „Ein halbes Doppelalbum").

Pę̧cker, der [zu pecken]: **1.** *Schnabelhieb* **2.** *Spleen, Tick, Dachschaden:* an Pecker ham.

pę̧ckn ‹hat› [mhd. becken, eine Nebenform von picken] (auch bairisch; in D ansonsten nur: picken): **1.** *mit dem Schnabel aufnehmen* **2.** *mit dem Schnabel hacken* **3.** (salopp) *bezahlen:* da kann der Papa peckn (wenn der Sohn etwas angestellt hat) **4.** *mit kleiner Haue die Erde lockern z. B. Erdäpfel peckn* **5.** *ein Spiel, bei dem man mit Geldstücken ein Ziel treffen muss.*

p<u>e</u>fe(r)n, p<u>e</u>fe, p<u>e</u>fin, p<u>å</u>lfern ‹hat› [Herkunft unklar] **1.** *nachmaulen, nachäffen* **2.** *brummen, schelten.*

P<u>e</u>ger, der [Herkunft unklar] (Oberinntal): *schwächliches, unscheinbares Stück Vieh.*

Pę̧ggl, der [Herkunft unklar]: *kleiner (alter) Hut.*

P<u>e</u>int(e), P<u>oi</u>(n)t, P<u>ui</u>(n)t, die [mhd. biunte, biunde (= freies, besonderem Anbau vorbehaltenes und eingehegtes Grundstück, Gehege); ahd. biunt; weitere Herkunft unklar]: **1.** *(eingezäuntes) Stück Feld* **2.** (Osttirol) *Feld mit Mohn, Bohnen.*

Pę̧lzer, På̧lzer, Pę̧tza, der [zu pelzn[1]]: *Pfropfreis, Setzling.*

pę̧lzn[1], pö̧tzn, pa̧lzn ‹hat› [mhd. pelzen, belzen, ahd. pelzōn, laut Kluge aus einem rekonstruierten vorromanischen impeltare (= einpfropfen), zu lat. pelta (= kleiner, leichter Schild), so wurde übertragen das Auge des Edelreises genannt]: *pelzen, veredeln.*

pẹlzn[2], pọ̈tzn; auch: **einilpelzn, anilpelzn** ‹hat› [zu Polz(e), siehe dort]: *hineinstoßen, hinaufschlagen.*

Penal, das [lat. pennale, zu lat. penna (= Feder)]: *Etui für Bleistifte etc.*

Pene, Penale, die [mhd. pēn(e) (= Strafe), zu lat. poena (= Strafe)]: **1.** *Sorge, Mühe* **2.** *Buße.*

penig ‹Adj.› [zu Pene]: *schwierig:* a peniger Mensch (= ein schwieriger Mensch).

Pẹnt, der [Herkunft unklar] (veraltet) ❖ **einen Pent håbm** (Zillertal)]: *in Eile sein.*

Pẹrcht, Pẹchte, Péaschtl, die oder der [mhd. berhte (= dämonisches Wesen im Volksglauben der Alpenländer); Herkunft unklar]: **1.** *brauchtümliche Maske* (Schönpercht und Schiachpercht) **2.** *Schreckfigur, die mit dem Nikolaus kommt.*

Perlạ̊ggn, das [zu ital. berlicche (= Teufel)]: *ein Kartenspiel.*

Pesl, Pẹms(t)l, der [wie standardsprachlich Pinsel zu mhd. bensel, pensel, altfranz. pincel, zu mittellat. penicellus (= Pinsel), Verkleinerung von lat. penis (= männliches Glied]: *Pinsel.*

Pẹtze, der [ital. pezzo] (Osttirol): *(Mehl)sack.*

Pfạchz, der [zu mhd. farz (= Darmblähung)] (Zillertal): *Darmblähung.*

Pfålz, Pållz, der [wie standardsprachlich Balz, aber mit verändertem Anlaut; mhd. balz (= Liebesspiel bestimmter größerer Wald- und Feldvögel, z.B. Auerhahn, Birkhahn, Fasan, Schnepfen etc.)]: *Balz der Wildvögel:* „Wer will af'n Hahnpfalz gehn, ja der muß früh aufstehn, ja vor dem Tag, ja der muß früh aufsteign, auf denselben Platz, ja wo der Spielhahn sein Pfalz hat." (Aus dem Lied „Der Spielhahn")

Pfånn|knecht, der: *Gerät zum Abstützen einer Pfanne.*

Pfạrfl, das: *siehe Fårfl.*

Pfeil|falter, Pfeif|muata, Pfeil|muata etc.: *siehe Feifålter.*

Pfen, der: *siehe Fen.*

pfengn, pfẹnggn ⟨hat⟩ [Herkunft unklar]: **1.** *dudeln, (unschön) blasen* **2.** (Osttirol) *hupen.*

pfẹnt ⟨Adj.⟩ [mhd. behende (= geschickt, schnell), Zusammenrückung von bī hende (= bei der Hand)]: *flott, sehr schnell.*

Pfẹrscher, Pféascha, der [mhd. pfersich, lat. persica arbor (= persischer Baum) oder persicum malum (= persischer Apfel); die Pflanze gelangte über Persien nach Europa] (veraltet): *Pfirsich (Prunus persica).*

Pfẹtsche, Pfọ̈tschn, der [über romanische Zwischenstufen zu lat. picea (= harzhältiges Holz)]: **1.** *junge, niedrige Fichte oder Föhre (= Kiefer)* **2.** (abwertend) *Strauchgewächse.*

Pfẹtte, die [frühneuhochdeutsch pfette; entlehnt aus mittellat. patena (= Firstbaum)]: *waagrechter Baum am Dachstuhl.*

pfẹttern, auf|entpfẹttern, auf|empfẹttern ⟨es hat⟩ (unpersönliches Verb) [mhd. emphetten (= entkleiden); Herkunft unklar; vielleicht zu Pfoat (= Hemd)] (veraltet): *auftauen, ausapern.*

Pfíem, der: *siehe Fen.*

pfíene ⟨es hat⟩ (unpersönliches Verb) [siehe Fen] (Paznaun): *föhnen:* es tuat pfiene (= es föhnt, es weht ein warmer Wind).

pfíeti, pfíeti Gọtt; Plural: **pfíet enk, pfíet eich** [behüte dich bzw. behüte euch Gott]: *Abschiedsgruß.*

Pfịfferling, der [mhd. pfefferlinc, ahd. phifera, zu Pfeffer; nach dem pfefferartigen Geschmack]: **1.** *Echter Pfifferling oder Eierschwamm* **2.** (Zillertal) *alle Arten von Pilzen (auch giftige).*

Pfịnz|tåg, Pfịnz|tig, Pfịnz|ta, der [über ostgermanische Vermittlung aus griechisch pémpté (heméra) (= der fünfte Tag der Woche, beginnend bei Sonntag)]: *Donnerstag.*

Pfịtsche|pfeil, der [zu mhd. vitzer (= Pfeil); also verdeutlichende Verdoppelung; vgl. pfitschn]: *von einem Bogen abgeschossener Pfeil* (Bogen meist aus Weidenholz, Holunderstämmen oder Ähnlichem).

pfịtschn ⟨ist⟩ [wohl verwandt mit niederdeutsch Flitze, Flitsche (= Pfeil)]: **1.** *flitzen, huschen, entschlüpfen* **2.** *aufzischen.*

pfla̲dern, fla̲dern ‹hat›: *stehlen, unberechtigt wegnehmen.*

Pflḁnke, die: *siehe Plånk(e).*

Pflḁnz, der [ursprünglich: Pflanzenschmuck; zu Pflanze]: *Schmuck* ❖ **Pflånz machen:** *sich eigenmächtig zu etwas machen, sich eitel zeigen, wohlhabend tun.*

Pflạnz, der [zu pflanzn]: *Neckerei:* des is a Pflanz (= das ist nicht ernst gemeint).

Pflḁnze, die [ahd. pflanza, zu lat. planta (= Sohle) und plantare (= den Boden um den Setzling mit der Sohle festtreten)]: *Setzling, Jungpflanze.*

pflạnzn ‹hat› [Herkunft unklar]: *zum Narren halten, necken, aufziehen.*

pflḁttere, pflå̲dere ‹ist› [wie standardsprachlich flattern zu mhd. vladeren; laut Duden vermutlich verwandt mit Falter]: *flattern.*

P(f)lẹrre, P(f)lạrre, Plå̲re, die [als Plarre (= eine Rinderkrankheit mit Blattern unter der Zunge und am Mastdarm) bei Adelung vermerkt; wohl mit Ausstoßung des -tt- bzw. -t- zu Blatter (= Pocke) entstanden; dieses zu mhd. blātere, ahd. blāt(t)ara (= Wasserblase, Harnblase; Pocke, eigentlich: Geschwollenes, Aufgeblasenes)]: *großer Schmutzfleck.*

Pflịchta, die: *siehe Flichter.*

pflịttern ‹hat›: *siehe pfluttern.*

Pflu̲se, Flu̲se, die [Herkunft unklar] (Stubaital): *Stachelbeere (Ribes uva-crispa).*

pflụttern, pflụttere ‹hat› [Herkunft unklar]: **1.** *brodeln, beim Sieden blasen werfen* **2.** *kichern, verhalten lachen.*

Pflụttl, Plụttl, die [Herkunft unklar] (veraltet) (abwertend): *dicke Frau.*

pfna̲u̲sn, pfna̲sn ‹hat› [mhd. pfnūsen (= niesen, schnauben)] (veraltet): **1.** *fauchen, zischen* **2.** *schwer atmen* **3.** *schnauben.*

pfne̲chn, pfni̲chn ‹hat› [Herkunft unklar] (Zillertal): *hart atmen, schnauben, seufzen.*

pfnuttern: *siehe pfluttern.*

Pfóad, Pfóat, die; **Pfóadl,** das [zählt im bairisch-österreichischen Dialektgebiet zu jenen alten Kennwörtern, die man über das Gotische, in diesem Fall paida, auf das Griechische, in diesem Fall baitē (= Hirtenrock) zurückführt] (auch bairisch): *Hemd:* „Spinn, spinn, Spinnerin, sitzt am goldnen Radl, / Seidnfådn auf der Spindl zu an Pfoadl für mei Kindl ..." (Aus dem Lied: „Spinn, spinn, Spinnerin") ❖ **de letzte Pfoad håt koane Tåschn** [eigentlich: das Totenhemd hat keine Taschen; ähnlich auch in anderen Dialekten des deutschen Sprachraums]: *du kannst dir nichts ins Grab mitnehmen* (Internetbeleg, Kitzbühel).

Pfosn, Pfouse, der [mhd. pfose (= Gürteltasche, Beutel), ahd. pfoso (= Beutel, Säckel)]: **1.** *Franse, Faser am Wollstoff* **2.** *Wadenstrumpf ohne Socken* **3.** (Oberinntal) *Unterarmstrumpf* **4.** *Quaste* **5.** *Verbandschutz für einzelne Finger.*

Pfötschn, Pfotschn, der [Herkunft unklar]: *Quaste.*

Pfraum(e), Pfraun, die [mhd. pflūme, pfrūme, ahd. pfrūma; lat. prunum, griechisch proūmnon; die alte Anlautvariante Pfr- hat sich im Tirolischen erhalten, während in der Standardsprache Pfl- gängig ist] (veraltet): *Pflaume (Prunus domestica).*

pfróad ⟨Adv.⟩ [mhd. bereit(e) (= schon, bereits, schnell, geschickt); belegt bei Mayr] (veraltet): *fertig.*

Pfróusle, Pfrusle, die (Plural) [mit Agglutination des bestimmten Artikels aus bündnerromanisch frosla (d'frosla wird zu pfrosla), dieses zu lat. rosa (= Rose); zu griechisch róson, entlehnt aus einer iranischen Sprache; die lat. Bezeichnung Rosa canina bedeutet so viel wie Hundsrose (eigentlich: gemeine Rose)]: **1.** *Hagebutte, kleine orangefarbene bis rote Frucht der Hundsrose (Rosa canina)* **2.** *der Rosenstrauch selbst.*

pfuchetzn ⟨hat⟩ [verwandt mit fauchen; zugrunde liegt eine vordeutsche Lautgebärde für das Ausstoßen von Luft aus den Backen]: **1.** *zischend aufbrennen, fauchen* **2.** *sich schnaubend vom Rauch abwenden* **3.** *lachen oder unterdrückt lachen.*

Pfurz, Fårz, der [siehe pfurzn] (derb): *laut entweichende Darmblähung.*

pfụrzn, fårzn ⟨hat⟩ [wie furzen, aber mit verändertem Anlaut; zu mhd. vurz und verzen, ahd. ferzan; lautmalend] (derb): *eine Darmblähung (geräuschvoll) entweichen lassen.*

Pfụscher, der [siehe pfuschn]: **1.** *jemand, der sein Geschäft nicht versteht* **2.** *Schwarzarbeiter.*

pfụschn ⟨hat⟩ [vermutlich zu futsch; laut Duden ursprünglich lautmalend z. B. für das Geräusch von schnell abbrennendem Pulver oder für das Reißen von schlechtem Stoff; gesamtdeutsch: schlecht arbeiten]: **1.** *etwas schlecht machen* **2.** *schwarzarbeiten.*

pfụschn gehn / an Pfusch gehn ⟨ist⟩: *mit Schwarzarbeit Geld verdienen.*

pfụtsch ⟨Adv.⟩ [Lautgebärde wie futsch]: *weg, verschwunden.*

Pfụtsch, der [zum Adverb pfutsch oder zum ablautenden Verb pfitschen; in Südtirol auch Pfutschkönig (= Zaunkönig)] (Osttirol): **1.** *Zaunkönig (Troglodytes troglodytes)* **2.** *kleiner Mensch.*

Piast, der [mhd. biest, ahd. piost (= erste Milch der Kuh nach dem Kalben)]: *erste Milch der Kuh nach dem Kalben.*

Pịck, der [zu picken]: **1.** *Klebestoff* **2.** *Abneigung* ❖ **auf jemanden an Pick håm:** *jemanden nicht mögen, verabscheuen.*

pịckert, pịckig ⟨Adj.⟩: *klebrig.*

pịckn ⟨hat⟩ [mhd. picken, Nebenform von pichen; dieses zu Pech]: *kleben* ❖ **pickn bleiben:** *an einem Ort/in einem Land bleiben, obwohl es nicht geplant war* ❖ **jemandem oane pickn:** *jemanden ohrfeigen* ❖ **wås liegt, des pickt** [Kartenspielregel: eine bereits gespielte Karte darf nicht zurückgenommen werden]: *die Entscheidung kann nicht revidiert werden* ❖ **Sackl pickn:** *im Gefängnis sitzen.*

pịck|sías, pịck|sieße ⟨Adj.⟩: *übertrieben süß.*

Pifke, der [geht auf Piefke, eine Figur des Berliner Schriftstellers Adolf Glasbrenner zurück; 1848 taucht die Witzfigur in der Wiener Zeitschrift „Der Humorist“ auf; kein Zusammenhang mit Gänserndorfer Militärparade 1866; Details siehe: Sedlaczek: „Wörterbuch der Alltagssprache Österreichs“] (abwertend; auch in D, allerdings mit der ursprünglichen Bedeutung dümmlicher Wichtigtuer): *Bundesdeutscher, Norddeutscher.*

Pifkei, die (abwertend oder scherzhaft): *Bundesrepublik Deutschland.*

pifkinesisch ⟨Adj.⟩ [zu Piefkinese] (abwertend): *(nördlich gefärbtes) Deutsch.*

Pill(e), der, die oder das (je nach Region) [Herkunft unklar]: **1.** *Heustadel, Heuhütte* **2.** *Heuabteil im Stadel.*

Pip(e), Pippm, die [ital. pipa (= Röhre, Pfeife), zu lat. pipare (= pfeifen)] (auch bairisch): **1.** *Wasserhahn* **2.** *Zapfhahn* **3.** (abwertend) *frecher, unerzogener Kerl:* Rotzpippm.

pisn ⟨ist⟩ [mhd. bisen (= rennen wie von Bremsen geplagtes Vieh)]: *wild herumrennen* (vom Vieh, das von Bremsen geplagt wird).

Plabling, Plebling, der [zu mhd. blā, ahd. blāo, eigentlich: schimmernd, glänzend]: *Täubling (Russola)* (mit vielen Untergattungen).

Plalle, der [Plall nannte man das altösterreichische Vier-Kreuzer-Stück, das plump war]: **1.** *Kerl* **2.** *Bezeichnung für einen unguten Menschen, zumeist männlich* **3.** *männliches Glied.*

Plånk(e), die; (Zillertal): **Pflånke**, die [mhd. planke (= dickes Brett, Planke)]: *dickes Brett.*

Plantsch, Plan(t)schi, der [zu plantschn, planschn (= herumspritzen); nasalierte Nebenform von platschen]: **1.** *unbeholfenes Kind* **2.** *dicker, schwerfälliger Mensch:* „Dr Bauar zur sei Bairin seit: / „Du kånnsch da Knecht vertreiba, / weil sou an Planschi brauch i it / åbr d' Diarna dia kånn bleiba." (Aus dem Lied „Mir Oberländer fölsaföscht").

Plåtsch, Pflåtsch, der [lautmalendes Wort wie klatsch und patsch]: *klatschendes Aufprallen* (von Regen oder stürzender Masse).

platschedern, pletschedern ⟨hat⟩ [bei Grimm ist vermerkt rotwelsch platschieren (= das Volk mit Märchen betören) und Platschierer (= der auf dem Markt, auf den Bänken Wunderlügen erzählt) **1.** (Osttirol) *plaudern* **2.** *wortreich und großspurig daherreden.*

X **plåtschn** ⟨ist⟩: *klatschend fallen, in Nasses treten:* er is einiplatscht.

plạtsch|nạss ⟨Adj.⟩: *völlig durchnässt.*

Plạttler, der [Kurzform]: *Schuhplattler.*

plạttln ⟨hat⟩ [zu platt]: **1.** *flache Steine auf die Oberfläche eines Sees oder Flusses werfen, sodass sie einige Male aufspringen* **2.** *schuhplatteln.*

Plạ̊ttn, die [Herkunft unklar; gesamtdeutsch sind: Holzplatte, Schallplatte etc.]: **1.** *Verbrecherbande, Gang* **2.** *Clique.*

Plạ̊ttn|bruader, der [zu Plåttn]: **1.** *Mitglied einer Verbrecherbande, Gang* **2.** *Mitglied einer Clique.*

plaug(e) ⟨Adj.⟩ [mhd. blūc, bliuc (= zaghaft, schüchtern, unentschlossen)] (veraltet): *zurückhaltend, schüchtern, scheu.*

Plausch, der [zu plauschn, siehe dort]: *Plauderei.*

Plauscher, der: *Vielredner, Plauderer.*

plauschn ⟨hat⟩ [abwertend von mhd. pludern (= plaudern)]: **1.** *plaudern* **2.** *harmlos lügen:* jemanden ånplauschen (= jemandem die Wahrheit vorenthalten).

Plẹbling, der: *siehe Plabling.*

plẹckat ⟨Adj.⟩ [zu pleckn, siehe dort]: *entblößt:* mit pleckatn Arsch.

Plẹck|årsch, der [zu pleckn, siehe dort]: *nacktes Gesäß.*

plẹckn ⟨ist⟩ [mhd. blecken (= aufblitzen lassen, entblößen); vgl. standardsprachlich: der Hund bleckt die Zähne]: *sichtbar sein.*

plẹfern ⟨hat⟩ [Erweiterung eines spätmhd. blaffen (= kurz bellen), das in die Wortfamilie von bellen gehört] (Zillertal): *heulen, jammernd schreien.*

Plẹmpl, der [siehe plempln] (auch bairisch): **1.** *wertloses Zeug* **2.** *großer, schwerfälliger Mensch.*

plẹmpln, plẹmpern ⟨hat⟩ [zu mhd. plampen (= baumeln); in der Soldatensprache für das Seitengewehr, weil es am Koppel baumelt; später auch: durchgeschütteltes und deshalb minderwertiges Getränk] (auch bairisch): **1.** *trödeln* **2.** *etwas Flüssiges verschütten.*

plęnggetzn ⟨hat⟩ [wohl verwandt mit blinken]: **1.** *kurzes Aufzucken des Lichts* **2.** *Wetterleuchten.*

Plęnt(e), Plęntn, der [ital. polenta (= Brei aus Maismehl oder Maisgrieß, der erkaltet in Scheiben geschnitten, gebraten und mit Parmesankäse bestreut wird]: *Polenta:* „Bäuerl sein, Bäuerl sein, umadum nix håben, / bei Plentnkoscht und Ruabnkraut zu hintersch in an Tål ...“ (Aus dem Lied „I bin der Håns vom welschen Lånd“)

Plęrgg, die, **Plęrggn,** der [Herkunft unklar, belegt bei Mayr] (veraltet): *Schmutzfleck auf dem Kleid.*

plęrn, pléa(r)n ⟨hat⟩ [wie standardsprachlich plärren (= laut und gequetscht reden) zu mhd. blēren, blerren (= blöken, schreien); lautmalend]: **1.** *blöken* **2.** *durchdringend schreien* **3.** *laut und jammernd weinen.*

Plęsch, die (Plural): *Schläge:* der håt Plesch kriagt.

plęschn ⟨hat⟩ [lautmalend nach dem Schall von Schlägen]: **1.** *schlagen, prügeln* **2.** *heftig regnen.*

plęssn ⟨hat⟩ [Herkunft unklar; vielleicht lautmalerisch zu plärren] (Unterinntal): *(übertrieben oder laut) weinen.*

X **Plętsche, Pletschn,** die [Grundbedeutung: etwas Großflächiges; laut Hornung zu mhd. bletiche, blateche (= Blätterwerk); dieses zu blat (= Blatt)]: *breites (Salat)blatt.*

Plętze[1], die: *siehe Fletzn.*

Plętze[2], die [ahd. plezzo (= freier Platz im Gelände, Weideplatz)] (Osttirol): *Weideplatz.*

plįndern, plįntern ⟨hat⟩ [ablautend zu Plunder, Bedeutung 1]: *umziehen, die Wohnung übersiedeln*

Ploder, die (Zillertal): *Hosenbein.*

Ploderer, der [zu plodern, siehe dort]: *Schwätzer.*

plodern ⟨hat⟩ [zu spätmhd. blodern (= rauschen); lautmalend; entspricht norddeutsch pludern; vgl. Pluderhose] *viel daherreden, plauschen.*

Plụnder, der [laut Kluge seit dem 14. Jh. für kleines Hausgerät, Kleider; später Bedeutungsverschlechterung im Sinn von gebrauchter Hausrat, wertloses Zeug]: **1.** (veraltet) *Geräte des Handwerkers, Hausrat* **2.** *wertloses Zeug.*

Póassl, die [zu poassn]: *kleines Hagelkorn.*

Póassl|be(r)n, Poassla, die (Plural) [mhd. beize (= Beize, Lauge); eigentlich: die Beißende; verwandt mit standardsprachlich beizen; die Beeren haben einen säuerlichen Geschmack]: *Beeren der Berberitze, auch Sauerdorn oder Essigbeere genannt (Berberis).*

póassn ⟨hat⟩ [mhd. bōʒen (= schlagen, klopfen); vgl. standardsprachlich bosseln (= an etwas mit Ausdauer arbeiten, basteln] (veraltet): *Obst abschlagen, abschütteln.*

Pocht, das [mhd. bächt] (Osttirol): *Kehricht.*

Pofese, die: *siehe Pafese.*

Pofl, der [zu jiddisch babel, bafel (= alte, minderwertige Ware)] (auch süddt.): **1.** *wertloses Zeug: den Pofel wegwerfen* **2.** *Gerede, Geschwätz* **3.** *schlechtes, kurzes Gras, auch letzte Mahd.*

pofln, powin ⟨hat⟩ (abwertend): *qualmen, stark rauchen.*

Pog(a)rat, die: (veraltet) (Osttirol): *einfache Bettstatt, schlechtes Lager in Hütten.*

póipern ⟨hat⟩ [da Schatz dazu auch ein altes poitern in der Bedeutung Verstecken spielen und auspoitern in der Bedeutung ausrauben belegt, wohl zu mhd. biuten (= erbeuten, tauschen, handeln)] (Osttirol): *Verstecken spielen.*

Póise, Póisl: *siehe Bois(l).*

Políer, Palíer, der [wie gesamtdeutsch Polier zu spätmhd. parlier (= Sprecher, Anordner) zu mhd. parlieren (= gewählt reden), zu franz. parler (= reden, sprechen), zu lat. parabola (= Parabel); das

Wort wurde umgedeutet und an polieren (= glänzend machen) angeglichen]: *Vorarbeiter am Bau.*

Poli|quetsch, der: *siehe Quetschn.*

Polz(e), der [ahd. polzo, über romanisch (cada-)bultjo aus lat. catapolta (= Wurfmaschine, Wurfgeschoß)]: *Bolz, Stützpflock.*

Popp(e), Poppm, Puppe, die, häufig mit der Verkleinerungsform **Poppele, Poppei, Puppele,** das [mhd. puppe, poppe, entlehnt aus lat. puppa, einer Nebenform von lat. pūpa (= kleines Mädchen, Larve)]: **1.** *Spielpuppe der Mädchen* **2.** (meist mit der Verkleinerungsform) *Baby.*

Por|kirche, die [mhd. bor, das im standardsprachlichen empor steckt (= in bore), bezeichnet nicht nur Höhe, sondern meist einen spezifischen Raum im oberen Teil des Hauses]: *Empore in der Kirche.*

Porzjunkele, Porzjunkula ⟨Zeitangabe⟩ [lat. portiuncula (= kleiner Flecken Land); ital. porziuncula ist der Name der Kapelle Santa Maria degli Angeli in Assisi, in der der Franziskanerorden seinen Anfang nahm]: **1.** *Fest der Franziskaner am 2. August* **2.** *die Zeit Anfang August.*

Posse|liedle, das [1. Bestandteil zu Posse (= volkstümliches Bühnenstück)] (Oberinntal): *Schnaderhüpfl* (= kurzes, meist vierzeiliges Lied mit lustigem, oft auch anzüglichem Inhalt.)

possln ⟨hat⟩ [zum Verb bosseln (= an einer kleinen Arbeit eifrig herummachen, basteln), das seit dem 15. Jh. belegt ist, und vermutlich letztlich zu bossen (= schlagen) gehört] (Osttirol): *spielen.*

Possl|zóig, das [zu possln, siehe dort]: *Spielzeug.*

Post|kastl(e), das (auch bairisch; Postkasten, also die Form ohne Verkleinerung, ist gesamtdeutsch): **1.** *von der Post aufgestellter Kasten zum Einwerfen von Briefen, die abgesendet werden* **2.** *Kasten beim Eingang eines Hauses zum Deponieren von eingehender Post.*

powidl ⟨indekl. Adj.⟩ [aus dem Wienerischen entlehnte Analogiebildung zu: das ist mir wurst; das indeklinable Adjektiv wurst (= egal, gleichgültig) wurde von Reichskanzler Otto von Bismarck populär gemacht]: *egal, gleichgültig.*

Powidl, der [zu tschechisch povidl(a); über das Wienerische nach Tirol gelangt; in D: Pflaumenlatwerge] (Küchensprache): *Zwetschken werden entkernt, halbiert und langsam einreduziert, bis eine Karamellisieren des Fruchtzuckers eintritt* (ist also streng genommen weder ein Pflaumenmus, noch eine Pflaumenkonfitüre).

Pråcht, der [laut Schatz zu ahd. prahten, bei Oswald von Wolkenstein als prächten (= reden) belegt ist] (Osttirol) ❖ **an Pråcht håbm:** *sich unterhalten, diskutieren.*

Pragger, der [zu pracken (= schlagen); Nebenform zu brechen]: *Teppichklopfer.*

Pratzl, das [Verkleinerung von Pråtzn]: *Pfote eines Hunds* ❖ **dea håt oan mit an Pratzei:** *er ist alkoholisiert* (Internetbeleg, Kitzbühel).

Pråtzn, Pråtze, die [Herkunft wie Pratze zu ital. braccio, zu lat. brachium (= Arm, Unterarm); gesamtdeutsch: Pranke, große, grobe Hand] ❖ **er håt die Händ voller Pråtzen** (Kartenspielersprache, scherzhaft): *er hat ein hervorragendes Blatt.*

Pre als 1. Bestandteil eines Kompositums: *verstärkend in Bezug auf die Eigenschaften des 2. Bestandteils:* Preschütz (= bester Schütze); Prelump (= besonders arger Lump); Presau (= besonders schmutziger Mensch) etc.

P

Pre, das [lat. præ (= vorn)] ❖ **er hat das Pre, er ist pre:** *er hat den Vorzug, er ist voran.*

pressian, pressíern ⟨hat⟩ [franz. presser, eigentlich: pressen, dieses zu lat. pressare (= drücken, quetschen)] (schweizerisch: sich beeilen; D: drängen, drängeln): *dringend sein.*

Press|wurst, die: *Sulz vom Schweinskopf und Schweinsmagen in Form einer dicken Wurst* (wird aufgeschnitten und mit Essig, Öl und Zwiebelscheiben serviert).

pretschn ⟨hat⟩ [könnte verkürzend aus Labratsche abgeleitet sein] (Osttirol): *verraten, preisgeben.*

Prigl, der [wie standardsprachlich Prügel zu mhd. brügel (= Knüppel, Knüttel), aber mit zusätzlicher Bedeutung im Tirolischen]: *kräftiger Mann, Muskelprotz.*

Pritsche, die: *siehe Britsche.*

pritschln, pritschn ⟨hat⟩ [mit Einschub von -l- zu pritschen] (auch bairisch; in D ansonsten planschen): **1.** *mit Wasser herumspielen* **2.** *herumspritzen, Wasser verschütten:* Warum muasst du beim Duschen immer so pritschln?

pritsch|nåss, pritschl|nåss ⟨Adj.⟩ [zu pritschln bzw. pritschn, siehe dort]: *sehr nass.*

Profesn, die: *siehe Pafese.*

proglen, prougle ⟨hat⟩ [mhd. brogen (= sich erheben, groß tun, prunken)]: *prahlen, aufschneiden.*

Puchl, Puchi, die [mhd. buchel, puchel (= Fackel)] (veraltet): *Kienspan, Fackel.*

Puchl|musig, Puchi|musig, die [1. Bestandteil: siehe Puchl]: *wilde Musik mit Puchlbeleuchtung, die man jemand zum Spott darbringt.*

Pudele, das [das nicht mehr gebräuchliche Pudl geht auf franz. bouteille (= Flasche) zurück]: *Gefäß zum Schnapstrinken* (1⁄32 Liter).

pudl- als 1. Bestandteil: *drückt bei Adjektiven eine Verstärkung im Sinn von völlig bzw. äußerst aus:* pudlnacket (= völlig nackt); pudelnarrisch (= völlig verrückt); si pudelwohl fühlen (= sich äußerst wohl fühlen).

Pudl, der [kurz für Pudelhund; zu pudeln (= im Wasser planschen), weil Pudel ursprünglich zur Wasserjagd abgerichtet wurden] ❖ **den Pudel måchn:** *für jede Arbeit herhalten müssen, schikaniert werden.*

Puhi, Puhin, der [lautmalend nach dem Ruf des Vogels]: **1.** *Uhu (Bubo bubo)* **2.** *Waldkauz. (Strix aluco).*

Pull(e), die; **Pullele, Pulei, Pujei,** das [nach dem Lockruf pul, pul; pula(la), pula(la); das Wort vergleicht sich mit lat. pullus (= Huhn)]: *Henne.*

Pumper|mette, die: *Mette in der Karwoche* (ohne Glockenklang).

Pụmperer, der [zu pumpern, siehe dort] (auch bairisch): *pumpernder Laut durch Fall oder Schlag.*

pụmpern ⟨hat⟩ [lautmalend] (auch bairisch): *laut und heftig klopfen.*

Purzi|gågl, der oder die [1. Bestandteil: lautmalerisch zu spätmhd. burze(l)n (= stürzen)]: **1.** *Purzelbaum:* „... di Büabalan, di Madalan, di måchn Purzigagalan, båld aufi, båld åwi, båld hin und båld her, båld unterschi, båld überschi, dås gfreut sie umso mehr ...“ (aus: „Es håt sich hålt eröffnet“) **2.** (Zillertal) *Krokus (Crocus).*

Pụssele, Pụschgele, das [laut Schatz aus einem alten Lockwort bus]: *Kücken.*

Pụtze, die [wie standardsprachlich Pfütze zu mhd. pfütze (= Brunnen; Lạcke, Pfütze), ahd. puzza, pfuzza (= Wasserloch), zu lat. puteus (= Brunnen)] (Osttirol): *kleine Ansammlung von Wasser.*

pụtzn ⟨hat⟩ [ursprünglich: einen Butzn (= kleinen Klumpen) entfernen] (auch süddt., westdeutsch, schweizerisch): **1.** *sauber machen, aufwischen* **2.** *bei Lebensmitteln nicht zum Verzehr geeignete Teile entfernen:* die Schwammerln putzn **3.** *eine Mauer mit Mörtel glätten* ❖ einen nicht verputzn können: *jemanden nicht ausstehen können.*

P

Q

Quadrạtt- als 1. Bestandteil (auch bairisch): *drückt in Bildungen mit Substantiven aus, dass es sich um ein besonders großes Exemplar handelt:* Quadrattlatschen, Quadrattschädel.

Quạrgl, der [mhd. quarg; dieses zu sorbisch twarog (dieselbe Wurzel wie Quark)]: **1.** *stark riechender, fettarmer Käse aus Sauermilch* **2.** *etwas Wertloses, Unsinniges:* red koan Quargel!

quạrgln ⟨hat⟩ [lautmalend, verwandt mit norddt. quarren (= weinerliche Laute von sich geben, einen schnarrenden Laut von sich geben]: **1.** *unverständlich reden* **2.** *viel und unnütz reden, schwätzen.*

Quạtsch, der [gesamtdeutsch: Unsinn, Torheit]: *Matsch, Schlamm.*

Quẹtschn, die [zu quetschen, mhd. quetzen; (= zusammendrücken, zusammenpressen)] (auch bairisch): **1.** (scherzhaft) *Ziehharmonika, Akkordeon* **2.** (abwertend) *ganz kleiner gewerblicher oder handwerklicher Betrieb.*

Quịnte, die [zu lat. quintus (= Fünfte); auf Saiteninstrumenten ist die fünfte Saite die dünnste (und damit die schwächste); beim Fechten die fünfte Stoßart; im übertragenen Sinn werden Ränke, listige Streiche, Finten so genannt]: *Launen, Schrullen.*

R

r: *Einschub zwischen einem Wort, das mit einem Vokal endet, und einem Wort, das mit einem Vokal beginnt* [soll offensichtlich die Aussprache erleichtern]: wie r i kimm auf die Ålm ...

Råb(a), Råwe, Rab, die [die dialektale Lautung geht zurück auf mhd. rābe, ahd. rāba, die standardsprachliche auf mhd. rüebe, ahd. ruoba; verwandt mit griechisch rháp(h)ys und lat. rapa (= Rübe)]: *(weiße) Rübe.*

Rå(b)m|bratl(e), das [1. Bestandteil: mhd. rabe, raben, ahd. hraban, eigentlich: der Krächzer; der Rabe ist nach dem Volksglauben ein Galgentier – vor allem wegen seiner schwarzen Farbe und weil er Aas frisst; Råbenbratl im ursprünglichen Sinn: jemand, der es verdient, am Galgen von den Raben gefressen zu werden]: *jemand, der Böses tut, gemein oder niederträchtig handelt.*

Rå(b)m|vich, das [nach einer mittelalterlichen Vorstellung wirft der Rabe seine Jungen aus dem Nest, weil er zu faul ist, diese zu füttern; daraus resultieren auch die gesamtdeutschen Ausdrücke Rabenmutter, Rabenvater, Rabeneltern]: *hinterhältiger, gewissenloser Mensch.*

Rach, Roch, Rouch, der [mhd. rouch, ahd. rouh (= Rauch); zu riechen]: **1.** *Rauch* **2.** *Nebel.*

rach måchn ⟨hat⟩ [siehe Rach]: *räuchern.*

rache ⟨Adv.⟩ [siehe Rach] (Osttirol): *sehr salzig, versalzen.*

rạ̊chetzn ⟨hat⟩ [zu mhd. rache (= Rachen)]: *räuspern, röcheln.*

rachn, rachn, rouchen ⟨hat⟩: **1.** *rauchen* **2.** *(aus)räuchern des Hauses in den Rauchnächten:* i geh rachn, i hun schu geracht.

Rach|nåcht, Rouchnåcht, die [an den drei Abenden vor Weihnacht, Neujahr und Dreikönig wurde im Haus mit Weihrauch geräuchert und Weihwasser verspritzt]: *Rauchnacht, Rauchabend.*

Rạ̊ck, der [Bedeutungen 2 bis 4 belegt bei Schöpf] (Osttirol): **1.** *Gewöhnlicher Baumbart (Usnea filipendula);* eine Flechte, die von Bäumen herabhängend wächst und charakteristische Flechtenbärte ausbildet **2.** *Bodensatz in Geschirren* **3.** *in Weinfässern zurückbleibende Unsauberkeit,* **4.** *Kruste in Tabakspfeifen.*

Ra̱di, Ra̱tig, Ra̱tach, Rạttich, der [ahd. rātih, zu lat. radix (= Wurzel)]: *großer, weißer Rettich, Bierrettich (Raphanus sativus subsp. niger var. albus).*

Ra̱(d)l, Ra̱dle, das: **1.** *Rad* (es gibt zwar auch die nicht verkleinerte Form Råd, normalerweise wird aber Radl verwendet) **2.** *Fahrrad* **3.** *Scheibe einer Wurst, einer Gurke etc.* **4.** *wiederkehrende Diensteinteilung in Schichtbetrieben.*

Ra̱dl|grạ̊tte, der [2. Bestandteil: siehe Gråttn]: *Schubkarren.*

Ra̱dl|pe̱g(e), Ra̱dl|po̱gen, die [2. Bestandteil zu Bogen]: *Schubkarren.*

Rå̱fe, Rå̱fn(er), der [mhd. rafe, ahd. rafo (= Balken)]: *der schief liegende Tragbalken des Daches.*

Rạffl, Rạffle, die [zu mhd. raffel (= Getöse, Lärm)]: **1.** *abwertend für ein Gerät, das nicht recht funktioniert oder zu viel Lärm macht* **2.** *grobe Reibe* **3.** *großer, hässlicher Mund* **4.** *geschwätzige alte Frau.*

rạffln, rạffl, rạfflen ⟨hat⟩ [mhd. raffeln (= lärmen, klappern; schelten); Intensivbildung zu raffen; siehe Raffl]: *klappern, rasseln:* mit einer Kette raffln; der Bach rafflt (wenn er Steine führt).

Rå̱gal, Rå̱gei, das [auch: Ragwurz, dessen 1. Bestandteil mit einer Verkleinerungsendung versehen wurde]: *Zweiblättrige Waldhyazinthe, Kuckucksblume (Platanthera bifolia), ein Orchideengewächs.*

Rågg<u>áu</u>n, Rog<u>au</u>, Rugg<u>au</u>n, der [vgl. ital. ronco, roncone]: *Hackmesser.*

Rạgger, der [Herkunft wie Racker, das aus dem Niederdeutschen stammt; mittelniederdeutsch racker (= Abdecker, Schinder; gesamtdeutsch ist folgende Bedeutung: jemand, der Streiche ausheckt; da die Beseitigung von Tierkadavern als harte und unangenehme Arbeit gilt, eine zusätzliche Bedeutung im Tirolischen, angelehnt an gesamtdeutsch rackern (= hart arbeiten)]: *hart Arbeitender.*

Rạggl, der, **Rạ̊ggl,** die (veraltet): **1.** *magere, unscheinbare Kuh* **2.** (in der femininen Form) *Schimpfwort für Frauen.*

Rå̲m, der [mhd. rām (= staubiger Schmutz); vgl. dazu den Ortsnamen Ramsau, nach dem angeschwemmten Schutt] (veraltet): *Ruß, Schmutz.*

rå̲mlet, ro̲u̲mlig, rụmmig ‹Adj.› [zu Råm, siehe dort]: **1.** *schmutzig, fleckig* **2.** *schmierig.*

Rạmml, der [mhd. ram (= Widder), ahd. rammilōn (= Widder)]: **1.** *rauflustiger Bursch* **2.** *ungehobelter Kerl.*

Rạ̊mpf, Rạ̊nft, der, **Rạnftle, Re̲ftle,** das [mhd. ranft (= Rand, Brotrinde)]: **1.** *Rand* **2.** *Anschnitt (Rand) des Brotweckens* **3.** *genähter Rand.*

Rạ̊mpfnar, der [mhd. ampfer, ahd. ampfaro (= sauer); das anlautende R- ist wohl eine falsche Abtrennung und stammt aus dem letzten Laut des bestimmten Artikels: daråmpfer (= der Saure)] (Tuxertal) (veraltet): *Sauerampfer.*

Rạ̊ms[1], der [laut Grimm auch Råmser und viele andere Formen; im Mhd. und Ahd. nicht belegt, mittelniederdeutsch ramese, remese; vgl. englisch ramsons (= Bärlauch); laut Kluge vielleicht aus einem indogermanischen Wortstamm, der Wurzel bedeutet hat]: *Bärlauch (Allium ursinum).*

Rạ̊ms[2], der [zu Råm, siehe dort] (veraltet): *angeschwemmter Schutt.*

rạ̊ms ‹Adv.› [laut Kluge geht der Begriff der Kartenspielersprache auf jeden Fall auf franz. ramas und ramser, zu franz. ramasser (= zusammenraffen, auflesen) zurück; ursprünglich ein Spiel, bei dem eingesammelt wurde; bei Ramschspielen gewinnt jener Spieler, der die wenigsten Punkte aufweist] ❖ **råms gehn:** *keinen einzigen Stich machen.*

Rạngge[1], der [eigentlich Ranken, Runken (= großes Stück Brot); Herkunft unklar, wohl zu renken; laut Schatz mit einem nicht verdunkelten a] (auch bairisch): *größeres abgeschnittenes Stück von Brot, Speck etc.*

Rạ̊ngg(e)[2], der [vielleicht zu rank (= schlank), dessen Ausgangsbedeutung aufgerichtet ist; vgl. auch Ranke (= Teil einer Pflanze, der sich hinaufschlingt, damit die Pflanze einen Halt hat); dabei handelt es sich allerdings um ein Femininum]: **1.** *dürrer Baum* **2.** *Latte.*

Rångger, der [mhd. ranken (= sich hin- und herbewegen)]: **1.** (Osttirol) *Maikäfer (Melolontha)* **2.** (belegt bei Mayr) *großer, fresslustiger Käfer.*

rạnggln ⟨hat⟩ [-eln-Erweiterung von mhd. ranken (= ringen), einen ranc (= das Ringen, schnelle Wendung) tun]: *sich balgen, raufen.*

Rånggn|zaun, der [zu Rångg(e)[2]]: *Lattenzaun.*

Rånt, der [Ableitung von rennen; dieses von rinnen; nicht verwandt mit Rand (= Begrenzung)] (auch bairisch): **1.** *Bewegung, Umtrieb* **2.** *Eigenart, lustiger Streich* ❖ **Rante machen:** *scherzen* ❖ **a Rantle håbm:** *ein bisschen verrücktspielen* **3.** *kurze Zeitspanne* ❖ **auf an Rånt vorbeischauen:** *überraschend vorbeikommen.*

rạntig ⟨Adj.⟩ [zu Rånt, siehe dort] (auch bairisch): **1.** *spaßhaft, eigenartig, stolz ungewöhnlich* **2.** *fesch angezogen.*

rạntsch, rạnz(i) ⟨Adj.⟩ [wie standardsprachlich ranzig zu ital. rancio, lat. rancidus (= stinkend); zu rancere (= stinken, faulen]: **1.** *verdorben riechend* **2.** *ranzig.*

Rånze, Rånzn, der [zu mhd. rans (= Bauch)]: **1.** *Bauch, Wanst* **2.** *der schmucke Bauchgurt der Männertracht.*

Råpp(e), der [mhd. rabe, rappe (= Rabe); die Variante mit Langvokal ist standardsprachlich geworden, im Tirolischen ist der Kurzvokal erhalten geblieben]: *Rabe.*

Rạppl, der [Substantivbildung zum gesamtdeutschen Verb rappeln (= ein klapperndes, rasselndes Geräusch von sich geben), das in Österreich eine zusätzliche Bedeutung hat: nicht ganz bei Verstand sein]: *wirrer Sinn, Anfall von Verrücktheit, Wut oder Zorn:* er kriegt einen Rappl.

rạpplat ⟨Adj.⟩ [zu rappeln] (Osttirol): *störrisch.*

Rappl|kopf, der [siehe Rappl]: *Mensch, der oft verrückte Anwandlungen hat.*

rar, rare ⟨Adj.⟩ [wie standardsprachlich rar (= selten, gesucht) zu lat. rarus (= selten), aber mit zusätzlichen Bedeutungen im Tirolischen]: **1.** *tüchtig:* a rarer Bub **2.** *exquisit, wertvoll:* a rares Essen **3.** *selten.*

Rąspach: *siehe Rispach.*

Råspel, die [wie standardsprachlich Raspel (= grobe Feile; Küchengerät zum Zerkleinern von Gemüse) zu raspeln, Iterativbildung zu raspen, raffen (= zupfen, rupfen, eilig an sich reißen), dieses zu ahd. raspōn (= raffen, an sich reißen)] (abwertend): *leichtfertiges Weibsbild.*

raspm ⟨hat⟩ [mhd. raspen (= zupfen, rupfen, sammeln, zusammensuchen]: *das Heu nur oberflächlich zusammenrechen* (weil z. B. ein Gewitter droht).

Rąss(e), die [wie Rasse zu franz. race (= Geschlecht, Stamm; Rasse), zu ital. razza, weitere Herkunft unklar; zusätzliche Bedeutung im Tirolischen] (abwertend): *Gesindel, Pack.*

rąss, raß(e) ⟨Adj.⟩ [mhd. ræʒe (= scharf von Geschmack, herb, ätzend)]: *scharf von Geschmack, stark gewürzt, gesalzen.*

Rąss|nagal, Raß|nagele, das [1. Bestandteil: siehe rass, 2. Bestandteil: eigentlich Nägelein, ursprüngliche Bezeichnung für Nelke, nämlich mhd. negelīn (= kleiner Nagel); gemeint waren laut Kluge ursprünglich nur die Gewürznelken, die wegen ihrer Form mit kleinen handgeschmiedeten Nägeln verglichen wurden; erst im 15. Jh. wurde die Bezeichnung wegen des Duftes auf die Gartennelken übertragen; die heutige Bezeichnung im Standarddeutschen, Nelke, stammt von niederdeutsch negelke ab, eine Verballhornung des alten Wortes] (veraltet): *Gewürznelke.*

Råst(e), die [wie standardsprachlich Rast (= Pause, in der jemand rastet) zu mhd. rast(e), ahd. rasta (= Ruhe, Rast), aber mit zusätzlicher Bedeutung im Tirolischen: *Rastplatz.*

Ratach, der: *siehe Radi.*

ratlach, ratli ⟨Adv.⟩ [mhd. rāten, ahd. rātan (= raten), ursprünglich: sich etwas aussinnen; sich etwas zurechtmachen]: *ungefähr, annähernd.*

Ratsche, Ratschn, die (auch süddt.): **1.** *hölzernes Instrument, das laute, knarrende Geräusche erzeugt: Karfreitagsratschen* (mit der lärmend der Beginn der Messe angezeigt wird, wenn die Glocken nicht geläutet werden) **2.** *tratschsüchtige Frau.*

Ratsch|kattl, die [1. Bestandteil: ratschen (= schwätzen, tratschen); 2. Bestandteil: siehe Kattl]: *Schimpfwort für eine geschwätzige oder indiskrete Frau.*

ratschn ⟨hat⟩ (auch süddt.): **1.** *plaudern, tratschen* **2.** *ausplaudern.* **3.** *jemanden verpfeifen, anschwärzen.*

Råtz(e), der [mhd. ratz(e), ahd. ratza; neben mhd. ratte, ahd. ratta, rato; volkstümlich wird Ratz auch für Siebenschläfer (Glis glis) verwendet; der Winterschlaf dieser Nagetiere dauert von Anfang September bis Anfang Mai] (regional auch in D): *Ratte.* ❖ **schlåfen wia r a Råtz** [in Anlehnung an die Bedeutung Siebenschläfer]: *lange und tief schlafen.*

Ratzn, Ratznar, der [eigentlich: wie der Bart der Ratte]: *Schnurrbart.*

Rau|chelle, das [1. Bestandteil zu mhd. rūch (= zottig, rau) wegen der silbrig, seidigen Behaarung; 2. Bestandteil: Schelle] (Osttirol): **1.** *Gewöhnliche Küchenschelle, auch Kuhschelle genannt (Pulsatilla vulgaris)* **2.** *Innsbrucker Küchenschelle (Pulsatilla oenipontana);* diese kommt nur in der Umgebung von Innsbruck vor; dürfte nach der Eiszeit durch Hybridisierung der Gewöhnlichen Küchenschelle (Pulsatilla vulgaris) mit der osteuropäisch verbreiteten Großen Küchenschelle (Pulsatilla grandis) entstanden sein.

Rauch|pa, die [1. Bestandteil: mhd. rūch; 2. Bestandteil: mhd. bere, also Raubeere, wegen der Stacheln des Strauchs] (Osttirol): *Stachelbeere (Ribes uva-crispa).*

raunzat, raunzig ⟨Adj.⟩ (auch bairisch): **1.** *zum Raunzen neigend* **2.** *weinerlich klagend* **3.** *in einer Stimmung sein, die durch Raunzen zum Ausdruck gebracht wird:* heut bin i raunzig.

Raunze, die (auch bairisch): *weinerlich klagende Frau.*

Raunzer, der (auch bairisch): *nörgelnder Mann.*

Raunzerei, Raunzerei, die (auch bairisch): *dauerndes oder heftiges Raunzen.*

raunzn ⟨hat⟩ [ahd. rūnezōn (= murren)] (auch bairisch; gesamtdeutsch: laut und grob schimpfen), aber zusätzliche Bedeutung im Tirolischen]: *weinerlich klagen, nörgeln, dauernd unzufrieden sein.*

Réach, das [wie standardsprachlich Reh zu mhd. rē(ch), ahd. rēh(o), ursprünglich: das Gesprenkelte, nach der Farbe des Fells]: *Reh:* „Und an Ålmhütt isch mei Häusl und an Edlweiß mei Troad / und a Gams und a Reach isch mei Viech auf der Woad …“ (Aus dem Lied „Und an Ålmhütt isch mei Häusl“).

Réarer, der [siehe rearn]: **1.** *Jammerlaut* **2.** *Jammerer.*

réarn, réan ⟨hat⟩ [mhd. rēren (= blöken, brüllen)]: **1.** *weinen:* Die Gruppe Bluatschink in „Lisa“: „Du håsch oafåch mit mir glåcht und greaht, håsch mi so guat v'rschtånda …“ **2.** *plärren, blöken (von Tieren).*

réasch, réasche ⟨Adj.⟩ [wie süddt. rösch zu mhd. rösch, (= wacker, scharf), ahd. rosc(i) (= hitzig, schnell), verwandt mit rasch; hingegen geht bairisch resch auf mhd. resch (= schnell, rührig, lebhaft, trocken, spröde) zurück; die zwei schwer unterscheidbaren Wörter haben sich vermischt, Bedeutung 2 von rösch gilt auch für resch] (Zillertal): **1.** *(vom Heu) dürr, trocken* **2.** *(vom Gebäck) scharf gebacken, knusprig* **3.** *(vom Menschen) lebhaft, draufgängerisch.*

ręckn ⟨hat⟩ [wie standardsprachlich recken (= den Körper strecken) zu mhd. recken, ahd. recchen, aber zusätzliche Bedeutung im Tirolischen] ❖ **es reckt mi** **1.** *ich muss gleich erbrechen* **2.** *es ekelt mich.*

Red|haus, das: **1.** *einer, der gern und gut redet* **2.** *Schwätzer.*

Reibe, Reib, Reide, die [das mhd. Verb rīben (= reiben) bedeutet auch: sich drehen): *Wegbiegung.*

R

Reiche, der [mhd. rīhe (= Rist des Fußes)] (veraltet): *Rist des Fußes.*

Reim[1]**,** der [zu altfranz. rimer (= in Reihen ordnen, reimen); gesamtdeutsch ist Versreim]: *Glück, gutes Gelingen:* der håt an Reim.

Reim[2]**, Rein, Pfreim,** der [zu mhd. rīm (= gefrorener Tau, Reif), während sich der heutige standardsprachliche Ausdruck von mhd. rīfe rīf mit gleicher Bedeutung ableitet]: **1.** *gefrorener Nebel, Raureif an Bäumen.* **2.** *leichter Nebel.*

Rein(e), die, meist **Reindl(e),** das [spätmhd. reindel, ahd. rīna; das -d- in Reindl ist ein Sprossenvokal zur Erleichterung der Aussprache]: *flaches Kochgeschirr, Topf.*

Reis, der ❖ **mir geht der Reis** [verhüllend für das sich mit Reis reimende Scheiß (= Kot)]: *ich habe Angst.*

Reise, Rise, die [mhd. rīse, (= Wasser-, Stein-, Holzrinne an einem Berg), zu rīsen (= aufsteigen; abfallen)]: *Rinne oder steiler Hang, auf dem Geröll abrutscht.*

(ẹppas) reissn ⟨hat⟩ [wie standardsprachlich reißen zu mhd. rīʒen (= reißen, zerreißen); ahd. rīʒan, ursprünglich: ritzen] ❖ **i håb nix grissn:** *ich war nicht erfolgreich.*

Reissn[1], die ❖ **jemanden in der Reissn håm** (auch bairisch): *jemandem zusetzen, jemanden peinigen.*

Reissn[2], das: *Gliederschmerzen wie Rheuma o. Ä.:* das Reissn, das Reissate haben.

Reit, das [ahd. riuti (= Stück Land, das durch Rodung urbar gemacht worden ist] (auch süddt. und schweizerisch): *gerodeter Platz* [in vielen Flur- und Ortsnamen; dort auch Reit).

Reiter, Reitra, die [mhd. rīter, ahd. hrītara (= Sieb), laut Duden ein westgermanisches Wort, vgl. altenglisch hridder (= Sieb)]: *grobes Sieb.*

reitn[1] ⟨hat⟩ [ahd. riuten (= urbar machen] (auch süddt. und schweizerisch): *roden, urbar machen.*

reitn[2] ⟨ist⟩ [mhd. rīten (= reiten)]: *bespringen (der brünstigen Kuh).*

Rem, Rẹmm, die [mhd. reme, rame (= Stütze, Gestell)] (Unterinntal): *Bühne über dem Stadel, Obergeschoß des Stalls.*

rẹmpl(n) ⟨hat⟩ [ahd. rammilōn (= rammeln)] (Osttirol): *bespringen (vom Schaf).*

Rẹnner, der [zu anrennen]: *heftiger Stoß.*

rẹsch(e), reasch ⟨Adj.⟩ [mhd. resch (= schnell, rührig, lebhaft, trocken, spröde); ahd. rosc, rosg (= rasch)] (auch bairisch): **1.** *scharf gebacken:* eine resche Semmel **2.** *lebhaft, munter, resolut:* a reschs Madl (= eine energisches Mädchen) **3.** *dürr, spröde* **4.** *schnell.*

Restl, das [Herkunft unklar, vielleicht zu mhd. röst (= Gitterwerk, Stangen, Gerüst); wohl kein Zusammenhang mit Restl (= Überrest eines Essens)]: *großer, starker Mensch.*

re|versian, re|versieren ⟨hat⟩ [franz. reverser (= wieder nachgießen, zurückgießen)]: *mit einem Fahrzeug rückwärts fahrend wenden.*

Rewach, Rewagg, Rewak, der [jiddisch rewach (= Zins)] (regional auch in D): *salopp für Gewinn bei einem Geschäft* ❖ **an guatn Rewach måchn.**

Rex|glås, das [Rex® ist eine Firmenbezeichnung]: *Einmachglas.*

Ríacher, der [zu riechen]: *Gefühl, Gespür* ❖ **einen guten Ríacher håbm**: *ein gutes Gespür haben.*

ríawig ⟨Adj.⟩ [mhd. rüewec (= ruhig)]: *ruhig.*

Rib, der [siehe Reibe]: *Wendung des Wegs.*

Ribisl, die [zu ital. ribes; dieses zu mittellat. ribes (= Johannisbeere); dieses zu arab. rībās]: *Johannisbeere (Ribes).*

Ribler, Ribl, der [zu reiben]: *Grieß- oder Kartoffelschmarren.*

ribln, rippln, riwwl [Intensivum und Frequentativum mit -l-Einschub zu mhd. riben (= reiben)]: *rasch und kräftig reiben.*

Ribm, die [zu mhd. rīben, wie standardsprachlich der Abrieb zu reiben] (Osttirol): *kahle Stelle, z. B. nach einem Erdrutsch.*

R

richlen, richin ⟨hat⟩ [Iterativum mit -l-Einschub; ahd. ruhilōn zu ahd. rohōn (= grunzen)]: **1.** *röcheln, wiehern, grunzen, röchelnd atmen* **2.** *dumm lachen.*

richtn ⟨hat⟩ [ahd. rihten (= gerade machen, in eine Richtung bringen, aufrichten); zum Adjektiv recht, das früher auch gerade, in gerader Linie bedeutet hat] (auch süddt. und schweizerisch): **1.** *reparieren* **2.** *in Ordnung bringen* **3.** *für einen bestimmten Anlass den Tisch, die Betten, das Zimmer vorbereiten* **4.** *dafür sorgen, dass etwas in Ordnung geht:* die Mama weats scho richtn.

Rịckal, das [dialektale Interpretation des lat. Namens auricula] (Zillertal): *Aurikel (Primula auricula).*

ri̱dig: *siehe rittig.*

Ri̱dl¹, Ri̱l, der [mhd. rüde, rude, rüede (= großer Hetzhund)]: *Rüde, männlicher Hund.*

Ri̱(e̱)dl², Ri̱(e̱)l, der [zu mhd. rīden (= drehen, wenden)]: *Heuzeile, (Heu)schwaden.*

ri̱dln, ri̱a̱dlen ⟨hat⟩ [zu Ridl²]: *mit dem Rechen Heuzeilen machen.*

Ri̱fe¹, die [ahd. niwin aus alpenromanisch rovima]: *Geröllhalde.*

Ri̱fe²: *siehe Ruf(e).*

Rịffl, der oder die [mhd. riffeln, rifelen (= durchhecheln, durchkämmen)]: *kammartiges Gerät zum Beerenabstreifen.*

rịng(e), krịng ⟨Adj.⟩ [mhd. ringe, ring [= leicht, nicht beschwerlich, bequem]: *leicht an Gewicht.*

Rịngge, die [mhd. rinke, rinnge (= Spange, Schnalle am Gürtel, am Schuh), wohl verwandt mit Ring] (veraltet): *Schnalle am Riemen.*

Ringlo̱, Ringlọtta, die [zu reineclaude (= Königin Claude, Gemahlin des franz. Königs Franz I.)] (in D meist Reneklode): *Ringlotte, eine Edelpflaume (Prunus domestica var. claudiana).*

Rịngl|spi̱l, Rịngl|gspi̱l, das [Ausgangspunkt ist das mittelalterliche Ringelstechen, bei dem Reiter von einem sich drehenden Holzgestell aus nach einer Scheibe stechen mussten] (in D Karussell): *auf Volksfesten aufgestellte, sich im Kreis drehende große Scheibe mit Holzpferden, kleinen Fahrzeugen oder mit kleinen, aufgehängten Sitzen, die sich im Kreis drehen.*

Rịpperln, Rịppelen, die (Plural) [wie standardsprachlich Rippe, mhd. rippe, ahd. rippa, eigentlich: Bedeckung (der Brusthöhle)] (Küchensprache): *(gebratenes) Rippenstück.*

rịps|rạps ⟨Adv.⟩ [belegt bei Mayr; bei Schatz ist **rịppas|rạppes mạ̊chn** (= schnell zugreifen) zu finden; das Substantiv Ripsraps in zahlreichen Redewendungen, z. B. Ripsraps, alles in meinen Sack

(Spottreim für einen geizigen Menschen)]: **1.** *hastig, übereilt* **2.** *oberflächlich.*

Ris, das, **Rise, Risn,** die [mhd. rise (= Wasser-, Stein-, Holzrinne an einem Berg)]: **1.** *Steilrinne zum Schleifen von Holz oder Heu.* **2.** *(Reutte)* **auf dem Ris sein:** *ausgehen, unterwegs sein.*

Risipisi, das; [zu ital. risi e pisi oder risi e piselli (= Reis mit Erbsen)] (Küchensprache): *Gericht aus Reis und Erbsen.*

Risl|blía, die [1. Bestandteil: siehe risln; 2. Bestandteil zu blühen); eigentlich: Blühwerk, aus dem es hageln wird]: *Wolken, die Hagel anzeigen.*

risln, rislen ⟨hat⟩ [mhd. riselen, Iterativum zu ahd. rīsan (= abfallen, niederfallen, aufsteigen); siehe Rusl]: **1.** *hageln* **2.** *körnig schneien* **3.** *langsam herunterfallen.*

Rismer|reche(n), der [Herkunft des 1. Bestandteils unklar] (Oberinntal): *Rechen mit eng stehenden Zähnen.*

Rispach, Raspach, Rispal, Raspal, Risplraspl, das [wohl aus ahd. rispachi (= Gebüsch), das mit lat. crispus (= kraushaarig, kraus) verwandt ist; von einer alpenromanischen Zwischenstufe ist auszugehen; bei Rispal und Raspal wird die zweite Silbe des ahd. Wortes zu einer Verkleinerungsendung uminterpretiert; Risplraspl ist eine sprachspielerische und sich reimende Ablautform nach dem Muster von Wörtern wie Runggunggl, siehe dort; die Pflanze ist eine polsterförmig wachsende Strauchflechte und wurde daher bei der ursprünglichen Benennung mit einem Gebüsch verglichen]: *Isländisch Moos (Cetraria islandica).*

Rist, der [ahd. rusten (= ausrüsten, schmücken), abgeleitet von rust (= Pferdeschmuck); aus den beiden Bedeutungen entwickeln sich die im Tuxertal und im Defreggental anzutreffenden unterschiedlichen Bedeutungen]: **1.** (Defreggental) *schöne Kleidung* ❖ **an Rist håm:** *schön angezogen sein* **2.** (Tuxertal) *Lebendigkeit, Rüstigkeit.*

ritschilat ⟨Adj.⟩ [Herkunft unklar, Schatz erwägt ital. riccio, riccia (= kraus, lockig)] (Ostttirol): *dicht, viel.*

rittig, ridig ⟨Adj.⟩ [zu reiten]: **1.** *brünstig (von der Kuh)* **2.** *manns- oder weibstoll.*

Ritz, der und die [Herkunft unklar] (Oberinntal und Paznaun): *Alpengras, gutes Futtergras.*

Röad(a), die [aus romanisch roda, lat. rota (= Rad)] (Ötztal): *Schwade von gemähtem Gras.*

róada ⟨hat⟩: *Gras auseinanderstreuen, verzetteln (zum schnelleren Trocknen).*

Róamba, die [mhd. rain (= Wegrand, Rain) und Beere, nach dem beliebten Standort] (Osttirol): *Walderdbeere (Fragariva vesca).*

róatn ⟨hat⟩ [mhd. reiten (= fertig machen; rechnen)] (veraltet): **1.** *rechnen* **2.** *berechnen, überlegen.*

Rob, der [ahd. rouba (= Beute)] (veraltet): *Ernteertrag eines Feldes.*

Robot, die [siehe robotn]: **1.** (veraltet) *Pflichtarbeit für die Gemeinde* **2.** *freiwillige Arbeit (z. B. für einen Nachbarn beim Hausbau.*

robotn, rowotn, rowitn, ⟨hat⟩ [mhd. robāten (= Frondienst leisten); zu tschechisch robot (= Fronarbeiter); gesamtdeutsch heute mit der Bedeutung schwer arbeiten]: **1.** (veraltet) *Pflichtarbeit für die Gemeinde leisten* **2.** *freiwillig arbeiten.*

Roch: *siehe Rach.*

Rodl, die, auch der [Herkunft unklar] (auch bairisch): *kleiner Schlitten.*

rogl, rougl, roglig, roglat ⟨Adj.⟩ [mhd. rogel (= locker)]: **1.** *gelockert, lose, nicht kompakt, nicht fest, unruhig:* „Und der Guggu im Wåld / is a schlauer Vogl, / 's Dirnal passt auf 'n Buam / drum schlåft 's går so rogl." (Aus dem Lied „Und der Guggu im Wald") **2.** *schwach, kränklich:* rogl beisammen sein.

rogln, rogle, auch: **aufrogln** ⟨hat⟩ [mhd. rogelen (= locker legen, aufschichten)]: **1.** *locker aufschichten* **2.** *locker machen, auflockern.*

Rone, Rånne, Rånde, Rune, die [wohl zu mhd. ran (= schlank), Herkunft unklar]: *Rübe mit rotem Fleisch, rote Bete.*

ropfn: *siehe Rupfn.*

Rosl, die oder das [Herkunft unklar] (Brixental): *Sieb.*

Rọss-, Ros-: [wie Ross zu mhd. ros (= Pferd, Streitross, Wagenpferd), ahd. (h)ros, weitere Herkunft unklar; das Wort bedeutet einerseits in der gehobenen Sprache (edles) Pferd, außerdem ist es im Oberdeutschen dialektal die Normalform, während Pferd kaum verwendet wird]: **als 1. Bestandteil für (große oder wilde) Pflanzen** [im Volk werden diese Eigenschaften dem Pferd zugeschrieben und auf Pflanzen übertragen]: **Ross|beiche, Ross|bäuche** (= große Pflaumen); **Ross|bråtn** (= Zwetschkenart); **Ross|kẹstne** (= wilde Kastanie); **Ross|kim** (= Rosskümmel); **Ross|mịnze**(= langblättriges Minzkraut); **Ros(s)|nagele** (= wilde Nelke); **Ross|schwoaf** (= Ackerschachtelhalm).

Rọss|knedl, Ros|knedl, Rọ̈ss|gogl, der: *einzelnes rundliches Stück Pferdekot.*

Rọtz-, Rotz- [wie Rotz zu mhd. ro(t)z, ahd. (h)roz (= Nasenschleim), zu ahd. (h)rūzan (= schnarchen, knurren)]: **als 1. Bestandteil verstärkend bei Komposita, die als Schimpfwort dienen: Rọtz|binggl** (= schmutziger, unerzogener Mensch); **Rọtz|bua (=** unerzogener, ungepflegter, frecher Bub ❖ **jemanden wia r an Rotzbuam behåndln** (= jemanden nicht für voll nehmen); **Rọtz|pippm**: (frecher, unerzogener Kerl).

Rọtz|gloggn, die [2. Bestandteil: Glocke]: *Nasenschleim, der tropfenförmig aus der Nase rinnt.*

Rọtz|klachl, der [2. Bestandteil: siehe Klachl] (derb): **1.** *Nasenschleim, der tropfenförmig aus der Nase rinnt.* **2.** *rotzhaltige Spucke.*

Rúech, Rüeche, der [siehe ruechn]: **1.** *gieriger, rücksichtsloser Mensch* **2.** *Geizhals.* **3.** *unbekümmerter, leichtsinniger, sein Leben aufs Spiel setzender Mensch.*

rúechn ⟨hat⟩ [mhd. ruochen (= wünschen, begehren), weitere Herkunft unklar]: **1.** *grob und rücksichtslos vorgehen* **2.** *geizig sein* **3.** *etwas heftig ausführen* (z.B. übertrieben arbeiten) **4.** *schnell fahren, rasen.*

rúessln, rúesslen ⟨hat⟩ [Herkunft unklar]: **1.** *schnarchen* **2.** *lang und gut schlafen* **3.** *etwas oder jemanden mit Ruß schwärzen* (z.B. eine Aufgabe der Krampusse).

Ru̲f(e), Rụff, Ri̲fn, die und **Ri̲fl, Ri̲fei**, das [ahd. ruf (= Schorf, Aussatz)]: *Wundkruste, Schorf.*

rụggapetze trågn ⟨hat⟩ [das Wort enthält eine dialektale Form von Rücken sowie das Suffix -etzen; eigentlich: auf den Rücken laden] (Osttirol): *auf dem Rücken tragen.*

Rụggaun: *siehe Råggaun.*

rụmpfn ⟨Adj.⟩ [aus dem Partizip Perfekt des mhd. Verbs rümpfen; vgl. die Nase rümpfen] (veraltet) (Imst): *faltig, runzelig.*

Rụmse, die [Herkunft unklar] (Ötztal) (veraltet): *Gespenst auf der Alm.*

Rụnggl(a), die [laut Grimm vermutlich zu Runken, eine Nebenform von Ranken (siehe Rangge[1]), also ursprünglich: großes Stück] (Oberinntal); **Rụnggler**, der: *Runkelrübe, Futterrübe (Beta vulgaris subsp. vulgaris, Crassa-Gruppe).*

Rụnggle, die [über eine romanische Zwischenstufe zu ital. roncola (= Hippe)] (Oberinntal): *grobes Messer zum Aushacken von Geäst.*

Runggụnggl, Runggụnggle, die [eigentlich: Runkunkel, so in vielen Regionen des deutschen Sprachraums; vergleicht sich laut Grimm mit Wörtern wie Rumpumpel, Schlampampe etc.; es sind im Reimspiel geformte Bildungen, bei denen etymologisch zunächst nur das erste Glied relevant ist, in diesem Fall mhd. runke, runze (= Runzel, Falte in der Haut)] (scherzhaft und spöttisch): *alte Frau.*

Rụnse, Rụns, die; **Rụnst**, der [mhd. die runse, der runst; (= das Rinnen, Rinnsal, Kanal, Flussbett), ahd. runsa, runst; zu rinnan (= rinnen)]: **1.** *Rinnsal* **2.** *Bachbett.*

Rụpfn, der [durch Substantivierung des Stoffadjektivs mhd. rupfin (= aus Werg), das zum Verb rupfen (= rupfen, zausen, zupfen) gehört; Werg besteht aus Fasern, die bei der Verarbeitung von Flachs oder Hanf abfallen; ursprünglich also: das, was von der Hechel abgerupft wurde): *grobe Leinwand aus Werg.*

Ru̲sele, das [wie Pfrousl (= Hagebutte) zu bündnerromanisch frosla; zu lat. rosa (= Rose); dieses zu griechisch róson, entlehnt aus einer iranischen Sprache] (Oberinntal) (veraltet): *Stachelbeere (Ribes uva-crispa).*

Ruselen, die (Plural) [zu lat. rosa (= Rose); übertragen als Krankheitsbezeichnung wegen der rosa Farbe der Pusteln bzw. des Hautausschlags]: **1.** *Röteln, Masern* **2.** *Hautausschlag.*

Rusl, die, **Rusele,** das [zu risln (= hageln), siehe dort]: *Hagelkorn.*

Russ, der [eigentlich: der Russe; Ungeziefer wird in den deutschen Dialekten öfter xenophob mit einem Völkernamen in Verbindung gebracht; eine alternative dialektale Bezeichnung für Russ ist: der Schwabe; bei diesem Wort spielt die lautliche Ähnlichkeit zwischen dem lästigen Insekt Schabe und der Volksgruppe der Schwaben eine Rolle]: **1.** *Gemeine Küchenschabe (Blatta orientalis), auch bekannt als Kakerlake* **2.** *gesalzene Sprotte, Salzhering* **3.** *ein Mischgetränk aus Weizenbier und Limonade.*

Rutscher, der [zu gesamtdeutsch Rutschen (= einzelnes Ausrutschen)]: *kurze Fahrt, kurze Reise, kurzer Ausflug:* einen Rutscher aufs Land machen, auf einen Rutscher vorbeischauen.

R

s: *Einschub zwischen zwei Wörtern* [erleichtert offensichtlich die Aussprache; Herkunft unklar; es könnte sich ev. um ein verkürztes Personlapronomen es handeln]: „Und dås Wåsser in Bacherl roast obi gen Tål, / jå då bleib i s a bois diam amal ..." (Aus dem Lied „Von der Schwoag bis auf d' Hochålm")

Såch(e), die [wie Sache zu mhd. sache, ahd. sahha (= Gerichtssache, Streit, Ursache), zu ahd. sahhan (= prozessieren, streiten); ablautend zu suchen; ursprünglich wohl: einen Täter suchen]: *Sache, Angelegenheit, Eigentum, Besitz:* des is mei Såch (= das ist meine Angelegenheit); schene Såchn heart ma von dir (ironisch).

Sachr, sachn: *siehe Soacher, soachn.*

Såck, der [mhd. und ahd. sac (= Sack, Tasche), zu lat. saccus, dieses zu griechisch sákkos (= grober Stoff aus Ziegenhaar; Sack aus diesem Stoff)]: **1.** *Sack* **2.** *Hosentasche* ❖ **jemanden in Såck steckn:** *jemandem überlegen sein* **3.** *Geldtasche* ❖ **in eigenen Såck steckn:** *in die eigene Tasche stecken* ❖ **aussackln:** *die Taschen leeren, jemanden um sein Geld bringen* **4.** (abwertend) *Mann:* er ist ein alter Såck.

Sackl|picker, der: *Sträfling, jemand, der im Gefängnis Papiersäcke zusammenklebt.*

Såck|messer, das [gemeint ist wohl der Hosensack]: *Taschenmesser.*

Såg(e)[1], Såget, die [mhd. sage, ahd. saga (= Rede, Erzählung, Gerücht; eigentlich: das Gesagte)] (veraltet): **1.** *bloßes Gerede* **2.** *Erzählung.*

Såg(e)[2], die [zu sägen]: **1.** *Säge* **2.** *Sägewerk.*

såggetzn, soggetzn, sotzgern, suggetzn, såpfetzn ⟨hat⟩ [siehe såppm; lautmalerisch vom Geräusch, wenn man auf nassem Boden geht oder Wasser in Schuhen hat]: *glucksen.*

saggra, saggere, saggermẹnt; stärker verhüllend auch **sappere, sappermẹnt, sapperlọt** ⟨Interj. und Adj.⟩ [mhd. sagkermente, sacrament, zu kirchenlat. sacramentum (= religiöses Geheimnis, Mysterium), zu sacer (= heilig)]: *verdammt, verflixt (harmloses Fluchwort):* „Und 's Dinadl von Tux (...) / wenn ma 's ugreift, åft zuckt 's (...) / wenn ma 's frågt um an Tånz (...) sågt 's du saggara Schwånz. (Aus dem Lied „Und a Sprung übers Wasserl").

sąggrisch ‹Adj.› [aus dem Fluchwort abgeleitet]: ein saggrischer Mensch: **1.** *ein übler Mensch* **2.** *ein verdammt tüchtiger Mensch.*

sąggrisch ‹Adv.›: *besonders:* „Håst a Pulver in da Tåschn, / bist a Jaga, tuast gern nåschn / håst an Gamsbårt auf 'n Huat, / jå meiner Seel, der steht dir sakrisch guat." (Aus dem Lied: „Blaue Fensterl, greana Gatta", in Tirol und in ganz Österreich verbreitet).

sagln ‹hat› [wie sägen zu Säge, zu mhd. sege, sage; ahd. sega, saga; ursprüngliche Bedeutung wohl: Gerät zum Schneiden]: **1.** *sägen* **2.** *schnarchen.*

Sągrach, der, **Sågera,** das [romanisch sacrātu zu lat. sacristia, zu lat. sacer (= heilig)] (veraltet): *Sakristei.*

Såg|schoatn, die (Plural) [2. Bestandteil: dialektal für Scheit [mhd. scheite (= Holzspan); eigentlich: Abgetrenntes; zu scheiden]: *Säge-späne.*

Såcher, der [vgl. ahd. sahor (= Schilfgras)]: *Grasart mit scharfkantigen Blättern, Unkraut.*

Såiss, die [mhd. salse (= gesalzene Brühe); belegt bei Mayr]: *Marmelade, Gelee, eingekochte Früchte.*

Sålch(e), die, auch: **Sålfe, Såife** [mhd. salch; ahd. salaha (= Weide)]: *Salweide (Salaha caprea)* [der 1. Bestandteil von Salweide ist die 1. Silbe des aus dem Ahd. stammenden botanischen Namens; der lat. Zusatz caprea erinnert daran, dass die Blätter gern von Ziegen angeknabbert werden].

S

Saldo|gschirre, das [1. Bestandteil: Plural von Seil, 2. Bestandteil (= Geschirr)] (Osttirol): *Zaumzeug.*

Såliter, der [verkürzt aus Salniter (= sal nitrum)]: (veraltet) *Salpeter.*

sąll ‹Pron.› [mit Oberinntaler Lautung aus mhd. selb (= selb, selbst)]: *dieses:* jå sall(e) (= das will ich meinen); sall woll (= ja natürlich); sall isch wahr (= das ist wahr); moansch den salln (= meinst du den); sallwånder (= selbander): „Wenn d' Stadtlar fråga: ‚Wo seids hear', då mâch ma it lång Fåxa, / von oban acha, sall isch gwiss, wo d' Långgalabiara wåchsa." (Aus dem Lied „Miar Oberländer fölsaföscht").

Salnúiter, der [zu salt, siehe dort] (scherzhaft): *Oberinntaler* (ihnen wird nachgesagt, dass sie knausrig seien und Bettler mit den Worten mir håwe salt nuit (= wir haben selbst nichts) abweisen.

sạlt ‹indeklinables Demonstrativpronomen› *selbst:* „Miar Oberländer fölsaföscht, miar wölla salt regiera, / miar schicka d' Büabla ins Stadtlan åha und låssa s' döt studiera." (Aus dem Lied „Miar Oberländer fölsaföscht") ❖ **salt tan:** *selber schuld.*

Sạndler, der [zu mhd. seine (= langsam, träge); vgl. sandln; kein Zusammenhang mit: der Sand] (vereinzelt auch bairisch): **1.** *heruntergekommener, arbeitsscheuer Mensch* **2.** *Obdachloser.*

sạndln ‹hat› (Bedeutung 2 auch bairisch): **1.** *statt zu arbeiten, die Zeit vertrödeln* **2.** *als Obdachloser leben* ❖ **gånz versandlt sein:** *völlig heruntergekommen sein.* **3. etwas sandln:** *schnorren:* i hab a Tschigg gsandlt.

sạ̊nggern, sẹnggern ‹hat› [siehe sempern]: *murren, nörgeln.*

sạ̊pfetzn: *siehe såggetzn.*

Sapin, Zapin, Sạppl, Sạppe, der [ital. zappa (= Hacke, Haue)]: *Sapie, großer Pickel zum Heben von Baumstämmen.*

sạ̊ppm ‹ist› [mhd. sappen (= plump gehen)] (Zillertal): *im Nassen stapfen.*

Sạ̊ss(e), die [mhd. sâȝe (= Sitz, Rast, Lage), zu sitzen] (veraltet): *Vertiefung im Gelände.*

Sạssl, das [Verkleinerung von Såss]: *kleine Felsnische.*

sau- **<Präfix>** [aus dem Substantiv Sau]: **1.** *verstärkend vor Adjektiven:* **sau|grob, sau|kalt, sau|schlecht, sau|teuer** **2.** *verstärkend vor Substantiven:* **Sau|hund, Sau|kerl, Sau|vieh, Sau|wetter.**

Sau|bär, der [mhd. bër (= Zuchteber)]: **1.** *männliches Schwein, Eber:* „Die zwei, die håm si zsammgeschmuggt, grch, grch (...) und håm dabei den Saubärn dadruckt ...“ (Aus dem Lied „Es wår einmal ein Holzknecht so stolz“, auch „Der Saubärgrunzer“ genannt). **2.** *schmutziger Mensch.*

Sau|bartl, der [zum männlichen Vornamen Bartholomäus] (regional auch in D): *schmutziger, charakterlich unmoralischer Mensch.*

Sau|beitl, Sau|beidl, der [2. Bestandteil: dialektal für Beutel (= Penis)]: *elender Schuft.*

sauber, sauwa ⟨Adj.⟩ [mhd. sūber, sūfer (= rein, schön, hübsch); ahd. sūbar; zu lat. sobrius (= nüchtern); gesamtdeutsch: rein] (auch süddt. und schweizerisch): **1.** *in der Aufmachung, der äußeren Erscheinung sehr ansprechend, von angenehmem, nettem Aussehen:* „Pfiat die Gott, du schöne Hüttn, / pfiat die Gott, du schöne Alm, ja, Pfiat die Gott, du saubers Diandl, / håst mir a amål recht saggrisch gfålln!“ (Aus dem Lied „Von der hohen Alm“) **2.** *beachtlich, ordentlich:* der hat uns sauber einiglegt.

Sau|blåter(e), Sau|blåda, die [2. Bestandteil: dialektal für Blase]: *Schweinsblase.*

Sau|blume, die; auch: **Schweins|blume, Schwei(n)|blüema** (Imst) und andere dialektale Varianten [1. Bestandteil: die Vorsilbe schwein- bzw. sau- steht für: gewöhnlich, ordinär (weil diese Pflanze auf Feuchtwiesen sehr häufig vorkommt); die Bezeichnung Löwenzahn wird für zwei verschiedene Pflanzen verwendet, daher ist unklar, welche gemeint ist; aus Imst wird uns Bedeutung 1 gemeldet; wurde als Schweinefutter gemäht bzw. gesammelt, wegen der weichen Blätter]: **1.** *Gewöhnlicher Löwenzahn (Taraxacum sect. Ruderalia)* **2.** *Löwenzahn (Leontodon).*

S

Sauffe, Zauffe, die [Herkunft unklar] (Imst): *Ribes, Johannisbeere.*

saufn ⟨hat⟩ ❖ **saufn wia r a Bürstenbinder** [vermutlich zu bürsteln (= trinken); in Anlehnung an den mit Staubentwicklung verbundenen Beruf der Bürstenbinder, was deren Durst erklären soll]: *viel (Alkohol) trinken.*

Sau|fuater, Sau|fuada, das [eigentlich: Futter für die Säue]: *schlechtes Essen.* ❖ **Sau|fuatern** ❖ **zum Sau|fuadern:** *im Überfluss.*

Sau|gloggn läuten: *unanständige Reden führen.*

Saur|åmpfer, der (Zillertal: **Saur|ånze,** die) [ahd. ampf(a)ro (= Sauerampfer), ursprünglich: der Saure, der Bittere; Bezeichnung für eine auf Wiesen wachsende Pflanze mit säuerlich schmeckenden Blättern, zur Verdeutlichung wird das Wort sauer vorangestellt]: *Sauerampfer.*

Sau|tal, das [eigentlich: Sau-Teil]: *Schweinefutter.*

sau|tan, sau|tang ⟨hat⟩ [Herkunft unklar, die Ähnlichkeit in der Lautform und in der Bedeutung zu Sau ist auffällig] (Zillertal): **1.** *unachtsam verstreuen* **2.** *verschmutzen.*

sạx, sạxn ⟨Interj.⟩ [vielleicht verhüllende Abwandlung zu: meiner Seel]: *harmloses Fluchwort:* meiner sax, Herrgott saxn.

Schab, Schapm, Schoup, der; **Scheiple,** das [mhd. schoup (= Bündel, besonders Strohbund)]: *Bündel oder Garbe von Stroh, Heu, Reisig.*

Schåba, Schåwa, der [vgl. mhd. schaperūn (= Mantel mit Kapuze)]: **1.** *Männerschurz* **2.** *Schabe.*

Schạchar, der [mhd. schāchære, ahd. scāhhāri, zu mhd. schāch, ahd. scāh (= Raub)] (Tuxertal) (veraltet): *(unehrlicher) Handel.*

schạchern ⟨hat⟩ [aus dem Rotwelschen; entlehnt aus westjiddisch sachern (= Handel treiben); lautlich von Schächer beeinflusst, mit dem das Wort in Verbindung gebracht wurde] (leicht abwertend): *privat Handel treiben* ❖ **verschachern:** *unter der Hand verkaufen.*

Schåchn, der [mhd. schache (= einzeln stehendes Waldstück; Waldrand)]: *einzeln stehender oder ins Feld ragender Wald.*

Schạchterl, Schạchtele, das [Verkleinerung von Schachtel]: *kleine Schachtel* ❖ **wia r ausn Schachterl:** *sauber und ordentlich.*

Schåchtl, die [mhd. schahtel aus ital. scatola, dieses zu mittellat. scatula (= Schachtel), verwandt mit Schatulle] ❖ **a jede Schåchtl findt irn Deckl:** *auch die hässlichsten Frauen finden einen Partner* (vgl. gesamtdeutsch alte Schachtel = hässliche alte Frau).

Schåchtl|wirt, der [auf den hohen Verpackungsaufwand bei McDonald's anspielend; nicht genuin tirolerisch, aber in Tirol mit steigender Verbreitung] (jugendsprachlich, scherzhaft): *McDonald's-Restaurant:* håb gestern beim Schåchtlwirt zwei Hamburger einekhaut.

schadl(n) ‹hat› [mhd. scheiden (= teilen, spalten] (Osttirol): *trennen.*

Schåff, das [mhd. schaf (= offenes Gefäß), ahd. scaph (= Gefäß), ursprünglich: Ausgehöhltes; verwandt mit schaffen] (auch süddt.): *offenes, wannenartiges Gefäß mit ein oder zwei Griffen.*

Schaffl(e), das [Verkleinerung von Schåff, siehe dort] (auch süddt.): *kleines Schaff* ❖ **schütten wia r aus Schaffln:** *stark regnen.*

schaffl|weis ‹Adj.› [zu Schåff, siehe dort] (auch süddt.): *in großen Mengen.*

Schafl, das [Verkleinerung zu Schaf]: **1.** *Schaf* **2.** *dummer oder unachtsamer Mensch.*

Schaggarin, der [französisch chagrin (= Gram, Kummer, Leid, Verdruss] (Defreggental): *Kummer, Verdruss.*

Schålder, die [Herkunft unklar] (veraltet): *großer Holzsplitter.*

Schålk, der [Herkunft unklar] (veraltet): *spezielle Frauenjacke.*

Schålle|boan, die [1. Teil zu Schale, 2. Teil aus mhd. bōne, bōn (= Bohne)]: *Saubohne.*

schåln ‹hat sich› (reflexives Verb) [zu Schale]: *sich fein kleiden* ❖ **gschålnt** *fein gekleidet* ❖ **si außa schåln:** *sich fein herausputzen.*

Schålper(e), Schelfe, Schilf(t)ere, die [Labialerweiterung von mhd. schāle, ahd. scāla, eigentlich: die Abgetrennte]: **1.** *langer Splitter von Holz oder Stein* **2.** *Glasscherbe* **3.** *Blechschelle für Kleinvieh* [diese Bedeutung wohl zu mhd. schellen (= schallen, tönen)] **4.** *Schale (von Früchten, Erdäpfeln usw.).*

Schamizl, das, **Schårmitz,** der [siehe Stanitzl]: *kleiner (konischer) Papiersack (in D: Tüte).*

Schammal, Schamele, Scheml, Schemele, das [mhd. schamel, schemel (= Fußbank)]: *Schemel, Fußbank.*

Schandarm, Schendarm, der [frz. gendarme, zu gens d'armes (= bewaffnete Männer)] (historisch): *Gendarm.*

schandern ‹hat› (Stubaital): *sich herumtreiben.*

Schạndi, Schạnti, Schạnti, Schạndi, Schạntinger, der [eigentlich Scherzwort für ein Mitglied der Gendarmerie und damit nur noch historisch; wird aber in Tirol auch nach der Zusammenlegung von Gendarmerie und Polizei weiterhin verwendet; siehe Schandarm] (salopp, scherzhaft): *Polizist:* „Karl Friedrich: ‚Kennen wir uns?' Erster Gendarm: ‚No, was denn freilich. Mir sein die Schantinger. Gendarmarie! Dorfpolizei!'" (Felix Mitterer: Die Piefke-Saga, 4. Teil, Seite 242–243) ❖ **Räuber und Schanti:** *ein Kinderspiel.*

Schạnk, die; **Schạnk,** der (auch bairisch): **1.** *Theke, an der Getränke ausgeschenkt werden* (von dort werden sie vom Kellner zu den Gästen gebracht) **2.** *Raum, in dem sich die Schank befindet.*

schånzn ⟨hat⟩ [zu Schanze (= Erdwall), Erdarbeiten zum Anlegen einer Schanze waren hart und anstrengend] (veraltet): *hart arbeiten, sich abmühen:* „... hab' g'schanzt von frueh bis spat und hab' g'moant, woaß Gott was i tue. Die Kameraden (...) hab'n mir tausendmal g'sagt: ‚(...) sei nit so dumm und schind' di für'n Geldsack, er wirft die do weg, wenn's aus ist mit deiner Kraft.'" (Aus: „Um Haus und Hof" von Franz Kranewitter").

Schåpf, Schåpfn, der [ahd. scapf (= Gefäß)]: *Schöpfkübel an einer Stange.*

Schar(e), die [mhd. schære, ahd. scāri (Plural von: scār (= Messer, Schere); auch in Pflugschar ist der Vokal erhalten geblieben]: **1.** *Schere* **2.** *scherenartig gefächerter Gegenstand* **3.** *Stoß (Gesamtheit der Schwanzfedern) des Auerhahns (Tetrao urogallus), Stoß des Spielhahns, Birkhahns (Lyrurus tetrix oder auch Tetrao tetrix)*

Scha(r)ling, der [mhd. scherlinc, schirlinc, ahd. scer(i)linc zu einem untergegangenen germanischen Wort mit der Bedeutung Mist (weil die Pflanze gern auf Düngerhaufen wächst)]: *Schierling, ein giftiges Doldengewächs (Apiaceae).*

Schạrniggl, Saniggl, der [eigentlich: Sanikel, zu lat. sanare (= heilen); die Pflanze war früher ein Heilmittel gegen Zahnschmerzen, Husten, Brüche und innere Wunden]: *Quirlblättrige Zahnwurz (Cardamine enneaphyllos), auch als Neunblatt-Zahnwurz oder Weiße Zahnwurz bezeichnet.*

schårpm, schårpe ⟨hat⟩ [ahd. scarpōn (= Kürbisse zerkratzen)]: *kratzen, auf- oder wegscharren.*

schårre, scheárn ‹hat› [scharren]: *schaben, kratzen.*

Schårre, Schurre, die [zu schårre]: **1.** *Pfannenkruste* **2.** *Kette als Hemmung unter der Schlittenkufe.*

Schårtn, die (Plural) [zu mhd. schart(e), ahd. scart (= verstümmelt, zerhauen)]: *Späne.*

Schårze, die (Plural) [Herkunft unklar] (Oberinntal): *Hautschrunden, Hautflechten.*

Schas, der [mhd. scheiȝ, Nebenform zu mhd. schīȝen (= scheißen), schīȝe (= Scheiße)] (auch bairisch) (derb): **1.** *abgehende Darmblähung, Furz* **2.** *Unsinn, Blödsinn* **3.** *Kleinigkeit:* Und wegen so an Schas ruckt die Polizei aus ❖ **Des geht di an Schas ån!** *Das geht dich überhaupt nichts an!* ❖ **wegen jedn Schas rean:** *wegen jeder Kleinigkeit weinen.*

Schato, der oder das, auch **Wein|schato** [franz. chaudeau, zu chaud, chaude (= heiß)]: **1.** *Weinschaumcreme* **2.** *Eierpunsch.*

Schaub, Schab, Schap, der, selten auch: die [zu mhd. schoub, ahd. scoup (= Bündel, besonders von Stroh); verwandt mit Schopf (= Haar auf dem Kopf) und Schober (= eigentlich: zu einem Haufen zusammengetragene Garben); siehe auch Tschaupe]: *Bündel von Stroh, Heu, Reisig; Garbe von Stroh.*

Schau(e)r, der und die [mhd. schūr(e) (= Hagel) und schūren (= hageln)]: **1.** der: *Hagelwetter* **2.** die: *Hagelkorn.*

Schaufl(a), die ❖ **jemanden auf die Schaufl nehmen:** *jemanden verspotten, hänseln* ❖ **dem Tod no amoi von der Schaufl gsprungen sein** (auch bairisch): *dem Tod gerade noch entkommen sein, gerade noch einmal davongekommen sein.*

Schaupe, der: *siehe Tschaupe.*

Schawes, der [mit jiddischer Lautentwicklung aus hebräisch šabbạt (= Ruhetag), zu: šạvat (= ausruhen)] (Defreggental): *unordentlicher, sonderlicher Mensch* [das Wort ist ein Beispiel für das Fortleben antisemitischer Wortbildungen].

scheangln: *siehe schia(n)gln.*

S

Schéar, Schéarer, der [eigentlich: Scher; mhd. scher (= Scherer, Maulwurf); ahd. scero, zu ahd. scerran (= scharren, kratzen)] (auch süddt. und schweizerisch): *Maulwurf (Talpa europaea)* [während das Wort Scher das Verhalten des Tieres gut umschreibt, ist Maulwurf ein Musterbeispiel für Volksetymologie: laut Kluge ist das Ursprungswort Haufenwerfer; mit einem 1. Bestandteil, der Haufen, Hügel bedeutet hat; dann erfolgte eine Umdeutung zu mhd. molte, ahd. molta (= Staub, Erde), also Erdwerfer; als molte nicht mehr verstanden wurde, deutete man den ersten Bestandteil zu Maul um; allerdings wirft das Tier nicht mit dem Maul die Erde in die Höhe, sondern mit seinen großen Grabschaufeln].

schéarn: *siehe schrre.*

Scheb, Schewe, die [wohl von schaben abgeleitet, wegen des mit der Krankheit verbundenen Juckreizes]: *Räude, Krätze.*

schebig, schewig ⟨Adj.⟩ [mhd. schebic (= räudig)]: **1.** *räudig* **2.** *armselig, abgenützt* (übertragen vom jämmerlichen Aussehen der räudigen Tiere) **3.** *arg knauserig.*

schẹchte ⟨hat⟩ [zu jüdisch schächten (= schlachten)] (Imst): *heftig streiten, wild disputieren* [das Wort ist ein Beispiel für das Fortleben antisemitischer Wortbildungen].

Schẹck, der [mhd. schecke, entlehnt aus franz. eschiec (= Schach), also schachbrettartig): *scheckige Kuh.*

schẹckat, (g)schẹgget ⟨Adj.⟩: *buntscheckig.*

scheder|wenggat, tscheder|wenggat, schẹlle|wengget, tschalawanggat ⟨Adj.⟩ [zu Scheder, 2. Bestandteilteil zu wanken, ursprünglich: krumm gehen, wackeln]: *verbogen, krumm, wacklig.*

Scheib(a), Scheim, Scheiwe, die [wie standardsprachlich Scheibe zu mhd. schībe, ahd. scība, ursprünglich: vom Baumstamm abgeschnittene runde Platte]: **1.** *Scheibe* **2.** *Schießscheibe* **3.** *Rad aus einem Brett.*

schei(b)m ⟨hat⟩ [wie scheiben und schieben zu mhd. schīben (= sich drehen, rollen); Kegl scheibm (= kegeln)]: **1.** *ausgleiten, stürzen* **2.** *fallen machen, rollen.*

Scheibm schlågn (volkskundlich): *am Scheibmsunntåg, dem ersten Sonntag in der Fastenzeit, Holzscheiben treiben.*

Scheib|truchn, die [zu scheibm] (auch bairisch): *Truhe mit einem Rad und zwei Griffen für den Transport von Erde, Laub etc.*

Scheiferl, Scheifele, das [Verkleinerung zu Schaufel] ❖ **a Scheiferl nåchlegn: 1.** *die Anstrengungen erhöhen* **2.** *einen Konflikt noch weiter verschärfen, eskalieren lassen.*

Scheisser, der [gesamtdeutsch: unangenehmer Mensch, widerlicher Kerl]: *Feigling.*

schẹlch, schạlch, schöch ⟨Adj.⟩ [mhd. schelch (= schief, schielend), Variante zu scheel]: **1.** *schief* **2.** *scheel, verschlagen.*

Schẹlfe, die [mhd. schelve, verwandt mit standardsprachlich Schale]: *Schale des Obsts, von Kartoffeln.*

Schẹlfeler, der [wie Schelfe]: *Kartoffel in der Schale.*

schẹll(e)|wengget: *siehe schederwenggat.*

schẹllig ⟨Adj.⟩ [mhd. schellic (= scheu, aufgeregt)]: **1.** *erschreckt, scheu gemacht* **2.** *brünstig (vom Pferd).*

Schẹll|kraut, das [eigentlich: Schöllkraut; mhd. und ahd. schelkrût, scheliwurz; beides geht auf die botanische Bezeichnung chelidonium zurück, dieses zu griechisch chelidon (= Schwalbe), weil die Pflanze beim Eintreffen der Schwalben zu blühen beginnt]: *Warzenkraut (Chelidonium majus).*

S

Schẹlm, der [mhd. schelm(e) (= Pest, Seuche, ab dem Spätmhd. auch: Betrüger, Bösewicht, Scherzbold); die ursprüngliche Bedeutung ist in Tirol vereinzelt noch erhalten] (veraltet): *Viehseuche.*

Schẹlm|sagle, das [1. Bestandteil: Schelm; 2. Bestandteil: dialektal für Säge; laut Schatz Säge der Holzdiebe] (Oberinntal): **1.** *kleine Säge* **2.** *Bogensäge.*

Schẹlper, der: *siehe Schålper(e).*

Schẹml, der: *siehe Schammal.*

Schẹpfer, der [zu schöpfen, mhd. schepfen (= schöpfen)]: *Schöpfkelle.*

Schẹpper, die [zu scheppern]: **1.** *Rassel, Klapper, Tamburin* **2.** (abwertend) *Sängerin mit starkem Vibrato.*

Schẹpperl, Tschẹpperle, das [zu scheppern]: *Babyrassel.*

schẹppern, tschẹppern ⟨hat⟩ [lautmalend; gesamtdeutsch mit folgenden Bedeutungen: klappern (besonders von aneinander schlagenden Teilen aus Metall), sich klappernd irgendwohin bewegen; Schatz vermerkt eine tirolische Form mit Anlautverstärkung: tscheppern; die zusätzlichen dialektalen Bedeutungen sind in der Folge angeführt]: **1.** *zittern* **2.** *Angst haben.*

schẹps ⟨Adj.⟩ [Herkunft unklar] (Brixental): *schräg.*

Schẹpser, der [zu schepsn, siehe dort]: *eiserner Schaber zum Schepsn.*

schẹps(ern) ⟨Adj.⟩ [zu Schöps; dieses aus einer slawischen Sprache, vgl. tschechisch skopec (= verschnittener Schafsbock)]: *vom Schaf.*

schẹpsn ⟨hat⟩ [laut Schatz zu schaben mit dem Intensivsuffix -etzn, was auf eine ursprüngliche Form schabezen schließen lässt]: **1.** *Bäume entrinden* **2.** (jugendsprachlich) **sich einen schẹpsn:** *onanieren (vom Mann).*

Schẹrgler, der [zu schergn] (abwertend): *ein Kind, das andere verpetzt.*

schẹrgn, schẹrgln, auch: **verschẹrgeln** ⟨hat⟩ [vielleicht zu Scherge (= Gerichtsdiener), das zu Schar gehört; als Scherge konnte man auch jede Amtsperson bezeichnen]: *verraten, verpetzen.*

Scher|lane, Schöer|lena, die [1. Bestandteil zu ahd. skerran (= scharren, kratzen); 2. Bestandteil ahd. lewina, leinna aus romanisch lavina (= Lawine)]: *Grundlawine, den Boden aufscherende Lawine.*

Schẹrpal, das [Verkleinerung von Scherper] (Unterinntal): *kleines Küchenmesser.*

Schẹrper, der [Herkunft unklar]: *einfaches Messer.*

Schẹrrer, Scheara(r), der [siehe Schar(e)]: *Küchengerät zum Scharren in der Pfanne.*

Schẹrz, der, **Schẹrzl,** das [mhd. scherzel (= kleine Schnitte); wie ahd. scurz, scurt, eigentlich: Abgeschnittenes; verwandt mit Schurz (= grobe Schürze für die Arbeit); vgl. auch neuenglisch short (= kurz); die indogermanische Wurzel hat wohl schneiden bedeutet]: *Endstück eines Brotlaibes oder Brotweckens.*

schiach ⟨Adj.⟩ [mhd. schiech (= scheu, verzagt; abschreckend, scheußlich); ursprüngliche Bedeutung scheu] **1.** *hässlich, abscheulich:* ein schiaches Haus, ein schiaches Wetter, ein schiachs Madl; då geht's owa schiach hea (= da rührt sich ordentlich was) (Internetbeleg Kitzbühel) ❖ **schiach wia die Nåcht sein:** *besonders hässlich sein* **2.** *zornig, wütend.*

schiaga(r) ⟨Adv.⟩ [eigentlich schier gar (= fast ganz); vgl. standardsprachlich schier (= geradezu, nahezu, fast), das ursprünglich schnell bedeutet hat und standardsprachlich gar (= fertig gekocht), das ursprünglich ganz bedeutet hat; also: (= fast ganz)]: *beinahe, nahezu.*

schia(n)gln ⟨hat⟩ [zu den älteren Dialektformen (t)schieggln, (t)schienggln, (t)scheankln (= schielen); verwandt mit standardsprachlich scheel (z. B.: jemanden scheel anschauen), das aus dem Niederdeutschen stammt und ursprünglich schief, schräg, dann auch schiefäugig bedeutet hat]: *schielen.*

schiassn ⟨hat⟩ ❖ **jemandem oane schiassn:** *jemanden ohrfeigen.*

Schịck, Schik, der [alte Ableitung von mhd. schicken (= machen, dass etwas geschieht; in Ordnung bringen)]: *schickliche Art; das, was sich gehört* ❖ **einen Schick håbm:** *geschickt sein für etwas.*

Schịgg, der oder die: *siehe Tschigg.*

Schidung, Schidum läuten ⟨hat⟩ [mhd. schidung (= Trennung, Scheidung)]: *Totengeläute (am Tag) vor dem Begräbnis.*

schịlchn ⟨hat⟩ [zu mhd. schihen (= schielen, blinzeln)]: *schielen* ❖ **die Sonne steht in der Schilche:** *die Sonne steht (am Abend) schräg (= tief).*

Schịlfer(e), die: *siehe Schålper(e).*

Schịmpl, der [zu schimpln, siehe dort]: *Schimmelpilz.*

S

schịmpln ⟨hat⟩ [mhd. schimelen, ahd. scimpalon (= schimmeln); verwandt mit scheinen (wegen der weißen Oberfläche)]: *schimmeln.*

Schinạggl, das [ungarisch csónak (= Boot, Kahn); auch ital. dialektal (Comersee) ginaccio (= Boot): **1.** *Kahn* **2.** *Ruderboot.*

schinaggln, schinagglen ⟨hat⟩ [laut Hornung zu mhd. schin (= Schiene) und mhd. nagelen (= nageln); ev. auch zu rotschwelsch Schinagole (= Karren): *schwer arbeiten, fleißig arbeiten.*

Schịndeln am Dạch! (auch bairisch): *Redewendung, um den Gesprächspartner darauf aufmerksam zu machen, dass jemand heimlich mithört.*

Schịnke, Schụnkn, der [mhd. schinke (= Schenkel, Schinken), verwandt mit Schenkel]: *Oberschenkel.*

schin|loache, schin|leiche ⟨es hat⟩ (unpersönliches Verb) [1. Bestandteil: mhd. schīn (= Blitz); 2. Bestandteil: lohen (= flammen, flammend leuchten); unter Einfluss von leuchten] (veraltet) (Osttirol): *wetterleuchten.*

Schịnter, der [siehe schintn]: **1.** *Abdecker, jemand, der verendete Tiere abdeckt (= beseitigt)* **2.** *Rossmetzger* **3.** *mühsamer Weg über einen Steilhang* **4.** *jemand, der andere plagt.*

Schịnter|latschn, die [ist wie viele Rhododendron-Arten giftig; besonders gefährdet sind Wiederkäuer, wenn sie auf der Weide wegen Futtermangels von diesen Pflanzen fressen; daher Schinter als 1. Bestandteil]: *Bewimperte Alpenrose (Rhododendron hirsutum); Rostblättrige Alpenrose, Rostroter Almrausch (Rhododendron ferrugineum).*

Schịntl[1]**, Schịntle,** die [wie standardsprachlich Schindel aus mhd. schindel, ahd. scindula, scintala, zu lat. scindula, dieses zu lat. scandere (= steigen), weil Schindeln treppenförmig angelegt sind]: *(Dach)schindel.*

Schịntl[2], die [wohl zu schintn, siehe dort]: *Fruchtschale bei Gemüse oder Obst.*

Schịnt|lúeder, das [eigentlich: Aas vom Schinter]: *derbes Schimpfwort.*

schịntn ⟨hat⟩ [mhd. schinden, schinten (= enthäuten, schälen), früh in der übertragenen Bedeutung (= misshandeln, quälen)]: **1.** *schinden* **2.** *hart arbeiten* **3.** *quälen.*

Schịppl, der: *siehe Schüppl.*

Schịrfe, die [aus mhd. schürfen (= aufschneiden, schürfen)] (Osttirol): *Glasscherbe.*

Schịrp(e), die [mhd. scherbe, schirbe, ahd. scirbi; laut Kluge ursprünglich: das Scharfkantige, das Schneidende]: *Scherbe.*

schiwan ⟨hat⟩ [mhd. schübel (= Büschel)]: *schöbern, Schöber aufstellen.*

Schịxe, die [zu rotwelsch schikse (= Mädchen), zu jiddisch schickse(n) (= Christenmädchen; Dienstmädchen), zu hebräisch šęqęz (= Unreines; Abscheu); in Tirol (vor allem Oberinntal), nur mit abwertender Bedeutung]: *Geliebte, Braut.*

Schịxe, Schịxeler, der [siehe Schixe, die]: *Liebhaber, Bräutigam.*

Schlåg[1], der [kurz für: Menschenschlag] ❖ **vom ålten Schlåg:** *zu einem alten Menschenschlag gehörig, so wie es einmal war.*

Schlåg[2], der [aus schlagen]: **1.** *Schlagobers, Schlagrahm, Schlagsahne:* Kaffee mit Schlag, Torte mit Schlag **2.** *Schlaganfall* **3.** *Holzschlag, Latschenlager* **4.** *Schicksalsschlag.*

schlägern ⟨hat⟩ [zu gesamtdeutsch schlagen; außerdem zu gesamtdeutsch Schlägerei]: **1.** *Holz fällen.* **2.** *raufen, sich schlagen.*

schlågge ⟨ist⟩ [zu mhd. slach (= schlaff, welk)] (Oberinntal): *lose hängen.*

schlåggetzn [Intensivbildung zu schlågge mit der Endung -etzn]: **1.** *schlottern* **2.** *glucksend essen.*

Schlagl(e), das [die Verkleinerungsendung ist euphemistisch, sie bedeutet nicht unbedingt, dass es sich um einen leichten Schlaganfall handelt]: *Apoplexie, Schlaganfall.*

Schlåg|obers, das; auch kurz: **Schlåg,** der: **1.** *süßer Rahm, der zum Schlagen geeignet ist (noch flüssig)* **2.** *süßer Rahm, der bereits geschlagen worden ist:* eine Sachertorte mit Schlag.

Schla̲ka, der [abzuleiten aus mhd. slegel (= Werkzeug zum Schlagen) und mhd. kar (= Geschirr, Schüssel); eigentlich: Schlagschüssel; vgl. mhd. slegelmilch (= Buttermilch)] (Osttirol): *Rührkübel zum Butterschlagen.*

Schlamạssl, das [jiddisch schlimasl (= Pech, Unglück); hebräisch masál mit hebräischer Verneinungspartikel, also: schelomasal (= was nicht Glück ist)]: *missliche Lage, verfahrene Situation, Unannehmlichkeit.*

Schlạ̊mperer, der [zu schlåmpm, schlåmpern, siehe dort]: *nachlässiger Mensch, unordentlich Arbeitender* ❖ **schlạ̊mpert** ⟨Adj.⟩: *schlampig* ❖ **Schlå̲mpm,** der: *abgerissenes Stück Tuch* ❖ **Schlạ̊mpm,** die: **1.** *schlampige Frau* **2.** *liederliche Frau.*

schlạ̊mpm, schlạ̊mpern ⟨hat⟩ [seit dem 15. Jh.: schlottrig herunterhängen]: *unordentlich sein, nachlässig arbeiten* ❖ **schlạ̊mpm gian:** *sich herumtreiben.*

Schlạnggl, der [gehört so wie Schlingel zu schlendern und zu schlenkern; ursprüngliche Bedeutung Faulpelz; weitere Herkunft unklar]: *Kind oder junger Mann, der zu Streichen aufgelegt ist.*

Schlạpf(n), Schlạpper, Schlo̲a̲pfn, der [zum Verb schloapfn[2]]: *Hausschuh, Pantoffel.*

Schlạ̊rfe, der (Oberinntal): *alter, schlechter Schuh.*

Schlạ̊rgger, Schlạ̊rpm, der (Ötztal): *alter Schuh.*

schlạ̊rggn ⟨ist⟩: *den Boden streifend gehen.*

schlạrpm, schlạrpm ⟨hat⟩ *(auf)schlecken.*

Schla̲tz, Schlụtz, der; **Schlạtzl,** das [Herkunft unklar]: **1.** *kleiner Schwall Wasser, Schluck Wasser oder Milch* **2.** *Schleim, Speichel* **3.** *feuchter Schmutz* **4. auf jemanden an Schla̲tz ham:** *über jemanden verärgert sein.*

schla̲tzig, schlụtzig ⟨Adj.⟩: *schleimig, schlüpfrig.*

Schlawi̲ner, der [vielleicht Wortmischung aus dem Adjektiv schlau und aus Slawe (bzw. Slowene), ursprünglich wohl fremdenfeindlich gemeint] (auch bairisch): *raffinierter, durchtriebener Kerl, Schlingel, Gauner.*

schléassln ⟨hat⟩ [Ableitung von mhd. sloz (= Schloss, Riegel; Fessel)]: *den Fuß stellen.*

Schlęcker, der [zu schleckn, siehe dort]: **1.** *Person, die schleckt* **2.** *Süßigkeit auf einem kleinen Stab zum Abschlecken, Lutscher* **3.** (Defreggental) *Zeigefinger (Finger, mit dem man schleckt).*

Schleckerei, die [zu schleckn, siehe dort]: *Süßigkeit.*

schlęckn ⟨hat⟩ [mhd. slecken, verwandt mit lecken, dieses dominiert im Norden von D] (auch süddt. und schweizerisch): **1.** *mit der Zunge über etwas streichen:* der Hund schleckt sich die Pfote **2.** *mit der Zunge Nahrung aufnehmen:* das Kind schleckt Eis; die Katze schleckt Milch **3.** *Leckereien zu sich nehmen* **4. jemandem den Arsch schlęckn:** *sehr unterwürfig, dienstbar sein.*

Schlegl, der [mhd. slegel (= schwerer Hammer, Keule); ahd. slegil, zu schlagen; die ursprüngliche Bedeutung war Werkzeug zum Schlagen und wurde dann wegen der Form auf diesen Teil des Schlachttieres übertragen; in D Keule, wobei sich die Bedeutung ähnlich entwickelt hat] (Küchensprache) (auch süddt.): *das hintere Viertel vom Kalb, Reh, Lamm etc.*

Schlegl|milch, Schlögl|milch, die [eigentlich: die mit einem Schlegl gerührte Milch]: *Buttermilch:* Grüaß Gott, liabe Sennrin, / mach auf gschwind die Tür, / an Bock han i gschossn, / låss mi eini zu dir! / An frisch triebnen Butter / und Schlöglmilch dazua / håt d' Sennrin glei auftischt / ihrn Bua." (Aus dem Lied „Schian blau is der Morgen").

schleichn ⟨ist gschlichn⟩ [ahd. slīhhan, eigentlich: gleiten] ❖ **si schleichen** ⟨hat sich gschlichn⟩: *verschwinden* ❖ **Schleich di!** *Verschwinde!*

schleidan ⟨hat⟩ [eigentlich: schleudern]: *onanieren (vom Mann).*

schleinen, g|schleinen ⟨hat sich⟩ (reflexives Verb) [ahd. sliumo (= rasch, eilig)]: *sich beeilen.*

schleissig ⟨Adj.⟩ [zu schleißen (= abnützen, zerreißen)] (auch bairisch): *abgenützt, verschlissen.*

schlẹnggln ‹hat› [zu schlenkern (= hin- und herschwingen)]: **1.** (veraltet) *den Dienstplatz wechseln.* **2.** *hin und her gehen.*

schlẹnzn ‹ist› [möglicherweise aus einem nicht belegten schlendezen oder schlenkezen zu schlendern]: **1.** *müßig gehen, ziellos herumschlendern* **2.** (Oberinntal) *eislaufen, rutschen.*

schlẹrggn: *siehe schlårggn.*

Schlịchte, die [Ableitung von mhd. sleht (= eben, gerade), also der Körperteil, der gerade bzw. aufrecht macht] (veraltet): *Leiste, Lendenbeuge.*

schli̲fere, schli̲fern ‹ist› [Herkunft unklar, vielleicht zu schleifen, dieses zu mhd. slīfen, ahd. slīfan, ursprünglich: gleiten, glitschen, oder zu schlurfen mit Nebenform schlürfen (= schleifend gehen), das mit schleifen verwandt ist] (Oberinntal): *eislaufen.*

Schlịpf|kråpfn, der [mhd. slüpfen (= schlüpfen), Intensivbildung zu sliefen] (Osttirol): *Schlutzkrapfen.*

Schló̲a̲pfe, die [siehe schloapfn] (Schwaz): (veraltet): *großer, niederer Schlitten für bäuerliche Arbeiten.*

schló̲a̲pfn ‹hat› [wie schleifen zu mhd. sleifen, sleipfen (= schleifen, schleppen)]: **1.** *Lasten (z. B. Baumstämme) am Boden ziehen* **2.** *schlürfend gehen.*

schló̲a̲re ‹ist› [wie schleifen zu mhd. sleifen, sleipfen (= schleifen, schleppen)] (Oberinntal): *schlurfend gehen.*

Schlụff, Schlu̲f, der [mhd. sluf zum Verb sliefen (= schliefen)]: **1.** *Stelle zum Hineinschlüpfen:* „Und auf der schwårzn Wånd, / da springt da Bock umanånd, / i kenn ja längst sein Schluff, / wo er sie einidruckt, / i låss mei Stutzal knålln, / der Bock is åbagfålln, jetzt miaß ma n auffa holn, denn i hab gstohln ...“ (Aus einem Wildschützlied, das im steirischen Salzkammergut erstmals aufgezeichnet wurde, aber im gesamten Alpenraum verbreitet ist; die Titelzeile „Wohl auf die Zitteralm“, ein fiktiver Ort, wird jeweils den örtlichen Begebenheiten angepasst). **2.** *Schlupfwinkel.* **3.** *kleines Zimmer, schmaler Gang.*

schlụggetzn ‹hat› [mhd. sluckezen, Intensivum zu slucken (= schlingen, schlucken, schluchzen)]: **1.** *krampfhaft Atem aufstoßen* **2.** *Schluckauf.*

schlụmpat, schlụmpet 〈Adj.〉 [siehe schlåmpm]: *schlampig, unsauber.*

Schlụmpe, Schlụmpa, die [siehe schlåmpm] (Ötztal): *schlampiges Weib.*

schlụnggetzn 〈hat〉 [siehe schluggetzn] (Tuxertal) (veraltet): **1.** *schlingern, schlottern* **2.** *glucksen (von Flüssigkeiten in Gefäßen).*

schlụnzig: *siehe schlutzig.*

Schlụrf, der [wie standardsprachlich schlürfen, schlurfen zu mhd. sürfeln (= schlürfen) lat. sorbere; lautmalend für „mit schleifenden Füßen gehen“; siehe schlurfn] (abwertend) (veraltet): **1.** *außerhalb der Gesellschaft stehender Jugendlicher* (vor allem im Nationalsozialismus auf Jugendliche bezogen, die sich heimlich trafen, um Jazzmusik zu hören und deswegen verfolgt wurden; in den 1950er Jahren allgemein für Jugendliche, die von den gesellschaftlichen Normen abwichen) **2.** *gerader Haarschluss am Hinterkopf.*

schlụrfn, 〈ist〉 [siehe Schlurf]: *schlürfend gehen.*

Schlụtter, die [mhd. slotern (= schlottern, klappern]: *Kinderrassel.*

Schlụtz, Schlu̲tz, der [siehe Schlatz]: **1.** *Schleim* **2.** *schlüpfrige, dicke Masse.*

schlụtzig, schlu̲tzig 〈Adj.〉: *schlüpfrig, schleimig, glitschig.*

Schlụtz|kråpfn, Schlu̲tz|kråpfn, Schlịpf|krapfen der: *Teigtasche, gefüllt mit Käse, Spinat u. Ä.* (eine typische Tiroler Speise).

S

Schmạcht|fetzn, der: *kitschiger Schlager.*

Schmä̲h, der [wohl zu jiddisch schema oder sch'ma (= Gehörtes, Erzähltes)]: **1.** *Kunstgriff, billiger Trick, Schwindelei, Unwahrheit* **2.** *unterhaltsame Redeweise, vor Geist und Witz sprühend* ❖ **Schmäh måchn:** *Witze machen* ❖ **Des is koa Schmäh!** *Das ist nicht gelogen!* ❖ **der Schmäh rennt:** *eine Pointe jagt die andere* (in einer geselligen Runde) ❖ **(an) Schmäh fian:** *sich einer unterhaltsamen Redeweise bedienen, durch witzige Bemerkungen die Unterhaltung bestimmen* ❖ **jemandem an Schmäh derzählen:** *jemandem eine Lüge auftischen* ❖ **a aufglegter Schmäh:** *eine offensichtliche Lüge.*

Schmåh|brúader, der: *unseriöser Mann, Angeber, Aufschneider.*

Schmåh|fíara, der [zu: einen Schmäh führen (= eine Tischgesellschaft mit Erzählungen, Witzen etc. unterhalten): *Stimmungskanone.*

schmåh|stad ⟨Adj.⟩ [2. Bestandteil: siehe -stad]: *sprachlos, mit seiner Weisheit am Ende.*

Schmåh|tandler, der: *unseriöser Mensch, Geschichtenerzähler.*

Schmål|góass, die [1. Bestandteil: standardsprachlich schmal, zu mhd. smal (= klein)] (Jägersprache): **1.** *Rehgeiß* **2.** *dünne Frau.*

Schmanggerl, das [Intensivbildung zu schmiegen; durch -n-Einschub ist Schmankerl entstanden, ursprünglich: das Angeschmiegte in der Rein, in der Rein angelegte süße Kruste] (auch bairisch): *besonderer Leckerbissen:* sie servieren lauter Schmanggerln.

Schmarggl, der; **Schmargele,** das (veraltet): *gewärmtes Mus.*

schmarggln, schmarggele, schmargilan ⟨hat⟩ [mhd. smer (= Fett)]: **1.** *nach schlechtem Fett riechen* **2.** *übel riechen.*

Schmårrn, Schmårre, der [vermutlich verwandt mit Schmer (= Fett); gesamtdeutsch ist die Bedeutung unsinnige Äußerung, wertloses Zeug etc. und: einen Schmarrn daherreden; das geht dich einen Schmarrn an (= überhaupt nichts an) etc.] (Küchensprache) (auch süddt.): *in Fett geröstete Speise aus Mehl, Grieß oder Erdäpfeln.*

Schmatt, der [jiddisch schmate (= Fetzen, Lappen), polnisch szmata (= Fetzen, auch Inflationsgeld)]: *Geld* ❖ **der håt åber Schmatt** (der ist aber reich).

schmattig ⟨Adj.⟩ [zu Schmatt, siehe dort]: *reich:* vu di Schmattign kust des Spårn leana (Internetbeleg, Kitzbühel).

schmatt|reich ⟨Adj.⟩ [zu Schmatt, siehe dort]: *reich.*

schmaudln, schmaulitzn ⟨hat⟩ [Herkunft unklar]: *liebkosen.*

schmeckn ⟨hat⟩ [wie standardsprachlich schmecken zu mhd. smecken (= schmecken, riechen, duften, stinken); neben der Hauptbedeutung haben sich in Tirol die alten Bedeutungen erhalten] (süddeutsch, schweizerisch): **1.** *riechen, duften:* „Enzeler und Kranewittn / schmöckn aus der Brennerhüttn, / drein die Burgl sagt ihr Sprüchl, / braucht dazua koa Zauberbüachl.“ ... (Aus dem Gedicht „Bei der Schnapsbrennerin“ von Anni Kraus) ❖ **den kånn i ned schmeckn:** *den kann ich nicht leiden* **2.** *schnuppern.*

Schmẹtterer, der [zu schmettern]: *Aufschneider.*

schmẹttern ⟨hat⟩ [mhd. smetern (= klappern, schwatzen)]: *aufschneiden, lügen:* Schmetter ned scho wieder!

Schmiarer, der [zu schmiarn, standardsprachlich schmieren (= flüchtig, nachlässig, nicht einwandfrei schreiben)]: *unerlaubtes kleines Buch mit Übersetzungen der klassischen Lateinlektüre (bei Schularbeiten oder Hausaufgaben)* **2.** *Watsche, Ohrfeige.*

schmiarn ⟨hat⟩ ❖ **jemandem oane schmiarn** [mhd. smir(w)en (= schmieren, salben); wie jemandem eine kleben; von der Vorstellung ausgehend, dass der Schlag kleben bleibt]: *jemandem eine Ohrfeige geben.*

schmịrggln ⟨hat⟩ [siehe Schmirgglpapier]: *abreiben, glätten (mit Schmirgglpapier).*

Schmịrggl|papier, das [frühneuhochdeutsch smirgel, entlehnt aus ital. smeriglio]: *Schleifpapier.*

Schmisl, das [zu französisch chemise (= Hemd)] (veraltet): *spezielles Hemd zur weiblichen Tracht.*

Schmịtz, der [mhd. smitzen (= mit Ruten schlagen)]: *Schlag mit der Geißel.*

Schmịtzl, das [Verkleinerung von Schmitz, siehe dort]: *jenes Stück vorne an der Geißel, welches das Geräusch hervorbringt.*

Schmoi|goass, die: *siehe Schmålgóass.*

Schmọnzes, der [jiddisch schmónzeß (= Blödsinn)]: *leeres Gerede, Unsinn.*

Schmus, der [jiddisch schmuo (Plural: schmuoss), zu hebräisch šĕmūạ̄ (= Gerücht; Gehörtes)]: *leeres Gerede, Geschwätz, Unfug:* So a Schmus!

S

schnåbln, schnåblen ⟨hat⟩ [zu Schnabel, dieses zu mhd. snabel (= Schnabel)]: **1.** *vorlaut oder schnippisch reden.* **2.** *(frech) zurückschimpfen* **3.** *ein Schnoferl (eine Schnute) machen* **4.** *küssen.*

schnabuli̲a̲n, schnabuli̲e̲rn ⟨hat⟩ [Weiterbildung zu schnabln mit der aus dem Lat. stammenden Endung -ieren]: *genüsslich essen.*

schnådere, schna̲dre, schnåttern ⟨hat⟩ [vgl. schnattern]: *schnattern, schwätzen.*

Schna̲der|hipfl, das [aus dem Stegreif gesungener Vierzeiler, oft auch mit anzüglichem Inhalt; 2. Teil zu hupfen (= tanzen)] (auch bairisch): *Schnaderhüpfel.*

Schnąggele, das [zu schnaggln, siehe dort]: *kleines Kind.*

Schnąggerl-, Schnąggal- als 1. Bestandteil: drückt in Bildungen mit Substantiven aus, dass es sich um eine kleine, minderwertige Firma oder Organisation handelt: **Schnąggerlbetrieb, Schnąggerlverein, Schnąggerlzug** (langsamer Zug, Regionalzug) etc.

Schnąggl(er), der [zu schnaggln, siehe dort]: **1.** *knackendes, schnalzendes Geräusch* **2.** *Schluckauf.*

schnąggln, schnąggetzn ⟨hat⟩ [ein alter Ausdruck des bairisch-österrreichischen Mundartraums, weitere Herkunft unklar]: **1.** *ein schnalzendes Geräusch verursachen:* mit den Fingern, mit der Zunge schnaggln **2.** *eine rasche Bewegung machen* **3.** *zittern* (von den Knien bei Angst oder Überanstrengung): mir schnaggln die Knie ❖ **es hå̲t bei eam gschnagglt: 1.** *er hat es begriffen, verstanden* **2.** *er hat sich plötzlich verliebt.*

schnąggsln, schnąxln ⟨hat⟩ [Weiterbildung zu schnackeln, schnacketzen (= einen schnalzenden Laut verursachen, eine rasche Bewegung machen); das Wort breitet sich Richtung Norden aus]: *koitieren.*

Schnągs, der [vermutlich zu mittelniederdeutsch snacken (= reden, zwanglos plaudern, sich unterhalten]: *Scherz, lustige Eigenart* ❖ **znągscht** (Oberland): *zum Scherz, als Spaß:* „Und d' Stadtlerheare brauch' mar it, dia tia ins lei seggiere. / I han earscht znagscht zum Nachbar gseit: Miar tia ins salt regiere!" (Aus dem Lied „Mir Oberländer fölsaföscht").

Schnåll, Schnål, der [mhd. snal (= eine rasche Bewegung, z. B. das Schnalzen mit den Fingern oder das Zuklappen einer Falle; verwandt mit schnell; danach für einen Mechanismus, mit einer solchen Bewegung, z. B. eine Schließe]: *Knall, klatschender Schlag Schuss* ❖ **auf Schnåll und Fåll** [vom Fall nach dem Schuss]: *ganz plötzlich, auf einmal.* ❖ **auf jemanden einen Schnåll håbm:** *unübersehbares Interesse an (sexuellem) Kontakt mit jemandem haben.*

Schnålle, Schnóin, Schnolla, die [siehe Schnåll; die Bedeutung 2 erklärt sich nach Kluge dadurch, dass in der Jägersprache das Geschlechtsorgan weiblicher Tiere (nach der Form bestimmter Schnallen) so bezeichnet wurde]: **1.** *Schnalle, Schließe* **2.** *Hure.*

schnålln ⟨hat⟩ [siehe auch: schnelln]: **1.** *knallen, krachen* **2.** *ohrfeigen* ❖ **jemandem eine schnålln, da håt's gschnållt:** *da knallte eine Ohrfeige* **3.** *begreifen:* **der hats gschnållt***: er hat es begriffen.*

Schnårfer: *siehe Schnerfer.*

Schnéa|kada, die (Plural) [eigentlich: Schneekater] (Achental): *Frühlingskrokus (Crocus Vernus).*

schnedere: *siehe schnådere.*

Schnee, der ❖ **anno Schnee, im Jahre Schnee:** *in längst vergangener Zeit* ❖ **ausm Jåhr Schnee:** *sehr alt.*

Schneid(e), die [Ableitung von mhd. snīden (= schneiden, scharf sein)]: **1.** *Schneide eines Messers, einer Hacke etc.* **2.** *Wagemut* ❖ **Schneid håbm:** *mutig sein* ❖ **jemandem die Schneid abkaufen:** *jemanden einschüchtern* **3.** *Kante eines Berggrats:* „Auf tirolerischen Ålmen, då singen die Schwålmen (= Schwalben) / då schleichn die Gamslen frisch her über d' Schneid ..." (Aus dem Lied „Auf tirolerischen Ålmen").

schneidig ⟨Adj.⟩ **1.** *wagemutig, kühn* **2.** *schneidend.*

schneiwelen, schneiwerln ⟨es hat⟩ (unpersönliches Verb): *leicht schneien:* es schneiwelet, es regnelet, es geht a kühler Wind (Kinderreim).

schnelln, schnella ⟨hat⟩ [zu mhd. snal (= eine schnelle Bewegung und der dadurch entstehende Laut); das Schnöllen diente früher zur

Verständigung zwischen den Hirten auf der Alm und den Familien im Dorf; heute ein Volksbrauch]: *(mit der Peitsche) knallen:* Bluatschink in „Funka fliaga“: „Wenn epper so total verruckt isch, wenn epper so ausgezuckt isch / då muaß es schnölla, muaß es kråcha, / då wera wieder Funka fliaga.“ ❖ **jemandem eine schnellen:** *jemandem eine Ohrfeige geben.*

Schnẹrfer, Schnạ̊rfer, der [siehe schnerfn]: *Rucksack.*

schnẹrfn ⟨hat⟩ [mhd. snerfen (= sich biegen, krümmen, einschrumpfen), ahd. snerfan (= sich zusammenziehen); verwandt mit Schnur oder mit Sehne]: **1.** (Tuxertal) *sich zusammenziehen, schrumpfen* **2.** (Unterinntal) (veraltet) *mit einer Schnur zuziehen.*

Schní̱a̱rl: *siehe Schnürl.*

schnịpfn ⟨hat⟩ [Nebenform von schnappen; lautmalend]: *eine Kleinigkeit mit flinkem Handgriff stehlen:* „Handwerkerspottlied“: „Wia måchen's denn die Schneider? / So måchen's dö: / Sie schnipfen dort und då a Fleckerl / und måchen draus a Kinderröckerl, / so måchen's dö.“

Schnịttla(ch), Schni̱dla, Schni̱tlig, Schnịtzlig, der [unvollständige Auswahl der unzähligen regionalen Varianten; diese belegt bei Schatz]: *Schnittlauch (Allium schoenoprasum)* ❖ **ein Schnittlach auf jeder Suppm sein:** *sich überall einmischen, sich wichtigmachen.*

Schnịtz, der [mhd. sniz (= Schnitt, Schnitte); zu schneiden, also ursprünglich: abgeschnittenes Stück Fleisch; Basiswort für (gebackenes) Schnitzel]: **1.** *abgeschnittene Obstspalte, die gedörrt wird* **2.** *abgeschnittener Brettrand.*

Schnịtzler, der [aus schniztln]: **1.** *Holzbildhauer* **2.** *verschnittener Hengst.*

schnịtzln ⟨hat⟩ [siehe Schnitz]: **1.** *mit dem Messer zurechtschneiden* **2.** *holzbildhauen*

Schnó̱a̱rfe, die [siehe schnerfn; eigentlich: Zusammengezogenes]: *Seilschlinge oder deren Ende.*

Schnó̱a̱ter, Schnó̱a̱tler, der [siehe schnoatn, schnate]: *Hackmesser.*

schnoatn, schnate ⟨hat⟩ [Intensivum zu schneiden]: **1.** *Äste weghacken* **2.** *große Stücke abschneiden* **3.** *(ziemlich gierig) aufessen.*

Schnorz, der [Schnorr(z)e ist in oberdeutschen Dialekten die Bezeichnung für die Schnauze; das Wort steckt auch in Schnurrbart (= Schnauzbart)]: *Rotz.*

schnorzig ⟨Adj.⟩ [zu Schnorz, siehe dort]: *rotzig.*

schnufetzn ⟨hat⟩ [bezeichnet wie schnupfetzn oder standardsprachlich schnauben, schnüffeln usw. Nasenlaute oder das Nasensekret] (Westendorf): *den Nasenschleim hochziehen.*

Schnufler, der, **Schnufl,** die [zu schnufn]: *Nase.*

schnufn, schnufl, schnuflen ⟨hat⟩ [gehört zu einer großen Zahl von Wörtern, die Aktivitäten der Nase, den Nasenschleim etc. bezeichnen: vgl. standardsprachlich schnauben, schnaufen, schnüffeln; auch der Schnupfen (= grippaler Infekt) gehört dazu]: **1.** *schnüffeln* **2.** *schnüffelnd suchen, nachspüren* **3.** *den Rotz aufziehen.*

schnupfetzn ⟨hat⟩ [mhd. snupfezen, Intensivum zu mhd. snupfen (= schnaufen, schluchzen)]: *schluchzen, verhalten weinen.*

Schnurfer, der: *siehe Schnerfer.*

Schnürl, Schniarl, das [Verkleinerung von Schnur] (auch bairisch): *dünne Schnur* ❖ **es rennt wia r am Schnürl** [ursprünglich bezogen auf das Beten des Rosenkranzes] (auch bairisch): *es geht ohne Stockungen und Schwierigkeiten, flüssig, völlig reibungslos* ❖ **jemanden am Schnürl håbm:** *jemanden nach Belieben dirigieren und manipulieren* (wie eine Figur im Puppentheater).

Schnürl|regn, der (auch bairisch): *feiner, lang anhaltender Regen.*

Schóas, der; Verkleinerung: **Schóasei,** das [Nebenform von Scheiße, aber andere Bedeutung]: *Darmblähung* ❖ 1. Bestandteil in zahlreichen Schimpfwörtern: **Schóas|blåda** (eigentlich: Schoasblatter); **Schóas|gåttan** (eigentlich: Schoasgatter); **Schóas|trummi** (eigentlich: Schoastrommel) etc.

schóasn ⟨hat⟩ [siehe Schoas]: *eine Darmblähung entweichen lassen.*

schóatlen, schoadln ⟨hat⟩ [mhd. scheiteln, zu mhd. scheitel, scheitele (= oberste Kopfstelle, an welcher die Haare sich scheiden, nach verschiedenen Seiten sich legen)]: **1.** *scheiteln, einen Scheitel ziehen* **2.** *kämmen.*

Schöberl, das [Lehnwort aus Ostösterreich, Verkleinerung von Schober (= geschichteter Heuhaufen); mhd. schober (= Schober, Haufen)] (Küchensprache): *Suppeneinlage aus gesalzenem, gebackenem Biskuitteig.*

schofl, schoflig ⟨Adj.⟩ [rotwelsch, zu jiddisch schophol (= gering)]: *schäbig, erbärmlich, geizig.*

Scholder, der: *siehe Tscholder.*

scholdern ⟨ist⟩ [Herkunft unklar]: *weggehen, nicht dort sein, wo man sein sollte.*

Schopf|bråtn, der [zu mhd. schopf (= Haar auf dem Kopf); in diesem Fall übertragen auf den Nackenbereich] (Küchensprache): *Nackenstück vom Schwein* (bairisch Halsgrat; ansonsten in D: Kamm).

schoppm ⟨hat⟩ [Intensivbildung zu schieben, gebildet vom Präteritumstamm schob] (auch bairisch, schweizerisch): **1.** *(hinein)stopfen* **2.** *sich bauschen, einen Wulst bilden* **3.** *gierig essen* **4.** *Gänse mästen.*

Schotte|bålla, der [siehe Schottn]: *Topfen mit Salz und Schnittlauch.*

Schottn, der [mhd. schotte; ahd. scotto; über das Romanische zu lat. excocta (materia) (= ausgekochte Substanz)]: *Topfen* (in D: Quark).

schraftig, schråff, schroff ⟨Adj.⟩ [mhd. schraf, schrof (= rau, zerklüftet, steil); wie standardsprachlich schroff, wobei im Tirolischen genauso wie im Mhd. der Vokal zwischen -a- und -o- wechselt]: *rau, grob.*

Schrågn, der [mhd. schrage; verwandt mit schräg] **1.** *Holzgestell, Gerüst für Maler* **2.** *Sägebock* **3.** (abwertend) *hagere oder wenig attraktive Frau.*

Schrånn(e), die [mhd. schranne (= Bank zum Feilbieten oder zum Verhandeln); das Wort bezeichnete ursprünglich den Ort der Rechtsprechung, ahd. scranna; es vergleicht sich mit ital. scranna (= der Richterstuhl), wobei nicht klar ist, ob der ital. Ausdruck aus dem

Deutschen entlehnt ist oder umgekehrt; da dieser Ort meist auch sehr zentral lag, entstanden um ihn herum die Getreidemärkte, Fleischbänke und andere Märkte; in Tirol heute nur noch als Ortsbezeichnung mit veränderter Bedeutung] (Unterinntal): *benachbarte Gegend:* die obere Schranne (= innaufwärts), die untere Schranne (= innabwärts); (im Leukental): die obere Schranne (= Gebiet um Kitzbühel), die untere Schranne (= Gebiet um St. Johann).

Schrąnsln, die (Plural) [Herkunft unklar] (Osttirol): *Krokusse (Crocus).*

Schråppe, Schrǫppe, Schrǫ̈ppe, die [zu mhd. schrove, siehe Schrofn]: **1.** *brüchiges Gestein auf dem Boden* **2.** *kleine Erhebung, Eiskruste am Weg.*

Schråppm: *siehe Gschråpp.*

Schréatl, das [Verkleinerung zu Schroat, siehe dort]: *das Balkenende.*

schręms, schriams ‹Adv.› [eigentlich: quer; verwandt mit mhd. schræmen (= schräg machen, krümmen, biegen)]: *schräg, schief.*

Schrępfer, der [zu schrepfen]: **1.** *Bremsklotz am Wagenrad* **2.** *letzter Rang bei einem Wettkampf (= Verlierer)* ❖ **den Schrepferpreis kriegen:** *verlieren.*

schrępfn ‹hat› [Herkunft unklar]: *bremsen.*

Schręttl, der [mhd. schretel, Verkleinerung von mhd. schrat(te) (= Waldteufel, Kobold); ahd. scrato, Herkunft unklar; im süddt. Raum oft mit der Form Schrätel] (Osttirol): *Schmetterling.*

Schróat, der [zu mhd. schrōten (= schneiden, zuschneiden)]: **1.** *Holzverbindung beim Blockbau* **2.** *Kerbe im Balken zum Einfügen eines anderen Balkens.*

S

schróatn ‹hat› [siehe Schroat]: *einhacken, grob hacken.*

schrofig, schrifig ‹Adj.› [siehe Schrofn]: *mit Schrofen durchsetzt.*

Schrofn, Schroufn, Schröfn, der [eigentlich: Schroffen; mhd. schroffe, schrove, schrave (= rauer zerklüfteter Fels, Felsklippe, Felswand); verwandt mit standardsprachlich schroff]: *steiler Fels, steile felsige Klippe* (häufig in Bergnamen und als Name von Berghütten, der Wamperte Schrofen ist beispielsweise ein Berg der Mieminger Kette).

Schrud, die [zu schroten, dieses zu mhd. schrōten, ahd. scrōtan, eigentlich: hauen, abschneiden] (veraltet): *Schrotung, Ergebnis des Schrotens.*

Schrụnt(a), der [wie standardsprachlich Schrund zu mhd. schrunde (= Spalt, Riss), ahd. scrunta (= Riss, Spalt, Felshöhle), zu veraltetem schrinden, schrinnen (= bersten, aufreißen)] (Zillertal): **1.** *(Rand) Spalte eines Gletschers* **2.** *Hautriss.*

schrụntig 〈Adj.〉 [wie standardsprachlich schrundig; siehe Schrunt(a)]: *rissig und rau (von der Haut).*

Schúach|plattler, der [siehe schuachplattl(e)n]: *die Bezeichnung des entsprechenden Tanzes und der Tänzer.*

schúach|plattl(e)n 〈hat〉 [der 2. Wortteil ist zweifellos dem bei Schatz belegten Dialektverb plattern, pflattern (= klatschend schlagen) zuzuordnen]: *schuhplatteln; ein Tanz, bei dem sich die Burschen auf Beine und Sohlen schlagen.*

Schúaster, der, auch **Schúechter, Schúechtar,** der [die wechselnde Lautung ergibt sich, weil das Wort auf mhd. schuoch-suter zurückgeht (1. Bestandteil: Schuh 2. Bestandteil zu lat. sutor (= Näher), also eigentlich: jemand, der Schuhe näht]: *Schuster;* gesamtdeutsch: als Schuster arbeiten (= schlecht und mangelhaft arbeiten); [die in Tirol gängigen Familiennamen **Schíestl, Schíechtl** gehen auf Schuster zurück].

Schúaster|nagele, Schúester|nagei, das: *Schusternägelchen, Frühlingsenzian (Gentiana verna).*

schụntig, schụndig 〈Adj.〉 [zu Schund (= etwas Wertloses, Minderwertiges); ursprünglich: was beim Schinden (= Abhäuten) eines Tieres abfällt]: *schäbig (auch vom Benehmen).*

Schụpfer, der: **1.** *leichter Stoß* **2.** (Sport) *leichter Stoß oder Wurf mit dem Ball.*

Schụpferl, das [zu schupfen] (Fußballersprache): *mit dem Rist den Ball anheben.*

schụpfetzn 〈hat〉 [Intensivbildung zu schupfen] (Zillertal): *stoßweise weinen.*

schụpfn ⟨hat⟩ [mhd. schupfen (= schwanken, stoßen)]: **1.** *(an)stoßen, anrempeln, schubsen* ❖ **Zíegl, einen Ball etc. schupfn:** *werfend weiterreichen* ❖ (salopp) **eine Angelegenheit schupfn:** *sie (gut) managen.*

Schụpfn, der, **Schụpfe,** die [mhd. schupfe (= Schuppen, Scheune)] (auch süddt.): *einfacher Holzbau zum Unterstellen von Holz, Streu oder landwirtschaftlichen Geräten.*

Schụ̈ppl, Schịppl, Schiwi, Tschịppi, der [mhd. schübel, schubel (= Heubüschel), verwandt mit Schopf, Schober und schieben]: **1.** *loses Bündel von etwas:* ein Schüppl Haare **2.** *größere Menge von etwas; Schar:* ein Schüppel Kinder.

schụ̈ppln, schịppln ⟨hat⟩ (auch süddt.): *beim Haarschopf packen, an den Haaren ziehen.*

schụ̈ppl|weis, schịppl|weis ⟨Adj.⟩ (auch süddt.): *in Schüppln, auch haufenweise:* die Haare gehen schüpplweise aus.

schurigeln ⟨hat⟩ [zu schurgeln, schürgeln, Iterativbildung zu mhd. schürgen, schurgen (= schieben, stoßen; mit -l-Einschub und Spross-vokal -i-] (auch ostmitteldeutsch): *jemanden quälen, unterdrücken.*

schụtzn, schụcketzn ⟨hat⟩ [Intensivum zu schucken (= mit Schwung werfen, schleudern); verwandt mit schupfen]: *durch einen leichten Stoß in Bewegung setzen, schaukeln; schleudern, schubsen.*

schwạlch: *siehe schwelch.*

Schwạmmerl, das (auch bairisch, aber dort ist Schwammerl nicht Neutrum, sondern Maskulinum: der Schwammerl): **1.** *Pilz:* in die Schwammerln gehn **2.** *kleiner Schwamm* (zum Aufsaugen von Flüssigkeit) ❖ **wia Schwammerln ausm Boden schiaßn** [in D: wie Pilze aus der Erde schießen]: *rasch in die Höhe wachsen* ❖ **narische Schwammerln gessn håbm:** *ausgelassen sein.*

schwạnzig ⟨Adj.⟩ [zu schwanzn]: **1.** *schön, sauber* **2.** *sich reich geben, ohne es zu sein.*

schwạnzn ⟨hat⟩ [zu mhd. swanzen (= hin- und herschwanken); wohl Intensivbildung zu mhd. swanken (= jemanden ins Schwanken bringen; in Unruhe versetzen); weitere Bedeutungen von mhd.

swanzen waren: herumstolzieren, sich tanzartig oder geziert bewegen; verwandt mit (Schule) schwänzen, diese über einen studentensprachlichen Ausdruck zu mhd. swenzen (= schwenken)] (auch bairisch): **1.** *ärgern* **2.** *herumstolzieren, sich zur Schau stellen:* er schwanzt herum wie ein Pfau ❖ **sich schwanzn**: *sich ärgern:* des schwanzt mi gewaltig.

Schwårz|ba, die [eigentlich: Schwarzbeere] (Osttirol): *Heidelbeere (Vaccinium myrtillus).*

Schwegl, Schwegle, die [mhd. swegele (= Flöte)]: *Schwegelpfeife* (mit einer Hand zu spielende, zylindrisch gebohrte Blockflöte mit nur drei Grifflöchern, zu der der Spieler mit der andern Hand eine kleine Trommel schlagen kann).

schwegln, schweglen ⟨hat⟩ [siehe Schwegl]: *die Schwegelpfeife spielen:* „Wånn der Auerhåhn bålzt und um d' Henn ummatånzt / und wånn d' Sunn auffasteigt und da Eiskogl glånzt, / und die Hiatabuam schwegln und singen schian drein, / jå, då möcht i hålt ålleweil sein." (Aus dem Lied „Von der Schwoag bis auf d' Hochålm")

Schweinerne, das; ein Schweinernes (auch süddt.): *Schweinefleisch.*

Schweins- als 1. Bestandteil in Fleischbezeichnungen (vorwiegend mit Fugen-s, nicht mit -e!): *Schweinsbraten, Schweinsgulasch, Schweinsripperln, Schweinsschnitzel, Schweinsstelze etc.* (und nicht Schweinebraten etc.).

Schweizer, der; **Schweizerin,** die [laut Schatz im Unterinntal und im Zillertal eine Person, die Milch zu Käse verarbeitet]: *Käser(in):* „Bin a frisch' Schwaizermadl, / drallat sein meine Wadl, / i fåhr der Ålm zua, / melch meine Küah. / Kimmt glei der Hüeterbua, / schreit ma von weitn zua: / ‚Schwaizerin, Schwaizerin, / du liegst mir im Sinn!'" (Aus dem Lied „Bin a frisch' Schwaizermadl").

Schweizgal, Schweizal, das; **Schweizgar,** der [zitiert bei Schatz] (Unterinntal) (veraltet): *Gänseblümchen, auch Maßliebchen genannt (Bellis perennis).*

schwelch, schwalch ⟨Adj.⟩ [oberdeutsche Nebenform zu welk; laut Grimm im Mhd. nur ganz vereinzelt und spät bezeugt, kurz erscheint es in der Literatur des 16. Jh. und lebt dann nur noch in Dialekten weiter]: *welk.*

schwẹnggetzn 〈hat〉 [Intensivbildung zu schwenken]: *Wasser in einem Gefäß schwenken.*

schwẹntn 〈hat〉 [mhd. swenden (= schwinden machen)]: *einen Wald ausreuten, Gestrüpp aushacken.*

Schwẹtta, Schwẹtter, der [englisch sweater zu to sweat (= schwitzen), das ursprünglich ein Kleidungsstück bezeichnete, das man trug, um zu schwitzen und so Gewicht zu verlieren; entlehnt im 19. Jh.]: *Strickjacke.*

Schwịck, der [zu schwickn (= flüchtig blicken); dieses wohl zu mhd. swicken (hüpfen, tanzen; winden)] (Oberinntal): *Augenblick, Moment* ❖ **auf an Schwick vorbeikommen:** *auf einen Sprung vorbeikommen.*

Schwịlch, Schwịller, der [Herkunft unklar]: *Zuchteber.*

schwịntlig, schwịndlig 〈Adj.〉 [zu Schwindel (= Gefühl, als schwanke der Boden, Betrug, Täuschung)]: **1.** *schwindlig* **2.** *fragwürdig, anrüchig, von zweifelhaftem Ruf:* diesem schwintlign Händler hätt i nix abkauft.

Schwịps, der [zu schwippen (= wippen), mit Ablaut von schwappen gebildet; breitet sich gegen Norden aus]: *leichter Rausch.*

Schwịtz, Schwiz, der [zu schwitzen]: *Körperschweiß*

schwóa(b)m 〈hat〉 [mhd. sweiben (= sich schwingen, schwanken)]: **1.** *Wäsche im Wasser schwenken* **2.** *schwemmen:* „In der Floitn drin im Gråbn / håt 's Brügglan verträgen, / håt 's die Weglan ausgschwoabt, / åber a bissl a Schneid håt 's uns gloabt." (Aus dem Lied „Und an Ålmhütt isch mei Häusl").

séa 〈Interj.〉 [zu sehen]: *da hast du es.*

Seach|tregile, das [1. Bestandteil: siehe Sechta; 2. Bestandteil: Verkleinerung von Trog] (Osttirol): *Wasserbehälter.*

Sech, der oder die [mhd. sech (= Pflugschar)] (veraltet): *Messer am Pflug, das die Erde aufschneidet.*

Sẹchta, der [mhd. sechter (= Gefäß, ursprünglich eines von bestimmter Größe, deshalb das Zahlwort sechs) aus mittellat. sextarius abgeleitet]: *Holzkübel:* „Und zum Melchn an Sechter / und zum Seichn a Sieb ..." (Aus dem Lied „Und an Ålmhütt isch mei Häusl").

Sẹckl, der [ahd. seckil (= Sack); im Alemannischen das Normalwort für die Bedeutungen 3 und 4]: **1.** *Seckel* **2.** *Beutel* **3.** *Hodensack; männliche Geschlechtsorgane insgesamt* **4.** (derb) *Schimpfwort für Männer* (pars pro toto).

sẹcktisch ⟨Adj.⟩ [zu mhd. secte, (= Sekte), zu lat. secta, substantiviertes Partizip Perfekt von secare (= schneiden, abtrennen); also besondere Schule, besondere Richtung; das Wort Sekte hat also eine Bedeutungsverengung durchgemacht]: **1.** *mürrisch* **2.** *absonderlich, widerspenstig.*

Sẹcktn, Sẹckte, die (Plural): *sonderbar, schrullige Gedanken* ❖ **er håt seine Secktn:** *er ist schwierig.*

seggían, seggíern ⟨hat⟩ [ital. seccare (= ärgern, stören; ursprünglich trocknen); mit französischer Endung] (bairisch): *belästigen, quälen, ärgern:* bis aufs Bluat seggian.

Seggíererei, die [zu seggian, siehe dort]: *ständige bösartige Belästigung.*

Seini|hånser, die (Plural) [eigentlich: Sanktjohanner; Seinihåns = dialektale Ortsbezeichnung für St. Johann]: *stärker geräucherte Schweinswürstl, die in ihrer Form etwas länger und dünner sind als herkömmliche Frankfurter Würstl (Wiener Würstl)* [werden mit scharfem Senf, Kren (= Meerrettich) und einem Bitschei, siehe Bitschei², gegessen].

Sẹlch(e), Sạlch, die: **1.** *Räucherung von Fleisch* **2.** *Selchkammer.*

Sẹlch|fleisch, das (Küchensprache) (auch bairisch): *geräuchertes Fleisch.*

Sẹlch|karee, das (Küchensprache): *geräuchertes Rippenstück.*

sẹlchn, sạlchn ⟨hat⟩ [ahd. arselchen (= trocknen)]: *räuchern, einpökeln:* er hat das Fleisch sehr stark gselcht; ein gselchtes Fleisch.

sẹller, sẹllner, sẹlliger ⟨Demonstrativpronomen und Gradpartikel⟩ [mhd. solich, sölch (= so gestaltet, so beschaffen solch)]: *solch* ❖ **a seller Mensch:** *solch ein Mensch.*

Sẹmml, die, **Semele,** das [mhd. semel(e) (= Brot aus Weizenmehl); ahd. semala (= fein gemahlenes Weizenmehl); dieses zu lat. simila (= Weizenmehl)] (auch bairisch, daneben außerhalb des bairischen Raumes auch regional in D; ansonsten in D: Brötchen): *rundes oder längliches Gebäck aus Weizenmehl in vielerlei Ausformung* ❖ **weggehen wia die wårmen Semmeln / wia wårme Semmeln:** *sich schnell und gut verkaufen lassen; reißenden Absatz finden.*

Sẹmml|brösl, das (Küchensprache, auch bairisch): *kleiner Brocken von geriebenem Weißbrot.*

Sẹmml|knödl, der (Küchensprache) (auch bairisch): *aus Semmeln zubereiteter Knödel* (im Gegensatz zum Erdäpfelknödel).

sẹmpern ⟨hat⟩ [wohl lautmalerisch wie summen und sumpern] (auch bairisch): *etwas in aufdringlicher Weise verlangen, insistieren, nörgeln, jammern.*

Sẹnn, Sẹnner, der [mhd. sennære, ahd. senno, vielleicht zu einem keltischen Wort, das Melker bedeutet hat] (auch bairisch und schweizerisch): *Almhirt, der die Milch zu Butter und Käse verarbeitet.*

sẹnnen ⟨hat⟩ (auch bairisch und schweizerisch): *als Senn oder Sennin arbeiten.*

Sẹnnerei, die (auch bairisch und schweizerisch): *Alm, auf der die Milch zu Butter und Käse verarbeitet wird.*

ser ⟨Adj.⟩ [mhd. sēre (= schmerzlich, wund); das mhd. Wort wurde zur Steigerung verwendet und entwickelte so die Bedeutung sehr; im Dialektwort ist die Ursprungsbedeutung erhalten] (Außerfern): *wund, entzündet (von einer Wunde).*

sẹrvus, séavas [aus lat. servus (= ich bin dein Diener)] (Grußformel unter Du-Freunden, auch in Bayern, doch dort auch zwischen Personen, die per Sie sind): *freundschaftlicher Gruß beim Abschied und zur Begrüßung unter Du-Freunden* ❖ **na seavas:** *Ausruf der Verwunderung und des Entsetzens.*

sẹtten-, sẹttig- ⟨Demonstrativpronomen und Gradpartikel⟩ [mhd. sō getan; gleiche Bedeutung wie seller, siehe dort]: *solch.*

Síach, der [mhd. siech ahd. sioh (= krank), zu einer germanischen Wurzel mit dieser Bedeutung]: *krankhaft habgieriger Mensch, Geizhals.*

sim-, sibm- als erster Bestandteil eines Adjektivs [ursprünglich bezogen auf das Studium der sieben freien Künste, entstanden in der Antike; im Mittelalter Vorbereitung auf die Studienfächer Theologie, Jurisprudenz, Medizin; die sieben freien Künste bestanden aus dem Trivium (Grammatik, Dialektik / Logik, Rhetorik) und dem Quadrivium (Arithmetik, Geometrie, Musik, Astronomie); auch das von Trivium abgeleitete Adjektiv trivial hat erst im Laufe der Zeit eine Bedeutungsverschlechterung erlitten]: *bringt zum Ausdruck, dass eine Eigenschaft in hohem Maß vorhanden ist* (heute meist ironisierend und abwertend): z. B. simgscheit (= besserwisserisch); simsüß (= übertrieben freundlich, geheuchelt liebenswürdig).

Sim|hax, Sim|schink, der [Hax, Hachse (= Unterschenkel und Fuß); Schinken (= Schenkel); Siebenfüßler; in der Tat hat dieses Spinnentier acht Füße]: *Weberknecht (Opiliones).*

Sippschåft, die [mhd. sippe, ahd. sippa (= Sippe); vgl. gotisch sibja (= Verwandtschaft] (veraltet): *Verwandtschaft* ❖ (abwertend) **a nette Sippschaft:** *zweifelhafte Leute.*

siri(g) 〈Adj.〉 [zu mhd. sēre (= Leid, Schmerz)]: **1.** *schmerzhaft (von kranken Körperstellen)* **2.** *schlecht gelaunt, reizbar.*

Skapulier, Schgapulier, Stapulier, das [zu lat. scapulare (= Schulterglied): *frommes Anhängsel (um den Hals getragen):* „Auf der Höttinger Alm hockt a Kaserweibl. Dös hat auf die Zottlan a wollerns Häubl. / Und wenn d' die z'gleim hinhocksch und 's Gsicht umibiegsch, / ja, da kann da passieren, dass'd in Hexenschuss kriagsch. / Den bringscht nimmer weg, do kannst tuan, was du magst, / wenn d' nit unterm Leibl an Skapulier tragst ..." (Aus dem Lied „Auf der Umbrückler Alm hockt a Kasermandl").

sö 〈Diskussionsmarker am Beginn oder am Ende eines Satzes; der Sprecher signalisiert, dass er Zustimmung erwartet〉 [in der Gegend von Haiming (im Inntal bei der Einmündung des Ötztals) sagt man hoa, im Ötztal hö, im Stanzertal he, aber nur am Redeschluss; im Oberinntal ist also sö ein Schibboleth; wer dort statt sö einen anderen Diskussionsmarker verwendet (hoa, ho oder gell), wird sofort als Fremder erkannt] (Oberinntal): *nicht wahr:* das stimmt woll sö?

Soach, der, **Soache,** die [zu soachn] (derb): *Urin.*

Soach|blåter, Soach|blåder, die [1. Bestandteil: zu soachn]: *Harnblase.*

Soach|blieml, das [1. Bestandteil: siehe soachn; 2. Bestandteil: Blume mit Verkleinerungsendung]: *Mehlprimel (Primula farinosa).*

soachelen, sachern ‹hat› [zu soachen]: *nach Urin riechen.*

Soacher, der [eigentlich: einer, der in die Hose uriniert]: **1.** *Feigling* **2.** *frecher Bursch.*

soachn ‹hat› [eigentlich: seichen, mhd. seichen, ahd. seihhen; Veranlassungswort zu ahd. sīhan (= seihen); eigentlich: ausfließen machen] (derb): **1.** *urinieren:* „Spielleit, spielt 's auf / und spart 's nit 'n Kolfun (= Kolophonium), / sinscht schmeiß mr enk ausn / und soachn enk un." (Aus „Zillertaler Reimkunst von Erich Hupfauf) **2.** *heftig regnen.*

soach|nạ̊ss ‹Adj.› [zu soachn]: *sehr nass.*

soach|wạ̊rm ‹Adj.› [zu soachn]: *widerlich warm.*

sóatere ‹es hat› (unpersönliches Verb) [gehört vermutlich zu dem bei Grimm vermerkten Verb sottern (= aus einem engen Gefäß mit großem Geräusch ausfließen), zu mhd. sōt (= das Wallen; Wasser, in dem etwas gesotten wird; Brunnen)]: (Stubaital): es soateret: *es ist schlechtes Wetter.*

sofl sein ‹ist› [eigentlich: so viel sein]: *imstande sein.*

Sọlder, Sọja, der [ahd. solari, zu lat. solarium (= der Sonne ausgesetzter Ort), zu: solarius (= zur Sonne gehörig); das Wort Söller hat die gleiche Herkunft]: **1.** *Balkon, Söller* **2.** *offener Gang am Haus* **3.** (Ötztal) *Vorbau am Haus* **4.** *Dachboden* **5.** *gemauerter Stiegenaufgang zur Haustür.*

spạ̊chtn, spạchtn ‹hat› [spächten als Bauernwort bei Oswald von Wolkenstein; gehört zu den mhd. Substantiven spahen, spaht (= Geschwätz)]: *sich angelegentlich unterhalten.*

Spader, die [zu mhd. spænel (= kleiner Span)] (veraltet): *Holzsplitter.*

Spågåt, der [zu ital. spago (= Schnur) und der Verkleinerung spaghetto (= dünne Schnur); dieses auch Herkunftswort für Spaghetti] (auch bairisch): **1.** *feste Schnur* ❖ **einen Spågåt måchn:** *sich sehr überwinden, einen großen Schritt machen.*

Spạ̊gga, der: *siehe Specker.*

Spa̲n|brenna, der [jemand, der kleine Holzspäne verbrennt; belegt bei Mayr]: *übertrieben sparsamer Mensch.*

Spa̲(n)lig, Spe̲ling, Gspa̲lig, der [eigentlich: Spilling; mhd. spillinc, spenelinc (= Frucht des gemeinen Pflaumenbaumes)]: *Spilling, auch Spille oder Katharinenpflaume genannt, (Prunus domestica subsp. pomariorum);* eine Unterart der Pflaume (Prunus domestica).

Spạ̊rz, der [gehört vermutlich zur Wortgruppe um mhd. sperren] (Oberinntal): *Fußtritt.*

Spa̲tl, Spa̲(d)l, die [ital. scatola (= Büchse, Dose, Gehäuse, Schachtel)] (veraltet): *Dose aus Blech oder Holz, Schachtel.*

spạ̊tzge ⟨hat⟩ [Herkunft unklar] (Oberinntal): *auf etwas lauern, spitzen.*

Spạtz|tum, der (Osttirol) [lat. spatium (= Raum, Strecke; Zeit, Zeitraum)] (veraltet): *Zeitraum, Frist.*

spẹchtln ⟨hat⟩ [Weiterbildung zu mhd. spehen (= schauen, betrachten – suchend oder kundschaftend)]: **1.** *spähen, spionieren* **2.** *sich als Voyeur betätigen.*

Spẹck, der [mhd. spec, ahd. spek; gesamtdeutsch mit folgender Bedeutung: zwischen Haut und Muskelschicht liegendes Fettgewebe des Schweins, das durch Selchen haltbar gemacht wird; zusätzliche Bedeutung in Westösterreich und von dort ausgehend auch im gesamten Bundesgebiet]: **1.** *roh eingesalzenes und geräuchertes Stück Fleisch vom Schwein mit Fett und Schwarte:* Bauchspeck, Schopfspeck, Schinkenspeck, Karreespeck **2.** *im übertragenen Sinn auch die Fettschicht bei Menschen* ❖ **koan Speck håbm:** *kraftlos sein.*

Spẹcker, Spe̲kar, Spạ̊gga, der [zu specken] (Unterinntal): *Murmel, Spielkügelchen aus Glas.*

spẹckn, spạcke, spạ̊ggern ⟨hat⟩ [Herkunft unklar, das Wort ist mit vielen unterschiedlichen Bedeutungen bei Grimm belegt]: *wegschnellen.*

spe̲ibm, spe̲im ⟨hat⟩ [mhd. spīwen, das auch zu speien wurde] (auch bairisch): *sich übergeben, erbrechen* ❖ **speiben wia r a Reiher**

[verdeutlichend und verstärkend; der Reiher füttert seine Jungen aus dem Kropf, würgt die Nahrung also heraus; daher auch reihern (= sich übergeben)]: *heftig erbrechen* ❖ **ausschauen wia r a gspiebens Gerstl:** *sehr schlecht ausschauen.*

Speib|sackl, das: *Papiersack für Erbrochenes (z. B. im Flugzeug).*

Speis(e), die [mhd. spīse (Speise, Kost, Lebensmittel), ahd. spīsa; lat. spe(n)sa (= Ausgaben; Vorratsbehälter, Nahrung)] (auch süddt.): *Vorratskammer für die Küche.*

Speis|gåtter, das [1. Bestandteil: Speise (= Speise, Kost, kirchliche Kommunion), 2. Bestandteil: mhd. gater, ahd. gataro (= Gatter als Zaun oder Tor; Pforte aus Gitterstäben), verwandt mit Gitter]: *Kommunionbank in der Kirche (mit Gitter).*

Speitl, das [Verkleinerung von mhd. spalt (= das Abgespaltene); Äpfel werden vor dem Dörren geschnitten]: *gedörrte Apfelschnitte.*

Spelt(e), Spilt(e), die [mhd. spelte, spilte (= abgespaltenes Holzstück, Scheit)]: *Spaltstück aus Stangen (für Zäune).*

Spelten|zaun, der [1. Bestandteil: siehe Spelt(e)]: *Zaun aus Spelten.*

Spe|nadl, die [mhd. spenel, spendel, spenalde (= Stecknadel), aus lat. spinula (= der kleine Dorn), Verkleinerung von lat. spina (= Dorn); das Wort wurde volksetymologisch an Nadel angeglichen]: *Stecknadel.*

Spendier|hosn, die [1. Bestandteil: zu spenden mit romanisierender Endung] ❖ **die Spendierhosn ånhåm:** *freigiebig sein, großzügige Einladungen aussprechen, großzügige Geschenke machen.*

S

spenen, spen ⟨hat⟩ [mhd. spenen (= der Mutterbrust entwöhnen), ahd. (int)spenen; das Wort ist auch in standardsprachlich Spanferkel und tirolerisch Spenfackl, siehe dort, enthalten]: *der Muttermilch entwöhnen (von Tieren).*

Spen|fackl, das [1. Bestandteil: siehe spenen, 2. Bestandteil: siehe Fåck]: *Jungschwein.*

Spen|kalbl, das [1. Bestandteil: siehe spenen]: *Kalb.*

Spenling, der: *siehe Spa(n)lig.*

spẹnzln, speanzln ⟨hat⟩ [Herkunft unklar, laut Grimm vielleicht zu mhd. spanen (= locken, reizen, antreiben) oder zu mhd. gespons (= Bräutigam)]: *liebäugeln, mit einem Mädchen schäkern.*

sper, gsper, spear(e), spöre ⟨Adj.⟩ [mhd. spör(e), sper (= hart und rau vor Trockenheit)]: **1.** *saftlos, ausgetrocknet, zäh* (von Speisen, vom Boden, vom Holz) **2.** *bitter* (vom Obst, das dem Mund Feuchtigkeit entzieht).

Spergamẹntln måchn [Schatz vermerkt die Wendung sperges machen (= Umstände machen); mit Bezug auf das liturgische asperges me (= du besprengst mich)]: *Umstände machen.*

Spẹttlach, Spẹttlich, der [eigentlich: Spöttlich; zu mhd. spotlich, spötlich (= verächtlich), weil die Pflanze erst kommt, wenn der Graswuchs nachlässt; im 2. Bestandteil -lach könnte Analogie zu dialektal Knouflach (= Knoblauch) vorliegen] (Osttirol): *Augentrost (Euphrasia); eine Pflanzengattung in der Familie der Sommerwurzgewächse (Orobanchaceae).*

Spezi, der [Kurzform von Spezial] (auch süddt.): **1.** *enger Freund, Kamerad* **2.** *Mischung aus Cola und Limonade.*

Spịcker: *siehe Specker.*

Spil|håhn, der [1. Bestandteil: Spiel (= Schwanz des Birkhahns, aber auch des Auerhahns; nach dem Verhalten bei der Balz)] (Jägerspr.): *Birkhahn:* „Und då schiaß i an Spielhåhn, / steck in Gamsbårt auffi auf mein Huat, / und den Jagersbuam, den mecht i kennan, der mir 's Schneidfederl åba nemman tuat." (Aus dem „Pöllinger Wildererlied").

spiln, spün [Dialektform von standardsprachlich spielen] ⟨hat⟩ ❖ **schen wars scho, aber spiln tuads as ned:** *es wäre schön gewesen, aber es hat nicht sein sollen* ❖ **Spil di ned!** *Mach keinen Ärger!* ❖ **si mit was spün** (auch süddt.): **1.** *etwas nicht ernsthaft betreiben* **2.** *etwas mühelos bewältigen.*

Spil|rạ̊tz, der [zu gesamtdeutsch Spielratte]: *jemand, der oft und immer wieder spielt* (besonders Kinder).

Spịlte, die: *siehe Spelt(e).*

Spinẹlle, die [ital. spinella (= Spund)] (Osttirol): *Wasserhahn.*

spis|eggat ⟨Adj.⟩ (Osttirol) [eigentlich: spießeckig; Adjektiv zu Spießeck (= schiefer Winkel, spitzer Winkel)]: **1.** *im schiefen Winkel, im spitzen Winkel* **2.** *windschief, nicht im Winkel.*

Spóiche, die: *siehe Spouch(e).*

Spompanad(l)n, die (Plural) [ital. spampanata (= Aufschneidereien)], ursprünglich: Weinlesefest im Weingarten mit pantomimischen Vorführungen der Mädchen; zu spampanare (= aufschneiden, prahlen)]: *Schwierigkeiten; überflüssiger und zeitraubender Aufwand:* Mâch koane Spompanadeln! (= Mach keine Umstände!)

spörze, sparzn ⟨hat⟩ [siehe Spårz]: *mit den Füßen stoßen.*

Spóuch(e), Spóiche, die (veraltet): *junge Ziege, die noch nicht trächtig ist.*

Språnz, der [mhd. spranz (= Spalt)]: *splittriges Ende an der Hackstelle eines Baumstamms.*

Spreissl, das [mhd. sprīzel (= Splitter)]: *Holzspan.*

Spreissl|holz, das [siehe Spreissl]: *Holz aus Spänen.*

Sprin|ginggl, der; **Sprin|ginggal,** das [zu Ganggerl mit Vokalangleichung von a zu i]: *extrem lebhaftes Kind.*

Sprissl, der und die [mhd. sprīʒe und sprīʒel (= Span, Splitter), außerdem mhd. spriuʒen (= stützen, spreizen); verwandt mit sprießen] (auch bairisch): *waagrechter Stab, Leitersprosse, Sitzstange im Vogelkäfig.*

sprizln, sprizlen; spruzn ⟨hat⟩ [wie standardsprachlich spritzen zu mhd. sprützen (= spritzen, sprießen); ursprünglich: hervorschießen]: *spritzen.*

Sprozer, der (salopp): *Auge.*

Sprutza, der [mhd. sprutze, sprütze (= Spritze)] (Osttirol): *Gießkanne.*

Spuckerl, das [zu Spucke, Hingespucktes]: *kleines Auto.*

Spundus, Spundes, der [studentensprachlich und latinisierend zu Spund; eigentlich: Angst vor dem Anzapfen]: *Respekt, Furcht:* er hât an Spundus.

spusn ⟨hat⟩ [ital. sposa (= Braut)] (Defreggental): *eine Liebschaft (Gspusi) haben.*

stad¹: ⟨Adj.⟩ [mhd. stæt(e) (= beständig)]: *still, ruhig, leise.*

-stad² [aus der Kartenspielersprache zu ital. scarto (= das Verlegen der Karten, die verlegten Karten selbst); vgl. amtssprachlich skartieren (= alte Akten ausscheiden) zu lat. charta (= Blatt, Karte); lat. sk- wird im Zuge der Entlehnung über schk- zu st-]: *drückt in Bildungen mit Substantiven aus, dass etwas nicht vorhanden ist:* **schmähstad** (= sprachlos) etc.

ståfeln ⟨ist⟩ [mhd. staffen (= schreiten)] (Zillertal): *stolpern.*

Stąggl(a), Stąckl, der [vgl. mhd. stecke (= Stock)]: **1.** *Stecken mit Eisenspitze* **2.** *die Eisenspitze selbst.*

Stąmm|beisl, das [aus dem Osten Österreichs ins Tirolerische gelangt; im Westen Österreichs eher Beiz statt Beisl]: *Gasthaus, das jemand oft besucht; Gasthaus, wo jemand Stammgast ist.*

stąmpat ⟨Adj.⟩ [siehe: Stamperl(e)]: *fest auf den Beinen.*

Stąmpe, Stąmpin, die [siehe: Stamperl(e)] (Oberinntal): *große, kräftige Frau.*

Stąmperl(e), das [gehört vermutlich zur germanischen Wortfamilie stampōn (= stampfen); auf den meist schweren Fuß solcher Gläser bezogen; vgl. Stampfe (= Gerät zum Stampfen); verwandt mit Stumpen (= etwas Kurzes, Gedrungenes)] (auch süddt.): *kleines, massives Glas ohne Stiel für Schnaps oder Likör:* drei Stamperln Schnaps trinken.

stąmpern, auch: **verstąmpern, wegstąmpern** etc. ⟨hat⟩ [vermutlich ital. stampare (= wegdrücken)] (auch bairisch): *wegjagen, (ver)scheuchen, wegweisen.*

Stąngger, Stångger, der [zu Stange]: *Stange mit Querhölzern zum Trocknen von Gras, Heu.*

Stanitzl, Schanitzl, das [ältere Varianten: Starnitze(l), Skarnitze(l), Scharnitze(l) etc.; wohl eine Vermischung von triestinisch scartoccio mit lat. charta cornuta; dieses zu cartotius (= aus Papier); vgl. slowenisch škrnicelj; das Wort existiert in vielen verschiedenen Lautformen] (bairisch: Stranitze oder Stranitzen; in D ansonsten: Tüte):

1. *kleiner, spitzer Papiersack* **2.** *trichterförmiges Gebäck aus Waffelteig für Speiseeis, Creme u. a.*

stantape̲, stantepe̲, stantepe̲de 〈Adv.〉 [lat. stante pede (= stehenden Fußes)]: *sofort.*

Stạnz(e), die [laut Schatz möglicherweise aus langstanzet, weil das Tier lange Beine hat; siehe Stanze] (veraltet): *Stechmücke, Schnake.*

Stạnze, der [zu ahd. stantan (= stehen)]: **1.** *Bein, Fuß* **2.** *große dünne Frau.*

stạnzn 〈hat〉 [Herkunft unklar; vermutlich verwandt mit stoßen; gesamtdeutsch heute mit folgender Bedeutung: maschinell in eine bestimmte Form pressen; etwas in ein Material prägen] (auch süddt.): **1.** (auch: fortstanzen, wegstanzen, heimstanzen): *wegjagen, vertreiben:* jemanden mit Fußtritten fortstanzen, sich fortstanzen (= sich eilig davonmachen) **2.** *kündigen:* sie haben ihn zum Jahresende gestanzt **3.** *stehlen:* jemandem das Geldbörsl stanzen.

Stạ̊rfe, der: *siehe Storfn.*

sta̲t, sta̲te: *siehe stad*[1].

stạ̊tzge, stọtzge, stạggetzn 〈hat〉 [Intensivum mit Endung -etzen zu stottern, dieses ist eine Iterativbildung zu stoßen] (Oberinntal): *stottern.*

stẹckl: *siehe stickl.*

Ste̲hauf|mandl, das: **1.** *kleine Spielzeugfigur, die aus jeder Lage in die Senkrechte zurückkehrt* **2.** *jemand, der nach Schicksalsschlägen oder Niederlagen immer wieder auf die Beine kommt.*

ste̲hn 〈is gstånden〉 ❖ **auf jemanden stehn:** *etwas oder jemanden verehren, schätzen* ❖ **es steht ned dafür:** *es zahlt sich nicht aus, es lohnt sich nicht.*

stẹlln, stö̲n 〈hat sich〉 (reflexives Verb) ❖ **si auf di Fiaß stön:** *unnachgiebig sein, Widerstand leisten* ❖ **si mit jemandem guat stelln:** *gute Beziehungen zu jemandem unterhalten.*

Stẹll|wå̲gn, der [eigentlich: Gestellwagen; zu stellen (= anhalten); ein Pferdefuhrwerk, das durch Winken angehalten werden konnte] (historisch): *Pferdefuhrwerk als öffentliches Verkehrsmittel* ❖ **jemandem mit n Stellwagn ins Gsicht fahren:** *jemanden ganz grob anfahren.*

Stẹlzn, Stạlzn die [mhd. stelze; ahd. stelza (= Holzbein, Krücke); gesamtdeutsch: auf Stelzen gehen etc., außerdem als Vogelname] (Küchensprache): **1.** *Unterschenkel vom Schwein, Kalb oder Lamm* **2.** *kurz für Schweinsstelze.*

stẹmpeln gehn ⟨ist stempeln gångan⟩ [eigentlich: sich beim Arbeitsamt einen Stempelabdruck holen] **1.** *die Arbeitslosenunterstützung beziehen und sich regelmäßig beim Arbeitsamt melden* **2.** *als Saisonarbeiter (z.B. im Tourismus) Arbeitslosengeld beziehen.*

Stẹnggn, Stạngga, der [Intensivum zu Stange]: **1.** *Stengel, Stiel* **2.** *langer Mensch.*

stepern ⟨hat⟩ [mhd. stöuber (= Jagdhund), zu stouben (= aufscheuchen); daraus das Wort stöbern]: *etwas heimlich suchen.*

stẹrbm, stẹrm ⟨ist⟩ ❖ **jemanden dumm sterm låssen:** *jemanden in einer Fehlmeinung belassen.*

Stẹssa(r), der [eigentlich: Stösser; zu stoßen]: **1.** *Stoß* **2.** *Anstoß* ❖ **si håt si an Stessa gebm:** *sie hat sich aufgerafft.*

stialn, stierln ⟨hat⟩ [Intensivbildung zu stiarn[1]]: *stöbern, in einer Lade, einem Zimmer etc. (verstohlen) herumsuchen.*

stiarisch, g|stiert, g|stiat ⟨Adj.⟩ [zu stia(r)n[2], Bedeutung 1, siehe dort; auch Varianten mit Vorsilbe ge-] *brünstig.*

stiarn[1] ⟨hat⟩ [zu mhd. stürn (= stochern, stacheln] (veraltet): *etwas suchen.*

stia(r)n[2] ⟨hat⟩ [zu Stier; siehe auch stiarisch]: **1.** *brünstig sein (von der Kuh):* die Kuh tut stiarn: „Triho, gestern håt 's Kuahlein gstiert / triho, heit håt s a Kalbl kriagt. / Triho, des is a rare Kuah, triho / de gibt Milch no gnua. A kuahwårmer Kuahdreck ... (Aus dem Schnaderhüpfellied „Triho, kafts ma an Kuahdreck å“, das in Tirol und Salzburg weit verbreitet ist). **2.** (Unterinntal) *locker, lustig sein.*

stịckl, stẹckl ⟨Adj.⟩ [mhd. stickel, stichel, stechel (= spitzig, jäh, steil)]: *steil.*

Stịfl(a), der [mhd. stifel aus ahd. stifulen (= stützen); wohl verwandt mit steif]: *Stange mit Querhölzern zum Heutrocknen.*

Stịngl, der [mhd. stingel, stengel (= Angelrute, Stengel); auch im Ahd. stingil neben stengil, die Lautvariante mit i ist im Dialekt erhalten geblieben]: *Stengel, Fruchtstiel* ❖ **mit Butz und Stingl** (also mit Butzen und Stengel): *vollständig, ganz.*

stịngln [zu Stengel] ❖ **es håt mi gstinglt:** *ich bin gestürzt.*

stịxln ⟨hat⟩ [Herkunft unklar]: *(heimlich) herumsuchen.*

Stóa(n), Stúa(n), Stan, der [wie standardsprachlich Stein zu mhd. stein; zusätzliche Bedeutung im Tirolischen]: *Felsen.*

stóan-, stúan-, stan- (Vorsilbe zur Verstärkung): **stóan|krånk, stóan|ålt, stan|narsch** (= närrisch, verliebt).

Stóan-, Stúan-, Stan-: als 1. Bestandteil von Tier- und Pflanzennamen bezeichnet es Gattungen, die in den Felsregionen vorkommen: **Stóan|bock** (= Steinbock), **Stóan|bliaml** (= Bergaurikel), **Stóan|larche** (= Heidelerche), **Stóan|reasl(e)** (= Steinprimel), **Stóan|nelke** (= Steinnelke).

Stọckerl, das [Verkleinerung von Stock] (auch bairisch, in D ansonsten Hocker): **1.** *Sitzgelegenheit ohne Lehne* **2.** *Siegerpodest:* am Stockerl stehn (= unter den ersten drei platziert sein).

Stọckerl|plåtz, der [Stockerl = Siegespodest]: *1., 2., 3. Platz.*

stọcket, g|stọckat ⟨Adj.⟩ [zu Stock (= Wurzelstock des Baums)]: *gedrungen, stämmig.*

Stọffl, der [Kurzform von Christoph]: *dummer, plumper Mann.*

Stoif- [ahd. stiuf-]: (veraltet) *Stief-: Stiefmutter, Stiefvater etc.*

Stoif|kintl, das (Zillertal): *Gartenstiefmütterchen (Viola wittrockiana Gams ex Nauenburg & Buttler).*

Sto̲in, der [mhd. stolle (= Stütze, Pfosten), vermutlich zum Verb stellen] (Ebbs): *Stellage in der Speis.*

Stọpsl, der: **1.** *Stöpsel* **2.** (leicht abwertend) *Dummkopf*

Stọrfn, Stårfe, der [mhd. storre (= Baumstumpf), zu mhd. storren (= starr sein oder werden, aufragen)]: **1.** *dünner Baumstrunk* **2.** *Besenstumpf* **3.** *unvollständige Zähne.*

Sto̲z(n), Stọtzn, der [genauso wie standardsprachlich Stutzen (= kurzes Rohrstück, kurzer Wadenstrumpf) zu stoßen]: **1.** *Schöpfgefäß, Holzzuber* **2.** *kleiner Mensch.*

Stra̲, die: *siehe Streb.*

strạmpfm ⟨hat⟩ [Nebenform von stampfen] (auch bairisch): *mit den Beinen herumschlagen, strampeln.*

stra̲n(en), stra̲le ⟨hat⟩ [dialektale Form von streuen; zu mhd. ströu(we)n, ahd. strewen, strouwen (= streuen)]: **1.** ⟨hat⟩ *streuen:* sie håm gstrat; es is gstrat **2.** ⟨hat⟩ *stürzen, hinfallen:* es håt 'n gstrat.

Stra̲u̲(b)m, die ⟨Pluralwort⟩ [Straube, zu mhd. strūbe (= eine Art Backwerk, Spritzkrapfen); dieses zu mhd. strūben (= starr stehen, emporstarren); eigentlich: Backwerk mit rauer Oberfläche] (auch süddt.): *gebackene schnurartige Mehlspeise* (der Teig wird durch einen Trichter ins heiße Schmalz gegossen).

Stra̲u̲ke, Stra̲u̲che, die [mhd. strūche (= Katarrh); vermutlich slawischen Ursprungs, vgl. tschechisch strouha (= Wasserrinne)]: *Schnupfen.*

stra̲u̲pig, g|stra̲u̲pig ⟨Adj.⟩ [Erweiterung von mhd. strūbe, zu ahd. strūbēn (= starr (empor)stehen); teilweise mit ge-Präfix]: *struppig, grobhaarig.*

Strawạnzer, der (auch bairisch): *jemand, der strawanzt.*

strawạnzn, auch **herụm|strawanzn** ⟨hat⟩ [vielleicht Dehnform von mhd. stranzen (= müßiggehen; auch Ableitung von ital. stravaganza (= Extravaganz) wird in Erwägung gezogen] (auch bairisch): *sich herumtreiben, vagabundieren.*

Stre̲b, Stre̲we, Stra̲, die [ahd. strewen (= streuen); die Form Stra geht auf ahd. strouwen zurück]: *Streu.*

Streim, der [mhd. strîme, strîm (= Streifen)]: *Striemen, blutunterlaufener Streifen auf der Haut.*

Streilmes, Streilmas, das [eigentlich: Streichmaß; zu streichen] (veraltet): *Getreidemaß (etwa 25 Kilogramm):* „Huira hat's viel Türgga gmacht, und ou drei Streimes Woaze. / Ja, wachsa tuats, des isch a Pracht, es wachsa ou die Kloaze." (Aus dem Lied „Miar Oberländer fölsaföscht").

Stricklspiß, der (Osttirol): *Stricknadel.*

striele, strialn, strúaln ⟨hat⟩ [eigentlich: strühlen oder entrundet strielen; laut Grimm in vielen oberdeutschen Dialekten in Gebrauch; Herkunft unklar]: *durchwühlen, durchsuchen.*

Stritzeler, der [zu Struze, vielleicht ursprünglich ein langgezogenes Gebäck] (Zillertal): *Garten-Fuchsschwanz (Amaranthus caudatus).*

Strizi, der [in der Schriftform oft auch Strizzi, Herkunft unklar, eventuell aus tschechisch strýc (= Onkel, verhüllend für Zuhälter) oder spöttische Koseform zu Striezel (= Germgebäck) unter Einfluss von ital. strizzare (= auspressen)] (auch süddt. und schweizerisch): **1.** *liebenswürdiger, frecher Bub:* Na, du kloaner Strizi? **2.** *leichtsinniger, arbeitsscheuer Bursch* **3.** *Zuhälter.*

Strizl, der oder das [mhd. strützel, wohl verwandt mit Strauß]: *Striezel, längliches, geflochtenes Germgebäck.*

Strudl, der [ahd. stredan (= wallen); die Speise heißt vermutlich deshalb so, weil sich beim Durchschneiden ein schneckenförmiges Muster ergibt, das wie ein Wasserwirbel aussieht; gesamtdeutsch ist die Bedeutung Wasserwirbel] (Küchensprache) (auch süddt.): *Speise aus dünn ausgezogenem Teig, der mit Äpfeln, Marillen, Zwetschken, Mohn oder Topfen, aber auch mit Fleisch, Kraut, Bohnen oder Spinat als Fülle belegt und dann zusammengerollt und gebacken wird.*

S

Strudlltoag, der ❖ **si ziagn wia r a Strudltoag:** *lange dauern und langweilig sein.*

Struze, der [vermutlich zu Striezl]: **1.** *Brotwecken aus Weizenmehl* **2.** (Stubaital): *Mehlspeise aus gezogenem Teig.*

stuff ⟨Adv.⟩ [wie ital. stufo (= gelangweilt, genervt, überdrüssig)]: *verärgert, verschnupft.*

Stụmpf, Strụmpf, der [zu mhd. strumpf, das ursprünglich (Baum) stumpf, dann Halbhose bedeutete]: **1.** (veraltet) *Strumpf* **2.** *Baumstumpf.*

Stụpf(er), Stụpfer, der [zu stupfn]: **1.** *leichter Stoß* **2.** *leichter Stich* **3.** (Osttirol) *Distel.*

stụpfn ⟨hat⟩ [mhd. stupfen (= stechend stoßen, antreiben, wegstoßen)] (auch süddt. und schweizerisch): **1.** *leicht anstoßen, antippen, anstupsen* **2.** *stechen* (z. B. mit einer Nadel, Injektion).

Stụpp(e), das oder die [ahd. stubbi, stuppi steht neben ahd. stoub; aus ersterem ist Stupp geworden, aus letzterem Staub] (Schwaz) (auch bairisch): *Streupulver, Puder.*

Stu̲z[1], Stu̲zn, Stụtzn, der [wie standardsprachlich Stutzen zu mhd. stutze (= Gefäß in Form eines abgeschnittenen Kegels), zu stutzen (= kürzen), letztlich zu stoßen; siehe auch Stoz(n)]: **1.** *Gefäß für Getränke* **2.** *kurzes Rohrstück* **3.** *Gewehr mit kurzem Lauf* **4.** *Handschuh ohne Fingerteil* **5.** *Wadenstrümpfe.*

Stu̲z[2], Stu̲zn, der [mhd. stütze (= Stütze), zu stützen]: *Fuß (= Bein).*

Sụcht, die [mhd., ahd. suht (= Krankheit), ablautende Bildung zu siechen; in der Standardsprache nur noch als 2. Bestandteil von Krankheitsbezeichnungen (z. B. Gelbsucht)]: *Verkühlung, Schnupfen* (Internetbeleg, Kitzbühel).

Sụlze, Sụlzn, die [ahd. sulza, sulcia (= Salzwasser, Gallert; verwandt mit Salz)] (Küchensprache) (auch süddt. und schweizerisch; in D ansonsten: Sülze, die): **1.** *Fleisch, Fisch oder Gemüse in Gelatine/Aspik* **2.** *Salzfutter fürs Wild* **3.** *nasser Frühlingsschnee.*

Sụmper, die; **Sụmperer,** der [zu sumpern]: *eine Frau, die fortwährend sumpert* [und davon abgeleitet die männliche Form Sumperer].

sụmpern ⟨hat⟩ [mhd. sumbern (= die Handtrommel schlagen)]: **1.** *murren, jammern* **2.** *lästig bitten* **3.** *langsam arbeiten, trödeln.*

Sụms(e), die; **Sụmser,** der [zu sumsen]: *eine Frau, die fortwährend sumst* [und davon abgeleitet die männliche Form Sumser].

sụmsen ⟨hat⟩ [Nebenform von summen]: **1.** *summen, eintönig reden* **2.** *lästig bitten* **3.** *jammern, quengeln*

sụnggetzn ⟨hat⟩ [Intensivform von mhd. sengen (= sengen, brennen)]: *angebrannt riechen.*

Su̲r(e), die [zu mhd. sūr (= sauer, herb, scharf)] **1.** *Mistwasser, Jauche* **2.** (in D: Pökel) *Salzlake, in der Fleisch eingelegt wird, um es haltbar zu machen oder den Geschmack zu verbessern:* Surfleisch, gebackenes Surschnitzel.

Sụrm, der [wohl zu mhd. surm (= Getöse); gehört zu einer Gruppe von lautmalenden Wörtern mit dem Element sur, wie auch standardsprachlich surren, sirren]: **1.** *Geräusch, Getöse, Lärm* **2.** *lästiges (fades) Gerede* **3.** *lästiges Redhaus.*

S

T

Wörter, die unter T nicht zu finden sind, könnten unter D stehen.

tab ⟨Adj.⟩ (Unterinntal): *siehe toup.*

Tåche, Tachl, Toche, die [mhd. tahe, tahele (= Dohle)]: *Dohle.*

tacheles ⟨Adv.⟩ [zu westjiddisch tachles (= Ziel, Zweck); zu hebräisch taklít (= Äußerstes, Ende)] ❖ **tacheles reden:** *ernsthaft, offen, freimütig reden; zur Sache kommen.*

tachinian, tachiniern ⟨hat⟩ [Herkunft unklar; vielleicht besteht ein Zusammenhang mit rotwelsch Tarchener (= Bettelbetrüger)]: *sich von der Arbeit drücken, untätig sein, faulenzen.*

Tachiniara, Tachinierer, der [zu tachinian]: *Faulenzer, Drückeberger.*

Tåchtl, Dåchtl, die [zu mhd. tahtel (= Dattel); gehört zu einer Reihe von Bezeichnungen für Schläge, die auf Obstarten zurückzuführen sind: Ohrfeige zu Feige, Kopfnuss zu Nuss]: *Ohrfeige.*

tåchtln ⟨hat⟩: *ohrfeigen.*

Taferl|klass(e), die [Taferl: gemeint ist eine kleine Schiefertafel, auf die Schulanfänger früher geschrieben haben]: *erste Volksschulklasse.*

Taferl|klassler, der: *Schüler der ersten Klasse Volksschule, Schulanfänger.*

Tåfl|spitz, der [weil das Fleischstück spitz zuläuft] (Küchensprache): **1.** *Rindfleisch von der Hüfte* (der Tafelspitz ist ein besonders mageres Fleisch, er ist an seinem schmalen Fettrand zu erkennen) **2.** *eine Speise aus gesottenem Fleisch vom Tafelspitz* (oft in einem großen Suppentopf zusammen mit Scheiben von Markknochen serviert).

Taje, Tåje, die [romanisch tegia, teja zu lat. attegia (= Hütte); vgl. auch Ortsnamen wie Kühtai, Niedertai]: *Sennhütte auf der Alm.*

takt ⟨Adj.⟩ [zu Takt (= Taktschlag); dieses zu lat. tactus (= Berührung, Gefühl (Partizip Perfekt zu tangere)] (auch bairisch): *tüchtig, verlässlich, brauchbar, geschickt.*

tạ̊ldern ⟨hat⟩ [Herkunft unklar; hat vielleicht dieselbe Wurzel wie teldern, siehe dort]: *unbefangen daherreden.*

Tạ̊lgge, Tạ̊lggn, der [wie standardsprachlich Talg; laut Duden vielleicht ursprünglich: das Festgewordene; siehe tålggn]: **1.** *breiige Masse* **2.** *unausgebackenes Brot.*

Tạ̊lgger, der; **Tạ̊lgge,** die [zu Tålgge; siehe tålggn]: *ungeschickter Mann, ungeschickte Frau.*

tạ̊lggat ⟨Adj.⟩ [zu Tålgge; siehe tålggn]: *unbeholfen.*

tạ̊lggn ⟨hat⟩ [eigentlich talgen (= mit Talg bestreichen, mit einer teigigen klebrigen Masse herumarbeiten, kneten, auch: wie ein Talg reden)]: **1.** *dumm reden* **2.** *lallen, undeutlich reden.*

ta̲misch: *siehe damisch.*

tạmpern ⟨hat⟩ [mhd. tambur (= Handtrommel) zu franz. tambour (= Trommel), dieses aus dem Persischen]: *trommeln, klopfen.*

tạntln, tạntle ⟨hat⟩ [Iterativum zu mhd. tenten (= Possen treiben), aus mhd. tant (= Possen, leeres Geschwätz), das vielleicht auf spanisch tanto (= Spielgeld) und lat. tantum (= so viel) zurückgeht]: **1.** *tändeln, herumtrödeln* **2.** *mit Händen und Fingern unruhig sein.*

Tạnz, die (Plural) [eigentlich Tänze; das Wort hat in der Einzahl einen verdunkelten Vokal, in der Mehrzahl nicht]: *Flausen, schlechtes Benehmen* ❖ selle Tanz: *so ein schlechtes Benehmen* ❖ **mách koane Tanz:** *mach kein Theater, führ dich nicht so auf.*

ta̲per ⟨Adj.⟩ [Herkunft unklar]: *schwach, matt.*

Tạppe, die; meist Plural: **Tạppm,** die [laut Schatz zu tappm; meist auf Menschen bezogen, aber auch Maschinen können Tappm haben (so wie das Verb spinnen, das ebenfalls im doppelten Sinn verwendet werden kann)]: *Schrulle, Grille:* das sind Tappm (= das sind sonderbare Einfälle).

Tạ̊pper, die (Plural) [zu tåppm, siehe dort] (salopp): **1.** *plumper Hausschuh oder Fuß* **2.** *Abdrücke der Hände auf einer glatten Fläche (z.B. auf einem Spiegel), Fußspur* **3.** *schwere, grobe Hand* **4.** *unsichere Schritte* **5.** *ungeschickter Mensch.*

tạppig, tạppisch ‹Adj.› [zu Tåpper und tåppm]: *ungeschickt, täppisch.*

tạ̊ppm ‹hat› [zu mhd. tāpe (= Tatze, Pfote), eigentlich: ungeschickt wie ein Tier mit den Händen greifen]: **1.** *tappen* **2.** *plump gehen* **3.** *plump nach etwas greifen* **4.** *etwas, das sich bewegt, rasch fangen.*

Tạ̊pp|schedl, der [1. Bestandteil: zu Tåpper und tåppm, siehe dort; 2. Bestandteil: Schädel; im Dialekt das Normalwort für Kopf]: *Dummkopf.*

Tarọggn, das: *siehe Troggn.*

Tạ̊sch, Tạ̊schn, die [Herkunft unklar]: **1.** *feuchter Klumpen* **2.** *Kuhfladen.*

Ta̲sche, die: *siehe Toasche.*

Tạsche, Tạ̊sche, die, auch: **Tạtsche,** die [vgl. Maultasche, Maultatsche; zu taschen, tatschen (= etwas in plumper Weise anfassen) und zu Tatsche (= Nebenform von Tatze)]: *klatschender Schlag auf die Wange, Ohrfeige.*

Ta̲sche, Ta̲se, Ta̲sn, die [siehe Taxe]: *Nadelholzzweig.*

Tạschl(e), das [Verkleinerung von Tasche (= sackförmiger Tragbehälter mit zwei Henkeln)]: **1.** *Handtasche* **2.** *Geldtasche* **3.** (Küchensprache) *gefüllte Teigtasche:* Topfentaschl.

Tạ̊schn|feitl, der [1. Bestandteil: Tasche (= aufgenähter Teil an einem Kleidungsstück, wo kleinere Gegenstände aufbewahrt werden); 2. Bestandteil: Feitel (= einfaches, billiges Taschenmesser); Herkunft unklar] (auch süddt.): *einfaches Taschenmesser.*

ta̲sig: *siehe dasig.*

tạ̊tschat ‹Adj.› [wie påtschat] (Osttirol): *unbeholfen.*

Tạ̊tschle, Tạtschle, Tạtscha, die [Herkunft: siehe Taxe]: *Fruchtzapfen der Nadelholzbäume.*

Tạ̊tterer, Tạ̊ttl, der [zu tåttern, siehe dort]: *alter, kraftloser Mann:* an ålter Tåtterer.

Tạ̊tter|mandl, das [1. Bestandteil: zu tåttern, siehe dort; auf felsigem Boden bewegt sich dieses Tier tastend und schlängelnd weiter]:

1. *Feuersalamander (Salamandra salamandra),* **2.** *schwächlicher Mann, Pantoffelheld.*

tåttern ⟨hat⟩ [laut Duden ursprünglich schwatzen, stottern]: *zittern, aus der Fassung sein.*

Tatzl|wurm, der [zu Tatzel (= Verkleinerung von Tatze; also im Volksglauben die Vorstellung eines Wurms (= einer Schlange) mit Tatzen] (Volkskunde): *Drache, Lindwurm.*

Tau, der ❖ **koan Tau håm:** *keine Ahnung haben.*

taugn ⟨hat⟩ [mhd. tugen, das sich aus dem nur in der 3. Person gebrauchten Verb ahd. toug (= es taugt, nützt) entwickelt hat; vor allem in verneinter Form gesamtdeutsch: das Messer taugt nichts]: *eine bestimmte Güte, einen bestimmten Nutzen haben* ❖ **des taugt ma:** *das passt mir, das gefällt mir.*

Tax|baum, Taxer, der [zu Taxe]: *Nadelholzbaum.*

Taxe, Taxn, Tase, die [wird zu lat. taxus (= Eibe) gestellt, aber Entlehnungsweg unklar]: *Zweige, Äste des Nadelholzbaums (mit Nadeln).*

Taxler, Taxlar, der [Nomen Agentis zu Taxe (= Gebühr, amtliche festgesetzter Preis) aus mittellat. taxa (= Schätzpreis; Steuer); lat. taxare (= prüfend betasten, abschätzen)]: *Taxifahrer.*

téachtln, techtln ⟨hat⟩ [laut Schatz zu ahd. dīhan (= gedeihen)]: *Holzgefäße einweichen, um sie dicht zu machen.*

téalig ⟨Adj.⟩ [zu mhd. twalm (= Betäubung; betäubender Dunst, Qualm)] (Osttirol): *schwül, dunstig.*

téaln ⟨hat⟩ (unpersönliches Verb) [siehe tealig]: **es tut tealn:** *es ist dunstig.*

téar, téarisch ⟨Adj.⟩ [eigentlich: törisch, mhd. tœreht, tœrëht (= töricht, närrisch, dumm)]: **1.** *schwerhörig* **2.** *unfügsam, starrköpfig, widerspenstig.*

Téare, die [Herkunft unklar] (Osttirol): *Ohrfeige.*

tebelen ⟨hat⟩ [Herkunft unklar] (Oberinntal): *modrig riechen.*

tebilat, tebelat ⟨Adj.⟩ [zu mhd. toup, das nicht nur taub, sondern auch närrisch bzw. empfindungslos bedeutet hat; vgl. standardsprachlich betäuben] (Osttirol): **1.** *wirr im Kopf* **2.** *unwohl.*

tedere ⟨hat⟩ [mhd. todem (= undeutlich reden)] (Oberinntal): *hastig daherschwätzen.*

tedn, ten, teijen ⟨hat⟩ [Herkunft unklar]: *säugen, säugen lassen* (von Tieren).

tẹftn ⟨hat⟩ [eigentlich: deften (= durch Tadel oder Schaden niederdrücken): *demütigen, zum Schweigen bringen:* er ist geteftet (= er ist niedergeschlagen, entmutigt).

Tẹggn, der [vgl. italienisch tecca]: *Fehler, Schaden* ❖ **der håt an Tẹggn:** *der ist verrückt.*

Teifl, Toifl, Tuifl, der, verhüllend auch **Teigl, Teixl** [wie standardsprachlich Teufel zu mhd. tiuvel, tievel, ahd. tiufal, über das Kirchenlateinische vermutlich zu griechisch diábolus (= Verleumder)]: *Teufel:* Teifl no amål! (mäßiger Fluch); auch als Ausdruck des Erstaunens: Teifl is des bärig; und als Vorsilbe: **Teifls|zeug, Teifls|gråttn** (wenn der Wagen nicht funktioniert).

teiflisch, teiglisch ⟨Adv.⟩ [zu Teufel]: *sehr, außerordentlich:* teiflisch kålt.

teifln ⟨hat⟩ [zu Teufel]: **1.** *fluchen* **2.** *heftig (be)schimpfen.*

teifln ⟨ist⟩ auch: **umanạnda|teifln, åwi|teifln** etc. [zu Teufel; eigentlich: sich wie ein Teufel bewegen]: *rasen, rennen.*

teistig ⟨Adj.⟩ [zu standardsprachlich Dunst; dieses zu mhd. dūst, dunst (= Dampf, Dunst)]: *feucht beschlagen (von Mauern).*

Tẹlderer, Tọ̈lderar, der [eigentlich: der aus dem Tal]: **1.** *Bewohner des inneren/oberen Tals, des Seitentals* **2.** *plumper, beschränkter Mensch.*

tẹldern ⟨ist⟩ [siehe Telderer]: *plump dahergehen.*

Tẹll, Tö, der [vielleicht zu mhd. tweln (= qualmen)]: **1.** *Dunst, schlechte Luft* **2.** *Hitze.*

Tẹller, Tạller, der oder das [mhd. teller, teler; zu altfranz. tailleor (= Vorlegeteller), auf dem das Fleisch zerteilt wird; dieses zu altfranz. tailler (= zerschneiden), letztlich zu lat. taliare (= spalten, schneiden); das sächliche Geschlecht geht auf ein älteres tällirprett (= Schneidbrett) zurück; das Wort Teller war noch im Mittelalter ein Neutrum; es gehört zusammen mit Butter, Knödel, Schokolad(e) und Zwiebel zu den auffälligsten Genusabweichungen des Standards gegenüber dem Dialekt] (auch bairisch): *Teller.*

Tẹller|fleisch, das [in Bayern ausschließlich Rindfleisch und nicht in der Suppe serviert] (Küchensprache): *gekochtes und in Stücke geschnittenes Rind- oder Schweinefleisch, das in der Suppe mit Fadennudeln serviert wird.*

tẹllig ‹Adj.› [zu Tell, siehe dort]: *schwül.*

Tẹmpl|hupfn, das [auch Himmel und Hölle genannt]: *altes Hüpfspiel auf einem mit Kreide auf den Gehsteig gezeichneten Raster, der Tempel genannt wird (für Kinder)* [die Spieler hüpfen auf einem Bein durch den Tempel, drehen im letzten Feld („Himmel“) um und hüpfen zurück].

tẹnggat ‹Adj.› [zu tengg(e)]: *linkshändig, unbeholfen.*

tẹngg(e) ‹Adj.› [mhd. tenk (= links, link)]: **1.** *links* **2.** *falsch, verkehrt* **3.** *nicht vertrauenswürdig, hinterlistig.*

Tẹngg(e)|watsch, der [1. Bestandteil: zu tengg(e); 2. Bestandteil: eigentlich: Ohrfeige, aber so wie Patsche auch mit der Bedeutung (schlagende) Hand]: *Linkshänder.*

Tẹrgg, Tẹrggl, der [laut Schatz über südtirolerisch Orgg (= Gespenst) zu lat. orcus (= Gott der Unterwelt)]: **1.** *Schmutz* **2.** *minderwertiges Zeug* (Internetbeleg, Kitzbühel).

T

Tẹrggl, Tẹrpl, Tạrpl, der [laut Schatz aus ahd. deraaper flado (= ungesäuerter Kuchen)] (veraltet): *geröstete Laibchen aus Mehl.*

Tẹschek, der [aus dem Osten Österreichs; nach der Lehrmeinung von ungarisch tessék (= bitte sehr) abgeleitet; da aber die Ungarn – verglichen mit anderen Völkern der Monarchie – in Österreich nicht zu den Benachteiligten zählten, ist die Ableitung fraglich; ein Zusammenhang mit dem älteren Dialektausdruck teschen (= mühsam etwas Schweres tragen) ist möglich; auffällig ist kroatisch težak (= Bauer, Landarbeiter, Taglöhner, Schwerarbeiter); möglicherweise volksetymologische Kontamination mit ungarisch tessék oder es hat bereits in südslawischen Dialekten Varianten des Wortes težak mit -ek gegeben]: **1.** *der Benachteiligte, der Ausgenützte* **2.** *der Untergeordnete.*

Tes(n), die [laut Grimm ist Tese die österreichische Variante von Dese (= Waschfass auf drei Füßen)]: *Schaff, Kübel aus Holz.*

Teta, die: *siehe Gotl.*

Tete, der [siehe Get, Ged, Göd]: *Pate.*

tickn ⟨hat⟩ [siehe Tuck: einen Tuck antun]: **1.** *jemandem einen Streich spielen* **2.** *necken.*

Tíech, Tíach, das [mhd. diech (= Fuß, Bein, (Ober)schenkel)]: *Oberschenkel.*

Tintinger, der [zu Tinte; laut Grimm bildlich in Redensarten und Sprichwörtern: wer so handelt, muss Tinte getrunken, gesoffen haben, unklug, närrisch sein; vgl. die Redensart: er sitzt in der Tinte (= er ist in Verlegenheit, in einer schlimmen Lage)]: *Benachteiligter, Beschuldigter* ❖ **der Tintinger sein:** *der Dumme sein, das Nachsehen haben.*

Tippl, Tibl, Tiwi, der [mhd. tübel (= Pflock, Zapfen, Nagel, Stössel)] **1.** (auch süddt.): *Dübel; Zapfen aus Kunststoff, mit dessen Hilfe eine Schraube in der Wand fest verankert werden kann* **2.** *Beule; Anschwellung durch Schlag, Stoß, Gelsenstich etc.* **3.** *kleine Münze, kleine Menge (von Geld):* koan Tippl Gald håbm (= kein bisschen Geld haben).

tirchl: *siehe dirchl.*

Tirggn, Tirgge, der [eigentlich: Türken; Christoph Columbus hatte die Pflanze in der Karibik entdeckt und nach Spanien mitgebracht; die ersten größeren Anbaugebiete waren in der Türkei]: **1.** *Mais (Zea mays)* **2.** (Osttirol) *Schlaukopf.*

Tirggn|flitschen, Tirggn|filsen, die (Plural) [2. Bestandteil Flitschen: eigentlich: Flügel, vermutlich zu Flittich, dialektale Nebenform von Fittich]: *die Deckblätter des Maiskolbens.*

Tịrggn|kolbm, Tịrggn|zåpfn, Tịrggn|zepfn, der: *Fruchtkolben von Mais:* „Bei uns dahoam im Oberlånd, då wåchsa Türggakolba ...“ (Aus dem Lied „Miar Oberländer fölsaföscht“).

Tịrggn|wixa, der [siehe Wichs] (Unterinntal): *Speise aus geröstetem Maisgrieß.*

Tịrml, tịrmisch: *siehe Turm, turmisch.*

Tịrschn|blúet, Tịrschn|blúet|öl, das [Blut des Riesen Tirsus, das gemäß der Sage bei Seefeld den Stein tränkte und zum Heilöl wurde, das man daraus gewann)]: *Steinöl, als Heilmittel gegen Hauterkrankungen und als Zugsalbe* (ursprünglich im Ichtholan enthalten).

tischkerían, tischkuríern: *siehe dischkerian.*

Tisl, der: *siehe Disl.*

tịslig ⟨Adj.⟩ [siehe Disl]: *krank, grippig.*

tịttisch ⟨Adj.⟩ [Herkunft unklar]: **1.** *zornig, aufgebracht* **2.** *ungeschickt, töricht.*

Tö, der: *siehe Tell.*

Tóal, der: *Teil* ❖ (Oberland) **a Toal:** *einige:* a Toal welle des it (= einige wollen das nicht).

Tóas, der [Herkunft unklar]: *langweiliges, uninteressantes Gerede.*

Tóasche, Tóaschn, die [wie standardsprachlich Tasche (= sackförmiger Tragbehälter mit zwei Henkeln) zu mhd. tasche, ahd. tasca, zasca, gehört zu ital. tasca, doch ist die Entlehnungsrichtung nicht bekannt; schon im Mhd. Bedeutungserweiterung von Behälter zu weibliche Schamteile und verächtliche Frauensperson (siehe Lexer); die Vokalveränderung von -a- zu -oa- dient wohl zur Verschleierung des Tabuwortes] (derb): *widerwärtige Frau.*

Tobl, Toubl, das [mhd. tobel (= Waldschlucht)]: *steile Bachklamm, kleiner Wasserfall.*

Todl, Toudl, Tötl, der [zu mhd. todern (= undeutlich reden, stottern)]: *ungeschickter Mensch, Dummkopf.*

Tọgger, der [Herkunft unklar; Verwandtschaft mit furlanisch tuc (= Schlag, Prügel) eher fraglich] (Osttirol): *dummer, einfältiger Mensch.*

Tọggl, der, auch: **Dọggl** [vermutlich zu Docke (= Puppe; etwas Zusammengewickeltes, Strang von gesponnenem Flachs, Wolle, Seide etc.)]: **1.** *Hausschuh aus Stoff* **2.** *Dummkopf.*

Toifl|åb|biss, der [eigentlich: Teufel-Abbiss; der Name bezeichnet die besondere Gestalt seines Wurzelstocks (Rhizoms); dieser stirbt allmählich unten ab und sieht dann wie abgebissen aus; der botanische Name Succisa kommt vom Lat. succisus (= unten abgeschnitten); weitere Bezeichnungen: mhd. abbiz, lat. morsus diaboli und herba sancti Petri; auch Teufelwurz, Teufelabbiss genannt]: *Gewöhnlicher Teufelsabbiss (Succisa pratensis; früher: Scabiosa succisa L.), eine Wiesenstaude aus der Unterfamilie der Kardengewächse (Dipsacoideae).*

Tọlm, Tọlba, der: *siehe Dolm.*

Tọpfn, der [vermutlich von Topf (= Gefäß), nach der Form] (auch bairisch): **1.** *cremige Masse aus saurer Milch;* in D ansonsten: *Quark* **2.** *Unsinn:* an Topfn zsåmmredn.

Tọpfn|golatschn, der oder die (Küchensprache): *mit Topfen gefüllte Kolatsche.*

Tọpfn|strudl, der (Küchensprache): *Strudel mit Topfenfülle.*

tọ̈rggelen, tẹrggelen ⟨hat⟩ [Verbalableitung von Torggl]: *den neuen Wein mit brauchtümlichen Speisen genießen.*

Tọrggl, die [ahd. torcula aus mittellat. torcula, das zu lat. torquere (= drehen) gehört; die Weinbauern des Südens verwenden andere Bezeichnungen als beispielsweise die Rheinländer; dort heißt dieses Gerät Kelter, zu lat. calcare (= treten); weil die Trauben vor dem Pressen mit den Füßen zerstampft wurden]: *Presse zur Gewinnung von Traubensaft oder anderem Obstsaft.*

tọrggln ⟨hat⟩ [siehe Torggl]. **1.** *die Trauben zu Most zerstampfen* **2.** *Fruchtzapfen zertreten, damit die Kerne herausfallen.*

Tọsch, Tọscher, Tụscher, der [zu tuschen (= schlagen, stoßen), eventuell Entlehnung aus franz. toucher; lautmalend]: *unbeholfener, ungeschickter Mensch; leichtes Scheltwort.*

Tọttl, Tọttla, Tö̩ttl(e), der [laut Grimm in den oberdeutschen Dialekten weit verbreitet, vermutlich zu totteln (= stottern)]: *Dummkopf, Trottel.*

tọttlat, tö̩ttlat ‹Adj.› [zu Tottl]: *dumm, schwachsinnig.*

toup, tap ‹Adj.› [mhd. toup hat viele Bedeutungen: gehörlos; nichts empfindend, stumpfsinnig; unsinnig, geistig verwirrt; dazu mhd. toben (= toben, rasen)]: **1.** (Oberinntal) *zornig, unsinnig* ❖ **der|toupe** ‹ist›: *wildzornig werden* ❖ **der|deipe** ‹hat›: *jemanden in Wallung bringen* **2. tab** (Unterinntal) *müde, zerschlagen.*

Toupl, der [Herkunft unklar] (Osttirol): *Rauchschwade.*

Toute, Tote, die: *siehe Gotl.*

Touze, Touzn, der [Herkunft unklar]: **1.** *klein gewachsener Mensch* **2.** *Kreisel* ❖ **Touzn håckn:** *ein altes Kinderspiel.*

towa ‹Adj.› [vielleicht zu slawisch dobro (= gut), aber nicht gesichert] (Osttirol): *gut, tüchtig.*

Trạ̊chter, der [das -a- statt -i- geht auf eine ältere Wortform zurück, die sich in Tirol erhalten hat; mhd. trihter, trahter, trehter, spätahd. trahtare, trahter, laut Duden aus lat. traiectorium, eigentlich: Gerät zum Hinüberschütten, zu trans (= hinüber) und iacere (= werfen, schleudern)]: *Trichter.*

tragat, tragig ‹Adj.› [zu tragen]: *trächtig (von Tieren).*

Tråge, Tråga, die [Substantivbildung zu tragen]: **1.** *Gerät zum Tragen* **2.** *Bahre.*

Trạ̊ll, Trạ̊lle, Trụlla, die [laut Grimm in den oberdeutschen Dialekten weit verbreitet; auch Trull; Nebenform von Troll (= dicker, unbeholfener Mensch; plumper Kerl); gehört vermutlich zu der Wortsippe trollen, trüllen (= wälzen, rollen)]: *dummes Weib, Mädchen.*

tram|happat, trem|happat ‹Adj.› [1. Bestandteil: mhd. troum (= Traum), 2. Bestandteil: häup(t)echt (= häuptig)]: *benommen, unkonzentriert, verschlafen; tagträumerisch.*

Trạ̊mpl(a), der oder die [wohl zu trampen (= treten, stampfen)]: *plumpes, ungehobeltes Weib.*

Trạngge, Trạnggin, die [Herkunft unklar]: *ungeschickte Frau.*

Tråṭsch, der [zu tråtschn]: *Gerede, Geschwätz, was herumgeredet wird.*

tråṭschn ⟨hat⟩ [so wie ratschen verwandt mit mhd. ratzen (= kratzen, rasseln, klappern); lautmalend]: **1.** *herumschwätzen* **2.** *ausplaudern.*

Tratsch, Tråṭschn, die [zu tråtschn]: *Frau, die Gerede verbreitet, Waschweib.*

trạtzn ⟨hat⟩ [mhd. tratzen, tretzen, trutzen (= trotzen; reizen, necken, zum Besten halten); laut Kluge eine Abwandlung von mhd. und ahd. reizen und niederdeutsch triezen (= foppen, quälen)]: **1.** *ärgern, zum Zorn reizen* **2.** *necken:* „Woaßt, daß i di schon in der Schuel', als zwölfjährig's Madl, gearn g'sech'n hab'? Und wenn i di nacher beim Spiel'n tratzt hab', so hab' i di nur aus Lieb' tratzt ..." (Aus „Die Eav", Einakterzyklus „Die sieben Todsünden" von Franz Kranewitter.)

Tréape, die [Herkunft ungeklärt] (Osttirol): *dummes, unbeholfenes Weib.*

trefeln, trefin, hat [im Ahd. ist troffo als Variante von tropfo (= Tropfen) belegt; e ist also Umlaut von o]: *vertropfen, überall Tropfen hinterlassen:* das Zimmer ist mit Blut vertrefit.

Tréijen, Tréije(n), Trúi, der [ahd. truio, aus einem durch das Romanische vermittelten illyrischen Wort, auch im Namen Trojer erhalten]: **1.** *eingezäunter Weg für den Viehtrieb* **2.** *Hohlweg.*

Trẹnzer, der [siehe trenzn]: **1.** *jemand, der trenzt* **2.** *Speichel, der aus dem Mund fließt* **3.** (abwertend) *Feigling.*

Trẹnzerl, das [siehe trenzn]: *Vorbindelatz für Kleinkinder.*

trẹnzn ⟨hat⟩ [mhd. trene (= Tropfen, Träne) mit dem Suffix -etzen] **1.** (auch bairisch) *speicheln (von Hunden)* **2.** (auch bairisch) *Speichel, Getränke oder Essen aus dem Mund fließen lassen.*

Tret, Tred, der oder das: *Grasplatz bei der Almhütte:* „Von der hohen Alm auf die Niederalm, von der Niederalm aufs Tret, und vom Tret zu meinem Diandl, übern Almasåttl geht da Weg." (Aus dem Lied „Von der hohen Alm").

trẹttln ⟨ist und hat⟩ [abgeleitet von treten]: **1.** *kurze Schritte machen* **2.** *(den Schnee) glatt treten* **3.** *unschlüssig von einem Fuß auf den anderen steigen.*

Tríal(e), Tríel, der [mhd. triel (= Lippe, Mund, Maul)]: *Ober- oder Unterlippe* ❖ **den Triel hängenlåssn:** *in gedrückter Stimmung sein.*

Tribl, der [mhd. tribel (= Mörser)]: *Teigwalker, Nudelwalker.*

Trifl, Trifi, die [siehe triflen]: *beim Triflen entstehender Strang.*

triflen, trifin ⟨hat⟩ [mhd. trifelen (= drehen)]: *ein Seil/eine Schnur in ihre Stränge zerlegen.*

Trịmmsler, der: *siehe Trumser.*

trịmsig, trịmslig ⟨Adj.⟩ [zu trumsn, siehe dort]: *schwindelig, taumelig.*

trịntschl(n) ⟨hat⟩ [Intensivbildung zu trenzn] (Osttirol): *Speichel verlieren.*

trischaggn, trischạggn ⟨hat⟩ [zu tschechisch drzák (= Stiel)]: *verprügeln:* „Es geit d'r Leit, dia s'orme Viech / trischagge und derschloge. / Döis konn sig voar die Schteaß und Schlöig / derwöire n'it und kloge." (Aus dem Gedicht „D' Viechschinter" von Karl Jais).

Trischibl, Trischiwi, der [mhd. drischūvel, drischübel, ahd. driscupuli, driscufli (= Türschwelle)]: *Türschwelle.*

Triwi, der [zu treiben]: *Teigwalker, Nudelwalker.*

Tróad, der [mhd. treid(e), tregede (= was getragen wird; was der Erdboden trägt; Getreide)]: *Getreide.*

Tróale, Tróala, die [vermutlich zu Troll]: *einfältiges weibliches Wesen.*

tróaln ⟨hat⟩: *Unnützes tun, die Zeit vergeuden.*

Trọggn, Tarọggn, das [Tarocken; ital. tarocco; das Spiel ist ital. Ursprungs und hat sich in der Habsburgermonarchie stark ausgebreitet; das Wort dürfte arabische Wurzeln haben; wird in geringem Umfang in Tirol gespielt] (Kartenspiel): *in verschiedenen Formen gespieltes Kartenspiel; zu viert, zu dritt oder zu zweit.*

trọggn, tarọggn, tarọ̈ckn ⟨hat⟩ [eigentlich: tarocken, siehe Troggn]: *Tarock spielen.*

Trọll, der [laut Duden aus dem Skandinavischen, vgl. schwedisch troll, vermischt mit älter Troll, mhd. trolle, trol (= gespenstisches zauberhaftes Ungetüm, Unhold, ungeschlachter Mensch, Tölpel), wohl zu mhd. trollen (= sich in kurzen Schritten laufend fortbewegen)]: **1.** *dämonisches Wesen, das männlich oder weiblich sein kann, die Gestalt eines Riesen oder eines Zwergs annimmt* **2.** *unbeholfener Mann.*

Tru̲d, Trụtte, die [mhd. trute, trut (= weiblicher Alp)]: **1.** *weibliches Gespenst* **2.** *Alpdrücken* (die Unholdin setzt sich auf die Brust).

Trụlle, Trụlla, die [vermutlich Ablautvariante zu Troll, siehe dort] (Oberinntal): *ungeschickte, kindische Frau.*

Trụmm, das [mhd., ahd. drum (= Endstück, Ende, Stück, Splitter)] (regional auch in D): *großes Stück, großes Exemplar von etwas:* dieser Koffer ist ein schweres Trumm; a Trumm Bua (= ein groß gewachsener, kräftiger Bub), a Trumm zu gehen (= ein weiter Weg).

Trụmser, Trụmsi, Trịmmsler, der [zu trumsn, siehe dort]: *langsamer, zielloser Mensch:* „Nun kann es sein, daß Sie dieses Lied nicht versteh'n! (...) / A ‚Buchl' isch a Semml und a ‚Gsalz' a Marmelad'! / A ‚Trimmsler' isch a Mensch, der nix tuat, und dem isch fad!" (Aus dem Lied „Knou mah!" der Lechtaler Musikgruppe „Bluatschink").

trụmsn ⟨ist⟩ [rückgebildet von trumseln, trümseln; zu trümmeln (= taumeln, schwerfällig gehen; unschlüssig sein; schläfrig, trunken sein); laut Grimm ein weit verbreitetes oberdeutsches Dialektwort]: **1.** *schwerfällig herumgehen* **2.** *taumelnd wanken.*

Trụmsl, die [zu trumsn, siehe dort]: *ungeschickte Frau.*

trụpfetzn ⟨hat⟩ [Intensivum zu tropfen]: *tröpfeln.*

Tru̲tsche, die; **Tru̲tschn,** die [vermutlich zu Trude unter Einfluss von mhd. trutschel (= kokette Gebärde) und trūte (= Geliebte)] (auch bairisch) (abwertend): *dumme, eingebildete Frau.*

Tru̲tscherl, das [Trutsche mit Verkleinerungsendung]: *einfältiges Mädchen.*

Tschạ̊ch, der [vermutlich zu tschechern (= saufen; hart arbeiten), aus dem Jiddischen entnommener Rotwelschausdruck schecher (= berauschendes Getränk) und jiddisch schochar (= trinken, sich berauschen), woraus sich die wechselnden Formen mit -e- und -o- erklären lassen; Tsch- im Anlaut ist verstärkend)]: *mühevolle Arbeit* ❖ **des wår a Mordstschåch:** *das war eine Riesenanstrengung.*

Tschạggele, das (Oberinntal): *Jacke für Kleinkinder.*

Tschạ̊ggl(e), die [ital. ciocca (= Büschel)] (Oberinntal): *Quaste (am Hut).*

Tschạ̊ggl, Tschạ̊ggler, der [siehe Tschogg]: **1.** *unbeholfener Mann* **2.** *Dummkopf, Grobian.*

Tschạggo, der [eigentlich Tschako, ungarisch csákó (= Husarenhut, helmartiger Hut); früher als Bezeichnung für eine Kopfbedeckung im Heer und bei der Polizei und mit dieser Bedeutung gesamtdeutsch]: **1.** *salopper Hut* **2.** *Uniformkappe.*

Tschạmsterer, der [zu jiddisch schammes (= Diener in der Synagoge), dann verdeutlichende Verdoppelung Schammer-Diener, später lautliche Angleichung an die volksetymologische Interpretation Gehorsamster] (Brixlegg): *Ehemann.*

Tschạngg, der [laut Schatz zu tengg(e), siehe dort] (Oberinntal): *linkischer Mensch.*

tschapían, tschapíern ‹ist› [ital. scampare, franz. échaper (= entkommen) weisen auf eine Entlehnung aus dem Romanischen hin]: *entkommen; abhauen, weglaufen.*

Tschạ̊ppe, Tschạ̊ppl(e), die; **Tschạ̊pperle,** das [vgl. tirolerisch tschapern (= nachlässig und langsam arbeiten)]: *naiver, bemitleidenswerter Mensch.*

tschari gehn [aus (t)schädern (= zerspringen, zerbrechen) und tschäderig, schätterig (= klirrend, scheppernd, gebrechlich, hinfällig); die Ableitung von tschechisch čary (= Hexerei, Zauberei) ist wohl verfehlt]: *verloren, verschwunden, weg.*

tschaupat ‹Adj.› [zu Tschaupe, siehe dort]: *unfrisiert.*

Tschaupe, der oder die; auch: **Schaupe** [zu Schaub, siehe dort; ursprüngliche Bedeutung Garbe; später auf Haare übertragen] (Osttirol): *Wuschelhaar.*

Tschaupl, die [zu Tschaupe, siehe dort]: *hochfrisiertes Haar.*

Tschéader, die [vgl. Schear]: *Maulwurf, Wühlmaus.*

tschẹchern ⟨hat⟩ [zu Tschåch, siehe dort]: **1.** *hart arbeiten* **2.** *trinken, zechen.*

tscheder|wenggat, tschala|wanggat: *siehe schederwenggat.*

tschẹggat ⟨Adj.⟩ [mhd. scheckëht (= scheckig)]: *scheckig.*

Tschẹggl, der: *siehe Tschogg.*

tschẹppern ⟨hat⟩ [wie lautmalend scheppern, aber mit Anlautverstärkung von sch- zu tsch-]: *scheppern.*

tschẹrggat ⟨Adj.⟩: *krumm, ungerade* ❖ **tscherggat gien:** *schlurfend gehen:* „Sie gieh'n leicht zehn Jahr schon / mit 'n Heirat'n um, / vor lauter lang Wart'n / sein d' Füeß ihnen krumm. / Die Lena weard tscherket / und triefet dazue / und schreit sich fast hoaser / ‚Wann nimmst mi denn, Bue?!'" (Aus „Um Haus und Hof" von Franz Kranewitter; Strophe der Katzenmusik).

tschẹrggn, tschạrggen ⟨ist⟩ [Herkunft unklar]: *schlürfend gehen, krummbeinig gehen.*

tschẹssn ⟨hat⟩ [nach dem Fuhrmannsruf hess, tschess, der die Tiere zum Anhalten aufrief] (Osttirol): *zurückhalten.*

tschẹttern, tschedern ⟨hat⟩ [zu gleichbedeutend schedern, aber mit Anlautverstärkung, lautmalend; belegt bei Schatz]: **1.** *plätschern, klappern* **2.** *unbeholfen gehen* **3.** *plauschen:* „Jå ålla junga Oubrländr telefoniera mitm Händy, mir tschetta mit dr gånza Walt, weil tschetta is sou trändy." (neue Strophe des Liedes „Miar Oberländer felsafescht").

tschíanggle: *siehe schia(n)gln.*

Tschịgg, Tschịck, der oder die [von friaulisch cic (gesprochen wie Tschick) mit der Bedeutung Splitter, Zigarettenstummel; ursprünglich nur für den Zigarettenrest und abwertend für Zigarette, jetzt salopp für Zigarette allgemein]: *Zigarette.*

tschịgg ⟨Adv.⟩ [Herkunft unklar]: *hundemüde.*

tschịndern ⟨hat und ist⟩ [mhd. schindern (= polternd schleppen, schleifen) mit Anlautverstärkung von sch- zu tsch-]: *klirren, schrill schallen; taumeln, wie betrunken hinfallen.*

Tschịnggeler, Tschịnggela, Tschịng, Tschịngala|mo̱ra, der [zu dem in Italien gängigen Fingerspiel Mora oder Morra; hier kommt es auf rasches Abschätzen der nach einem Kommando nach vorn schnellenden gezeigten gemeinsamen Anzahl von Fingern an: sobald die Faust geöffnet wird, ruft jeder laut die Anzahl aus; wer richtig oder besser schätzt, erhält die Differenz als Pluspunkte gut geschrieben; der beim Mora häufige Ausruf „cinque a la mora" (fünf) diente zunächst als Bezeichnung für italienische Gastarbeiter] (auch schweizerisch) (abwertend): *Italiener.*

tschịnggl(n) ⟨hat⟩ [mhd. sunken (= anbrennen, versengt werden); siehe tschunggilan] (Osttirol): *mit Feuer spielen* ❖ (Oberinntal): **es tschịnggelet:** *die Sonne brennt heiß herunter.*

Tschịppl, der [wie Schüppel, aber mit Anlautverstärkung von sch- zu tsch-; siehe Schüppl]: **1.** *Büschel* **2.** *eine Menge.*

tschịschpatzn ⟨hat⟩ [Herkunft unklar] (Osttirol): *zwitschern.*

Tschọgg, Tschẹggl, Tschạ̊ggl, der [ital. ciocco (= Klotz)]: *Dummkopf, Grobian.*

tschọggat ⟨Adj.⟩ [eventuell zu Tschogg] (Osttirol): *ungeschickt.*

Tschọggl, die: *siehe Tschåggl.*

Tschọggl, der [ital. zoccolo (= Holzschuh, Sockel)]: *Holzschuh.*

Tschọlder, der [Herkunft unklar]: *Männerjacke.*

Tschụmpus, Tschụmpas, der [laut Hornung zu tschechisch žumpa (= Senkgrube, Gefängnis)]: *Kerker.*

tschụnggilan ⟨hat⟩ [siehe tschinggl(n)] (Osttirol): *nach Angebranntem riechen.*

Tschụrtsche, Tschụrtschn, Tschụtschn, Tschutschala, die [die zahlreichen dialektalen Varianten lassen sich unter einer nicht belegten Grundform zürse vereinigen, daneben ist aus slowenisch šiška die Form Zischge entstanden]: *Fruchtzapfen der Nadelhölzer.*

Tschụrtschapfn, der [Kontamination aus Tschurte und Zapfen]: *Fruchtzapfen der Nadelhölzer.*

Tschusch, der [wohl nicht von serbokroatisch čuješ? (= hörst du?) abzuleiten, sondern von serbokroatisch ćuš, das früher in Bosnien-Herzegowina von Treibern als Ausruf verwendet worden war, um Lasttiere anzutreiben; die Treiber wurden Tschuschen oder Tschutschen genannt; erst später Bedeutungsverschlechterung] (abwertend): *Ausländer (vor allem vom Balkan oder aus der Türkei).*

Tụchent, die [vermutlich zu tschechisch duchenka mit Endungswechsel] (auch bairisch): *mit Federn gefüllte Bettdecke* (in D meist Federbett) ❖ **etwas unter da Tuchent håltn:** *danach trachten, dass etwas im Verborgenen bleibt.*

Tụck, Tuk, der [mhd. tuc (= Schlag, Streich, Arglist)]: *hinterhältiger Streich* ❖ **einen Tuck antun:** *einen Streich spielen (z. B. dem Brautpaar am Hochzeitsabend).*

Tụck|mauser, auch: **Tụggl|mauser,** der: **1.** *jemand, der sich vorschnell unterordnet, unterwürfig ist* **2.** *jemand, der einem anderen einen Streich spielt* (vgl. Tuck) **3.** (Reutte) *Drückeberger* ❖ **sich tuckn** *sich vor der Arbeit drücken.*

Túem, der [mhd. tam (= Damm)]: *Damm, Böschung.*

Tụmpe, die, **Tụmpm,** der [siehe Gumpm]: *tiefe Wasserstelle.*

Tụmpf, der [wohl nicht zu Tümpel, aber wie dieses eine Nasalerweiterung von tief]: *Vertiefung im Wasser bzw. im Gelände.*

Tụpf, der [zu mhd. topfe (= Tupf, Punkt)]: *Punkt, Fleck* ❖ **einen Tụpf geben** *Anstoß geben* ❖ **ein junger Tụpf(er):** *ein unerfahrener Bursch, ein Grünschnabel.*

Tụpfer, der: *Punkt, leichter Stich.*

Tụ̈rken: *siehe Tirggn.*

Tụrm, Tịrml, der [zu mhd. türmel (= Taumel, Schwindel)]: *Schwindelgefühl.*

Tụrmentl: *siehe Urementle.*

tụrmisch, tịrmlig, tịrmisch ⟨Adj.⟩ [zu Turm, Tirml]: **1.** *benommen* **2.** *schwindlig* **3.** *eigensinnig.*

tụrtschn ⟨hat⟩ [eigentlich: zusammenstoßen, zusammenschlagen; wohl lautmalend] (Osttirol): *zwei Ostereier gegeneinander schlagen (siehe Eierpeckn).*

Tụscher, der [siehe tuschn]: **1.** *kurze markante Folge von Tönen (von einer Kapelle gespielt)* ❖ **an Tuscher tun:** *einen lauten Knall machen, krachen* (z. B. bei einem Gewitter) **2.** *einfältiger Mensch.*

tụschn ⟨hat⟩ [vielleicht zu mhd. tusen (= schallen, rasen), laut Duden wohl unter Einfluss von frz. toucher (= berühren, befühlen); lautmalend]: **1.** *krachen:* jetzt håts tuscht (z. B.: zwei Autos sind zusammengekracht) **2.** *schlagen, ohrfeigen:* I tusch da r oane! **3. es tụschn lå̩ssn:** *es hoch hergehen lassen, ohne zu bremsen einen Hang hinunter fahren.*

Tụtte, die; **Tụttn,** der [ahd. tutta, Lallwort der Kindersprache] (in D eher Titte): **1.** *Milchorgan bei Säugetieren, Zitze:* die Ferkel saugen an den Tuttn; derb auch für weibliche Brust **2.** *männliches Glied.*

Tu̲zl, der [zu zuzeln (= lutschen, saugen) mit verändertem Anlaut]: *Schnuller.*

úan-, ua-: *siehe oan-.*

Úaschta|bleami, das [Osterblümchen] (Achental): *Himmelschlüssel.*

übel, ibl ⟨Adj.⟩ [mhd. übel (= übel, böse, bösartig), ahd. ubil; Herkunft unklar]: *schlimm, schädlich, auch im Hinblick auf das eigene Befinden:* mir ist übel (= mir ist schlecht).

über-[1] (gesprochen: **iwa, ib(e)r**) ⟨betontes Präfix beim Substantiv⟩: **Über|boden** (= Plafond, Decke); **Über|gangl** (= das vorübergehendes Unwohlsein), **Über|hång** (= überhängender Fels, Schnee); **Über|schmäh** (= besonderer, übertriebener, durchschaubarer Schmäh); **Über|trib** (= Übertreibung).

über-[2] ⟨unbetontes Präfix bei Verben⟩: **über|lauern** ⟨hat⟩ (= dahinterkommen, durchschauen): er hat den Kartentrick überlauert; **über|nåsern** ⟨hat⟩ (= schnell begreifen, erfassen); **über|reissn** ⟨hat überrissen⟩ (= begreifen, erfassen): er hat überrissen, dass ma si bei ihr auf nix verlåssen kann; **über|ringln** ⟨hat⟩ [laut Grimm eigentlich Ausdruck der Bortenweberei] (= schnell begreifen); **über|tauchn** ⟨hat⟩ (= überstehen): eine Krankheit, eine wirtschaftliche Krise etc.; **über|ziachn** ⟨hat überzogen⟩ [zusätzl. Bedeutung im Tirolischen] (= begreifen, erfassen); **über|zuckern** ⟨hat⟩ [zusätzliche Bedeutung]: (= begreifen, erfassen).

über|happs, ibrhopps ⟨Adv.⟩ [zu überhaupt in der früheren Bedeutung mhd. über houbet (= Kleinigkeiten nicht beachtend); wobei der 2. Bestandteil zur Verdeutlichung mit der adverbialen Endung -s versehen wird (wie flugs, elends, vergebens etc.)] (auch bairisch): **1.** *ungefähr, annäherungsweise, überschlagsmäßig:* er hat die Zahlen in der Eile nur überhapps zusammenrechnen können **2.** *überstürzt:* er hat die Versammlung überhapps verlassen.

über|schi: *siehe: iwaschi.*

üblen, iblen ⟨hat⟩ [eigentlich: sehr schlecht gehend; wohl zum mhd. Adverb übele (= auf böse Art, sehr schlecht] (Tuxertal): *Heimweh haben* ❖ **es tut iblen:** *es tut mir nicht gut.*

übl|kearat, ibl|kearat, ibl|herat ⟨Adj.⟩ [eigentlich übel (ge)hörend]: *schwerhörig.*

úen-: *siehe oan-.*

ụm- ⟨betontes Präfix bei Verben⟩: wie in der Standardsprache, aber auch mit Dialektverben: **ụm|enkln** (= überknöcheln); **ụm|fåchn** [mhd. vāchen (= fangen)] (= Fangen spielen); **ụm|tuan, ụm|tian** (= einen Baum fällen).

um ⟨Präp.⟩ [wie in der Standardsprache, aber zusätzliche Wendungen in Dialekt]: **um die Weg sein** (= herum sein); **um an Ort sein** (= herum sein, vorhanden sein); **um a siebne** (= gegen sieben Uhr); **ums Geld kommen** (= das Geld abholen kommen).

Umis, der [mhd. un-muoze zu muoze (= freie Zeit, Untätigkeit)] (Osttirol): *Eile, Hektik, Tatendrang:* der håt an Umis!

ụmma, ụmmer, ụmha(r) [eigentlich ein dialektales umher; als Vorsilbe mit zahlreichen Verben kombinierbar, mit der Bewegungsrichtung: herüber auf diese Seite, wo der Sprecher ist]: *herüber* ❖ **kemmts decht umma zu uns:** *kommt doch herüber zu uns.*

ụmma- ⟨Präfix⟩: **ụmma|påtzn** (= herumbatzen); **ụmma|bringen** (= herüberbringen); **ụmma|jammern** (= ständig jammern); **ụmma|tantln** (= herumtändeln, trödeln); **ụmma|ziachn** (= herüberziehen).

umma|dụm, umme|dụm ⟨Adv.⟩ [eigentlich um und um; als Vorsilbe auch mit Verben kombinierbar; meist iterativ]: *(rund)herum:* **umma|dụm|gehn** (= rundherum gehen, hin und her gehen); **ummadụm|suchn** (überall intensiv suchen).

ummanạ̊nd(er) ⟨Adv.⟩ [wohl um- + mhd. einander]: *herum;* kann auch als Präfix verwendet werden: **ummanạ̊nd(er)|liegn** (= herumliegen: die Bücher liegen nur herum); **ummanạ̊nder|schaugn** (= herumschauen); **ummanạ̊nder|sumpern** (= lustlos die Zeit vertun) etc.

Ụmme|los, der [mhd. losen (= hören, horchen)] (veraltet): **1.** *Neugieriger* **2.** *Adabei.*

Ụmmer, der [mhd. amer, ahd. amaro (= Emmer, Dinkel); vgl. die standardsprachliche Vogelbezeichnung Ammer mit gleicher Herkunft] (veraltet): *Dinkel.*

ụmmi, ụmme(n), ụmhe, ụmha [eigentlich ein dialektales umhin; als Vorsilbe auch mit Verben kombinierbar, mit der Bewegungsrichtung: hinüber auf die andere Seite, wo der Sprecher nicht ist]: *hinüber:*

Gehts ihr ummi zu di Nåchbarn? ❖ **ummi|hebm, ummi|lupfn:** *hinüberheben, übervorteilen.*

un-: *siehe auch an-.*

un|éar(e) ⟨Adj.⟩ [vermutlich zu Ehre] (veraltet): *unbescheiden, rücksichtslos.*

un|fal(n) ⟨hat⟩ [aus mhd. feilen (= verkaufen)] (Osttirol): *anbieten.*

un|gfíarig, un|gfíerig ⟨Adj.⟩ [siehe gfiarig]: *unpraktisch.*

un|gschaut ⟨Adv.⟩: *ohne etwas genau angesehen oder geprüft zu haben* ❖ **als a Un|gschauter nehmen:** *unbesehen oder ungeprüft nehmen.*

Un|g|schier, das [eigentlich: Ungeschirrre; zu Geschirre (= Gefäß; Einrichtung, Ordnung) mit Präfix Un- zur Negierung] (veraltet): *Misslichkeit, Ungemach:* „A kindischg'woarner Tattl ist's, der am liebst'n nix tuet und die Brock'n wegstiehlt den Kindern, und 's Haus in's Ung'schier bringt." (Aus „Um Haus und Hof" von Franz Kranewitter).

un|gustiös ⟨Adj.⟩ [zu gustiös]: *unappetitlich, abstoßend.*

Un|gustl, der [vermutlich Weiterbildung zu ungustiös in Anlehnung an Gustl (= Kurzform für August)]: *abstoßender, unsympathischer Mensch (Mann).*

un|gwarlig ⟨Adv.⟩ [mhd. ungewærlich (= unsicher, gefährlich)]: ungut.

un|keit ⟨Adv.⟩ [mhd. ungehīt, ungehiwet (= unverheiratet, nicht genotzüchtigt, ungeplagt), zu gehīt = Partizip Perfekt zu hīwen (= heiraten)]: *unbehelligt (lassen).*

un|lag ⟨Adj.⟩ [siehe auch an- (Vorsilbe)]: *leicht geneigt.*

un|pfustala ⟨Adj.⟩ (belegt bei Mayr) [da es im Ahrntal unfustolan heißt, denkt Schatz an unvurderlich aus mhd. vurdern (= fördern, vorwärts bringen)]: *unpassend, ohne schöne Form.*

Untal, das [siehe Untern] (Brixental): *Nachmittagsessen.*

Unter|lånd, das: **1.** (Inntal) *das Inntal östlich von Innsbruck.* **2.** (Osttirol) *das Drautal östlich von Lienz.*

Ụnter|landler, Ụnter|lantler, der: *Unterinntaler:* „Bevoust vun an Owalandla a Bussl kriagst, kriagst vu an Untalandla a Kind!" (Internetbeleg, Kitzbühel).

Ụnter|läufel, der [ursprünglich: untergeordneter Läufer, Fußknecht] (abwertend): *Person in untergeordneter Stellung.*

Ụntern, Ụntagn, der [zu ahd. untar (= zwischen)]: *Zwischenessen am Nachmittag.*

ụnter|schi ⟨Adv.⟩ [eigentlich: unter sich]: *unten befindlich, auf der Unterseite.*

u̲ras(ig) ⟨Adj.⟩ [siehe urassn, uressn]: **1.** *übersättigt:* ich bin uras **2.** *abgestoßen.*

u̲r̲|assn, u̲r̲|essn ⟨hat⟩ [Vorsilbe ur- mit der seltenen Bedeutung bis zum Ende, vollständig; mhd. urezzen (= vollständig zu Ende essen, ausessen, zu essen aufhören aus Überdruss daran, Essbares wählerisch übriglassen)]: **1.** *verschwenderisch mit dem Essen umgehen* **2.** *Ressourcen vergeuden.*

ụrchn ⟨Adv.⟩ [durch hin] (Ötztal): *hinüber.*

U̲remẹntle, (D)u̲rmẹntl, Fọrmẹnta, Hụrmẹnta, Mụrmltier, Mụrmele, Murmẹntl, Mạnggai, Mangai [mhd. mürmendīn, ahd. murmunto, murmento; zu spätlat. mus (Genitiv: muris) montis (= Bergmaus), volksetymologisch an murmeln angeglichen; die possierlichen Tiere haben die Sprecher zu zahlreichen Spielformen dieses Wortes angeregt]: *Murmeltier.*

U̲r̲|fåll, der (Stubaital und Ötztal): *Wasserfall.*

U̲r̲|fich, das [eigentlich: Urvieh]: *Original, witziger, stets übermütiger Mensch, Stimmungskanone.*

U

U̲a̲schta|bleami, das [Osterblümchen] (Achental): *Echte Schlüsselblume, auch Himmelschlüssel genannt (Primula Veris).*

V

ver-, gesprochen: **fer-, fa-** 〈Präfix〉: *ver-,* meist wie im Standard, daneben auch bloß sprechsprachliche Wörter, die im Folgenden verzeichnet sind.

ver|bạntlt sein [Partizip Perfekt von verbandeln (= verbinden)] (auch schweizerisch, regional auch in D): *eine enge Verbindung haben, mit jemandem liiert sein.*

ver|dẹpschen, ver|tẹpschen 〈hat〉: *verbeulen.*

verdriassn 〈hat〉 (veraltet): *Heimweh haben.*

ver|drụckn 〈hat〉: **1.** *eine Regung, einen Schmerz unterdrücken* **2.** *(eine Menge) essen.*

ver|gåggl(e)n 〈hat sich〉 (reflexives Verb) [aus mhd. gogel (= lustig, übermütig), daraus mhd. gogelen (= sich ausgelassen gebärden, flattern, sich hin und her bewegen); Entwicklung der Bedeutung unter Einfluss von gaukeln; Gogelspiel war früher eine Nebenform von Gaukelspiel]: *sich vertun, sich verschätzen.*

(ver)|gẹlts|got, (va)|gọ̈ts|god, (vr)gạlts|got: *häufiges Dankwort* (die ursprüngliche Antwort segnsgot ist nur noch als Erinnerungsform erfragbar).

ver|habern 〈hat sich〉 (reflexives Verb) (abwertend): *sich verbünden, auf unzulässige Weise paktieren* ❖ **mit jemandem verhabert sein: 1.** (abwertend) *mit jemandem (auf unzulässige Weise) paktieren* **2.** *mit jemandem ein inniges Verhältnis haben, mit jemandem liiert sein.*

Ver|haberung, die [zu verhabern]: *Packelei.*

ver|hatscht 〈Adj.〉 [zu hatschen]: **1.** *ausgetreten (von Schuhen)* **2.** *unvollkommen, missglückt:* eine verhatschte Lösung.

ver|heit 〈Adj.〉 [mhd. verhīt (= entehrt; infam)] (Osttirol): *beleidigt.*

ver|hịtzt 〈Adj.〉 (Osttirol): *verstopft.*

ver|honaggln ⟨hat⟩ [laut Grimm eigentlich: verhoneckeln; zu einem nicht belegten verhonecken mit -l-Einschub]: *höhnend necken, verhöhnen, ausspotten.*

ver|huscht ⟨Adj.⟩ [wie ein Partizip Perfekt von huschen gebildet, aber mit Vorsilbe ver- nach dem Muster von verrückt]: *verrückt.*

ver|hutzelt, ver|huzlt ⟨Adj.⟩ [mhd. verhützeln, verhutzeln (= zusammenschrumpfen, dörren), mhd. hutzel, hützel (= gedörrte Birne)] (auch süddt.): *vertrocknet, zusammengeschrumpft.*

ver|kifln [zu kiefeln (= nagend aufessen)] ❖ **jemanden/etwas ned verkiefeln können:** *jemanden/etwas nicht ertragen können.*

ver|klopfn ⟨hat⟩ [zu klopfen; nach dem Zuschlagen mit dem Hammer bei Auktionen]: **1.** *(unter dem Wert) verkaufen, zu Geld machen* **2.** *jemanden versohlen* **3.** *jemanden verraten.*

ver|kutzn ⟨hat sich⟩ (reflexives Verb) [zu kutzn (= husten)]: *sich verschlucken (mit Hustenanfall).*

ver|laffn, ver|lafn, verlöfn ⟨hat sich⟩ (reflexives Verb) [eigentlich: verlaufen]: *verirren.*

ver|mantschn ⟨hat⟩ [laut Kluge gibt es seit dem 16. Jh. ein Verb mantschen (= im Wasser plantschen, mischen), lautmalerisch vielleicht zu Matsch]: *zerquetschen und dabei vermischen.*

ver|massln ⟨hat, ich vermassl⟩ [zu Massel, Masel (= Glück)] (regional auch in D): *eine Sache verderben, etwas verhindern.*

ver|mengl(n) ⟨hat⟩ [mhd. mangen (= fehlen)] (Osttirol): *vermissen.*

Ver|naderer, der [Herkunft unklar]: *Spitzel, Verräter.*

ver|nadern ⟨hat⟩ [Herkunft unklar]: *denunzieren, verraten.*

V

ver|någlt ⟨Adj.⟩ [Partizip Perfekt zu vernageln, mhd. vernagelen (= mit Nägeln festmachen, befestigen)]: *begriffsstützig, beschränkt, unbelehrbar.*

ver|nicht(ig) ⟨Adj.⟩ [zum Verb vernichtigen, mhd. vernihtigen (= zunichte machen)]: *nichtswertig, wertlos.*

ver|pạ̊schn 〈hat〉 [wohl zu rotwelsch baaschen (= kaufen)]: *billig verkaufen, leichtfertig vertun.*

ver|plauschn 〈hat sich〉 (reflexives Verb) [zu plauschen; verwandt mit plaudern; lautmalerisch] **1.** *beim Plaudern die Zeit vergessen* **2.** *aus Versehen etwas ausplaudern, das geheim bleiben sollte.*

ver|rọlln 〈hat sich〉 (reflexives Verb) [gesamtdeutsch: ins Bett gehen]: *verschwinden, weggehen.*

ver|saufn 〈hat sich〉 (reflexives Verb) [zu saufen; dieses zu mhd. sūfen, ahd. sūfan, eigentlich: schlürfen, saugen; saufen wird vor allem für die Flüssigkeitsaufnahme von Tieren verwendet, ferner beim Menschen für (exzessives) Trinken von Alkohol]: **1.** (reflexiv) *zum Säufer werden.* **2.** (nicht reflexiv) *seinen Besitz vertrinken.*

ver|schafln 〈hat〉 [wohl zu Schaf]: *verlieren, verlegen.*

ver|schịmpln 〈ist〉 [wie standardsprachlich verschimmeln]: *schimmelig werden.*

ver|schịssn [Partizip Perfekt zu verscheißen] ❖ **i håb's verschissn** (derb): *mir ist es misslungen.*

ver|schmochn 〈ist〉 [mhd. versmächen (= gering schätzen, missfallen)] (Osttirol): *gekränkt sein.*

ver|schnaufn 〈hat〉 [zu schnaufen]: *sich ausrasten, eine kleine Pause machen.*

ver|schọssn 〈Adj.〉 [zu schießen]: **1.** *arg verliebt:* er ist in die Uschi verschossn **2.** *von der Sonne gebleicht*: ein Vorhang ist verschossn.

ver|schúastern 〈hat〉 [zu schustern]: **1.** *verlegen, verlieren:* i håb mei Geldbörserl vaschuastert **2.** *schlecht und unsachgemäß arbeiten, verpfuschen.*

ver|sọffn 〈Adj.〉 [eigentlich Partizip Perfekt zu saufen]: *trunksüchtig.*

ver|strịtn, ver|stri(d)n 〈Adj.〉 [zu streiten]: **1.** *zerstritten* **2.** *streitfreudig.*

ver|sụmpern 〈ist〉 [zu sumpern]: *geistig träge werden, verwahrlosen:* er ist völlig versumpert.

ver|tschüssn ‹hat sich› (reflexives Verb) [Verbalbildung zu dem aus dem Norden des Sprachraums stammenden Abschiedsgruß tschüs, tschüss, älter atschüs, Nebenform von niederdeutsch adjüs, vermutlich Variante zu spanisch adiós, diese zu lat. ad deum (= zu Gott); verwandt mit ade; da das Verb vertschüssen in Österreich entstanden ist, wird es nicht so abgelehnt wie tschüs]: **1.** *sich entfernen, verschwinden:* sich in den Urlaub vertschüssn **2.** *aus einem Amt ausscheiden, zurücktreten* (meist in Form einer Aufforderung).

ver|wea(r)n ‹ist› [mhd. verwerden (= zunichte werden, verderben, verloren gehen), ahd. farwerdan, gotisch frawairþan; laut Grimm im Mhd. noch reichlich belegt]: **1.** *verderben, verkommen* **2.** *(von einer Verletzung) sich entzünden.*

ver|wurschtln, verwuschtln ‹hat› [gesamtdeutsch: verdrehen, verwirren; zusätzliche Bedeutung in Tirol]: *verlieren, verlegen.*

ver|wuzeln ‹hat› [zu wuzl(e)n (= drehen, wickeln, rollen), siehe dort]: *verknittern.*

ver|zan, ver|zarn ‹hat› [eigentlich: verzerren, ahd., mhd. zerren (= zerren, reißen)]: *verschleppen, verführen, verleiten:* se låsst si gern vazahn (= sie ist leicht zu überreden, auszugehen).

ver|zupfn ‹hat sich›: *sich verziehen:* verzupf di! (= hau ab, verschwinde!)

vif, wiff ‹Adj.› [franz. vif, dieses zu lat. vivus (= lebendig)] (auch schweizerisch): *aufgeweckt, wendig, rührig.*

Vif|zack, der [zu vif; vermutlich angelehnt an: auf Zack sein]: *regsamer, gescheiter Mensch.*

vor, vor-, gesprochen: **foar, fuar, vöer, four:** meist wie im Standard, daneben auch sprechsprachliche Wörter, die im Folgenden verzeichnet sind.

Vor|bånk, die (Ötztal): *bewegliche Bank.*

Vor|essn, das [eigentlich: vor dem Essen; laut Kretschmer besonders als Vorgericht bei ländlichen Hochzeits-, Begräbnismahlen u. Ä.; dann auch losgelöst aus einer Reihenfolge für diese besondere Art der Gerichte]: **1.** *Vorspeise* **2.** *Kuttelflecksuppe.*

Vor|hånd, die ❖ **die Vorhånd håbm** [aus der Kartenspielersprache; gemeint ist jener Spieler, der als erster lizitieren und als erster ausspielen darf]: *das Vorrecht haben, zuerst drankommen.*

Vor|mas, der oder das [zu mhd. maȝ (= Speise, Mahl, Mahlzeit)]: *Frühstück.*

vor|massn ⟨hat⟩ [siehe Vormas]: *frühstücken.*

vor|nacht(n) ⟨Adv.⟩ [siehe nacht]: *vorgestern.*

Vortl, Vóuschtl, Vóarchtl, der [wie standardsprachlich Vorteil, mhd. vorteil, ursprünglich: das, was jemand vor anderen im Voraus bekommt; in Tirol mit zusätzlicher Bedeutung]: *Geschicklichkeit, Kunstgriff.*

Vor|ummer, der [eigentlich: vorn umher]: *Busen.*

voa(r)|zúa, vua(r)|zúa ⟨Adv.⟩: *nach und nach, eines nach dem anderen.*

wạchln ⟨hat⟩ [wohl lautmalerisches Intensivum zu mhd. wæjen, wægen (= wehen)]: **1.** *hin- und her bewegen, (mit einem Tuch) winken* **2.** *schlotternd gehen.*

wạchs: *siehe wax.*

wạchtl(e)n: *siehe wachln.*

Wa̲dl, der [zu Wade; das Genus (Maskulinum) deutet darauf hin, dass es sich um eine alte Ableitung mit dem Suffix -el handelt, wie Ärmel aus Arm, und nicht um eine Verkleinerungsendung -l]: *Wade* ❖ **jemandem di Wadl firirichtn:** *jemanden zurechtweisen.*

Wa̲dl|beisser, der: *jemand, der mit kleinen, hinterhältigen Angriffen intrigiert.*

wa̲dl|beissn ⟨hat⟩ [nach dem Verhalten kleiner, aggressiver Hunde]: *mit kleinen, hinterhältigen Angriffen intrigieren.*

Wa̲gerung, die [laut Schatz zu mhd. wæge (= das Übergewicht haben, sich neigend; gewogen, geneigt)] (veraltet): *Besserung eines krankhaften Zustands.*

Wạ̊gge, der oder die [mhd. wacke (= Feldstein, nackt aus dem Boden hervorstehender Steinblock] (Außerfern): *größerer (abgewetzter) Stein:* „… ‚s Ahle' isch die Oma und a ‚Wogga' isch a Stoa. / D'r Bluatschink isch a Viech, des hockt dunta im Lech und isch fei går it kloa!" (Aus dem Lied „Knou mah!" der Lechtaler Musikgruppe „Bluatschink").

Wạ̊lger, der [zu wålgn, siehe dort]: **1.** *der Walker* (Nudelwalker, Teigwalker etc.) **2.** *jemand, der leicht hinfällt.*

wạ̊lgern ⟨hat⟩ [mhd. walgern, walgen (= sich wälzen, rollen, bewegen)]: *wälzen.*

wạ̊lgn ⟨ist⟩ [mhd. walgen, siehe wålgern] (Schwaz): *stürzen, fallen:* wålg nit her (= fall nicht hin).

wạlsch, wạllisch ⟨Adj.⟩ [mhd. walsch, welsch, walhisch, welhisch (= italienisch, französisch, romanisch)]: **1.** *romanisch, ladinisch* **2.** (öfter auch abwertend) *italienisch.*

wåmpat, wåmpet <Adj.> [zu Wåmpm, siehe dort] (auch süddt.) (abwertend): *dickbäuchig; beleibt:* er ist ein bisserl wåmpert.

Wåmpate, Wåmpete, der; ein **Wåmpater** [zu Wåmpm, siehe dort] (auch süddt.) (abwertend): *dickbäuchiger Mann.*

Wåmpm, Wåmpe, die [zu mhd. wamme, wambe, wampe (= Bauch); bereits germanisch mit der Ursprungsbedeutung Mutterleib; in der Standardsprache verwendet man Wamme eher bei Tieren und Wampe eher bei Menschen; Wampe auch in D] (derb): *(großer) Bauch.*

wangln <hat> [zu Wange]: *liebkosen, zärtlich sein.*

wantln, wantelen <hat> [zu Wand]: *die Wand streifen, an die Wand anschlagen* (z. B. beim Kegeln).

Wånt|schopper, der [nistet in zerklüfteten Felsgebieten; 1. Bestandteil: Wand im Sinn von Felswand; 2. Bestandteil: Substantivierung von schoppen (= stopfen)]: *Mauerläufer (Tichodroma muraria muraria), eine in den Alpen verbreitete Vogelart.*

Wappler, der [zu wappeln, sich schwankend bewegen, im wörtlichen Sinn ein Schmetterling]: *untüchtiger, tollpatschiger Mensch, der nicht ernst genommen wird.*

Warre, Wårre, Werre, die; im Unterinntal **Wéal**, das [spätmhd. werre (= Maulwurfsgrille); laut Maria Hornung wurde diese Krankheit des Auges nach einer abergläubischen Vorstellung des Mittelalters durch die Maulwurfsgrille verursacht, was auf eine Bedeutungsübertragung schließen ließe; oder es handelt sich um zwei verschiedene Wörter und Werre (= Gerstenkorn) geht zurück auf eine indogermanische Wurzel, die erhöhte Stelle bedeutet hat (diesfalls wäre eine Verwandtschaft mit Warze gegeben)]: **1.** *Gerstenkorn am Auge, Augenlidentzündung* **2.** *Maulwurfsgrille.*

Wäsch(e), die [ahd. wesca; zu waschen; zählt zu jenen seltenen Fällen, wo ein Femininum dialektal im Singular kein -n annehmen kann; also nicht: die Wäschen] (gesamtdeutsch sind die Bedeutungen: Textilien, die gewaschen werden; Kleidungsstücke, die man am Körper trägt) ❖ **jemandem an die Wäsch gehen: 1.** *jemandem beim Waschen der Wäsche helfen* **2.** *jemanden tätlich angreifen* **3.** *sich jemandem nähern, um Geschlechtsverkehr zu haben* ❖ **då haut's einen aus der Wäsch:** *da verschlägt es einem die Sprache* ❖ **blöd aus da Wäsch schaun:** *dumm dreinschauen.*

Wạsch(e), die: *was gewaschen werden muss* (keine übertragene Bedeutung).

Wạschl, der [-l-Ableitung von waschen (das Wort Ohrwaschl leitet sich nicht von waschen, sondern von wachln ab)]: **1.** *großer, stämmiger Mann* **2.** *ungeschickter Mann* **3.** *Utensil zum Geschirrwaschen.*

wạschln ⟨hat⟩ [zu waschen mit dem Suffix -eln]: **1.** *in Strömen regnen* **2.** *saufen* **3.** *bei den Ohren ziehen*

wạschl|nåss ⟨Adj.⟩: *völlig durchnässt.*

wạschnen, wạschn ⟨hat⟩ [Nebenform von watschnen]: *ohrfeigen.*

Wạsch|wetter, das [zu wascheln (= in Strömen regnen)]: *lang anhaltendes Regenwetter.*

Wa̲serl, Wóa̲sele, das [Verkleinerung von Waise (= Kind, das einen oder beide Elternteile verloren hat); die -a- Lautung deutet auf Entlehnung aus dem Wienerischen]: *unbeholfener, ängstlicher Mensch.*

wạ̊sser|augnen, wạ̊sser|eiglen ⟨hat⟩ [2. Bestandteil: Verbalbildung zu Auge] (Zillertal): *zu weinen beginnen.*

Wå̲t|såck, der [mhd. wātsack (= Reisesack), zu wāt (= Kleidung)]: *einfacher Rucksack.*

Wạ̊tschelen, das [zu ital. boccia (= runder Körper, Kugel); dem entlehnten Wort wird eine Tirolerische Endung sowie der deutsche Anlaut W- verpasst, den es im Italienischen nicht gibt; vgl. das ebenfalls aus dem Italienischen entlehnte Wattn; siehe dort] (Absam): *ein Spiel nach dem Vorbild von Boccia.*

Wa̲tschn, Wa̲tsche, die [entweder zu mhd. ōrwetzelīn oder ein einfaches Schallwort)] (auch süddt.): *Ohrfeige* ❖ **jemandem a Watschn åberhaun** *jemanden ohrfeigen* ❖ **a gsunde Watschen: 1.** *eine gerechtfertigte Ohrfeige, um jemanden auf den richtigen Weg zu bringen* **2.** *eine schmerzhafte, aber lehrreiche Erfahrung.*

Wa̲tschn|gsicht, das (auch bairisch): *freches, dummes Gesicht.*

Wa̲tschn|månn, der [im wörtlichen Sinn eine Figur aus Leder oder Kautschuk, der man eine Ohrfeige verpasst, um die Stärke des Schlages zu messen]: *Prügelknabe, Sündenbock.*

watschn|oanfåch ⟨Adj.⟩ [2. Bestandteil: dialektale Variante zu einfach]: *besonders einfach, kinderleicht.*

Watschn|tånz, der: **1.** *Volkstanz, ähnlich dem Schuhplatteln, mit vorgetäuschten Ohrfeigen* **2.** *tätliche Auseinandersetzung.*

Wåtsum, Wåtsåm, der [ahd. und mhd. wāt (= Kleidung, Kleidungsstück, Rüstung, Gewandstoff, Zeug)] (veraltet): *Heiratsgut, Möbel der Braut.*

Wåtsum|fuhre, die [1. Bestandteil: siehe Wåtsum] (nicht mehr gebräuchlich): *nach der Hochzeitszeremonie die festliche Wagenfuhre ins neue Heim.*

Watter, der [siehe Wattn] (auch bairisch): *eine Partie Watten:* einen Watter machen.

Wåttl, Wåttle, die: *dicke Frau.*

wattn ⟨hat⟩ [Verbalbildung zu Wattn, siehe dort] (auch bairisch): *das Kartenspiel Watten spielen.*

Wattn, das [zu ital. battere (= schlagen, klopfen); die Dolomitenladiner sagen noch heute zu diesem Kartenspiel battadù; dem ital. Wort wurde also der Anlaut W- verpasst (im Mhd. wurden b und w oft alternativ verwendet); die Ableitung von franz. va tout (= letzter Trumpf) ist wohl verfehlt] (auch bairisch): *ein in Tirol weit verbreitetes Kartenspiel.*

wåtzl(n) ⟨hat⟩ [Herkunft unklar] (Osttirol): *zappeln, sich hin- und herbewegen.*

wax, waxe ⟨Adj.⟩ [ahd. was, wahs, wehse (= schneidend, scharf)]: **1.** *scharf, stechend, heftig* **2.** *passend, ansprechend:* „Der Küahbua, der hoaßt Hiasl, isch går a waxer Bua / und wenn er z Nåcht zum Diandl geht, so jodelt er dazua. (Aus dem Lied: „Heut giehn mar auf die Ålma“, vorwiegend in Tirol verbreitet).

Wax|lab, das (Achental): *Europäische Stechpalme (Ilex aquifolium):* „Von der Schwoag bis auf d' Hochålm is a nimmer weit, / wo 's a Waxlab, a greans, und schiane Gamsbliamal geit.“ (Aus dem Lied „Von der Schwoag bis auf d' Hochålm“)

waxln ⟨hat⟩ [eigentlich: mit Wachs bestreichen]: *wachsen (die Skier).*

Wea, der [mhd. wē (= Schmerz, Leid, Geburtswehen); im Mhd. auch Maskulinum und Femininum, heute standardsprachlich: das Weh und die Wehen]: *Schmerz.*

Wéal, das *siehe Warre.*

wéala ⟨Adj., Adv.⟩ [wahrscheinlich zu wealach, siehe dort] (veraltet) (Osttirol): *links* ❖ **die weala Hånt:** *die linke Hand.*

wéalach ⟨Adj.⟩ [ebenfalls zu mhd. wē gehörend; mhd. wēlich (= weh, jammervoll)] (Zillertal): *hässlich, schlecht.*

Wéarl, das: *siehe Warre.*

wéawetzn ⟨hat⟩ [Herkunft unbekannt]: *ächzen, stöhnen.*

Węcken, gesprochen **Węggn**, der [zu mhd. wecke, wegge (= Keil, keilförmiges Backwerk)] (auch süddt.): *Brot in länglicher Form* (im Gegensatz zum runden Laib, ein Wecken ist meist 1 kg schwer).

Weg|når(e), der [eigentlich: Wegnarr] (auch bairisch): *Alpensalamander (Salamandra atra).*

Weibatz, Weiwatz, Weiwetz, Weiwas, Weiwina, das [Gegenstück zu Mannas etc., siehe dort] (die geografische Verbreitung entspricht jener von Mannatz): *Frau.*

Weiberer, Weiwerer, Weibelar, der (auch bairisch): *Schürzenjäger, Weiberheld.*

Weiber|leit¹, Weiwa|leid, das (auch bairisch) (nicht immer abwertend): *Weibsperson.*

Weiber|leit(e)², die (Plural): *die Frauen in ihrer Gesamtheit.*

weiber|leitisch ⟨Adj.⟩: *hinter jeder Frau her.*

Weibs|bild, das [mhd. wībes bilde (= ursprünglich Gestalt einer Frau)]: **1.** (auch bairisch) (nicht abwertend) *Frau (meist mit Betonung der weiblichen Gestalt):* ein richtiges Weibsbild **2.** (abwertend) *Frau mit fragwürdigem Charakter.*

Weich|brunnen, der [mhd. wīchbrunne (= Weihwasser); 1. Bestandteil: wīch (= heilig)]: *Weihwasser.*

weichn ⟨ist⟩ [wie standardsprachlich weichen zu mhd. wīchen (= weichen, zurücktreten, Platz machen)]: *den Hof verlassen (von nicht erbberechtigten Geschwistern).*

Weichn|pfịntz|tåg, der [1. Bestandteil: mhd. wīch, ahd. wīh (= heilig); 2. und 3. Bestandteil: siehe Pfinztåg] (veraltet): *Gründonnerstag.*

Weidling, der [mhd. weit (= weit, breit)]: *breite Milchschüssel.*

Wei|földr, der, **Wei|faldra,** die [eigentlich: Feifalter, der oder die, ahd. fīfaltarā, fīfaltrā, das Wort Schmetterling ist mitteldeutscher Herkunft] (veraltet): *Schmetterling.*

Weisat, Weiset, die oder das [mhd. wīsōt, wīsāt, wīset (= Geschenk oder Abgabe zu Festzeiten an Braut, Kirche oder Herren, besonders in Naturalien)]: **1.** *Geschenk* **2.** *Gabe beim Besuch der Wöchnerin:* ins Weisat gehen **3.** *Gabe für Brautleute* **4.** *Patengabe zu bestimmten festgelegten Zeiten wie Kirchtag, Weihnachten etc.*

Weisl, der; auch die [Substantivbildung zum Verb weisen im Sinn von: die Richtung weisen; mhd. wīsel (= Oberhaupt, Anführer; Führer des „Bienenstaates")] (regional auch in D): *Bienenkönigin.*

weisn ⟨hat⟩ [siehe Weisat]: den Brautleuten ein Geldgeschenk machen.

wẹlgn ⟨hat⟩ (Osttirol) [mhd. welgen (= rollen, wälzen)]: *rollen.*

wẹller, wẹllar, wel(e)ner, wöja, der wẹll ⟨Pron.⟩ [mhd. wel(i)ch, ahd. (h)welīch, zu wer und dem Suffix -lich, eigentlich: was für eine Gestalt habend] (westlich von Imst): *welch(er).*

Wẹlli, der, selten auch: die; auf der Spielkarte mit der platzsparenden Schreibung Weli [zu ital. belli (= die Schönen)], was die Aussprache mit einem kurzen -e- erklärt; die Ableitung von franz. bailli (= Stellvertreter des Königs) ist verfehlt]: *Spielkarte in Tiroler Kartenspielen: Schell-Sechser (= geschriebener Weli); auch: Schell-Siebener (= kleiner Weli).*

wẹngget, wẹnggat ⟨Adj.⟩ [mhd. wenkic (= wankend); zu mhd. wenken (siehe wenggetzn)]: (veraltet) *schief, verbogen.*

wẹnggetzn ⟨hat⟩ [Intensivum zu mhd. wenken (= wanken, schwanken, weichen, winken) (veraltet): *schwanken.*

Wẹppis|grogge, der [1. Bestandteil: weppis aus mhd. webbe (= Gewebe); 2. Bestandteil: Herkunft unklar] (Osttirol): *Spinne.*

Wẹppis|gspenst, das oder die [2. Teil zu spinnen, wie mhd. gespinst] (Osttirol): *Spinnennetz.*

Wẹpse, Wẹpsn, Wẹspe, Wẹsse, Wẹspetza, Wẹggsl, die [mhd. wespe, wefse, ahd. wefsa (= weben, nach der Gewebestruktur des Nests)]: *Wespe.*

wẹpsn, ụmmadum|wepsn ⟨ist⟩ [zu Wespe, nach deren Flug]: *sich unruhig hin- und herbewegen.*

-werch, -warch als 2. Bestandteil von Komposita bildet Kollektivbezeichnungen, z. B. **Ạst|werch, Stauden|werch, Grạffl|werch.**

Wẹrch, Wạrch, Wẹrk, das [mhd. werc, werch (= Werk, Handlung, Wirkung; Werg)]: **1.** *Werk* **2.** *Werg, gebrochene Hanffaser, auch Abfall vom Hanf.*

Wẹrgl, Wịrgar, der [zu mhd. worgen, würgen (= erwürgt werden, ersticken, einen Laut von sich geben wie ein Erstickender, sich würgen, mühevoll verschluckt werden)]: **1.** *Neuntöter oder Rotrückenwürger (Lanius collurio), eine Vogelart aus der Familie der Würger (Laniidae) und in Mitteleuropa die häufigste Würgerart* **2.** *Grünspecht (Picus viridis).*

Wẹrkl, das [verselbständigte Verkleinerung von Werk] (auch bairisch): **1.** *Spielwerk, Leierkasten, Drehorgel* **2.** *Betrieb, Mechanismus:* das Werkl rennt (= die Sache läuft wie geschmiert, der Betrieb ist gut in Schuss) **3.** *alter, kaum mehr funktionierender Mechanismus:* Wer soll das Werkl Staat in Schwung bringen?

wẹrkln ⟨hat⟩: **1.** *arbeiten, sich beschäftigen* **2.** *sich mühen, abplagen.*

Wẹrre, die: *siehe Warre.*

wiach, wiech ⟨Adj.⟩ [Herkunft unklar] (Osttirol): *fettig.*

W

Wialischga|haufe, der [1. Teil zu mhd. wüelen (= wühlen)] (Osttirol): *Maulwurfshügel.*

Widum, Wi(d)n, das oder der [wie standardsprachlich Widum und Wittum zu mhd. wideme, ahd. widimo (= Brautgabe; Dotierung einer

Kirche mit Grundstücken und Gebäuden); seit dem 15. Jh. stellt sich laut Duden neben die alte Form mhd. wideme, die in Anlehnung an die Wörter auf -tum gebildete neue Form Wittum mit der Bedeutung Brautgabe; seitdem volksetymologisch als Witwengut verstanden; die Bedeutung im Tirolischen knüpft an die alte Bedeutung an]: *Pfarrhaus.*

wịff, wi̱f ⟨Adj.⟩ [so wie vif, siehe dort, zu franz. vif, dieses zu lat. vivus (= lebendig)]: **1.** *lebhaft, aufgeweckt* **2.** *gescheit, klug.*

Wịft, der [mhd. wift (= Zwirn) zu weben] (Ebbs): *Zwirn.*

Wịggl|wạ̊ggl, der [wortspielerisch mit Ablaut i-a; eventuell in Anlehnung an wickeln und wackeln; denkbar ist auch eine Verwandtschaft mit wiegeln (= sich schwankend hin und her bewegen); auch dort wechselt der Stammvokal zwischen -a- und -i-, er ist allerdings nicht kurz, sondern lang]: *Unsicherheit; schwankende Haltung vor einem Entschluss* ❖ **im Wịggl|wạ̊ggl sein:** *unentschlossen sein, schwanken, zaudern.*

wịggl|wạ̊ggl ⟨Adv.⟩ [zu Wigglwåggl, siehe dort]: *wacklig, unsicher.*

Wịgl, der [Herkunft unklar] (Osttirol): *Erhebung, Wulst.*

wịglat ⟨Adj.⟩ [zu Wigl]: *wulstig, knorrig.*

Wịldling, Wü̱dling der [zu wild mit -ling-Ableitung]: **1.** *unveredelter Obstbaum* **2.** *wilder Trieb eines veredelten Rosenstrauchs* **3.** *ungebärdiger Bub.*

Wịll|åsse, das [1. Bestandteil: wild, 2. Bestandteil: mhd. eiz (= Geschwür, Eiterbeule)] (veraltet) (Osttirol): **1.** *Herpes* **2.** *Unrat.*

Wịmmerl(e), Wịmmal, das [Verkleinerung von Wimmer (= Knorren im Holz, Auswuchs an einem Baum); von dort auf die menschliche Haut übertragen] (auch bairisch): *Eiterbläschen, Pickel:* jemandem a Wimmerl ausdruckn.

wịndisch ⟨Adj.⟩ [ahd. winid (= Slawe)]: *slowenisch, slawisch.*

Wịnd|kris, das [eigentlich: Wind-Geriss]: *Windwurfholz, Windbruchholz.*

Wịnd|riss, der: *vom Wind gefällter Baum.*

wịnig, wịndig, wịnnig ‹Adj.› [zu mhd. winnec (= wütend, rasend, toll); zu winne (= Schmerz)]: *zornig, rasend.*

Wịnt|lane, Wịnt|lena, die [ahd. lewina (= Lawine) aus rätoromanisch gleichbedeutend lavina, das aus lat. labi (= gleiten, rinnen) abzuleiten ist; auch bairisch]: *Lawine mit hohem Luftdruck.*

Wịntling, Wịndling, der [Substantivbildung zu mhd. winden (= drehen)]: *Bohrer.*

Wịnt|zan, die (Plural) [wie standardsprachlich zäh zu mhd. zæhe, ahd. zāhi; weitere Herkunft unklar]: *lange, dünne Wolken.*

wịrflig, wịrfig ‹Adj.› [zu ahd. werfan (= drehen)]: **1.** *taumelig, schwindlig (speziell von der Drehkrankheit der Tiere)* **2.** *nervös, unruhig (von Menschen).*

Wịrler, der [zu wurlen, zerreiben]: *bröselig geröstete Teigspeise:* „‚Muatter, koch heut an' Strudl!' / ‚Na, i mecht liaber Erdäpflnudl!' / ‚I will aber Speckknödl, / weil i der Greaschte bin, geahts nach mein' Schädl." / (...) Drauf hat die Muatter a bißl glacht, / und hat an' gschmolznen Wirler gmacht." (Aus dem Gedicht „Die Leibspeis" von Anni Kraus.

Wis|bam, Wis|boum, der [mhd. wisboum, Herkunft von wis unklar]: *starke Stange, die längs über das Heu- oder Strohfuder des Wagens gebunden wurde.*

Wịspl, die [Substantivbildung zu wispln]: **1.** *Blaspfeife* **2.** *umtriebiges Mädchen mit starkem Bewegungsdrang.*

wịspln, wịsplen ‹hat› [zu ahd. wispalon (= wispern)]: **1.** *pfeifen* **2.** *flüstern.*

Wọlf, der [eigentlich: fressender Schaden; vom Tiernamen übertragen]: **1.** *wunde Hautstelle zwischen den Beinen (durch Gehen entzündet) oder an den Schenkeln.* **2.** (Reutte) *Bauchschmerzen.*

wọlfl, wẹlfila ‹Adj.› [wie standardsprachlich wohlfeil zu mhd. wol veile, wolveil (= gut verkäuflich)] (veraltet): *billig, preiswert.*

W

wọll, wọ̈ll(e) ‹Partikel› [so wie standardsprachlich wohl zu mhd. wol(e), ahd. wola, wela, zu wollen; eigentlich: nach Wunsch; im Tirolischen Bejahung auf eine verneinende Frage (auf eine Frage mit dem Indefinitpronomen nicht; erwartete Antwort: ja)]: Siehst du es nicht? – *Woll, i sichs! Sall wölle!* (Aber bei neutraler Fragestellung: Siehst du es? – Jå, i sichs!).

wọltan, w<u>oi</u>tan, wọttan, wọltn, wọtte 〈Adv.〉 [mhd. wolgetān (= gut beschaffen)]: *beträchtlich, sehr:* „Mei Hoamatl håb i in Zillertål drin, / von der Stråßn weg is woltan weit, / jå, und deretswegn, weil i hålt hoakli nit bin, / drum ha i damit a mei Freud ..." (Aus dem, Lied Mei Hoamatl håb i in Zillertal drin" von Josef Pöll).

Wọrb, Wọrp(e), Wårp, der [laut Schatz zu mhd. worp aus ahd. werfan (= drehen)]: *Sensen-, Rechenstiel.*

wọttan: *siehe woltan.*

Wụchtel, die [Nebenform zu Buchtel; tschechisch buchta; da es in unserem Sprachgebrauch kein stimmhaftes b gibt, wird im Anlaut das b zu w]: **1.** (Küchensprache) (teilweise auch bairisch) *eine Süßspeise aus Germteig, gefüllt mit Powidl oder Marmelade* ❖ **aufgehn wia r a Wuchtl:** *plötzlich sehr dick werden* **2.** (abwertend) *dicke Frau* **3.** (Fußballersprache) *Fußball.*

w<u>úe</u>dlen [dialektale Nebenform von wurln, siehe dort] (Zillertal): *wimmeln, krabbeln.*

wụndern, hat [mhd. wunder (= Verwunderung, Neugier]: noch bei Schatz in der Bedeutung neugierig sein; heute noch in einigen Komposita lebendig: **Wụnder|loch, Wụnder|ewe** (= neugierige Eva) (Oberinntal); **Wụnder|öiwe** [siehe A, Oub, Öiwe] (westliches Oberinntal) (= neugierige Person).

w<u>u</u>rlat, w<u>u</u>rlet 〈Adj.〉 [zu bairisch wurln (= wimmeln, durcheinanderkriechen)] (auch bairisch): *wimmelnd, durcheinanderkriechend.*

Wurler<u>ei</u>, die: *Gewimmel.*

w<u>u</u>rln, wụrlen, w<u>ua</u>dln 〈hat〉 [eigentlich: wurreln, eine Intensivbildung zu mhd. wurren, woraus sich auch das Adjektiv wirr entwickelt hat] (auch bairisch): *wimmeln, krabbeln:* es wurlt von Ameisen.

Wụrm, der [mhd. wurm (= Wurm, Insekt; Schlange, Natter; Drache); vgl.: Lindwurm; Geschwür]: *Schlange.*

wụrm|bóassig 〈Adj.〉 [laut Schatz zu ahd. wurmpeizig; 2. Bestandteil zu beißen]: *wurmstichig (von Holz, von Pilzen etc.)*

wụrscht, wuscht 〈Adv.〉 [das Wort wurst (= egal) ist zwar gesamtdeutsch, wird aber von vielen Sprechern als Dialektausdruck empfunden]: *egal, gleichgültig.*

Wụ̈rschtl, das; gesprochen **Wịrschtl, Wiaschtl, Wischtl, Wichtl** [Wurst mit Verkleinerungsendung]: **1.** (Küchensprache) *kleine Wurst* ❖ **då gibt's koane Würschtln:** *wir machen für dich keine Ausnahme* **2.** *bedauernswerter Mensch:* er ist ein armes Würschtl.

Wụrschtl, der (auch bairisch): **1.** *Hanswurst* ❖ **jemandem den Wurschtl måchn:** *für jemanden den Narren machen, für alles herhalten müssen* **2.** *jemand, der hudelt, also wurstelt, d.h. etwas schnell und schlampig macht.*

Wụ̈rschtl|finger, die (Plural): *dicke, plumpe Finger.*

Wụrz(e), Wụchze, die [wie standardsprachlich Wurzel zu mhd. wurzel, ahd. wurzala, davon 1. Bestandteil zu Wurz und 2. Bestandteil zu wallen, eigentlich: das Gewundene]: **1.** *Wurzel* **2.** *Wurzel samt Stock:* in d' Wurza gian (= Einzianwurzeln graben) **3.** *hausgemachte Wurst (z.B. Kaminwurze).*

Wurzerei, die [zu wurzn, siehe dort)] (auch bairisch): *Ausbeuterei.*

wụrzn 〈hat〉 [laut Duden eigentlich: an der Wurzel abschneiden] (auch bairisch): *ausnützen, ausbeuten.*

Wuserei, die [zu wusern, siehe dort]: *Hast ohne Sorgfalt.*

Wuserer, der [zu wusern, siehe dort]: *unachtsamer Mensch, oberflächlich Arbeitender.*

wusern, wụssern 〈hat〉 [Nebenform von standardsprachlich wuseln (= sich hastig hin und her bewegen)]: *hastig, übereilt handeln.*

Wuzl, der [zum Wortstamm Butz gehörend, mit variiertem Anlaut; dieses zu mhd. butze (= Kobold)]: zu einem Ballen oder Ähnlichem Zusammengedrehtes]: **1.** *Heu-, Woll- Haarbüschel* **2.** *Baby, kleines Kind.*

wuzl(e)n[1] ⟨hat⟩ [laut- und bewegungsnachahmend] (auch bairisch): *drehen, wickeln, rollen:* Zigaretten wuzln.

wuzln[2] ⟨hat sich⟩ (reflexives Verb): *sich drängen:* sich durch den Eingang in die Halle wuzln.

zach 〈Adj.〉 [mhd. zæhe (= zäh)] (auch süddt.): **1.** *zäh, von zäher Art:* a zacher Bursch **2.** *mühsam, schwierig:* des is a zache Partie.

Zåcher, Zåchn, der [mhd. zāch, zāhe (= Docht, Lunte), weitere Herkunft komplex; Bedeutung 4 in Anspielung auf die Fasern eines Dochtes, gemeint ist also: fasriges Wolkengebilde]: **1.** *Docht* **2.** *Zündschnur* **3.** *Verwicklung von Fäden* **4.** *Schleierwolkern.*

Zachn, die (Plural) [mhd. zaher, zeher (= Zähre, Tropfen, tropfende Flüssigkeit)] (veraltet): *Tränen.*

Zachling, der [vgl. zach]: *Pfifferling.*

Zåfe, die [Herkunft unklar; Schatz belegt im Zillertal noch zåf in der Bedeutung Plage, Belästigung] (Imst): *Grippe.*

zåggent 〈Adj.〉 [siehe zanggn] (Zillertal): *zähflüssig (von einem erhitzten, Fäden ziehenden Käse).*

Zåggl, Zåggle, die: **1.** *Quaste* **2.** *Kotklumpen am Tierschweif.*

Zåggler, der [Intensivum zu mhd. zagen (= zögern)] (Zillertal): **1.** *Zauderer* **2.** *Nichtsnutz, erfolgloser Mensch* **3.** *schlampig, unanständig Gekleideter.*

Zågl, der [mhd. zagel (= Schwanz, Schweif, männliches Glied, Stachel der Biene)]: **1.** *Schwanz, Schwanzförmiges* **2.** *zu einem Knoten aufgestecktes Haar bei Frauen.*

Zålder, Zåida, die [Herkunft unklar]: *Faser, Fetzen.*

Zamm, die (Plural) [Herkunft unklar] (Osttirol): *Fichtensprossen.*

zåmm, zåmmen, zame 〈Adv.〉 [mhd. zesamene (= zusammen)]: *zusammen.*

zåmm-, Vorsilbe bei Verben: **zåmm|dran;** (= bewerkstelligen); **etwas zåmm|dran** (= etwas ungeschickt machen, etwas anstellen); **zåmm|fahrn** (= mit dem Auto niederstoßen; zusammenzucken); **zåmm|haltn** (= den Mund halten): Hålt's zåmm! (= Halt den Mund!); **zåmm|haun** (= zerschlagen, tadeln, verprügeln); **zåmm|klaubm**

(= Stück für Stück aufnehmen, auflesen): seine Boaner zåmmklauben (= sich aufrappeln); **si zåmm|läppern** (= sich kleinweise ansammeln, sich summieren); **zåmm|låssn** (= kräftig tadeln); **zåmm(e)|läutn** (= zusammenläuten; alle Glocken); **zåmm|påckn** (= sich zum Aufbruch fertig machen); **zåmm|pickn** (= zusammenkleben, aneinander kleben, dick befreundet sein); **zåmm|putzn** (= wegputzen, heruntermachen); **zåmm|rackern** (= sich durch schwere Arbeit gesundheitlich schädigen); **zåmm|scheibm** (= mit dem Auto niederstoßen); **zåmm|schimpfn** (= ausschimpfen); **zåmm|schliafn** (= aneinanderschmiegen, einschrumpfen); **etwas zåmm|schmiern** (= unleserlich schreiben); **zåmm|stauchn** (= kräftig zurechtweisen).

Zamm|henig, der (Osttirol): *Honig aus Fichtensprossen.*

zånggn ⟨hat⟩ [mhd. zangen (= ziehen, zerren)]: **1.** *ruckweise ziehen, schleppen* **2.** *hart arbeiten* **3.** *zanken.*

zån(t)-, zån|luckat ⟨Adj.⟩ [2. Bestandteil: dialektales Adjektiv zu Lücke]: *Zahnlücken im Gebiss aufweisend.*

Zånt, Zånd, Zån, der [mhd. zant (= Zahn)]: *Zahn.*

Zapf, der [zu zapfn, siehe dort]: *Prüfung.*

zapfn ⟨hat⟩ [mhd. zapfen, zepfen (= mit einem Zapfen versehen, anzapfen), zu Zapfen (= Verschluss eines Fasses)]: *(auf unangenehme Weise) mündlich prüfen.*

Zåpfn, der [mhd. zapfe, ahd. zapfo (= Zapfen); weitere Herkunft unklar; gesamtdeutsch sind heute: Tannenzapfen, Eiszapfen etc.]: **1.** *Frucht von Nadelgehölzen* **2.** *starker Frost:* ❖ **es hat einen Zåpfn:** *es ist sehr kalt* **3.** (Küchensprache) *mageres Rindfleisch (unter dem Hüferschwanzl)* **4.** *(kleiner) Rausch* **5.** *Penis* **6.** *Kerl;* meist: ein fescher Zåpfn.

Zapin, Zepin, Zappl, Sapin, der [romanisch zappino zu zappa (= Haue)]: *Eisenhaken mit einem harten Stiel zum Heben von Baumstämmen.*

Zårfe, der [siehe Zurfe] (abwertend): *schlampige Kleidung.*

Zårg(e), die [mhd. zarge (= Seiteneinfassung, Seitenwand, Zarge)]: *Rand, Begrenzung nach außen.*

zą̣rn, zan ⟨hat⟩ [mhd. zerren, zarren (= zerren, miteinander streiten, zanken)]: *zerren, mühsam ziehen* ❖ **er hat ihn ins Wirtshaus verza(r)t:** *er hat ihn zum Gasthausbesuch verleitet.*

zasn ⟨hat⟩ [zu mhd. zeisen (= zausen, rupfen); Schatz belegt noch die Bedeutung das Heu zerrupfen] (Osttirol): *wühlen.*

Zaun|kinig, Zaun|greggn, Zaun|gruggl, der [1. Bestandteil: zu mhd. zūn (= Zaun); 2. Bestandteil Gruggl (= kleiner Vogel, Knirps), Herkunft unklar (der Vogel zählt zu den kleinsten Vöglen Europas; nach der Legende sollen ihn die Vögel zum König auserkoren haben, weil er am höchsten von allen flog]: *Zaunkönig (Troglodytes troglodytes).*

Zausl, der [mhd. zūsen (= zausen]): *verwickelter Faden, verwickelter Strick.*

zéacht, zẹrcht: *siehe zerst.*

zéanggisch, zíanggisch ⟨Adj.⟩ [zu mhd. zanken, zenken (= zanken)]: **1.** *übel gelaunt* **2.** *zänkisch.*

ze|fịx ⟨Interj.⟩ [Kurzform von Kruzifix; gilt als weniger blasphemisch als die Langform]: *ein Fluchwort.*

Zẹgger, Zẹgga, der [zu zecken, einem alten Verb für ziehen]: **1.** *Handkorb, Henkelkorb* **2.** (Osttirol) *Einkaufstasche.*

Zeiser, Zeisl, der; **Zóuse,** die; **Zeisl, Zeisei, Zeisile,** das [mhd. zīse(l), zīselīn, spätmhd. zīsic, zu tschechisch čížek (ebenfalls mit Verkleinerungsendung); lautmalend]: *Zeisig (Carduelis).*

zeitig, zeidig ⟨Adj.⟩ [mhd. zītig, ahd. zītec (= zur rechten Zeit geschehend; reif); siehe: zeitign] (gesamtdeutsch: frühzeitig): *reif:* die Äpfel san scho zeitig.

zeitign, zeidign ⟨hat⟩ [eigentlich: zeitigen; mhd. zītigen (= reifen); gesamtdeutsch: nach sich ziehen]: *reif werden (bei Obst).*

Zeitl, Zeidl, das [Verkleinerungsform von Zeit]: *eine Weile:* i brauch no a Zeitl.

zeit|lång håbm: *sich langweilen.*

Zẹltn, Zạltn, der [mhd. zelte, ahd. zelto, eigentlich: flach Ausgebreitetes]: **1.** *kleiner, flacher Kuchen (besonders Lebkuchen)* **2.** *Früchtebrot.*

zẹnge ⟨Adj.⟩ [aus mhd. ze enge (= zu eng)]: *eng, beengt.*

Zẹnge, Zẹngeket, die [Substantivierung von zenge wie Breite zu breit; vgl. auch ahd. gizengi (= nahe; nahe kommend)]: *Enge, Beengtheit.*

Zẹntaling, Sẹntaling, der [eigentlich: Zenterling; mhd. zendrinc, zentrinc (= Stück Fleisch, das zum Räuchern bestimmt ist; dies war früher ¼ oder ⅙ eines Schweins, heute weniger] (auch bairisch): **1.** *Selchstück* **2.** *Speckseite.*

zer-, gesprochen **za-,** oder nur **z-** (als Vorsilbe in den Tiroler Dialekten neu, alt ist der-; die Wörter sind also aus dem Bairisch-Österreichischen entlehnt): **zer|bröseln** (= stürzen); **einen zer|bröseln** (= einen Darmwind entweichen lassen); **si zer|bröseln** (= sich vor Lachen nicht halten können); **zer|dẹpschn** (= völlig verbeulen); **zer|drụckn** (meist der-) (= zerdrücken); **si zer|fẹtzn** (= sich totlachen); **si zer|fransn** (= sich totlachen); **zer|gatschn** (= zu Brei machen); **si zer|kríegn** (= sich zerstreiten); **zer|lẹmpern** (= verderben); **zer|lẹcksnen** [zu mhd. lëchen (= austrocknen)] (= durch Austrocknen aus den Fugen geraten; kränklich sein); **zer|mạtschkern** (= zu einer breiigen Masse zerdrücken); **zer|nudln** (= zerdrücken); **si zer|pẹckn** (= sich totlachen); **etwas zer|wuzln** (= zerknüllen); **jemanden zer|wuzln** (= ihn fest an sich drücken); **si zer|wuzln** (= sich vor Lachen schütteln).

Zẹrggl, Sẹggl, die [ital. cerchio (= Kreis)] (veraltet): **1.** *runde, plattgedrückte Speise aus Mehl, Kartoffeln und Käse, in wenig Schmalz gebacken.* **2.** *billige bzw. wieder aufgewärmte Speise.*

zẹrst, zeascht, zearscht, zeacht ⟨Adv.⟩: *zuerst.*

zesig ⟨Adj.⟩ [Herkunft unklar]: (Zillertal) **1.** *klein, zart* **2.** *nett.*

Zete, Zẹttn, Ze(d)n, Zạ̊ttn, die [wohl zu mhd. zote, zotte (= Zotte, Haarbüschel, Flausch)]: **1.** *niederer Strauch, Gestrüpp* **2.** *Legföhre, Bergkiefer (Pinusmugo)* (von daher stammt der Bergname Zettenkaiser bei Kufstein) **3.** *Bewimperte Alpenrose (Rhododendron hirsutum).*

Zẹttach, das [zu Zete, siehe dort, mit dem Kollektivsuffix -ach]: *Strauchwerk.*

Zẹttl|kraut, das [1. Bestandteil: siehe zettn]: *Sauerkraut.*

zẹttn ⟨hat⟩ [mhd. zet(t)en (= streuen, zerstreut fallen lassen, ausbreiten)]: *verstreuen, verschmutzen.*

zfleiß, ze Fleiß(e) ⟨Adv.⟩ [mhd. vlīz (= Beflissenheit, Eifer, Wetteifer; Widerstreit, Gegensatz)] (bairisch: mit Fleiß): *absichtlich (um jemanden zu ärgern):* des håt er mia zfleiß tån.

Ziach|orgl(e), die [1. Bestandteil: zu ziehen; 2. Bestandteil wie standardsprachlich Orgel zu mhd. orgel, ahd. orgela, zu kirchenlat. organa; eigentlich: die Werkzeuge, die Musikinstrumente]: *Ziehharmonika.*

Ziagl schupfn ⟨hat⟩ [2. Bestandteil: wie das in Süddeutschland standardsprachliche Verb schupfen (= stoßen, werfen) zu mhd. schüpfen, schupfen (= durch Stoßen in schaukelnde Bewegung bringen, stoßen, schleudern); ablautende Intensivbildung zu schieben: **1.** *Ziegel weiterreichen (am Bau)* **2.** (abwertend) *(als Hilfsarbeiter) am Bau arbeiten.*

Ziagl|schupfer, der [siehe Ziagl schupfen] (abwertend): *Hilfsarbeiter am Bau.*

Zịchna, der [siehe Zich(e)] (Zillertal): *Zirbenschnaps.*

Zịch(e), die [Herkunft im Detail unklar; die zahlreichen dialektalen Varianten, darunter auch Tschurtschen (= Tannenzapfen, Fichtenzapfen, Föhrenzapfen) lassen sich unter einer nicht belegten Grundform Zürse vereinigen, daneben auch Zischge aus slowenisch šiška (siehe Pohl)] (Zillertal): *Fruchtzapfen der Zirbe.*

Zieche, die [mhd. ziech(e), ahd. ziohhe, ziehhe; dieses zu vulgärlat. theca (= Hülle, Decke); auf dieses Wort geht auch standardsprachlich Theke (= Schanktisch, Ladentisch) zurück]: **1.** *Tuchentüberzug, Polsterüberzug* **2.** *Bettdecke, Oberbett.*

Ziengge, die [siehe zienggisch] (Zillertal): **1.** *Aufgeregtheit* **2.** *Streitsucht.*

zienggisch ⟨Adj.⟩ [zu mhd. zanken, zenken (= zanken); siehe auch zeanggisch] (Zillertal): **1.** *übel gelaunt* **2.** *zänkisch.*

Ziger, der [mhd. ziger (= die festere Masse, die sich beim Gerinnen der Molke ausscheidet)]: *Molkenkäse (gewonnen aus Molke durch Ausfällung des Resteiweißes mit Hilfe von Säure).*

zigln, ziglen ⟨hat⟩ [eigentlich: zügeln, verwandt mit ziehen, zu mhd. ziehen (= ziehen, erziehen; ernähren, füttern, pflegen)]: *züchten, aufziehen.*

Zign|glöggl, das, sowie **Zign|läuten** [von Schatz zu mhd. zug gestellt, weil er noch die Wendung in Zign liegen für sterben erhoben hat] (Osttirol): *Totenglöcklein (läuten).*

zịna, zịrnen ⟨hat⟩ [mhd. zürnen (= zürnen, aufgebracht sein), zu mhd. zurn (= Zorn)]: *erzürnen* ❖ **der zind mi:** *er macht mich zornig.*

zịnnen ⟨hat⟩ [wie zina]: *jemandem ein Gesicht schneiden, die Zunge zeigen.*

zịnsele(n), zịnsln ⟨ist⟩ [eigentlich zinzeln: malt laut Grimm das Geräusch tröpfelnden Wassers nach]: *nachtröpfeln, dünn ausfließen.*

Zịntl|staud(en), die [mhd. zünden, zunden, zünten (= entzünden, anzünden); die dürren Flechten auf dem Holz dienten früher als Zunder; die aus dem Faulbaum gewonnene Holzkohle wurde früher für die Herstellung von Schwarzpulver verwendet]: *Faulbaum (Frangula alnus).*

zịntn ⟨hat⟩ ❖ **jemandem oane zịntn:** *jemandem eine ordentliche Ohrfeige geben.*

Zịpfl, der [mhd. zipfel (= spitzes Ende, Zipfel)]: **1.** *Zipfel* **2.** *Penis* **3.** *Scheltwort für Buben* **4.** (abwertend) *langweilige männliche Person; jemand, der nichts unternehmen will:* ein fader Zipfl.

zịrchn, zịrchlen ⟨hat⟩ (Ötztal): *schnarchen.*

Zịrggl|såge, die [1. Bestandteil: wie standardsprachlich Zirkel zu mhd. zirkel, ahd. circil, zu lat. circinus (= Zirkel), wohl unter Einfluss von circulus (= Kreislinie)]: *Kreissäge.*

Zịrm, Ziam, Zịrwe, die [mhd. zirben, ahd. zerben (= drehen, in Bezug auf die Form des Zapfens)]: *Zirbe.*

Zịrm|gratsch, Zịrmeler, der [1. Bestandteil: siehe Zirm; der Vogel versteckt Zirbennüsse im Boden als Wintervorrat]: *Tannenhäher (Nucifraga caryocatactes).*

Zịschge, Zịschga, die [Herkunft unklar] (Stubaital): *kleiner Reisigkorb.*

Zịsch|gelen, die (Plural) [Verkleinerungsform von Zischgen; laut Grimm so wie Zich(e), siehe dort, ein Wort von slawischer Herkunft; ursprünglich vermutlich Gesträuch oder Holz von Nadelbäumen] (Ötztal): *ein kleines Gesträuch* [von daher wohl der Bergname Zischgeles im Sellrain].

zịschgn ⟨hat⟩ [zu zischen; lautmalend] (veraltet): *aufflackern, zischend sieden.*

zịschn ⟨hat⟩ [zusätzliche Bedeutung im Tirolischen und in einigen anderen Dialekten]: **jemandem oane zịschn:** *jemanden ohrfeigen.*

znạgscht [aus zu + nächst] (Oberland): *vor kurzem:* „Und d' Stadtlerheare brauch' mar it, dia tia ins lei seggiere. / I han earscht znagscht zum Nachbar gseit: Miar tia ins salt regiere!" (Aus dem Lied „Miar Oberländer fölsaföscht").

zníacht, älter: **znịcht** ⟨Adj.⟩ [mhd. ze nicht (= zu nicht(s), eigentlich: zunichte gemacht)]: **1.** *wertlos* **2.** *schwach, ausgezehrt, kränklich (bei Menschen und Tieren):* a zniachts Mandl **3.** *böse.*

Zóane, Zúane, die: [mhd. zeine (= Korb)]: geflochtener Korb.

zóasn ⟨hat⟩ [mhd. zeisen (= zausen, rupfen)]: **1.** *zerzausen, rupfen* **2.** (Osttirol) *wühlen, scharren* **3.** (Zillertal) **zappeln.**

Zọch(e), der [laut Grimm in ahd. Zeit von slawisch socha entlehnt, mit Umwandlung des grammatischen Geschlechts von Femininum zu Maskulinum; die ursprüngliche Bedeutung Stock, Knüppel ist nur in Tirol belegt]: **1.** (veraltet) *Stock, Knüppel* **2.** *derber, grober Mann.*

zodlat, zoutlig, zọttlet ⟨Adj.⟩: *unfrisiert, zerzaust.*

zodln, zọttln ⟨hat⟩ [eigentlich: zotteln; zu Zottel und Zotte (Büschel von Haaren oder Wolle (eventuell verklebt oder verschmutzt); siehe: Zodn]: *bei den Haaren schütteln, an den Haaren ziehen.*

Zodn, Zoute, Zote, die (Plural) [wie standardsprachlich Zotte zu mhd. zot(t)e, ahd. zota, zata (= herabhängendes (Tier)haar)] (abwertend): *lange, strähnige, herabhängende Haare (auch bei Menschen).*

Zoggl, Tschoggl, der [ital. zoccolo (= Holzschuh)]: *Schuh mit Holzsohle.*

Zoggler, der [Herkunft unklar]: *ungepflegter, schlampiger Mann.*

Zores, die (Plural) [jiddisch zores (Plural) (= Sorgen, zu hebräisch zarā (= Kummer: in D heute auch im Singular und mit etwas anderer Bedeutung]: *Sorgen, Kummer, Ärger.*

X **Zorn|binggl,** der [2. Bestandteil: Binkel (= unangenehmer Mensch)]: *(jäh)zorniger Mensch.*

zritt, zarridat ⟨Adj.⟩ [zu mhd. zerrütten (= zerrütten, zerstören, verderben)]: **1.** *aufgebracht, zornig* **2.** *geistesgestört* **3.** *durcheinander, verwirrt.*

X **zrugg(e)** ⟨Adv.⟩ [mhd., ahd. ze rucke (= nach dem Rücken, auf den Rücken, im Rücken); schon im Mhd. gelegentlich zusammengeschrieben zerucke (= rückwärts)]: *zurück.*

zúa, zúe, züe-[1] ⟨Richtungsadv.⟩: **er is Kufstein zue gången:** *er ist Richtung Kufstein gegangen.*

zúa, zúe, züe[2] ⟨Adv.⟩: **1.** *geschlossen* **2.** *betrunken (mit Alkohol zugeschüttet).*

zúa-, zúe-, züe-, zúi- als Präfix bei Verben, Adjektiven und Substantiven: **Zúa|geherin,** die (regelmäßig kommende Putzfrau); **zúa|groast** (= zugereist, nicht einheimisch, zugezogen, eingewandert); **Zúa|groaste,** der; ein Zuagroaster (= Fremder, Nichteinheimischer, neu Zugezogener, Einwanderer); **zúa|hebm** (= zuhalten, verschlossen halten); **zúa|låssn** (= zulassen, belegen lassen; beim Vieh); **zúa|losen** (= zuhören); **zúa|schüttn, si** (= sich betrinken); **Zúa|speis,** die (= Beilage zu Fleisch oder Fisch); **Zúa|wåg,** die [nach der früher gehandhabten Praxis, dass beim Kauf von Fleisch auch Knochen dazugelegt und mitgewogen werden; heute nur noch mit übertragener Bedeutung] (= unvermeidliche Begleiterscheinung); **zúa|zwinzln** (= mit den Augen ein Zeichen geben).

zúa|cha, zúa|wa, züe|(h)er, zúi|cha, ⟨Adv.⟩ [eigentlich ein dialektales zu + her; als Vorsilbe auch mit Verben kombinierbar, mit der Bewegungsrichtung: zum Sprecher hin]: **kimm zúa|cha, zúe|her, zúa|wa:** *komm her zu mir* ❖ **zúa|cha|schaugn: 1.** *bei jemanden vorbeischauen* 2. *für jemanden sorgen.*

zúa|chi, zú|i, zúi|chi, zúa|wi, zúi|ni ⟨Adv.⟩ [dialektales zu + hin; als Vorsilbe auch mit Verben kombinierbar, mit der Bewegungsrichtung vom Sprecher weg]: **zúachi|gehn** (= zu etwas hin gehen, auch: ins Gasthaus gehen); **zúachi|loanen** (= sich anlehnen); **zúachi|pickn** (= ankleben); **zúachi|steign** (= sich in erotischer Absicht heranmachen; sexuell zudringlich werden).

Zúawi|ziacher, Zúawi|zahrer, der: *Feldstecher, Fernglas.*

zúa|habig, zúi|hawig ⟨Adj.⟩: *anhänglich.*

zúa|wa, zúa|cha, zúa|we [eigentlich ein dialektales zuher, wo standarsprachlich herzu steht, doch ist das Verständnis für die Schriftform zuher verlorengegangen; als Vorsilbe mit zahlreichen Verben kombinierbar, wobei die Bewegungsrichtung zum Sprecher und von der Seite ist]: *herzu, heran:* Ruck zuwa! (= Rück näher heran!) ❖ **zúawa|haun:** *sich zu einer Gruppe dazusetzen:* Hau di zuawa! (= Setz dich her!).

Zúeggn, der [laut Schatz zu ahd. zuoggo (= Gabelzinke, auch Zweig), das als zuech auch ins Tridentinische entlehnt wurde)]: *Gabelzinke.*

Zúe|zepfn: *siehe Zunzepfn.*

zụm, zạn + substantivierter Infinitiv [zum: Präposition + Artikel = zu dem] (auch bairisch): *zu + Infinitiv:* Was gibts zum Essen? (statt standardsprachlich: Was gibt es zu essen?) (Im Dialekt kann die Zusammenziehung aus Präposition und Artikel auch nach der trennbaren Vorsilbe stehen: Er hat uns nichts drein z' Reden.)

Zụmme, Zụmbl, die [Herkunft unklar]: *am Rücken getragener Bottich.*

Zụmpf, der; **Zụmpferl,** das [mhd. zumpf (= Penis); verwandt mit Zipfel]: *Penis.*

Z

Zụnter(e), Psụnterle, der oder die [zu ahd. zuntra (= Fackel), also Kienholz]: **1.** *Latschenkiefer (Pinus mugo subsp. mugo, Latsche), Legföhre, Bergkiefer und einige andere Synonyme* **2.** *rostblättrige*

Alpenrose (Rhododendron ferrugineum), bewimperte Alpenrose (Rhododendron hirsutum).

Zun|zepfn, Zån|zapfe, Zúa|zepfn, der [1. Bestandteil: zu Zahn]: **1.** *Fruchtzapfen der Gemeinen Fichte (Picea abies)* **2.** *Fruchtzapfen der Tanne (Abies).*

zụpfn, verzụp|fn ⟨hat sich⟩ (reflexives Verb) (auch bairisch): *sich (heimlich) entfernen* ❖ **Zupf dich! Verzupf dich!** (auch bairisch): *Verschwinde!* Im Fernsehfilm „Piefke Saga" von Felix Mitterer gibt sich ein Deutscher als Tiroler aus und will an einer Ortsversammlung teilnehmen. Joe (Tobias Moretti) lässt ihn nicht in den Saal und sagt: „Verschwind, du Flåchlåndtiroler! Zupf di!" Worauf der Deutsche fragt: „Zupf di?" – und sich damit erst recht als Flachlandtiroler entlarvt.

Zụrfe, der [ahd. zurba, zurf (= ausgerupfter Rasen)]: *zerrissener Tuchfetzen, zerlumptes Kleid.*

Zụrfer, der [zu Zurfe, siehe dort]: *Fasnachtsfigur in Imst* ❖ **er tut zurfn**: *er zerrt die Leute herum.*

Zụssl(e), die [vgl. ahd. zussa (= Decke, Kleidung); verwandt mit zausen]: *schlampige oder flatterhafte Frau.*

zuzl(e)n ⟨hat⟩ [eigentlich: zuzeln (= saugen); lautmalend] (auch bairisch): *lutschen, saugen* ❖ **si wås aus die Finger zuzln** (auch bairisch): *etwas frei erfinden.*

Zuzl(er), der [zu zuzl(e)n, siehe dort]: *Schnuller.*

zwågn(en), zwågna ⟨hat⟩ [mhd. twahen, dwahen (= waschen, baden)] (veraltet): *sich waschen.*

zwåzl(e)n ⟨hat⟩ [Herkunft unklar] (auch bairisch): *zappeln, zappelig kriechen.*

Zwẹck, der [mhd. und ahd. zwec (= Nagel); zu zwei; ursprünglich: gegabelter Ast; Nagel, an dem die Zielscheibe aufgehängt ist]: *Schuhnagel, kurzer Stift.*

Zwẹckl, Zwạckl, Zwụckl, Zwaukl, das [Verkleinerung zu standardsprachlich Zweck (= starker Nagel, Schuhnagel; zu mhd. zwec (= Nagel, Bolzen)]: *kleines Kind, kleines niedliches Wesen.*

Zwęck|silber, das (Zillertal): *Quecksilber.*

zwęgn 〈Präp.〉 [eigentlich: zu + wegen]: *deshalb, deswegen* ❖ **zwegn wås?** *weshalb?*

Zwęiflar, der [vielleicht wie Zweifel zu mhd. zwîvel, ahd. zwîfal, zu zwei + falten, eigentlich: Ungewissheit bei zwei Möglichkeiten] (veraltet): **1.** *Irrlicht* **2.** *Meteor.*

zwęrch, zwąrch 〈Adj.〉 [mhd. twerch (= verkehrt, seitwärts, quer)] (veraltet): **1.** *quer* **2.** *ungünstig, ungeschickt.*

Zwęspe, die [lautliche Variante von Zwetschke, aus nordital. damascena, lat. damaskena (= Frucht aus Damaskus)]: *Zwetschke,* daneben schon häufiger das neuere **Zwetschge, Zwetschgn.**

Zwęspelar, Zwęschpala, der [Substantivableitung auf -eler von Zwespe, siehe dort]: *Zwetschkenschnaps.*

Zwętschgal, Zwetschgele, das: **1.** *kleine Zwetschke* **2.** *kleines, hilfloses Kind* ❖ **seine/die sieben Zwetschgn einpåckn:** *verschwinden:* påck deine sieben Zwetschgen ein und geh!

Zwętschgn|fleck, der (Küchensprache): *dünne und flache Süßspeise mit Zwetschken.*

Zwętschgn|krampus, der: **1.** *aus gedörrten Zwetschken hergestellte Krampusfigur* **2.** *alter, runzliger Mann.*

Zwętschgn|mandl, das (auch bairisch): **1.** *aus gedörrten Zwetschken hergestellte Figur, die mit Stäbchen zusammengesetzt ist* **2.** *kleiner, schwächlicher Mann.*

Zwętschgn|röster, der (Küchensprache): *gedünstete Zwetschken* (also kein Mus, kein Kompott und auch keine Marmelade, wie oft zu lesen ist; die Zwetschken werden entkernt, halbiert und mit ganz wenig Zucker sowie Zimt und Nelken geröstet, bis sie Saft lassen) ❖ **Mein lieber Freund und Zwetschkenröster!** [Diskussionsmarker am Beginn eines Redebeitrags, um Aufmerksamkeit zu wecken] (scherzhaft): *Hör zu! Pass auf!*

Zwįcker, der [zu zwicken]: *Brille ohne Bügel, die auf die Nase geklemmt wird; Kneifer.*

zwickn ⟨hat⟩ [Intensivbildung zu ahd. zwīgōn (= ausreißen, rupfen, pflücken), zu: zwīg (= Zweig), später Anlehnung an Zweck (= Reißnagel)]: **1.** (auch süddt.) *leicht kneifen:* die Hose zwickt im Schritt; der Ischias zwickt ❖ **ihr Gwissen zwickt sie:** *sie hat Gewissensbisse* **2.** *einen Fahrschein lochen, entwerten* **3.** (reg. auch in D) *(mit einer Klammer) befestigen:* die Socken mit einer Wäscheklammer auf die Leine zwicken.

zwider ⟨Adj.⟩ [zu towedder, das laut Kluge im Mittelalter aus dem Norden in den Süden gewandert ist und unterschiedliche Bedeutungen angenommen hat; vielleicht auch selbstständige Entwicklung aus ze wider; typisch für Österreich und für das Bairische ist der attributive Gebrauch (= ein zwiderer Mensch, eine zwidere Sache); gesamtdeutsch ist das Adverb zuwider (= eine starke Abneigung hervorrufend): diese Person/diese Sache ist mir zuwider]: *lästig, widerwärtig, übellaunig:* ein zwiderer Kerl, eine zwidere Sache.

Zwider|wurzn, Zwider|wurz, die, auch: der (wenn es sich um eine männliche Person handelt) [1. Bestandteil: zuwider; 2. Bestandteil: Nebenform zu standardsprachlich Wurzel (= große Wurzel; Mensch der sich ausnützen lässt; kratzbürstige Frau)] (auch bairisch): *Spielverderber, mürrischer Mensch.*

Zwifl, Zwifla, der; daneben auch die Zwibl [wie standarddeutsch Zwiebel zu mhd. zwibolle, ahd. zwibollo, zwivolle, zwifel; zu ital. cipolla, das letztlich eine Verkleinerung von lat. cepa (= Zwiebel) ist; die feminine Form in der Standardsprache ist eine volksetymologische Umdeutung, wie wenn das Wort eine völlig andere Herkunft hätte, nämlich: zweifache Bolle; zusammen mit Butter, Knödel, Schokolad(e) und Teller gehört es zu den auffälligsten Genusabweichungen des Standards vom Dialekt (der Zwifl statt die Zwiebel); die Form Zwifla enthält das Wort Lauch, mhd. louch: also Zwieblauch] (veraltet): *Zwiebel.*

zwifln ⟨hat⟩ [eigentlich: zwiebeln (= mit Zwiebel zubereiten; jemanden quälen, plagen, peinigen); laut Kluge seit dem 17. Jh. in der Bedeutung quälen, Wasser in die Augen treiben]: **1.** *streng anfassen, quälen:* die håt uns schön zwiefelt **2.** *strafen.*

zwi|getzn, qui|getzn, zwieggetzn ⟨hat⟩ [von mhd. quingen, twingen, dwingen (= zusammendrücken, zwängen etc.; mit gekünstelter Stimme reden oder singen); Verben auf -etzn sind als Intensivbildungen in den Dialekten recht häufig] (veraltet): **1.** *quietschen* **2.** *heiser schreien* **3.** *knirschen (z. B. der Schnee unter den Füßen).*

Zwịlch, der [Ableitung von mhd. zwilich, zwilch (zweifädig, doppelfädig)] (Osttirol): *falscher, undurchschaubarer Mensch.*

Zwịndl(e), Zwịndlar, der oder das [mit Sprosskonsonant -d- zu mhd. zwinelīn, zwillinc, zwinlinc, zwinelinc, ahd. zwiniling, zu ahd. zwinal (= doppelt)] (veraltet): *Zwilling (bei Mensch und Tier).*

zwịndln ⟨hat sich⟩ (reflexives Verb) [zu mhd., ahd. zwi- (= zwei; vor allem in Zusammensetzungen)]: *sich verdoppeln.*

zwịnzln, zwịnzle, zwịnzge ⟨hat⟩ [zu einem älteren zwinzen mit -l-Einschub; dieses zu zwinken (= zuckend etwas bewegen, besonders die Augenlider); seit mhd. Zeit bezeugt, in jüngerer Zeit von dem häufigeren zwinkern verdrängt]: *zwinkern, blinzeln.*

Die Beziehung zwischen Buchstaben und Lauten

- Ein Punkt unter einem Vokal bedeutet betonte Kürze: *Bạntl.*
- Ein Strich unter einem einzelnen Vokal oder einem Diphthong bedeutet betonte Länge: *barabern, Baunze.*
- Das gilt auch – Achtung! – für das lange i: fisln und risln; diese Abweichung von der gewohnten Rechtschreibung (wo man fieseln und rieseln schreiben würde) ist nötig, weil die Buchstabenfolge i + e für den Diphthong gebraucht wird (siehe dort).
- Ein kleiner Ring über einem a bedeutet Verdunkelung (der Laut ist zwischen a und o angesiedelt): *Fåsching.*
- Ein Akzent über dem ersten Laut eines Diphthongs bedeutet, dass der Diphthong fallend, also erstbetont ist: *schíach, schíech, Blúima, Flóach.*
- Der zweite Teil eines fallenden Diphthongs kann regional zwischen a und e variieren: *schíach* oder *schíech, Schúach* oder *Schúech* (in Osttirol gibt es sogar *Schúich*).
- Das o wird im Westen Tirols als ou gesprochen und von uns auch so wiedergegeben; existiert ein Wort nur im Westen Tirols, so ist es mit dieser Schreibung in diesem Wörterbuch zu finden.
- Umlaute werden in allen bairisch-österreichischen Dialekten entrundet, das heißt ö wird zu e, also *öfter* zu *efta,* ü wird zu i, also *Hütte* zu *Hitte, Hittn* usw.; wir empfehlen Ihnen, die entrundeten Varianten zu suchen.
- Ein senkrechter Strich kennzeichnet die Wortfuge bei zusammengesetzten Wörtern: Auge|poppele; dies soll das Verständnis des Wortes verbessern.
- Ein senkrechter Strich kennzeichnet außerdem auch das Ende einer Vorsilbe: *aus|roaterisch.*
- Im Wortinneren und im Auslaut (nicht im Anlaut) wird in diesem Wörterbuch zwischen gg (nicht aspiriert) und ck (aspiriert, also durch Behauchung verstärkt) unterschieden: *bugglkraxn, bockelen.*
- Mit dem Begriff bairisch-österreichisch wird jener Dialektraum umschrieben, der Österreich und Bayern abzüglich der alemannischen Sprachgebiete umfasst; in der Sprachwissenschaft wird zwischen dem bairischen Sprachraum (bairisch mit i) und dem bayerischen Staatsgebiet (bayerisch mit y) unterschieden.
- Bei den mittelhochdeutschen und althochdeutschen Herkunftswörtern wurde die Schreibung aus dem „Mittelhochdeutschen Handwörterbuch“ von Matthias Lexer verwendet; ein h oder hh ist in den meisten Fällen als ch auszusprechen (etwa sleht, rihten).

- Bei den Textbeispielen aus Liedern und Gedichten wurde die Schreibweise nicht an jene des vorliegenden Wörterbuchs angepasst. Es gibt keine allgemein anerkannte Transkription für das Tirolische. Die Vielfalt der Dialekte verhindert eine Normierung.

Fachausdrücke

Ablaut: Wechsel von Selbstlauten innerhalb etymologisch zusammengehöriger Wörter und Wortformen, z. B. *Sucht* zu *siechen*.

Ableitung: Wort, das dadurch zustande kommt, dass ein anderes Wort (meist durch ein Präfix oder Suffix) weitergebildet wurde: *Gold* wird zu *vergolden, vergolden* wird zu *Vergoldung*.

Agglutination: Eingliederung eines benachbarten Lautes in ein anderes Wort, obwohl es sprachgeschichtlich dort nicht hingehört; z. B. wird beim unbestimmten Artikel *ein* das auslautende -n fälschlich dem Anlaut des folgenden Substantivs zugeordnet: *ein Etsch* (= ein Veroneser, ein Kreuzer) wird im Kopf der Sprecher zu *ein Netsch;* genauso wird auch *Åle (=Ahle)* zu *Nåle;* Gegenteil: Deglutination.

Anlautverstärkung: expressive Verstärkung des Anlauts, z. B. sch- wird zu tsch-: *scheppern* wird zu *tscheppern, Schippl* zu *Tschippl*.

Althochdeutsch (abgekürzt ahd.): Bezeichnung für die Sprache der Schriftzeugnisse im hochdeutschen Raum vom 8. bis zum 11. Jahrhundert.

Aspiration: Behauchung; auf einen Verschlusslaut (p, t) folgt ein hörbares Hauchgeräusch, der Laut klingt so, wie wenn einem p oder t ein h folgen würde; er wird in wissenschaftlichen Beiträgen oft durch ein hochgestelltes h wiedergegeben: ph, th. Im Tirolischen ist zwischen dem nicht aspirierten Verschlusslaut gg und dem stark aspirierten Verschlusslaut ck zu unterscheiden. Der nicht aspirierte Verschlusslaut gg begegnet uns beispielsweise in *Jangger, Buggl*, er wird so artikuliert wie standardsprachlich *Roggen*. Der stark aspirierte Verschlusslaut ck klingt so, wie wenn einem g ein ch folgen würde.

Assimilation: Angleichung eines Lautes an einen (in der Artikulation) benachbarten: die Infinitivendung -en beispielsweise wird nach b gewöhnlich zu -m, statt glauben wird also *gloubm, glabm* oder *glam* gesprochen.

bairisch-österreichisch: Bezeichnung für einen großen Dialektraum im Osten des oberdeutschen Sprachgebiets, umfasst weite Teile Österreichs und Bayerns (ausgenommen sind die alemannischen Sprachgebiete in Österreich sowie die alemannischen und fränkischen in Bayern). Der in diesem Wörterbuch oft zu findende Hinweis „auch bairisch“ bedeutet, dass ein Wort nicht nur in Tirol verwendet wird, sondern auch in Bayern (und meist auch in anderen Regionen Österreichs). Da die Verbreitung der einzelnen Dialektwörter von Fall zu Fall wechselt und nicht immer bekannt ist, handelt es sich dabei um ungefähre Angaben.

Deglutination: falsche Abtrennung eines Wortanlauts, der als Teil des davorstehenden unbestimmten Artikels verstanden wird; z. B. *ein Nescht (= ein Nest)* wird zu *ein Escht;* Gegenteil: Agglutination.

Dialekt: regionale oder lokale Sprachvarietät: sie unterscheidet sich in Wortschatz, Aussprache, Satzbau etc. von anderen Gebieten. Die Tiroler Dialekte gehören zu den oberdeutschen Dialektgruppen. Einen großen Teil davon nimmt das Südbairische ein, das in Tirol den westlichen und mittleren Teil Nordtirols sowie Osttirols umfasst. Das Außerfern ist geprägt durch seine jahrhundertelange Zugehörigkeit zum schwäbischen Bistum Augsburg, wodurch schwäbisch-alemannische Einflüsse sichtbar werden. Im oberen Lechtal besteht ein Naheverhältnis zum Vorarlbergischen, insbesondere zum Walserischen und Wälderischen.

Diminutiv(um): Verkleinerungsform.

Diphthong: Zwielaut, besteht aus zwei Selbstlauten (Gegenteil: Monophthong).

Dikussionsmarker: steht am Beginn oder Ende eines gesprochenen Satzes, soll Aufmerksamkeit erwecken oder Zustimmung auslösen: *gell, ha, ho, hoa, ma, sö* etc.

Entrundung: aus den mit Lippenrundung gesprochenen Umlauten ü, ö, eu/äu werden i, e, ei: über wird zu *iber, bös* zu *bes, heute* zu *heit, Häuser* zu *Heisa*.

erschlossene Herkunftswörter: sie sind nicht belegt, sondern rekonstruiert (gilt für das gesamte Germanische und Indogermanische, fallweise auch für das Alt- und Mittelhochdeutsche); werden durch einen Stern gekennzeichnet: **hup* (Herkunftswort für *Heppin*).

Etymologie: Abstammungsgeschichte eines Wortes.

fallender Diphthong: Zwielaut, dessen zweiter Teil offener ist als der erste: ie bzw. ia, ue, ua usw. Im Hinblick auf die Betonung heißt „fallend" mit Betonung des ersten Teils: íe in *schíech,* óa in *Flóach* etc.

falsche Abtrennung: siehe Deglutination.

Frequentativ(um) = Iterativ(um): Zeitwort, das eine Wiederholung zum Ausdruck bringt, z. B. *klingeln* = *wiederholt klingen, fånggetzn* = *Wiederholt fånggen.* Oft ist ein Frequentativum auch ein Intensivum.

Germanisch (Urgermanisch, Protogermanisch): rekonstruierte Vorstufen aller germanischen Sprachen (Deutsch, Englisch, Niederländisch, Schwedisch), wie sie wohl im 1. Jahrtausend v. Chr. rund um die westliche Ostsee gesprochen wurden.

Gleitlaut: dient ohne etymologische Relevanz zur leichteren Aussprache, siehe Sprosslaut.

Hochdeutsch: Dialekte der deutschen Sprache südlich der Benrather oder der Uerdinger Linie; sie werden in oberdeutsche und mitteldeutsche Dialekte unterteilt. Gemeinsames Charakteristikum der hochdeutschen Dialekte ist die vollständig oder teilweise durchgeführte zweite oder althochdeutsche Lautverschiebung. Der Begriff *hochdeutsch* kann leicht missverstanden werden, denn er wird oft gleichbedeutend mit standarddeutsch verwendet.

Indogermanisch (Urindogermanisch, Protoindoeuropäisch): rekonstruierte Vorstufen aller indogermanischen Sprachen, wie sie wohl um 3500 v. Chr. in der Nähe des Schwarzen Meeres gesprochen wurden.

Intensiv(um): Intensivbildung; Zeitwort, das eine verstärkte Handlung zum Ausdruck bringt, z. B. *raffeln* zu *raffen* (oft ist ein Intensivum auch ein Frequentativum).

Interjektion (abgekürzt: Interj.): Ausruf, z. B. åspele, *enggilä, hoi, sax.*

Iterativ(um): siehe Frequentativum.

Kausativ(um): Veranlassungswort; drückt aus, dass eine vorhergehende Handlung eine weitere auslöst, z. B. das Grundwort *schwingen* wird zum Kausativum *schwenken, sinken* zu *senken* oder *trinken* zu *tränken.*

Kollektiv(um): Kollektivbildung; Ableitung eines Substantivs zur Bezeichnung einer größeren Einheit oder einer Gruppe: z. B. Präfix Ge-: *Gstell, Glatsch;* Suffix -ach: *Dreckach, Gfloigach, Loapach;* Suffix -werch: *Astwerch, Grafflwerch.*

Kompositum: zusammengesetztes Wort, z. B. *Bam|becker* (zwei Bestandteile), *Oach|katzl|schwoaf* (drei Bestandteile).

Konsonant: siehe Mitlaut.

Kontamination: zwei Wörter werden zu einem Wort verschmolzen: aus *Tschurtsche* und *Zapfn* wird *Tschurtschapfn.*

Labiallaut: wird entweder mit beiden Lippen (b, p) oder mit Unterlippe und den Zähnen (f, w) gebildet.

lautmalend: die Lautform eines Wortes ist einem Geräusch, dem Gesang eines Vogels etc. nachgebildet: *tuschen, Platsch, Kuckuck, Zeiser.*

Lehnwort: Wort, das aus einer fremden Sprache übernommen wurde.

Mitlaut = Konsonant: wird normalerweise nicht für sich allein gesprochen, sondern immer mit einem Selbstlaut oder Vokal (vgl. den Anfang des Alphabets, also a, b, c, d, e: a und e sind Selbstlaute/Vokale, die Mitlaute werden mit einem e gesprochen: be, ce, de).

Mittelhochdeutsch (abgekürzt mhd.): Sprachperiode im hochdeutschen Raum von etwa 1050 bis 1450.

Mittellateinisch: die lateinische Sprache des Mittelalters (etwa 6. bis 15. Jh.).

Nasal: Laute, die dadurch zustande kommen, dass der Atemstrom wegen eines Verschlusses durch die Nase entweicht: -m- (Verschluss durch die Lippen),- n- (Verschluss durch die Zunge an den Zähnen), -ng- (Verschluss durch die Zunge am Gaumen).

Nasalierung: Vokal, bei dem der Atemstrom teilweise durch die Nase entweicht (wie in französisch *ensemble).*

Niederdeutsch: auch Plattdeutsch, im Norden Deutschlands; hat die zweite Lautverschiebung (siehe Oberdeutsch) nicht mitgemacht; daher dort *Water* statt *Wasser* und *Pepper* statt *Pfeffer.*

Nomen Agentis: Personenbezeichnung, die den Akteur einer Verbhandlung bezeichnet: der *Wähler* ist jemand, der *wählt*, der *Rearer* jemand, der (ständig) *reart* (= weint).

Oberdeutsch: Sammelbezeichnung für bairische, alemannische und ostfränkische Dialekte, die (ca. von 500 bis 800) die zweite Lautverschiebung mitgemacht haben; p > pf oder ff und t > s(s); germanisch *peper* wird zu oberdeutsch *Pfeffer;* germanisch *water* wir zu oderdeutsch *Wasser.*

Pejorativ(um): abwertender Ausdruck, oft auch ein Schimpfwort; z. B. *Kåchl, Katzelmåcher.*

Präfix: Vorsilbe, z. B. *ab-* (in dem Wort abschreiben), *der-* (in dem Wort derdruckn); ge-, Ge-, zua- etc. Gegenteil: Suffix.

Rätoromanisch: Gruppe romanischer Sprachen in der Schweiz, in Oberitalien und im alten Tirol: Bündnerromanisch; Dolomitenladinisch, Friaulisch.

Reibelaute: Konsonanten, die durch eine Verengung im Atemstrom zustande kommen (z. B. f, s, ch).

Rotwelsch: Sprache der Gauner.

Rundung: siehe Entrundung.

Selbstlaut = Vokal: kann (auch länger) ohne einen zweiten Laut artikuliert werden: a, e, i, o, u. ei, au, eu. Gegenteil: Mitlaut (Konsonant).

Schibboleth: im eigentlichen Sinn: sprachliche Besonderheit, durch die sich ein Sprecher einer Region zuordnen lässt: z. B. *sö* im Oberinntal; (der wissenschaftliche Fachausdruck ist aus der Bibel übernommen: Buch der Richter 12, 5–6); im weiteren Sinn: schwer auszusprechendes oder schwer deutbares Wort, mit dem die Sprachgewandtheit oder das Sprachverständnis von Fremden getestet werden kann: *Gadaladalalla, Oachkatzlschwoaf.*

Sprosslaut: dient ohne etymologische Relevanz zur leichteren Aussprache: Sprosskonsonant -d- in *Dirndl;* Sprossvokal -i- in *schurigeln* zu mhd. *schurgeln.*

Standarddeutsch: standardisierte, überregionale und weitgehend einheitliche Form der deutschen Sprache im Gegensatz zu Dialekten und Umgangssprachen.

Suffix: Nachsilbe, z. B. *-itzn, -etzn, -atzn.*

Verballhornung: lautliche Veränderung eines Wortes ohne Rücksicht auf dessen Herkunft.

Verkleinerungssuffix: Wortendung, die Verkleinerung anzeigt: Rose mit den Verkleinerungsformen *Röschen* oder *Röslein;* in den oberdeutschen Dialekten gibt es nur das Suffix mit -l-: *Roserl.* Es geht auf mhd. -elīn zurück und tritt in vielen Varianten in Erscheinung: -l, -al, -erl, -ele oder -ei, z. B. *Tisch(a)l, Tischele, Tischei.* Es signalisiert nicht immer eine Verkleinerung, sondern oft eine emotionale Zuwendung: ein feines *Suppele, Weindele* etc. Nicht selten ist die Variante mit Verkleinerungssuffix im Dialekt die Normalform: *Er fahrt mit dem Radl.* Die Verwendung ohne Verkleinerungssuffix ist selten: *Er fahrt mit dem Rad.*

verdeutlichende Verdoppelung: ein Kompositum, d. h. ein zusammengesetztes Wort, besteht aus zwei Bestandteilen, die dasselbe bedeuten: *Gangsteig, Haderlump, Pfitschepfeil.*

Vermengung: Assoziation bzw. klangliche Anlehnung an ähnliche, bekannte Wörter: Sandler zu Sand, obwohl das Wort zu mhd. *seine* (= langsam, träge) gehört.

Verschlusslaut: entsteht dadurch, dass ein kurzzeitiger Verschluss (eine Unterbrechung des Luftstroms) im Mund-Rachen-Raum ge: z. B. p, b, t, d, g, gg, ck.

Vokal: siehe Selbstlaut.

Vokalisierung: Lautveränderung, bei der ein Halbvokal (l, r) zu einem Vokal wird: *ver-* wird zu *fa-*, ålt wird zu ået.

Volksetymologie: Wörter werden unter Missachtung der Wortherkunft neu interpretiert und lautlich verändert, den Wörtern wird ein neuer Sinn gegeben: mhd. *spenel, spendel, spenalde,* zurückgehend auf lat. *spina* (= Dorn), wurde als Nadel interpretiert: *Spe-Nadel = Spenadl.*

Zwielaut = Diphthong: besteht aus zwei Selbstlauten: au, ou etc. Gegenteil: Monophthong.

Verwendete Literatur

Ammon, Ulrich et al.: Variantenwörterbuch des Deutschen. Berlin 2004.

Bayerisches Wörterbuch, hg. von der Kommission für Mundartforschung, bearb. von Josef Denz, Bernd Dieter Insam, Anthony R. Rowley und Hans Ulrich Schmid. München 1995 ff.

Deutsches Wörterbuch von Jacob und Wilhelm Grimm, 33 Bde. Leipzig 1854, Nachdruck: Deutscher Taschenbuch Verlag, München 1984.

Duden: Das große Wörterbuch der deutschen Sprache, 10 Bde. Mannheim 1999³.

Duden: Das große Fremdwörterbuch. Mannheim 2007⁴.

Ebner, Jakob: Wie sagt man in Österreich? Wörterbuch des österreichischen Deutsch. Mannheim–Leipzig–Wien–Zürich 1969¹, 1980², 1998³, 2009⁴.

Ebner, Jakob: Aufhin – hinauf – nach oben – hoch. In: Vielfalt, Variation und Stellung der deutschen Sprache, hg. von Karina Schneider-Wiejowski et. al., Berlin, Boston 2013.

Erben, Johannes und Hans Moser: Das Feld der alters- und geschlechtsdifferenzierenden Personenbezeichnungen im Tirolischen. In: Studien zur Namenkunde und Sprachgeographie. Hrsg. von Wolfgang Meid, Hermann Ölberg und Hans Schmeja, Innsbruck 1971, S. 241–287.

Finsterwalder, Karl: Tiroler Familiennamenkunde. Sprach- und Kulturgeschichte von Personen-, Familien- und Hofnamen (= Schlern-Schriften 284). Innsbruck 1990.

Grüner, Sigmar und Robert Sedlaczek: Lexikon der Sprachirrtümer Österreichs. Wien 2003.

Hornung, Maria: Wörterbuch der Wiener Mundart. Unter Mitarbeit von Sigmar Grüner. Wien 2002².

Hornung, Maria und Franz Roitinger: Die österreichischen Mundarten. Eine Einführung. Neu bearbeitet von Gerhard Zeillinger. Wien 2000.

Ingenhaeff, Wolfgang und Martin Reiter: Kleines Zillertaler Wörterbuch. Schwaz, 1992.

Jontes, Günther: Österreichisches Schimpfwörterlexikon. Graz 1998.

Klein, Karl Kurt und Ludwig Erich Schmitt, Tirolischer Sprachatlas, bearbeitet von Egon Kühebacher, 3 Bde. Innsbruck, Marburg 1965–1971.

Kluge, Friedrich: Etymologisches Wörterbuch der deutschen Sprache, bearb. von Elmar Seebold. Berlin 2002²⁴, 2011²⁵.

König, Werner: dtv-Atlas. Deutsche Sprache. München, 2001¹³.

Kretschmer, Paul: Wortgeographie der hochdeutschen Umgangssprache. Göttingen 1918¹, 1969².

Lexer, Matthias: Mittelhochdeutsches Handwörterbuch, 3 Bde. Leipzig 1872, Nachdruck: Stuttgart 1979.

Lexer, Matthias: Mittelhochdeutsches Taschenwörterbuch in der Ausgabe letzter Hand, Nachdruck der 3. Auflage von 1885. Stuttgart 1989.

Lexer, Matthias: Kärntisches Wörterbuch. Leipzig 1862. Nachdruck: Wiesbaden 1965.

Mayr, Hans: 1000 Worte tirolerisch. Eine zünftige Mundartsammlung aus dem Unterinntal. Wörgl, 1984¹, 1993².

Nitsche, Gerald Kurdolğu (Hg.): Mir Óuberländr: Kulturerbe. Mundart aus dem Tiroler Oberland, Landeck 2012.

Österreichisches Wörterbuch, Wien 2012⁴².

Pohl, Heinz-Dieter: Von Apfelstrudel bis Zwetschkenröster. Kleines Handbuch der österreichischen Küchensprache. Wien 2008.

Pohl, Heinz-Dieter: Kleines Kärntner Wörterbuch. Klagenfurt 1989¹, 2007².

Prünster, Harry: Griaß di? Mein Tiroler Wörterbuch. Lustiger Sprachführer der Tiroler Mundart. Amstetten 2003.

Röhrich, Lutz: Lexikon der sprichwörtlichen Redensarten, 3 Bde. Freiburg i. Br. 1991.

Reiter, Martin: Sprechen Sie Tirolerisch? Ein Sprachführer für Einheimische und Zugereiste. Wien 2004.

Schatz, Josef: Wörterbuch der Tiroler Mundarten, 2 Bde. Innsbruck 1955: Nachdruck: Innsbruck 1993.

Schmeller, Andreas J.: Bayerisches Wörterbuch, 4 Theile. Stuttgart–Tübingen 1827–1837, München 1872–1877², Nachdruck: Aalen 1961.

Schneider Walter, Romanische Entlehnungen in den Mundarten Tirols. Diss. Masch. 2 Bde. Innsbruck 1961.

Sedlaczek, Robert und Melita Sedlaczek: Wörterbuch der Alltagssprache Österreichs. Innsbruck-Wien 2011³.

Sedlaczek, Robert und Melita Sedlaczek: Das österreichische Deutsch. Wie wir uns von unserem großen Nachbarn unterscheiden. Ein illustriertes Handbuch. Wien 2004¹, 2005².

Seibicke, Wilfried: Wie sagt man anderswo? Landschaftliche Unterschiede im deutschen Sprachgebrauch. Mannheim 1983².

Stalder, Franz Joseph: Schweizerisches Idiotikon (Text der Handschrift von 1832 mit Hinweisen auf die Abweichungen von 1806/12; hg. von Niklaus Bigler). Aarau 1994.

Unger, Theodor und Ferdinand Khull: Steirischer Wortschatz, als Ergänzung zu Schmellers Bayerischem Wörterbuch. Graz 1903, Nachdruck: Wiesbaden 1968.

Wander, Karl Friedrich Wilhelm: Deutsches Sprichwörter-Lexikon, Leipzig 1867–1889, 5 Bde. Nachdruck: Darmstadt 2007.

Wörterbuch der bairischen Mundarten in Österreich, hg. von der Österreichischen Akademie der Wissenschaften. Wien 1964 ff.

Zehetner, Ludwig: Bairisches Deutsch. Lexikon der deutschen Sprache in Altbayern. München 1997¹, 1998², Regensburg 2005².

Verwendete Internetsammlungen:

www.tiroler-mundart.at (Kitzbühel).

www.oocities.org/area51/zone/1090/sprache.htm (Außerfern).

www.obergurgl.com/main/DE/GG/WI/service/oetztaler_woerterbuch/index.html (Ötztal).

http://old.hohetauern.at/mundart/begriffe-ansehen/6571-turtschn.html (Mundart Osttirol, Nationalpark Hohe Tauern, Dialektplattform).

http://www.gemeinde-telfes.at/pages/mundart.php (Stubaier Mundart von Peter Lanthaler).

Wörtersammlungen auf Papier:

Boitgelle Elisabeth und Paula Fuchs, Karl Kröll, Paula Reiter, Marianne Walder und Vroni Weiler: Anraserisch giredt.

Bader, Erwin: Wörterbuch zur Ehrwalder Mundart, überarbeitet von Roman Posch und Karl Bader, 2010.

Dank

Am Zustandekommen eines Buchs wirken immer viele mit, deren Arbeit im Hintergrund bleibt. Das sind im vorliegenden Fall das Team des Haymon Verlags, insbesondere Frau Mag. Uschi Oberleiter und Frau Mag. Linda Müller, die uns mit Sorgfalt und Engagement begleitet haben. Besonderen Dank schulden wir – der Grund ist im Vorwort angesprochen – den Gewährspersonen. Es sind dies namentlich:

Alfred Tamerl
Birgit Ihrenberger
Hans Brandstätter, Verein „Insa Tiroler Mundart"
Hans Haid
Hans Oberhofer
Hubert Brenn
Irmgard und Rupert Stock
Karl Mussak
Kathi Kitzbichler
Lilo Galley, „Tiroler Mundartkreis"
Peter Lanthaler
Peter Linser
Sabrina Öztas

Nicht zuletzt sind wir den Hörerinnen und Hörern des ORF zu Dank verpflichtet, die Wörter aus ihrer Heimatmundart eingesandt haben. Es sind zu viele, um sie namentlich anzuführen, sie haben in Summe das Wörterbuch aber erheblich bereichert.

Meine liebsten Dialektwörter